カリキュラムマネジメントの新たな挑戦

総合的な学習における連関性と協働性に焦点をあてて

〈改訂版〉

中留武昭・曽我悦子【著

第Ⅰ部　カリキュラムマネジメントの理論とその構造化
第Ⅱ部　カリキュラムマネジメントの「基軸」を動かす
「教科教育」と「総合的な学習」との連関性／機能的連関性としてのマネジメントサイクルを動かす／小中連携，一貫校における連関性と協働性の吟味　他

教育開発研究所

はじめに

本書の初版（2015年）でのメインタイトル（主題）は「カリキュラムマネジメント」であり，そのサブタイトル（副題）で主として対象としていた内容が1998（平成10）年に登場した「総合的な学習」（以下,「総合」と略すこともある）であった。大方の先生方におかれては，副題の総合的な学習を動かしていくこと自体，専門教科の授業と比べて容易ではないというのが実感ではないだろうか。

しかし，それ以上に戸惑われたのが主題の「カリキュラムマネジメント」という用語の登場ではなかったかと思われる。そのカリキュラムマネジメントが2017（平成29）年学習指導要領のしかも「総則」に出てきたということの教育改革上での意味は大きい。端的にこの流れを教育研究上のテーマとして取り上げるとすれば，政策レベルでの規制緩和を前提にした自律的経営とそこにおけるカリキュラム・マネジメントと授業改革におけるアクティブ・ラーニングの３点をセットに相互に関連させたカリキュラムマネジメントの実証的研究が新たに問われてこようが，本書はその必要性と実践の序曲になることを期した細やかな挑戦のための試みでもある。

端的に言えば本書（改訂版）の目的は，初版『カリキュラムマネジメントの新たな挑戦―総合的な学習における連関性と協働性に焦点をあてて』（教育開発研究所，2015年）の内容を2017年学習指導要領（「基準」）における教育改革の中心に位置づけているカリキュラムマネジメントの理論と対応させて，その検証を改めて確認する点にある。

改訂版の刊行に当たり振り返れば，総合的な学習の受け皿である「カリキュラムマネジメント」の用語は，今から25年近くも前の1998（平成10）年の時の学習指導要領の告示前後に，中留武昭（当時，科研費研究代表，後掲）等が生み出し開発してきたものである。

その後，この用語は熟成されつつ理論的・実証的な成果の内容を中心に構成してきたが，その多くは総合のカリキュラムマネジメントを中心に創設期に生み出してきた理論と実践であることを確認しつつ，総合を含めた学校全体の教育活動のカリキュラム・マネジメント（「基準」では間に中黒（・）が付いている）へと発展的に繋がる概念として今日に至っている。その意味で，本書は総合のカリキュラムマネジメントの創設期から，2017年学習指導要領を機に学校の教育活動全体を対象にしたカリキュラムマネジメントへと発展し本格的な「展開期」を迎えるものになったと言える。この創設期・展開期におけるカリキュラムマネジメントの用語に関する中留論と「基準」の変遷に関しては，第Ⅰ部第１章の**図表１**に整理している。

こうした意味では，横断的・総合的視点の総合のカリキュラムと学校全体の教科等横断的視点のカリキュラムは，編成原理として内容上の相補関係を持ちつつ，カリキュラム改革上でも連続線上にあるものと言える。この点で改訂版は，初版のカリキュラムマネジメント自体の概念構成・構造化を理論的に受けつつ，検証でも主として総合を対象にしており，結論的には初版の内容を再確認，強調したものとなっている。従って，本書の構成内容及び総合の事例の検証は，改訂学習指導要領における学校全体のカリキュラム・マネジメントの事例としても十分に適用可能な先行研究としての意味を失ってはいない。むしろ，総合を適切に実践してきた学校においては，改訂学習指導要領における育てたい子どもの資質・能力，主体的・対話的で深い学びの実現に向けたアクティブ・ラーニング等の今後の実践には，本書の総合のカリキュラムマネジメントを軸に，学校全体のカリキュラムマネジメントへの本格的な取り組みが期待されるのである。

以下，特にカリキュラムマネジメント理論と関わり，本書の特色を４点に絞ってまとめ「はじめに」としたい。

＊

まず，カリキュラムマネジメントとは何か，考察のための枠組み（理論的側面）は前述のように「連関性と協働性」（基軸）であって，これを変える必要性はまったくない。端的に言えば，中留において構築されている初版での「総合」の基軸を構成しているカリキュラムマネジメント自体の意義，概念，構成要素等は，改訂学習指導要領（総則）においても適用可能なこと（総合はむろんのこと）が理解されよう（具体は第Ⅰ部第１章)。前者の連関性はカリキュラムの内容・方法上に「繋がり」のあること，後者の協働性はそれを支えるマネジメント（条件整備）上の組織体制と教師間，保護者を中心とした地域関係者間の開かれた組織文化（風土）を必要とする。この双方は「繋がり」という点で「基軸」(基本的な見方・考え方の原理）として統合化して機能する。

上の点については本文でも改めて強調することになるが，現行の学習指導要領（小学校・中学校・高等学校）におけるカリキュラムマネジメントの原理にもそのまま該当する。この点で，本書，特に第Ⅰ部第２章の内容に関しては，基本的に初版の内容と同様で変える必要はない。連関性は縦の時間系列としてのPDSマネジメントサイクルだけではなく，各段階内における機能的連関性〈P，D，Sごとのミニサイクル（p’ –d’ –s’)〉との双方を内包するものであること，更に，連関性を生み出す協働性については組織体制と組織文化との「協働」が統合には必須な条件で，そのためには組織としてこの関係性を構成していくことになるスクールリーダーの存在が必要であること等についても述べ，これらについては第Ⅱ部（実践事例）において検証している。

次に，カリキュラムマネジメントの対象分野である。この点についても現行の学習指導要領では学校全体に拡大された。初版ではサブタイトルからは一見するとカリキュラムマネジメントは総合にのみ該当しているかに見えるが，そうではない。むしろ，現行の学習指導要領でもカリキュラム・マネジメント自体は学校全体の教育活動とそのマネジメントを対象にしているものと十分に解釈できる。この点，改めて強調するまでもないが，初版のカリキュラムマネジメントは総合だけでなく，教科等のカリキュラムの受け皿でもあることをここで再確認しておきたい。具体的には総合と教科，また，特別活動，道徳（現行では教科）と深く関わっている。この点ついても初版で第Ⅱ部の各章レベルにおいて取り上げて検証をしてきている。

2008年の学習指導要領では，教科等横断的視点のカリキュラムというように明記されてきたが，このカリキュラムの範疇には各教科，教科間横断，領域間横断，総合までを包摂しているものと解釈ができるし，この点も第Ⅱ部の実践例を通して検証している。初版でサブタイトルに総合を取り上げてきたのは，未だカリキュラムマネジメントが中教審等の審議の対象にならなかったときに，総合のカリキュラムマネジメントを典型的な対象として，学校全体のカリキュラムマネジメントの基軸のしかも中心に位置づけた検証を行ってきた。

＊＊

更に以下，学校全体のカリキュラムマネジメントへの今日的取り組みの現状と現行学習指導要領での意味づけという点から，カリキュラムマネジメントへの期待と課題とを基軸（連関性と協働性）に絞って整理してみよう。

カリキュラムマネジメントの枠組みが1997-1998年に用語として創設され，現行学習指導要領でこれが取り上げられ今日に至るまでに（本改訂版）およそ27年が経過した。ここまでのカリキュラムマネジメント実践については，中教審答申（2015年『論点整理』）やその後の現行学習指導要領をはじめ，関連の中央・地方の教育行政主導レベルでのスクールリーダーを対象としたカリキュラムマネジメント研修等を通して，極めて活性化してきた。この点は評価されてよいであろうし，実際，先進校の実践について大方は評価されてきている。現行学習指導要領以降はその導入期というよりも「展開期」に入ったと言える。

しかしながら，カリキュラムマネジメントは用語としては急速に普及・展開してきたものの，実践上においてはカリキュラムマネジメントの概念・定義の共通理解がない中で多義性を帯び，実践が拡散してきた傾向が多く見受けられると言えよう。むしろその単純な置き換えが，特に総合のカリキュラムの実践においては散見されてもきていた。

カリキュラムマネジメントの展開が総合だけではなく学校全体になると，難しさが出てきた。一つは，カリキュラムの内容に関わる限りにおいて多くの関連の教育活動が想起されるが，なかでも例えば学力との関わりで見いだされるカリキュラム上の課題を示したい。特に「学力」問題では，学力水準の低迷，学力構造の二分化や学力格差の歪みの拡大，学習意欲の減退等，「病める学力」の状況は今日も変わらず，否，より大きな問題となっている。だが，学力にしても，学校のカリキュラム全体と結びつけることなく，顕在的な見える学力（端的には，進学準備のための教科目）向上にのみ関心が置かれると，見えない潜在的カリキュラムの存在が見失われることにより，前者の学力向上との関係が不透明になる。そしてこうした学力観のみをベースにした測定可能な「見える」学力のみに焦点化したカリキュラム編成となると，学習者間の勝ち組・負け組が露骨になり，教育現場からバランスのとれた「生きる力」の育成などが意味をなさなくなりやすく，子どもの発達にも多くの問題を投げかけることになりかねない。この点，カリキュラムマネジメントには顕在的・潜在的カリキュラムとの相克性・相関性に新たに立ち至る必要があろう。

こうした状況を生みだしているのは，伝統的に我が国では授業をはじめとした教育活動が閉鎖的な「個業」のもとで，しかも教科と教科書，そして教科書会社の指導書（マニュアル）と黒板とのセットで行われてきたような「カリキュラム不在」の文化が支配してきた背景があるからに他ならない。もっともこの背景には，教師の教科免許状の専門性もあって，総合の意味は重要と言いつつも，自らの個別教科の編成や授業の方を優先せざるを得ない教科主義という「背に腹はかえられない」実態もある。

この点「総合」の登場は，教科等間の内容を開くという意味で，教科間の閉塞状況にいくばくかの変革をもたらしてくれるものとして，その期待には大きく熱いものがあった。まだ歴史が浅いこともあり，伝統的に長い間続いてきている個業中心の各教科の内容・方法に比べ，総合という新しいカリキュラム文化の定着，特に教科間，教科・領域間のいわゆる横断的・総合的な見方・考え方の理論と実践の定着化に関しては，特に教科等横断性を学校全体のカリキュラムにまで広げて今日に至った改革状況からは，今少し時間が必要と言えるかもしれない。

＊＊＊

今ひとつ，カリキュラムマネジメント展開の難しさは，上のようなカリキュラムの内容上の組織文化の持つネガティブ性の克服の問題である。繰り返しになるが，この点と関わってカリキュラムのマネジメント上の課題となるのは，教科等の枠を超えたカリキュラムを本格的に実働させるには，特に内容・方法において関連教科間の内容上でのハードルが高いこともあり（ことに中学，高校），個業中心の授業のままでは教師間の協働は容易ではない。このことは当然，学校全体での教科等の横断性の視点にたった組織改革には，組織自体の横断性を重視し，何らかの新たな戦略（ストラテジー）を工夫した協働性が大きな課題となる。

それは，単位学校レベル間の課題であるだけではなく，小・中・高校間の協働＝学校間連携においては，教師の協働は教科を超えると容易ではなくなるからである。教科等間の横断は協働性を不可欠としているばかりではなく，協働性はまた教科等間の内容上の連関性を促すわけだから，双方は相補関係なのである。しかし，こうした教科の「専門店」が並列しているような状況が慣習化している学校組織では，学校改善の中核に「総合のカリキュラムマネジメント」を位置づけるという発想は「絵に描いた餅」に等しいと思われていた。しかも，それが学校全体のカリキュラムマネジメントにもなるとさらに簡単ではない。端的に言えば，学校全体でのカリキュラムマネジメントの実践は，他でもなく総合のカリキュラムマネジメントが試金石になると言っても過言ではない。

そもそも，総合をはじめとした教育活動の内容であるカリキュラム自体，それを支える条件整備（マネジメント活動）としての組織体制や教師間での「学び合い」等の協働文化の形成とも無縁に近いものと認識されてきた。この点は，基本的には経営活動と教育活動の分断（校長の校務掌理権と教師の教育権との分離）さえもが長らく根づいてきたことを想起すればよい。このような経緯もあって，学校文化やカリキュラム文化がネガティブであることからの「脱却」を組織的にも図らなければならないが，ことはそう簡単にはいかない。しかも近年の我々の出会った事例研究からは，教師の「協働」と学習者の「共同」学習とは，取り組みの基本的なイメージとして相似の形（特に協働・共同文化の面で）に置かれていることも分かってきている。本書の事例では，こうしたケースも含め，この「連関性」と「協働性」の双方の「統合」に対峙してきた貴重な実践例の成果も取り上げている。

即ち，全ての教師が学校の諸条件の整備・再構築と関わって，教育活動としてのカリキュラムを「作り，動かし，これを変えていく」という「思惟」（ビジョン）を持つとともに，そのための戦略に「気づき」，これを実践していく「カリキュラムマネジメント」が今日の展開期を経て，10年先の2030年代の学習指導要領の頃までには定着化していくことが期待される。本書は，そうした思いを持って，総合を中心に学校全体のカリキュラム開発に機能するカリキュラムマネジメントの実践的研究に取り組んできた細やかな成果なのである。

＊＊＊＊

しかし一方で，カリキュラムマネジメントの実際は，上に述べてきたようにネガティブなケースばかりではない。特に，総合のカリキュラムマネジメントが適切に行われている地域（学校）では，いわゆる「見える学力」も高いというデータが数多くあることも事実である。このおよそ15～20年の間に，連関性と協働性との統合は多少ともポジティブな関係に変わってきたと受け止められるケースも多く認められるようになってきた。この点は，この改訂版でも先行事例として前向きに取りあげて，その挑戦的な姿をカリキュラムマネジメントの理論的枠組みに照らし合わせて吟味・検証してきている。

繰り返しになるが，総合のカリキュラムを適切に動かしていくには，当該教師個人がいかに優れていても，教師による「個業」の授業では限界があることは経験的にも明らかであろう。必要なのは，教育活動の内容・方法上の「連関性」とマネジメント上における教師等多くの関係者間の相互の「協働性」にあることを，再度この改訂版においても強調しておきたい。基軸という用語は，これら双方における「つながり」（統合）という用語をもって表すこともできる。

本書では，この「基軸」でもある「つながり」に焦点をあて，その理論的枠組みの構成を再確認し検証することに主点を置いている。この「基軸」の認識が，特に総合のカリキュラムマネジメントとの相補関係において，学校全体のカリキュラムマネジメントの構造化として実践にも有効に機能していることを検証してみた。総合のカリキュラムにせよ，学校全体のカリキュラムにせよ，その内容・方法を活性化していくには，そこに組織的な取り組みとしてのマネジメントの発想が必要であることを改めて力説しておきたい。マネジメントは管理職に固有な機能ではなく，全ての教師に求められている。この点では，1998年の学習指導要領の実施と関わって機能する「カリキュラムマネジメント」は，今なお総合の進め方につながっていると言っても過言ではない。そこで改訂版では，カリキュラムマネジメントについて，総合を軸にして生み出した創設期から現行学習指導要領改訂に至る期間をいわば第１ステージとみなし，まず，そこで打ち出してきた理論的な枠組みの再吟味（特に第１章）を行うことから始めている。

そして，その再吟味の結果，改めて確認した理論と典型的な実践事例を新たに掘り起こすことを通して，双方の照合を検証するという説明的な研究の方法をとることにした。これをカリキュラムマネジメントの創設期の第1次ステージに続く第２ステージと位置づけ，新たに理論の再吟味と実践の融合（統合）に「挑戦」することを試みたものである。

本書で取り上げてきた連関性と協働性のネガティブ性の問題や，逆にその克服の過程から事例での戦略の取り方について我が校ではできない理由を嘆くだけでなく，教職員の皆で，こうした条件下ではこの方法ではどうかという仮説を見出し，実践を協働で目指していただければ幸いである。

我々が取り組んできたカリキュラムマネジメント研究が2017年学習指導要領の「基準」において展開期に相応しい発展の断面を見せるなど21世紀におけるカリキュラムマネジメントに基礎を置いた教育改革がいよいよ本格化するなかで，僭越ながら本書が各学校や研究者の方々の参考になり役立つことを期待しての改訂なのである。

《全体のアウトライン》

全体構成を，既述の理由から本改訂でも２部に分けた。第Ⅰ部の２つの章（第１章，第２章）では，主としてカリキュラムマネジメントの理論の再吟味を総論として俯瞰し，2017年学習指導要領（総則）にも対応した補足を若干行うことにしたい。

第Ⅰ部第１章では，まずカリキュラムマネジメントが登場してきた「創設期」におけるその誕生の意味と形成過程を再吟味することを通して，理論の再確認とともにその過程において生じてきた新たな課題を取りあげる。併せて，2017年学習指導要領の展開期に見るカリキュラム・マネジメントとの対比を通して，双方のカリキュラムマネジメントの共通性を確認し，後者は前者のカリキュラムマネジメントの延長線上に位置づけられることを明確にした上で，「はじめに」で指摘してきたカリキュラムマネジメントの教育改革上の意味とその必要性とを明らかにする。

第２章では，カリキュラムマネジメントの初期における理論的パラダイムのモデルデザインを振り返り，そのパラダイムが実践のために有効に機能していくための仮説を再吟味する。そのためにカリキュラムの内容上・方法上の連関性と，これらを実現するための協働性との対応関係を示した「基軸」のコンセプトを再確認すると共に，さらに基軸の内容を構成すべく諸要素を明らかにしている。次いで，この理論モデルを実際のケースに適用してみた場合の説明可能性を前提として，その検証成果を明示してそこから新たに見えてきた課題を取り上げる。具体的には，ここでは総合に関する諸調査の分析結果に焦点を充て，カリキュラムマネジメントの基軸から見えてくるそれらの「挑戦的課題」の解決のために必要な研究上・実践上のストラテジー（戦略）を提示して，あらためて理論考察を再認識することにした。

第Ⅱ部では，第Ⅰ部でのカリキュラムマネジメントの理論的考察に基づき，理論の実践への適用可能性の検証を行った。カリキュラムマネジメントの対象として主として総合の実践場面を取り上げて吟味するのが，第Ⅰ部で取り上げてきたカリキュラムマネジメントの構造（特に第

2章）を説明・検証するのに適切という判断のもとに検証を試みることにした。具体的には，カリキュラムマネジメントの構成要素に焦点をあて，説明的研究の方法によって検証していく過程を明らかにした。

すなわち，第3章から第5章までは，総合のカリキュラムマネジメントの基軸となる「連関性」と「協働性」を前提に置いて，その検証対象として教科間（第3章），領域間として特別活動と総合（第4章），道徳（2018年度からは教科）と総合（第5章）を取り上げている。特に第4章・第5章での取り上げ方は，概して特括・道徳と総合の境界が不鮮明になりやすいところから，共有部分と専有部分に分別する方式で実践している成果を取り上げて検証している。

第6章以降は，連関性と協働性に帰属する「構成要素」に焦点を当てて分析・吟味している。第6章では，PDS（マネジメントサイクル）の過程を新たに連関性と協働性の双方に繋がるものとして捉え直し，連関性の視点からＰ・Ｄ・Ｓの各段階における機能的連関性（p' −d' −s'）を新たに設定し，それを開発・検証している。

第7章では，初版では取り上げなかった小学校第１・２学年の生活科のカリキュラムマネジメントを取り上げることにした。それは小学校のカリキュラムを生活科と総合を中心にして学校全体のカリキュラム開発に接続させていくためにも必要な戦略（ストラテジー）なのである。また，小・中・高校を教科等横断的につないでいくためにも，これを取り上げる必然性がある。12年間一貫したカリキュラムマネジメントの理論とその実践化は校種間の接続性において必須な課題となるが，特に生活科の存在とその機能はそのための糸口を考察していく上で等閑視できない。

第8章では，連関性と協働性とを合わせて支援する条件整備（構成要素）のなかでも，困難とされている協働体制と協働文化との対応関係の合成の態様を組織における「協働力」として位置づけ，これをカリキュラムマネジメントの組織化（組織開発）の原理とする新たな視角と挑戦的な事例の分析・検証を試みている。

第9章では，単位学校を超えた協働性の新たな動きとして，学校間を種別・段階間の枠組みを越えるべく小中連携，一貫校の接続におけるカリキュラムマネジメントについて，連関性と協働性とに焦点をあてて論じる。ここでは，従前の支配的な行政とは異なって，新たに学校支援の協働体制を志向しはじめ，裁量拡大の制度化を迎えた行政の状況と共に，学校間を超えたコーディネータとしての新しいスクールリーダーの制度的課題についても取りあげている。

最後の第10章では，総合のリーダー行動に焦点をあてて，リーダーとしての役割を検証している。ここでは，まず学校組織の持つ特性をミドルリーダーとしての総合の担当者に求め，次いで機能的連関性の前提ともなる教育ビジョンの共有化とその具現化を図るべく，手続き過程を解明する。さらに，総合のリーダーがカリキュラムマネジメントにどう向き合っているのか，意識調査を行った結果を通して，その実態と課題の考察を行い，以上の成果を踏まえてリーダーが総合のカリキュラムマネジメントの力量を向上させていくための必要条件を検証する。

＊

この改訂でも，中留と曽我の共著の形態をとっている。これまで中留は，カリキュラムマネジメントの理論を創り出してきたが，その間，曽我は30年余りの中・高等学校での教職経験に基づいて，特に近年ではカリキラムマネジメントの理論の実践化をはじめ，その検証をも意欲的に多く重ねてきた。共著の分担は目次の末尾に執筆者名を明らかにしている。用語の統一をはじめ全体の調整を含めての責任は中留にある。

また，本著の刊行には，これまで同様，長き間，研究書等の出版でお世話になってきた教育開発研究所の尾方篤氏のさらなるご厚意で，無事，陽の目を見ることができた。重ねて心から感謝の意を表したい。

2015年３月　初版
2024年３月　改訂
中留武昭／曽我悦子

◆目次◆

第Ⅱ部　カリキュラムマネジメントの「基軸」を動かす

〈**執筆分担**〉

共同執筆：第１章[1]，第２章[1]１，２(2)，３，[4]，第６章[1]２，[2]３，４〈事例２〉，第８章[1]，[2]２，第９章[1]２，[2]２，[3]，第10章[1]

中留：第２章[1]２(1)，[2]，[3]，第３章[2]１，第６章[1]１，第７章[1]，第８章[2]１，第９章[1]１，[2]１，３，第10章[2]

曽我：第１章[2]，[3]，[4]，[5]，第３章[1]，[2]２，[3]，[4]，第４章，第５章，第６章[2]１，２，４〈事例１〉，第７章[2]，第８章[3]，第９章[4]，第10章[3]，[4]

第Ⅰ部

カリキュラムマネジメントの理論とその構造化

第1章　カリキュラムマネジメントの基本的な見方・考え方

カリキュラムマネジメント（学習指導要領での使用の表示はカリキュラム・マネジメント）は，カリキュラムとマネジメントとの合成語（統合）である。

この第1章では，カリキュラムマネジメントの意義や内容，その特色の全体像を，カリキュラムマネジメントの見方・考え方の原理的な側面から明らかにしていく。

1において，カリキュラムマネジメントと綴ることの以前に，従前から使われてきていたカリキュラムとマネジメントそれぞれにおけるカリキュラムマネジメント上での重点の位置づけの変化を吟味する。

2では，中留等により統合されたカリキュラムマネジメントの概念を，アナロジーを用いて説明し，次いで2017年学習指導要領で提示されてきているカリキュラム・マネジメントとの相違を明らかにする。

3では，カリキュラムマネジメントの先駆けは，総合的な学習を受け皿とするマネジメントにあったことを取り上げて，総合的な学習のカリキュラムマネジメント上での位置づけとこれを展開していく場合の視点とストラテジー（戦略）を概括する（なお，検証は第Ⅱ部以降）。

4では，総合，カリキュラム全体，学校全体の取り組みのための組織開発の視点から要点を取り上げる。

5では，2017年学習指導要領での学校全体のカリキュラムマネジメントの特色を学校における教育改革[(1)]とした場合，新語である「カリキュラム・マネジメント」と「アクティブ・ラーニング」との関係性を明確にする。

1 カリキュラムとマネジメントの吟味

「カリキュラムマネジメント」として統合された概念を提示するのに先立ち，カリキュラムとマネジメント，各々の見方・考え方の従前のものとの相違を整理する。まず，行政用語である教育課程は，戦後（昭和26年）からの用語で，主としてその編成（計画），実施（主に授業）に焦点を当てて使われてきていた。一方，国際的なニュアンスを持ったカリキュラムについては，我が国では1970年代頃から学校に基礎をおいた（School-Based）「カリキュラム開発」（Curriculum Development）を契機にして（1976年OECDのカリキュラム開発に関する国際セミナー），研究上，実践上で活用されるようになってきた経緯[2]がある。即ち，カリキュラムの用語は教育課程を包括する概念として捉えられる。

カリキュラム研究のアプローチには，この70年代頃から工学的アプローチ（technical approach）と羅生門的アプローチ（the Rasyomon approach）があるとされ，前者の工学的アプローチは，教師による意図的な計画化・組織化に基づいて一般的目標から最終的には測定可能な行動目標への変換を経てカリキュラムを開発すること，具体的には教師が予め決めた教材から適切な教材をサンプリングし，授業の指導計画にのせ，定型化した授業を実施し，評価は行動目標に対する到達度を序列化・数値化することで客観性を確保する（goal-based evaluation）方法で，これはタイラーの原理を適用した目標モデルとも言われ，カリキュラム開発上，基本的には目標，内容，方法，評価の４つの構成要素からなり，直線的な開発過程を取るものとされてきた経緯がある。

後者の羅生門的アプローチは，一つの決まった視点や基準によってではなく，学習活動の実態に基づいたり，子どもがその知識に出会った際に示した興味・関心の高まりを認識したときなど，多面的な見方や目標にとらわれない授業，評価活動をはじめ，目標，内容，方法，評価が決まり，時系列的にカリキュラム開発を行うのではなく，構成要素のどこから始めてもカリキュラム開発とその修正は可能とした仮説に立っている。

そこで，カリキュラムマネジメントのカリキュラム観は，顕在的カリキュラム観と潜在的カリキュラム観[3]の折衷観にも立つものと考えられる。前者は知識や技能を意図的・計画的に伝える機能であり，後者はものの見方や考え方など，非意図的・不可視的に前者に影響を及ぼし，方向づける機能である。顕在―潜在の類型自体，カリキュラムは子どもの経験の総体が前提であるが，この点は学力観とも重なる。カリキュラムマネジメントのカリキュラム観は，むしろ，思考力・判断力・表現力に典型のように，後者の潜在的カリキュラム，学力観を範疇において前者（知識・技能等）との相補関係を図ろうとする。数量化可能な見える学力の育成の支援にも質的な見えない部分から構成される潜在的学力観の存在が仮説される。しかし，潜在的カリキュラムの対象は必ずしも確定化・固定化されているものではなく，学校経営などはカリキュラム構成上では潜在的カリキュラムに入るのだろうが，今日の学としての固有性からは議論の余地はある。

いずれにせよ，工学的アプローチ，羅生門的アプローチと顕在的カリキュラム，潜在的カリキュラムの間には背反関係ではなく，相補関係において位置づけるのがカリキュラムマネジメントのカリキュラム観と言えよう。この背景には，学習指導要領による全国的共通性と個々の学校の自主・自律性による個別性という中での相克性がカリキュラム観の背景にあることを無視できない。即ち，教育課程と言えば学習指導要領のことで，それを具体的に計画・展開（授業）することだと考えられてきた。この「上から与えられた」ものが教育課程＝カリキュラムとするネガティブな見方・考え方ではなく，各学校で組織として「教師たちが自ら創り出す」のが「カリキュラム開発」であり，より具体的には，これがカリキュラムマネジメントであるという考え方への転換が背景にある。

そこで，カリキュラムマネジメントのマネジメント観についてその特色を２点において述べる。その１は，マネジメントは基本的には条件整備（４M）であるが，カリキュラムマネジメントの場合，静態的な意味合いでの条件整備に加えて，PDS（CA）の動態的なマネジメントサイクル論を重視する。このサイクル論は，実はカリキュラムマネジメントの先行研究である経営近代化＝合理化論に立った教育課程管理論（1960年代の伊藤和衛『教育課程の近代管理』明治図書，1963年）とその後の経営現代化＝民主化論に立っての教育課程経営論（1980年代の高野桂一『教育課程経営の理論と実際』教育開発研究所，1984年）との間において，合理化優先か，民主化―合理化の統合論優先かの論争[(4)]をかつては巻き起こしたが，一方で，その共通の対象になったのはマネジメントサイクル観で，これは教育課程の管理論，経営論，そしてカリキュラムマネジメントのマネジメント観にもつながる。この点で，カリキュラムマネジメント論は教育課程管理論と教育課程経営論に形式的には結び付いており，特にマネジメントの基本的な見方・考え方においては教育課程経営の延長線上に位置づくものである。ただ，ここで重要な点は，PDSのマネジメントサイクル論は基本的には管理・経営技術に偏した先の工学的アプローチなのであって，カリキュラムマネジメント論ではPDSに限定して見れば，この過程で分割されていた諸課題がサイクル間での協働的なコミュニケーションを通して，総合的にどう「連関」しながら学校改善に機能しているのか，この点においてPDSのサイクルにつながらないとマネジメントは形骸化する。実際，その後，今日までの多くの実践レベルでも形骸化は見られていたものと言える。カリキュラムマネジメントはこの点において，マネジメントサイクルの各段階の連関性の確保とともに，特に，合わせて評価から始まる〈SPD〉を重視して「学校改善」に機能することを担保した見方・考え方を重視する。

その2は，マネジメントのなかでも特に中留のカリキュラムマネジメント論で後述するが，4Mのなかの組織・運営の中心となる教職員間との，また学外の関係者との開かれた「協働性」を軸にした組織論を中心に位置づけている。具体的には，この協働性はカリキュラムの内容・方法が重視する教科等間の「連関性」と対の形において，即ち教科等の内容上での連関性を確保するのに必要なマネジメントの条件として，また「その逆も然り」の相補関係において成立している点が特色である。カリキュラムマネジメントのマネジメントは以上の2点が基本的な特色と言えるが，結局，先の教育課程をめぐる管理論，経営論と比べてカリキュラムマネジメントにおいて最も重要な相違点は，カリキュラムの内容・方法とマネジメントとが連関性と協働性とを媒介として統一的に，即ち，相補関係にあるという点である。中留等はカリキュラムとマネジメントとを一体化しているという意味でこの２つの用語間に中黒（・）を付けずに用いている（本書でも基本的に中黒なしで使うが，文言上から明らかに2017年学習指導要領でのカリキュラム・マネジメントについては中黒を付す）。

2 カリキュラムマネジメントの生成とその展開

ここで，カリキュラムマネジメントの概念を提示する。カリキュラムマネジメントとは，「学校の裁量権（自主性・自律性）の拡大」を前提として「学校の教育目標を実現するために，教育活動（カリキュラム）と条件整備活動（マネジメント）との対応関係を，組織体制と組織文化を媒介として，PDS（PDCA）サイクルによって動態化させる営み」のことである。この概念を巡っての吟味は，次の第２章で構造化（グランドデザイン）を図る中で再度取り上げるので，ここでは以下，まず，上記の中留等[(5)]の概念により創設されたカリキュラムマネジメントとは何か，車のイメージを駆使してその全体像を簡潔に描くことにしたい。

まず，カリキュラムマネジメントの概念を車（展示場での乗り合いバス）で簡便に例えると，目的地到達のための交通手段である車（教育目標の実現）は車体部分（カリキュラム）とその車台の両輪（条件整備としてのマネジメント）から構成されている。即ち，車体部分はエンジン（アクセルとブレーキ）とハンドル，そして車内空間を含めたところのカリキュラム（内容・方法）から構成されている。車体内のエンジンとハンドルは直接連結しているが，この繋がりを「連関性」と呼んでいる。エンジンとハンドルは車の動きを作動し方向づける。そして「動態化させる営み」とはマネジメントサイクルとしてのPDS（CA）であり，車の両輪に当たる。概念全体の車のイメージは，両輪のマネジメントを軸にした教育経営の発想が考え方の基底にある。

車輪は車体を支えると同時に，歯車がうまくかみ合っていないと走行できない。この両輪の部分が先のマネジメントであるが，両輪は車体の支えと歯車の噛み合いにおいて動く。この噛み合い運動を条件整備の中心としての「協働性」と呼ぶ。連関性と協働性との繋がりを「基軸」(基本となる見方・考え方の原理) と称している (以上の具体の構造化は第2章)。

カリキュラムマネジメントの概念要素を車の比喩として単純に説明したが，実はこの比喩は展示場での動かない車の静態的なイメージであって，操作できない展示場での車の比喩はここで終わる。車を実働させるのは，エンジンとハンドルを操作する「人」（ドライバー）である。この車を学校に例えるとすれば，ドライバーは個人というわけにはいかない。車の比喩は組織が入ってきた途端にここで終わる。人の組織として，学校を動かす場合，そこに必要なのが組織体制と組織文化（先の車の比喩で言えば，組織体制とその文化は乗客の配置と乗り心地）である。双方を合成させて動かす力が協働の組織力である。学校という組織においては，先のブレーキとハンドルの操作に関わるのが教職員で，その中心として機能するのがスクールリーダーである。カリキュラムマネジメントによって学校を動かす（改善する）ことを仮説として提示し，そこに先の概念から生じる多くの事例を通してカリキュラムマネジメントを検証するのが本書の最終目的である。

さて，カリキュラムマネジメント（用語含め）が1998年を境に中留により創設され，今日，展開期に至ってきた。創設期から展開期に至るまでの時期区分は，2017年3月の学習指導要領におけるカリキュラム・マネジメント (中黒) の登場である。以下，この軌跡を反芻しつつカリキュラムマネジメントの特性を考察する。

カリキュラムマネジメントがその用語の使用をはじめ，その見方・考え方において中留がその創設者の中心であったことについては多くの研究者や実践者が既に認めていることでもある。直近の論者には例えば松尾知明(6)，山﨑保寿(7)等，実践者（教育センターでの研修講座(8)等）のものが多くある。創設時点の1997－1998年にカリキュラムマネジメントの用語を打ち出した理由として中留は，1998年の教育課程審議会答申での教育課程の大綱化・弾力化と，同年の中教審答申でその後教育政策上各種の法制度化を伴うことになった「学校の自主性・自律性」とが合わせてセットとなって出されたのを機にしていたと振り返っている[9]。この点では，教育課程管理や教育課程経営が出された背景（文脈）とは異なっている。

即ち，1998年の学習指導要領（総則）で打ち出されたのが「総合的な学習の時間」であった。この時間は，10年後の2008年の学習指導要領では「総則」に格上げされたが，いずれも教育活動（内容）として「横断的・総合的な学習」（下線筆者，以下同じ）が入っている。2017年の学習指導要領では，同じ総則でも「教育課程の編成」で，「教科等横断的な視点から資質・能力を育成する」ことができるよう，「総合的な学習の目標との関連」を図りながら教育課程を編成するものとして，教科等横断的視点は，総合だけはなく学校全体のカリキュラム（編成・実施・評価）に対するマネジメントの対象となった。こうした点で，カリキュラムマネジメント創設期に中留等により提示されカリキュラムの内容・方法上における「教科等横断」を加えて記述してきた「連関性」の持つ意義と，それを創造し，これを営む学内外での関係者間のマネジメントにおける「協働性」との「基軸」は，現行学習指導要領におけるカリキュラムマネジメント研究・実践上にも引き続き双方の一層の「統合」のために（カリキュラムマネジメントの見方・考え方として）位置づけられるようになったと言える。

この点のカリキュラムマネジメントの見方・考え方についての概念上の言及は，教育政策レベルでは学習指導要領告示の前提となった中教審の『論点整理』（2015年８月）に明確に記述されているので後述するが，ここでまず確認しておきたいことは，創設期における中留等のカリキュラムマネジメントの概念の見方・考え方は，総合のカリキュラムのレベルだけではなく，学校全体のカリキュラム内容を対象にしたトータルなマネジメント上の「受け皿」（論）として今後も十分に機能するものであることを，本書の改訂版においても強調しておきたい。即ち，1998年以降，今日までの本書での検証において取り上げてきた多くのカリキュラムマネジメントの実践事例は，2017年以降におけるカリキュラムマネジメント論の仮説の検証データとして，その有効性は「総合的な学習から学校全体のカリキュラムマネジメントへの移行」においても担保されていると言えよう。

そこで，これらの点を確認・検証するために，カリキュラムマネジメント創設期（1998年から2016年の18年間）における先のカリキュラムマネジメント概念と2015年の中教審『論点整理』を経ての2017年学習指導要領での概念との比較をするのに先立ち，それまでの教育課程行政でのカリキュラムマネジメント対応の経緯を簡潔に記す。

まず，カリキュラムマネジメントが初めて用語として出てきたのが，2003年中教審答申での「教育課程の開発や経営（カリキュラム・マネジメント）」であった。次いで2008年の同答申で「教育課程や指導方法の不断の見直しによるカリキュラム・マネジメント」が出てくる。これらに共通なのは，カリキュラム・マネジメントとは何か，その内容について文脈の前後において何らの言及もされていなかったことである。この点，学習指導要領解説（2008年）になると，総合に対しては，「計画，実施，評価，改善」が「カリキュラム・マネジメントの考え方とその方法」として示された。ただ，これだけでは，カリキュラムマネジメントの見方・考え方という概念が不透明でPDCAの単なる訳語の紹介に過ぎず，案の定その実践は形骸化，平板化，閉塞化しかねず，カリキュラムも教育課程も識別は曖昧なままで，この点でカリキュラム・マネジメント実践は多様化した。その後，中教審は教育課程の基準の改善の諮問を受けて，2015年１月から14回に及ぶ教育課程企画特別部会での審議を経て「論点整理」をとりまとめ（2015年８月），それに基づき2017年３月告示の学習指導要領上で，初めて横文字のカリキュラム・マネジメントの概念を示し，今日に至っている。

では，創設期における中留等によるカリキュラムマネジメントと，その後中教審・学習指導要領で打ち出された展開期におけるカリキュラム・マネジメント(10)との間にはどのような関係性が見られるのか，双方の見方・考え方をそのキーワードに絞り込んでみたのが**図表1**である。

　双方を比較・整理すると，第1に中留等のカリキュラムの「内容上，方法上の連関性」は，「論点整理」では「各教科等を相互に関連づけ，教科横断的な視点に立って」が相当する。この連関性を構成してこそ

図表1　創設期・展開期のカリキュラムマネジメント（中留，曽我：2015年）

	創設期（1998年～2015年）➡ （中留のカリキュラムマネジメント）	展開期（2015年・2017年～） （中教審『論点整理』，学習指導要領〈2017年〉のカリキュラム・マネジメント）
	＊カリキュラムマネジメントの概念と「基軸」（連関性と協働性）の提示（『総合的な学習の時間―カリキュラムマネジメントの創造』日本教育綜合研究所，2001年） ＊「基軸」（連関性と協働性）の構造化（中留・曽我『カリキュラムマネジメントの新たな挑戦』教育開発研究所，2015年）教科等，特活，道徳との事例を通しての関係性の検証	
カリキュラム	内容，方法上の連関性	①　教科等横断的視点に立った教育課程全体の編成
カリキュラム	＊教育目標の実現	＊教育目標を踏まえる ＊資質・能力の育成理念（2017年学習指導要領）
マネジメント（条件整備）	PDS（CA）サイクルによる動態化 ＊P・D・Sの各段階における機能的連関性（p'—d'—s'） ＊特にD段階でのp'—d'—s'の機能を強調	②　教育課程の編成，実施，評価をしていくPDCAサイクル
マネジメント（条件整備）	協働性＝組織力 （組織体制，組織文化の統合） （マネジメント環境）	③　地域等の外部の人的，物的リソースを効果的に活用する
マネジメント（条件整備）	学校の自主性・自律性 （学校裁量の拡大）	＊＊学校全体としての取り組み（組織及び運営の見直し）→中教審『学校の自主性・自律性』 ＊＊教育課程全体を通しての取り組み
マネジメント（条件整備）	総合的な学習のカリキュラムマネジメントを中心にした学校全体のカリキュラムの拡張（enlargement）と深化（enrichment）【基軸】の拡大	＊＊文部科学省『学習指導要領の理念を実現するための方策』（2018年11月）（学校全体のカリキュラム・マネジメント）

「学校全体のカリキュラム」(中留・曽我) の構築が可能となる。第2は，PDCAサイクルは中留等，中教審双方ともに一致している。なお，中留との共著者の曽我は，連関性の範囲としてＰ・Ｄ・Ｓの各段階におけるヨコの連関性（p'—d'—s'）を新たに提唱している。この場合，時系列でのタテのマネジメントサイクルではなく，新たに各段階での内容上の連関性の方に重点をおいて，これをヨコの機能的連関性と捉えている。例えば，Ｐ段階での教育目標—経営の重点方針—カリキュラム編成の基本方針—年間指導計画，Ｄ段階での単元計画—授業案—授業等である。Ｐ—D—Sのタテの連関性はこれらＰ全体とＤ全体の連関性との繋がりということになる（本書第６章）。第３は，中留等の協働性を中心においた「組織構造（体制）・組織文化」であるが，この３つは基本的にマネジメントの要素で，特に協働性は組織の構造・文化を束ねる概念（ポジティブな協働体制・協働文化を内包）として用いている。それも連関性と対の関係にあり，教科等横断を想定すれば，学内外のメンバー間，組織間における変革のための「経営要素」としても，協働性はそれを推進するリーダーシップや意思決定，モラールやコミュニケーションと機能的・構造的に相互関係している必須の要素でもある。マネジメントは概して合理性の側面から捉えられがちであるが，リソース（４Ｍとしての人，もの，財，組織と運営）の「効果的活用」には協働性が不可欠というのがカリキュラムマネジメントの原則なのである。

創設期の中留等によるカリキュラムマネジメント上の大きな特色は，教科等のカリキュラムの連関性をマネジメント上で協働性と繋げることにより，その展開が2017年以降のカリキュラム・マネジメントに重なっていることを示唆しているものでもある。これらのカリキュラムマネジメントのキーワード間の意味合いは，これらを構造化することにより深まるので，これについては第２章で深めている。

さて，そこで，カリキュラムマネジメントとカリキュラム・マネジメントとを比較して見てきた場合，双方は重なり共通する点が多い。では，創設期と展開期の時期区分はどう考えたらよいのか。この点に関しては，先の**図表１**からも判断されるように，双方の区切りは2017年学習指導要領（中教審答申含め）のカリキュラム・マネジメントにあり，双方は連続しているものと考えられる。この点，この学習指導要領の改訂に関わってきた文科省（初中局）の合田哲雄は「教育誌」のインタビューで，当時既に実施されていた創設期のカリキュラムマネジメントやアクティブ・ラーニングを今回あえて用語として出すことで「その重要性を先生方に再認識していただき，教科書を変え授業を変え，学習評価を変えることが必要[11]」と述べている。同誌のなかで氏は「バラバラになりがちな各教科等や，学習指導と生活指導，学校全体のマネジメントと各学級，学校の内と外などを繋げていくことが必要」とも述べている。こうした発言には，中留等の連関性は協働の組織と文化を作っていくという考え方に通じるところがあると見ているのが竹内久顕[12]で，同氏は「中留等のカリキュラムマネジメント論と文科省のカリキュラム・マネジメントとは繋がる」と明確に指摘している。

そこで第１章の後半では，創設期のカリキュラムマネジメントの見方・考え方やその実践は展開期の学習指導要領のカリキュラム・マネジメントと繋がるとする見方・考え方を再吟味していくこととする。

3 カリキュラム内容の固有性と外延の再吟味

まず①総合の目的は固有性とその外延から成り，その軌跡を説明する。次いで②資質・能力と教育目標との連関性は，今日の展開期において一層重視されるようになってきたこと，③学習方法としての外延の拡張・深化の延長線上にアクティブ・ラーニングが位置づいていること等，2017年学習指導要領への対応が従前からの延長線上にあることを簡明に整理する。

①総合の目的はカリキュラムマネジメントでも特にカリキュラムの内容改革と結んできた。戦前大正期の新教育，終戦後のコアカリキュラムはその前史だが，今日の「総合の時間」に繋がる見方・考え方としては，1970年の教育制度委員会（日教組）による改革案と1996年の中教審『21世紀を展望した我が国の教育の在り方について』が典型で，いずれ

図表２　総合的な学習のカリキュラム開発の内部構造化（曽我：2015年）

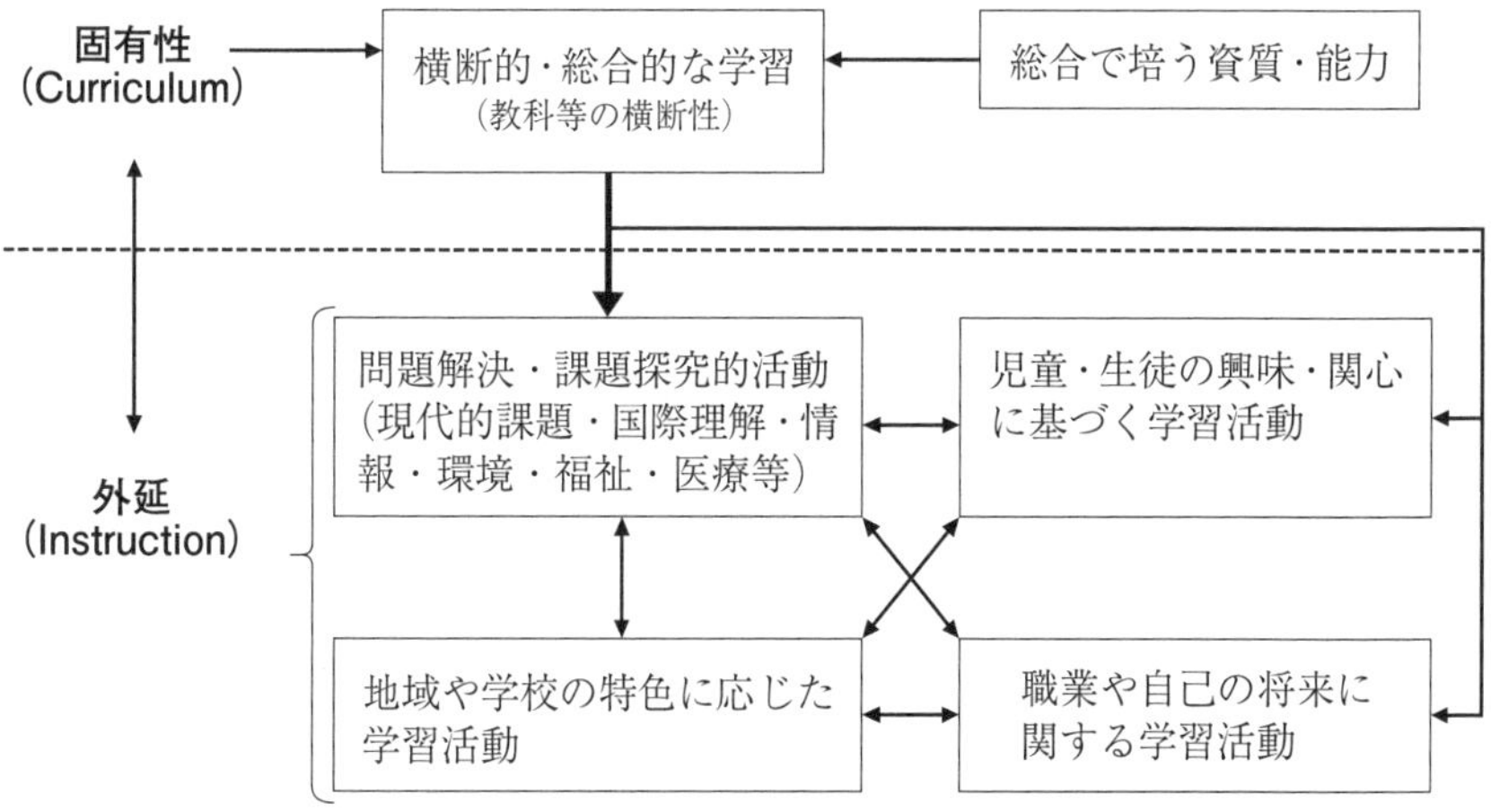

も理念レベルではあったが総合の固有性としての模索は横断的・総合的な性格にあった。特に，1998年の学習指導要領から，2008年，2017年の学習指導要領における総合の固有性（目的・内容）は，一貫して横断的・総合的な学習（2017年で教科等横断的学習）に目的が集約され，学習指導方法等の外延部分（手段―方法）についても問題解決・課題探究活動に集約されながらも，方法は拡大・深化していく構造（**図表２**）であったと捉えられる[13]。

②1998年以降の総合は，一貫してその目標・内容は各学校で定め，総合の特色は各学校がカリキュラム全体を通して育てようとする児童・生徒像の実現に生かされるべきとされてきた。この点，総合の目的はその創設以来，学校の教育目標と直接的に「繋げる」ことができるし，また，繋げる必要性が現行においてもある。特に2017年学習指導要領では，総合的な学習がカリキュラムマネジメントの「要」の位置におかれている[14]。この点からは資質・能力と教育目標，これらと総合のカリキュラムマネジメントとの連関性の必要性が一層重視されてきている。総合の固有性自体は基本的に内容上（教科等横断）においても変わることはないので，現行でも教育目標と総合の資質・能力とは重ねて吟味の必要性が形

式上からも求められるのは当然である。

先の総合のカリキュラムマネジメントの軌跡における創設期にも，実際には第Ⅱ部の多くの事例検証にもあるように，先進校の中には既に資質・能力を媒介として総合が当該校の教育目標と連関して機能しているケースが多く見られるわけで，展開期においてはそれが定着するものと推察される。

③総合の外延部分である手段（学習方法）としての問題解決，課題探究の活動は，展開期の2017年学習指導要領においても変わることはない。むしろ，アクティブ・ラーニングなどは「目標を実現するにふさわしい探究活動」と「探究活動の解決を通して育成を目指す具体的な資質・能力」の２つから展開していくものと見られている。この点，資質・能力と教育目標との連関性も後述のように同様である。

④ 各教科，総合等の各カリキュラムと学校全体のカリキュラムの組織的取り組み

見出し④の３つを通底しているカリキュラムマネジメントのキーコンセプトも連関性と協働性である。これらを動かしていくスクールリーダーの存在と機能（役割）を取り上げる。ここでは，現行学習指導要領（2017年）の連続線上でこの３つの態様に迫る視点と組織開発上のストラテジーを簡明に整理する。まず，冒頭の見出しにおける各教科，総合等の各カリキュラム，カリキュラム全体と学校全体の組織的取り組みとは，総合のカリキュラムマネジメントを中心に，その外側に順次，カリキュラム全体，学校全体としての取り組みという同心円にあってこれら３つを貫徹するのが基軸としての「連関性と協働性」の枠組みである。これは2017年学習指導要領が，既述のように学校全体として，そのカリキュラム構成に教科等横断が入ったことによるが，組織的取り組みが３つの次元で必要となる。現行においても教科等横断は実際には「生きる力」が各教科を超えて基本的に求められてきていることを考えれば，その内容上・方法上での連関性とそれを動かす教師の協働性は論理的にも

必須である。この協働性について特に強調したのが展開期における中教審答申等でもあるが，それ以前のカリキュラムマネジメント創設期の末にカリキュラムマネジメントの組織に協働を基礎にした組織体制と組織文化とを取り上げてきたのが本書（第８章）である。

以上を前提に，先の３つの次元における組織的取り組み方を，総合も含めて教科等横断的なカリキュラムに焦点を当てて以下考察する。第１の組織的な取り組みは，総合における教師個人よる組織への対応である。これは実践にあたっての「心がけ論」でもあるが，教科等の活動において，インフォーマルな機会を〈気の合った仲間同志でもよい〉見逃さずに連関性の場面を想定し自己の活動を振りかえる反省的思考を，特に校内研修等の機会を活用して自らの意思を伝えあうことがスタートである。

第２のカリキュラム全体への取り組みであるが，ここでは学年組織（会）を基盤にした教科等間（特に教科担任制の中・高校）における総合の課題探究等でのフォーマルな協働が求められる。具体的には学年の年間指導計画のp'—d'—s'のヨコの機能的連関性での，しかも教科・学年を横断する協働である。なお，学校全体のカリキュラムにおける「教科等横断」のカリキュラム内容には各教科における単元の内容間，教科間，領域間，総合的な学習の４つがある。本書では，総合に軸足を置いていることから，教科と総合（第３章），総合と領域間〈特別活動（第４章），2018年からの教科としての道徳（第５章）〉を取り上げて吟味している。

第３の学校全体の取り組みは，教科や学年等の縦割りを超えて，各分掌が教育目標（資質・能力との連関性）を対象にした教育活動における連関性を確認しつつ，チーム学校としての実践（学年や教科，年間—学期間—月・週時程の実践・評価とその改善）の態様がクローズ・アップされてくる。総合の場合，特に近年の学校の職種分化（校務分掌の多様化につながる）は，並行して協働が子どもの課題探究等においては必要となる機会が多い。また，このチーム学校には地域との開かれた理念の共有化と連携がカリキュラムマネジメント実践（特に学習環境の開発や社会教育分野）での協働には必須の課題となる。開かれた協働はポジティブな学校文化の形成や学校改善にも繋がる(15)。

以上，学年レベルでの教科等間での，そして学校全体のカリキュラムの内容・方法上での連関性とは，これらを通底した総合的確保に努めることが必要で，この場合，教科等を超えた協働を促進するスクールリーダーの活動が期待される（総合のリーダーについては第８章，第10章参照）。

この３者の関係性については，2017年学習指導要領で浮き上がってきたテーマとして構成してみたものであるが，全体的に見れば現行でも実践上において繋がるものであり，用語においてはヨコ文字が使われているとは言え，全く新たな実践を行うというものでもない。具体的に資質・能力は，①個別の知識・技能（何を知っているか，何ができるか），②思考力・判断力等（知っていること，できることをどう使うか），③学びに向かう力，人間性等（どのように社会・世界と関わり，よりよい人生を送るか）である。しかし，こうした資質・能力自体，教師間，教科間，学年間で通常においてバラバラで，教育目標への反映は形式的なのも一般的である。これを改善しカリキュラム全体を学校全体として動かしていくには（カリキュラムマネジメントレベル），教育目標レベルでの資質・能力と全体カリキュラムとを教科・学年を超えて結びつける組織的取り組みとしては，通常の教務部よりも研究開発的な専門委員会（カリキュラムマネジメント委員会，研究推進委員会）で，先の①，②，③を検討し，その実践化を日常的に図って（この場合も①，②，③を委員会に反映），往還可能な協働のできる組織的取り組みを促進するのがよい。この場合，重要なことは，学校は問題解決の場で，各教科の固有な資質・能力の見方・考え方をまずは明確にさせたうえで，教科・学年等を超えて教師が繋がる協働性を確立させることである。その場合のスクールリーダーとしての役割は，複雑な問題解決の調整的役割は当然のことだが，カリキュラムマネジメントのような教科等を超えた改革を組織的に進めていく場合，次に述べるアクティブ・ラーニングの実践では，組織における文化[(16)]（雰囲気・風土）をネガティブ性からポジティブ性に変えていく変革的リーダーであることが必要条件の一つに挙げられると考えることができる。

5 カリキュラムマネジメントとアクティブ・ラーニングとの関係

まず，カリキュラムマネジメントとアクティブ・ラーニング（主体的・対話的で深い学び）との関係性について**図表3**から説明する。

図表3は2つの円によって構成されている。左側の資質・能力の円は資質・能力間の連関性である。その理念は学校が社会と連携・協働する方向性に沿った「社会に開かれた教育課程」である。これは「子供たちが身に付けるべき資質・能力や学ぶべき内容等を分かりやすく見渡せる」こと，また「家庭や地域社会が参画し情報を共有」できる役割を果たすことを目的としている。

学習指導要領では資質・能力は，①教科等の横断的視点が「生きる力」と関わり，総合的な学習が以降一貫して組み込まれており，②知識基盤社会を背景に国を超えた現代的課題の課題解決能力の開発が必須となっている。この点で現行学習指導要領では，教科等の枠を超えた汎用

図表3　カリキュラムマネジメント（CM　Curriculum Management）とアクティブ・ラーニング（AL　Active Learning）との関係構造（曽我：2015年）

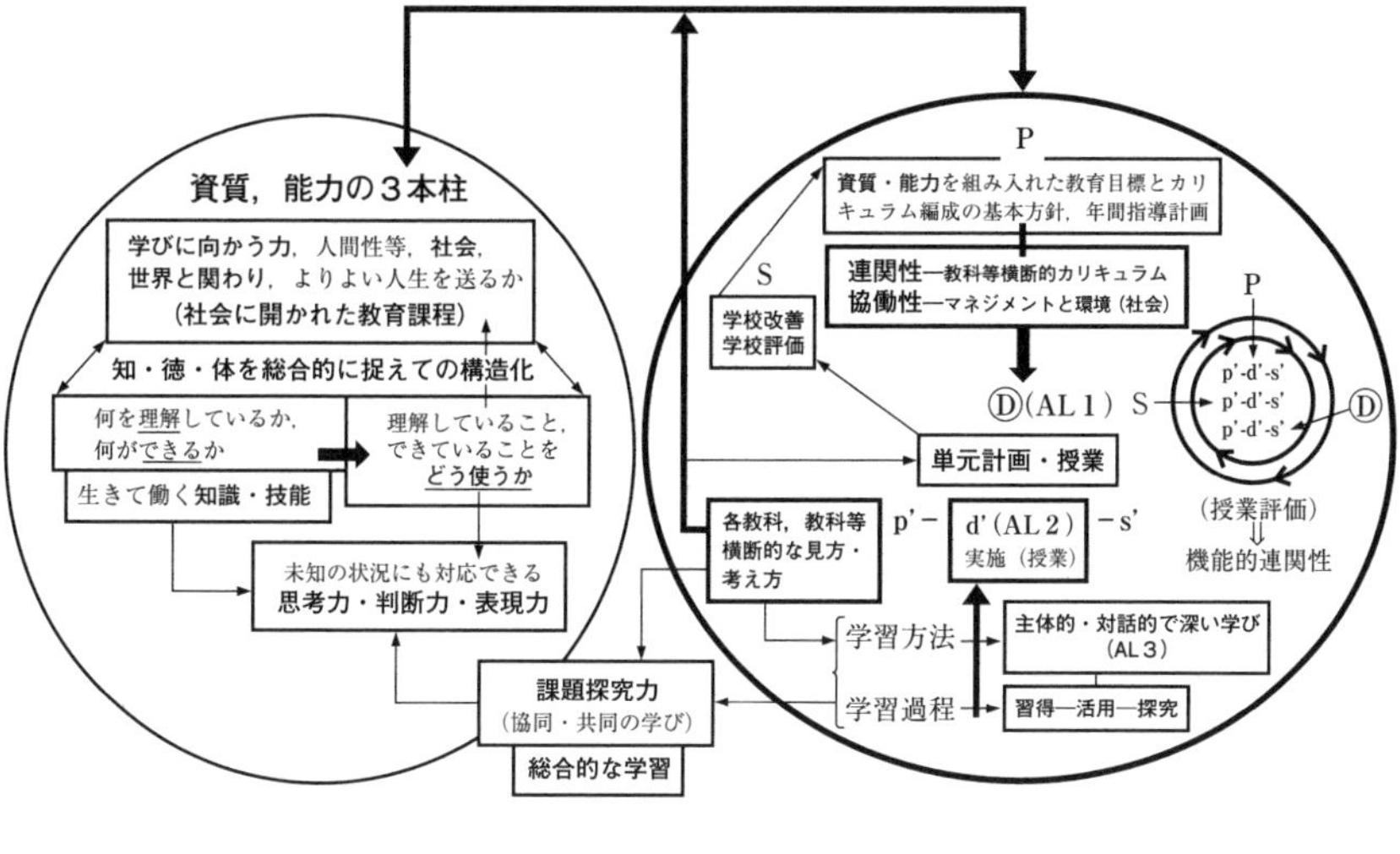

的能力が必要視され，単なる教科の知識（何を知っているか）を超えて，「何を理解し，何ができるか」（生きて働く知識・技能），できていることを「どう使うか」（活用力）という関係性を把握することを通して「思考力・判断力・表現力」を作り，「動かし，変えていく」という右側の円で表現しているカリキュラムマネジメントの発想が必要視されてきたのである。そして，これら３つの汎用的能力の開発を課題探究活動において可能にする総合的な学習を中心とする「学び」（アクティブ・ラーニング）を中心に学校全体のカリキュラムマネジメントの必要性が出てきたのである。

現行学習指導要領の「何ができるようになるのか」そのためには「何をどのように学ぶのか」「学んだことをどう使うのか」（下線筆者，以下同じ）の問いに対して，どのようなシステムの下にどのような条件整備をすれば，「生きる力」に必要な汎用的資質・能力を身に付けることができるのかを「具体的に構造化」したのが右の円のシステムである。

各学校の教育目標には児童・生徒が身に付けるべき資質・能力が込められている。教育目標の理念が生きて働くためには，即ち，教育目標を実現するためには，その理念を具体的にカリキュラム化する必要がある。教育目標を実現するというのは，求められる資質・能力を身に付けるにはどのようなカリキュラムの内容を構成する必要があるのか，そのためにはどんな条件が必要なのか，カリキュラムマネジメントの展開は実際，どうすればよいのか等，各校のカリキュラムの構成の手続き，ノウハウを示しているのが，カリキュラムマネジメントの構造化と機能（働き）なのである。

図のカリキュラムマネジメント の構成要素の一つであるPDS（CA）マネジメントサイクルのＰはカリキュラム計画（編成）を示す。Ｐは，教育目標→学校全体のカリキュラム編成の基本方針→教科等の全体計画・年間指導計画までである。この手続きの重要性は，ＰとＤを機能的に繋ぎ，Ｄの充実を図る連関性の必要性である。以下にその過程を述べる。

教育目標を実現するために，教育目標の理念には育成すべき資質・能力が組み込まれており，更に，学校全体のカリキュラム編成の方針の中に汎用的資質・能力を育成できる教育方法（例えば，コミュニケーション能力の育成等）が教科等横断の視点で組み込まれている。自分の教科で生徒が習得した知識・技能を授業でどう活用力として繋げるか，互いの教科の年間指導計画を同学年で共有する等が，自分の教科に「教科等横断の視点を組み入れる」ことの具体例である。右の円のＰ→Ｄ→Ｓの各「間」にはサブ・システムとしてのp'—d'—s'が機能的連関性として存在する。それは**各教科が各教科固有の「見方・考え方」を総合における「活用力」に繋いでいく**ことと，**Ｄにおけるアクティブ・ラーニングが教科等横断の連関カリキュラムを樹立できるように開発していく機能**である。この機能がカリキュラムマネジメントとアクティブ・ラーニングとの関係構造である。Ｐとは異なり，Ｄには子どもの姿が見える。従って特にＤにおけるp'—d'—s'の流れ〈子どもの感想や子ども同士，子どもと教師間からの「振り返り」で，「実施しようと思ったことが実行できたか」「成果はあったか」等，実際の各パフォーマンスとその評価〉の態様は重要である（生活科におけるカリキュラムマネジメントとアクティブ・ラーニングとの関係性は本書第７章参照）。

まず，アクティブ・ラーニングを通して授業のなかでディベート，話し合い等をさせることの効果はカリキュラムマネジメントにおける教科等横断の視点でのカリキュラムマネジメントとアクティブ・ラーニングとの関係性で見ていく必要がある。ここにも各教科でどんな資質・能力を付けたいか，そのためにはどの単元にどのタイミングで，例えばディベート等を入れるのが最適なのかを吟味する。そのヒントになるのが右の円のAL１，AL２，AL３である。アクティブ・ラーニングはPDSマネジメントサイクルのＤ（AL１）で行われるが，その際のアクティブ・ラーニングは，Ｄの中のp'（指導案）—d'（授業）—s'（評価）の態様を担保しているかどうかの確認，即ち，どんな資質・能力の育成に立ったものであるか，教科と道徳，総合，特活がどう教科等横断的に関わり，生徒の「活用力」を醸成していくのかをアクティブ・ラーニングのp'—d'の中で見通すことで，それがAL２である。また，s'は潜在的側面（点数化や偏差値）のみに偏ると生徒の潜在的能力（興味・関心・やる気，思考力・判断力・表現力，情操や直観力）を引き出す阻害要因ともなるので，生徒の個性や背景となる環境等を十分に考慮する必要がある。アクティブ・ラーニングにとってこの評価の在り方が最も大切である。評価の在り方が教員の潜在的カリキュラムとして生徒に影響を与えることになるからである。更に，学ぶことに興味や関心を持ち，自己のキャリア形成と関連付けながら学習活動を振り返って次につなげる「主体的な学び」が実現できているか，子供の共同，教職員や地域との対話等を通じ自己の考えを広げ深める「対話的な学び」が実現できているか，「習得—活用—探究」の学習過程の中で各教科等の特質に応じた「見方・考え方」を働かせながら知識を相互に関連付けてより深く理解し問題を見いだして解決策を練ったりと「深い学び」が実現できているか（AL３）等をs'の中で吟味しアクティブ・ラーニングを進めていくことが重要である（授業と評価の一体化）。このAL１～AL３までが，カリキュラムマネジメントのPDSマネジメントサイクルの各「間」おけるp'—d'—s'とアクティブ・ラーニングとの関係構造の具体である。そして，最後に図の左側の資質・能力と右側のカリキュラムマネジメント構造とを連関させる必要があるが，この接続こそが[3]カリキュラム内容の固有性と外延の再吟味でも述べてきた総合的な学習のカリキュラムに重視される総合の固有性であり，学校全体のカリキュラムにも通底する「問題解決・課題探究力」としての総合的な資質・能力である。

次に，上記に述べてきたカリキュラムマネジメントとアクティブ・ラーニングとの関係性について以下，①～⑤を踏まえて簡明に整理する。

①カリキュラムマネジメントの基軸である「連関性と協働性」は先の関係性においても有効に機能している。

②双方の分離はカリキュラムマネジメントにおけるＰとＤとの関係をむしろ有名無実なものとし形骸化させる。

③アクティブ・ラーニングはPDSのＤ段階（カリキュラム実施）での「単元と授業」を内包する。Ｄにおけるカリキュラムマネジメントの機能的連関性（p'—d'—s'）について，例えば2016年中教審答申での「習得・活用・探究の学習過程」の説明を読み込んでみる[17]。

④資質・能力の育成に相応しい「授業」は学校全体のカリキュラムマネジメントと不可欠な関係にある。
⑤アクティブ・ラーニングにも４Ｍ（人，もの，財，組織と運営）が当然必要である。④とも関連するが，アクティブ・ラーニングの授業は教科等横断に関わるので，人と組織・運営が重要な要素であるティーム・ティーチング（Ｔ・Ｔ）が不可欠である。しかも，「教科」Ｔ・Ｔと教科を超えた「異教科」Ｔ・Ｔとが必要である。

以上，アクティブ・ラーニングのこれらの特色は，従来の主たる学習形式である講義形式は知識伝達には効果があるが，学習者が主体的に学習活動を展開し，意欲的・積極的に「共同」の学びを生かすことにより，授業が持つ潜在的な活力（学力）を引き出すという潜在的カリキュラムの点からも注目される。従って，カリキュラムマネジメントはある特定の授業方法を指すものではなく，新たな時間を確保しなければできないものでもない。現在行われている課題探究活動等の更なる改善・充実に向け，「主体的・対話的で深い学び」の視点にたち，単元や題材のまとまりのなかで指導内容の連関性を図りながら授業の質を高めていくものである。その意味で，本書の事例分析で取り上げている多くの事例はアクティブ・ラーニング のねらいのもとでも有効である。

そこで，日本の教科等の横断的カリキュラムに類似性の極めて高いアメリカのConnected Curriculum（以下，CCと略）の総合的学習の事例をカリキュラムマネジメントとアクティブ・ラーニングとの視点から述べることにする。

取り上げる事例は，アメリカ・ウィスコンシン州ユークレア（Eau Claire）ロビンソン初等学校（Robinson Elementary School）のレベッカ・マートソン（Rebecca Mattson）教師らによる第５学年対象の「Interdependence」を単元テーマとした教科横断的学習の内容構成である。具体的には「Interdependence」に付随する単元名は，「共に生きる（共生）」（Let Piece it Together !）である。

ウィスコンシン州教育省は，1983年に全教科・領域でカリキュラム計画の『ガイド』を発刊し，次いで1997年に同教育省によって『連関カリキュラムと実践的研究の手引き』（A Guide to Connected Curriculum and Action Research）を発刊して，現在に至るまで全米で各教科等の連関性に関してカリキュラム開発の先駆けとなっている。

この事例はカリキュラムマネジメントの創始者である中留が科研[18]を通して行ったカリキュラムマネジメント研究対象の事例校の一つでもある。

関係教師全員によるCCの教科等横断的カリキュラム開発として，まず，教科横断的カリキュラムに関わる内容が州や連邦レベルの標準に対応しているかの確認を行うために同学区のカリキュラム大綱（standard）の吟味をした上で，各教科等が「共に生きる」にどのように連関していくのかについて，各教科等からの単元の洗い出しを行い，それらの共有化を図り，カリキュラム編成の基本方針をつくっている。

具体的にはまず，関係教師たちが「共生」の概念を総合化（連関化）し，教科等横断的カリキュラムのフレームをつくり，それを通して子どもたちが各教科の特定の内容に焦点をあてて学習に興味・関心をもって取り組んでいきやすいように工夫している。例えば，理科では「動物，ライフサイクル，修正，適応，危険，消滅，食物連鎖」，文学では「物語，寓話，実話，参考資料」，健康では「住民の健康，問題解決，コミュニケーション」，算数では「統計，図表・グラフ，測定，問題解決」，表出では「前段，中段，背景，チームプレイヤー，楽器，伴奏」等，単元「共に生きる（共生）」における教科横断的カリキュラムに関連する各教科の単元である。

次に，各教科の教師はこれらを踏まえて「共に生きる（共生）」のカリキュラムのフレームをつくる。例えば理科では「動物はそのニーズ，即ち，食物連鎖，すみか等に応じて環境に依拠している」「野生動物のなかには保護されるものもいれば消滅していくものもいる」「多くの便利品のなかにはウールや皮等，動物から搾取されるものもある」，健康では「健康に関わる仕事を説明する」「地域住民が健康問題を解決するためにいかに協働していったらよいか，事例を学ぶ」「生活のサイクルには多様な段階があることを明らかにする」等，こういった教科等横断的カリキュラムのフレームをつくる。

そして次に，この各教科のカリキュラムフレームを通して各教科で学んだ知識・技能が，総合的学習で「生きる力」として活かされるように「共に生きる（共生）」の本題「Interdependence」に迫るための問題提起となるような設問をつくる。具体的には，「あなたの行動のなかで身近な人間・動植物にどのような影響を及ぼしているか」「人間が環境に変化を及ぼすことによって何か間違ったことが起きてしまったのではないかということに思い当たることはないか」「私たちはなぜお互いがお互いを必要としなければならないのか」「人間が生き残るためには何が必要か」「あなたは地域に今，もしくは将来，何を提供しなければならないか」「どうやったらあなたの長所を伸ばし，短所を改善することができると思うか」等である。

そして最終的に，子ども一人一人が「Interdependence」を自分のテーマとして捉え，どうすれば自分の目指す「共に生きる（共生）」住民となり得るのかを，子ども一人一人が体験を通して考え，学び，今，そして将来，行動するために必要な指針を得るための学習活動として，下記の①～⑦の各項目を総合的学習の教科横断的カリキュラムとして提示している。

①子どもに，動物に関する参考資料を活用させて短い資料や報告書にまとめさせ，各自の学習計画を提示させる。

②当該地域に定住した「最初の人々」の情報をまとめさせ，その資料を基にその土地の重要性や人間と野生動物との関わりをよく理解させる。

③第５学年全体で，人間がそこに移住するようになるまでの当該生息地に関する壁画をつくらせる。また，象形画や想像図を書かせたり，オジブア人（Ojibwa People）の歴史や文化面を体験させる。

④池，森，川の生活，及び他の森林地域といったような生息地ごとにグループをつくる。

⑤人間が当該地域に居住するようになってどのような影響を与えるようになったか。

⑥人間が自分たちのコミュニティで相互援助するとはどういうことか。
⑦「わが市」という「ジュニア・アチーブメント・プログラム」を立ち上げ，教科を通して地域住民と交流させ，地域のなかで担っている重要な役割を理解させる。さらに，地域住民の職業を通してどのようなビジネスを当該市で展開しているのか，また個人が自らの技能をどのように適用しているかを発見させ，将来の職業の発展のためにはいかに教育が大切であるかを理解させる。

上記の事例から，アメリカのCCと日本のカリキュラムマネジメントの総合的な学習と教科等の横断的カリキュラムを開発していくための共通点は，２つ以上の教科等のクロス，及び教科等で習得した知識・技能を学校内外の体験学習を通して活用力に繋げることであり，そのためには，教師間の協働，子ども同士の共同，子どもと教師の意思疎通，保護者や地域の参画及び学区と各学校の組織体制等が整備されていることが伺える。その根拠を以下に説明する。

第一に，この教科横断的カリキュラム「Interdependence」のカリキュラムの内容全体が州や連邦レベルの標準に対応しているかの確認を関係教師全員で行っている（組織体制の整備）。その上で各教科等の単元の洗い出しを行い，教科等横断的カリキュラムのフレームをつくり，関係教師全員でその情報を共有化している（組織体制の整備）。情報の共有化によって，自分の教科を越えて他教科を互いに学び，自分の教科との接点を見出すからこそ，自分の教科のカリキュラムのフレームにおいて「Interdependence」が「共に生きる（共生）」とどうつながるのかを導くための問題提起の項目を関係教師全員で知恵を絞って作成することができている。このようにして，入念な手続き過程を経て教科横断的カリキュラム編成を行っている。日本のカリキュラムマネジメントの場合，各学校の教育目標で掲げた育成すべき資質・能力の実現（理念）をカリキュラム化するために学校全体のカリキュラム（P—D—S）におけるそれぞれの「間」の態様のなかで，総合の教科横断的カリキュラムの編成（カリキュラムマネジメントの機能的連関性に該当，本書第６章，第７章②２⑵参照）を位置付けている。アメリカのCCの場合も，各教科と総合の目標の接点を各教科と体験学習とを機能させながら，教科横断的カリキュラムの開発をしている点は同様である（カリキュラムマネジメントの機能的連関性に該当）。

この一連の作業の特徴は，教科を越えた教師間の協働が必須であること，学校全体のカリキュラムPDSにおいて各教科間とのクロス，各教科と総合的学習とのクロス等が機能的に統合（連関）されていること（カリキュラムマネジメントの機能的連関性に該当）であり，このことは教科横断的カリキュラム開発のための組織体が整備されているからこそ可能であると考えられる。この態様は日本のカリキュラムマネジメントの構造化（基軸）におけるカリキュラムマネジメントの「連関性」とそれを支える「協働性」と同様である。

第二に，「Interdependence」を「共に生きる（共生）」につなぐための総合的学習の教科横断的カリキュラム上記①～⑦について，カリキュラムマネジメントと アクティブ・ラーニングとの関係性を踏まえて学習過程「習得⇔活用⇔探究」に沿って説明する。

まず，学習過程「習得⇔活用⇔探究」を通して，総合的学習と各教科等の目標をつなぐ「連関性」がつくられていき，それを実践（授業）していく段階が，学校全体のPDS マネジメントサイクルのDにおけるアクティブ・ラーニングである。よって，アクティブ・ラーニングの効果は，PDSを機能的につないでいくカリキュラムマネジメントの構造化のなかで発揮されるのである。アクティブ・ラーニングを形骸化させないためにも，アクティブ・ラーニングの授業計画（P）は，上の第一で述べたように学校全体のカリキュラム（P―D―S）におけるそれぞれの「間」の態様を通して行うことが必要である（本書第7章[2] 2(2)参照）。この点を以下に，同事例で説明する。

この事例では，まず，歴史，算数，理科，社会科，ダンスや劇，ビジュアルアート，体育，市民科等の各教科が，教科間連関や教科と総合との連関を行っている。例えば，当該地域の定住の歴史や野生動物との共存について，歴史，理科，社会科等の単元で学び（知識の習得），その土地の重要性や人間と野生動物との関わりや原住民の文化的側面についてより理解を深めるために，子どもたち自身が壁画，象形画や想像図をつくり臨場感を出す工夫をしている（算数・社会科・ダンスや劇・ビジュアルアート等の教科間連関と総合的学習との連関）。

次に，当該居住地の環境状況について理解を深めるために，人間が当該地域に居住するようになってどのような影響を与えてきたのかを学び，「わが市」という「ジュニア・アチーブメント・プログラム」の中で，地域の人々との交流を通して自分たちのコミュニティで相互援助の大切さに「気付き」，そのために自分が果たす役割について意識させるようにしている（社会科・市民科の教科間連関と総合的学習との連関）。

このように，「Interdependence」の中身はただ教科の中だけに収める事項ではなく，自分の将来の生き方・在り方をより明確にするために，「共に生きる（共生）」とは具体的にどうすることなのかについて，P—D—SのＤ（授業実践）の段階で，歴史から「今」の実態，例えば人間と動植物との関係性，自分の居住地の実態から見えてくる改善等について自分と関わる人々との現実がより明確に認識できるように，アクティブ・ラーニングの授業計画（Ｐ）が行われている。このことは上の第一で説明したように，整備された組織体制における機能的連関性が図られているからだと推測される（カリキュラムマネジメントの「連関性」に該当）。

以上のように，アメリカの総合的学習の教科横断的カリキュラム（CC）も，日本のカリキュラムマネジメントとアクティブ・ラーニングの機能と同様，教科等の知識・技能（**習得**）を総合的学習の見方・考え方と関わらせ，体験活動を相互に作用させて，思いや願いを実現しようとし，よりよい生活に向けて更に興味・関心の幅を広げ（**活用**）学習しようとする（**探究**）資質・能力を育成するカリキュラムであると推測される。

〈注〉

(1)教育改革と学校改善，そしてカリキュラムマネジメントの３つの関係性についての言説は，中留武昭「学校改善研究の再吟味と残された課題づくり—学校改善のパラダイムと研究上の位置づけ，その成果の吟味—」『学校改善の支援に関する

国際比較研究』日本教育経営学会国際交流委員会，2015年参照。

⑵セミナーでは，イギリスのM. スキルベックによる「学校を基礎にしたカリキュラム開発」（SBCD）を基にしてM. アトキンによるカリキュラム開発（CD）が提示された。このカリキュラム開発観は日本のそれまでの上からの教育課程観に対して，各学校が自律的・主体的にカリキュラム開発することへの重要性を多くの研究者・実践者に及ぼしたが，中留によるカリキュラムマネジメント観からは，カリキュラム開発のカリキュラム観は内容・方法上で教師，学習者の主体性に偏しており，マネジメントへの気づきがみられないと評している。中留武昭「今，なぜカリキュラム・マネジメントなのか」『教育課程ライブラリー』Vol.５，ぎょうせい，2016年。

⑶中留武昭「顕在的カリキュラムと潜在的カリキュラム」辰野千壽監修『教育評価事典』図書文化，2006年。

⑷この論争の整理についてはその後，多くの研究者が行ってきている（中留武昭「近代化―現代化論争」日本教育経営学会偏『教育経営研究の軌跡と展望』ぎょうせい，1986年）。この論争においてもカリキュラムの内容とマネジメントの関係性については授業レベルでの調査に終わっており，カリキュラムマネジメントの視点からの認識はなかったと言える。

⑸中留等〈等としたのは中留を中心にした主として田村知子，曽我悦子等の研究者〉によるこの概念は1998年に総合的な学習のカリキュラムマネジメントの研究（科研費，代表者）を機に生み出されたもので（以下の①），その後の一連のカリキュラムマネジメントを対象にした継続研究（いずれも科研，中留代表）で確立されてきたものである。まず，先の概念におけるキーワード「連関性」と「協働性」を合わせて「基軸」とし，これにPDCAを導入した最初の研究成果については①中留武昭編著『総合的な学習の時間―カリキュラムマネジメントの創造』日本教育綜合研究所，1999年，次いでカリキュラムマネジメントの目標としての学校改善，そこにおける学校文化（組織文化）とリーダーシップ行動の導入は②同編著『学校文化を創る校長のリーダーシップ―学校改善への道』エイデル研究所，2001年，また，組織体制と組織文化の導入は③同『カリキュラムマネジメントの定着過程―教育課程行政の裁量とかかわって』教育開発研究所，2005年，学外との協働性に焦点を当てた言及は④同著『学校と地域を結ぶ総合的な学習―カリキュラムマネジメントのストラテジー』教育開発研究所，2002年，カリキュラムマネジメント概念については研究同人，田村知子との研究上での共有化が行われた⑤『カリキュラムマネジメントが学校を変える』学事出版，2004年，曽我悦子との共有化は⑥『カリキュラムマネジメントの新たな挑戦』教育開発研究所，2015年である。なお，カリキュラムマネジメント概念の田村，曽我との共有化だけではなく，第２章でのカリキュラムマネジメントの構造化も同じグランドデザ

インに立っての共有化である。

⑹松尾知明『未来を拓く資質・能力と新しい教育課程―求められる学びのカリキュラム・マネジメント』学事出版，2016年，61頁。

⑺山﨑保寿『「社会に開かれた教育課程」のカリキュラム・マネジメント』学事出版，2018年，47-48頁。特にここでは，用語としてのカリキュラム・マネジメントの定着過程のリストを作り，その中でこの用語が中留によってつくられ，以降広まっていくことを記述している。

⑻実践ではカリキュラムマネジメントの仮説検証型，開発型研究等がみられる。例えば大道伸幸等の広島県立教育センターでの前者の型の「カリキュラム・マネジメントに関する研究―先進校の取組事例の収集・整理分析を通して」2019年等，数多い。

⑼この点の記述は先の注⑸の①，③で，その背景についての再確認は，同⑸の⑤の著参照。

⑽論点整理と学習指導要領の内容はほとんど同義であるが，ここでは論点整理で出されたカリキュラム・マネジメントの３側面と先の中留等による概念定義のキーワードに整理してみたものを図表として整理した。

なお，2017年学習指導要領（総則）で示されたカリキュラム・マネジメントの概念では，先にカリキュラム・マネジメントの内容を記述し，まとめて，以下，「カリキュラム・マネジメントという」という表現になっている。ここでは，学習指導要領での概念記述を先の３つの側面に焦点を充ててキーワードで示すと以下のようになる。傍線がキーである。

「各学校においては，①教育の目的や目標の実現に必要な教育の内容等を教科等横断的な視点で組み立てていくこと，②教育課程の実施状況を評価してその改善を図っていくこと，③教育課程の実施に必要な人的または物的な体制を確保するとともにその改善を図っていくことなどを通して～教育課程に基づき組織的かつ計画的に各学校の教育活動の質の向上を図っていくこと」（①は連関性，②PDCAサイクル，③は協働性，組織体制・組織文化に相当する。これらの概念定義の構造化は本書第２章で行っている）。

⑾『総合教育技術』小学館，2016年１月，15頁。

⑿竹内久顕「次期学習指導要領におけるカリキュラム・マネジメントの理論と方法」東京女子大学『論集』第67第１号，2016年９月。

⒀我が国では実践レベルで内容よりも方法が重視されてきた。背景には，戦前では国家主義による縛り，戦後から今日の実践においては教科書の内容上の縛りの観念が根強く，この文化が基準としての内容以上に方法に教師の関心が根強く潜在している。アメリカで根付いているCurriculum & Instructionの文化とは異なる。

⒁この点，改訂学習指導要領では，「各学校において定める目標を踏まえ，総合的

な学習の時間を通して，育成を目指す資質・能力を示すこと」(第５章　総合的な学習の時間の第２の３⑴) と今一つ「教育課程の編成に当たっては，学校教育全体や各教科等における指導を通して育成を目指す資質・能力を踏まえつつ，各学校の教育目標を明確にする」(第１章　総則の第２の１) とある。ここで重要なことは，両規定は相互参照となっていて，後者の「総則」においては「その際，第５章総合的な学習の時間に基づき定められる目標との関連を図るものとする」とあるように，改訂においても総則と関わり総合的な学習の重視がわかる。

⒂開かれたポジティブな学校文化の形成に向けた教師間の協働を検証した研究に中留武昭編著『学校文化を創る校長のリーダーシップ―学校改善へ道』エイデル研究所，1998年がある。

⒃組織体制と組織文化との実証を含めた考察は本書第８章。

⒄知識の習得 (既習の知識の確認・課題把握) s'→活用・探究 (計画の立案) p'―d'―s'観察，レポート作成d'→振り返りs'→活用・探究 (計画の立案) p'―d'―s'観察，レポート作成d'→振り返りs'→知識の習得 (新たな知識の習得) s'→前時の知識の確認s'→新たな課題の把握s'→活用・探究 (計画の立案) p'―d'―s'観察，レポート作成d'→まとめ (深い知識の習得) s'となる。

⒅文部省科学科研費「総合的学習のカリキュラム開発を促進する経営的要因の抽出に関する研究」(研究代表者 中留武昭，平成10-11年度)。なお，この事例は，中留武昭編著『総合的な学習の時間―カリキュラムマネジメントの創造』第Ⅵ部第７章「総合的学習と標準カリキュラムとの連関性」日本教育綜合研究所，平成13年１月28日，ｐ389-392。

第2章　カリキュラムマネジメントのパラダイムの構造化

第1章では，カリキュラムマネジメントをめぐる実践的・研究的な流れを述べてきたので，本章では，さらにカリキュラムマネジメントの理論的枠組み（パラダイム）にまで踏み込むとともに，このカリキュラムマネジメントの理論を使って，実践への適用を図った場合の態様を検証し，次いで，それらの結果等をも一部において踏まえながら，総合的な学習にカリキュラムマネジメントを組み込んだ場合，これまでの実践・研究からそこにどのような課題が見えてくるのかを，第3章以降につないでいくための手がかりとして提示する。

1 カリキュラムマネジメントのモデルの吟味

1　モデルの構造化の内容と経緯

第1章で見たように，学校改善に結びつくカリキュラムマネジメントが内包しているカリキュラム自体の性格は，結局，顕在的カリキュラム（見える学力としてのカリキュラム）と潜在的カリキュラム（見えない学力としてのカリキュラム）の両面，また，工学的アプローチと羅生門的アプローチの両面を総体として位置づけることにより，ここにも連関性が必要になるものとしてこれを捉えることである。そして，これら連関性を含めた総体を人間形成という教育目標に内在化させているのが，教育経営的視角から見たカリキュラムマネジメントのパラダイム（グランドデザイン・モデル）ということになる。

そのパラダイムの構造を，従前の「教育課程経営」研究から実践や研究をいっそう「広げ」(enlargement),「深化」(enrichment) させていくためには,「カリキュラムマネジメント」の概念を中心にしたパラダイムの全体構造化が必要である。そこで, 以下には, カリキュラムマネジメントの概念用語の再確認 (すでに第1章で述べてきた点) を含め, 概念のパラダイム化を図る。

まず, カリキュラムマネジメントのコンセプト (概念) を再度取りあげると, カリキュラムマネジメントとは, 学校の裁量権の拡大を前提として,「学校の教育目標を実現するために, 教育活動 (カリキュラム) の内容上, 方法上の連関性と条件整備活動 (マネジメント) 上の協働性との対応関係を, 組織構造と組織文化とを媒介としながら, PDCAサイクルを通して, 組織的, 戦略的に動態化させる営み」のことである。このコンセプトのパラダイムを構造化したのが**図表1**である。

カリキュラムマネジメントの最終目的は, 教育的エコロジー観を前提とした学校改善にあるが, その中核は, 当該校における教育目標 (理念) の具現化自体にある。カリキュラムマネジメントが成立するためには, 各学校 (校長) の裁量権 (規制緩和) が制度的にも確保されていることが必要である。しかし, カリキュラムについての裁量拡大は, 総合的な学習はむろんのこと, 学習指導要領改訂の経緯のなかでは, これまでにもかなり進展してきたのだが, 人的・予算的な条件整備においては, 今まだ少なくない課題として残されている。

さて, カリキュラムマネジメントの構造は, 基本的に教育目標の具現化 (actualization of educational goals) のための教育活動の内容・方法 (curriculum as contents and methods of educational activities) と, それを支える条件整備 (management as providing and maintaining the conditions) の双方 (カリキュラムとマネジメント) の対応関係 (connection　④−1〈番号は**図表1**のグランドデザインのなかの番号。以下同じ〉) から構成されている。そして, それらを合体させた内部構造としては, 前者のカリキュラムについては「基軸」(基本となる原理　fundamental axis) が, 後者については, 少し複雑ではあるが, P—D—C—A (P—D—S　③) サイクルと, このサイクルを支援することになるリーダーシップ (leadership

図表1　カリキュラムマネジメントのパラダイム（グランドデザイン）

〔カリキュラムマネジメントの基軸図としてグランドデザイン初出（世界授業研究学会〈WALTS〉於東京大学，中留他，2011年）〕

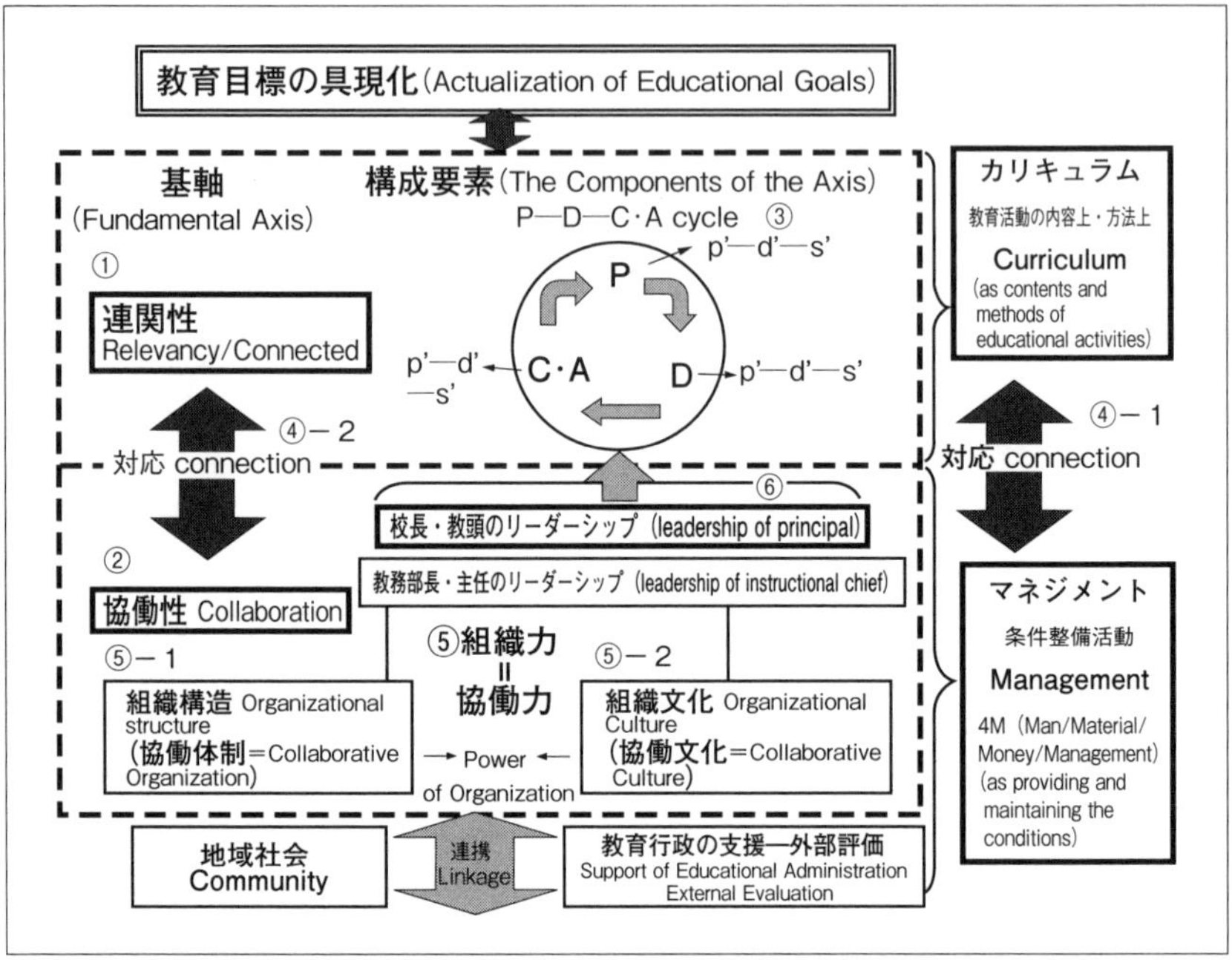

⑥）とその組織力（組織構造　⑤－1と組織文化　⑤－2）の合成力（power of organization　⑤）としての協働力がマネジメントの中核としての構成要素（components）に位置づいている。また，組織構造と組織文化とがそれぞれにおいてポジティブな在り方として機能している場合，前者は協働体制（collaborative organization）であり，後者は協働文化（collaborative culture）といわれる用語で表すことができよう。

なお，このPDCAサイクルは，理論的にはマネジメントの機能であるが，カリキュラムの教育活動としての内容・方法（特に内容）とも結合して機能していくことが要求される。こうした意味での全体をトータルに展開していくことがカリキュラムをマネジメント（学校経営）していくことであり，これは広い意味での「組織化」といわれるものでもある。

また，先の基軸は２つの原理から構成されていて，一つがカリキュラムの内容・方法上，そして機能上の連関性（Relevancy/Connected　①）であり，今一つがマネジメントの協働性（Collaboration　②）である。なお，この協働性はマネジメントの条件整備でもある４Ｍのなかでも，人・物（情報）・予算の３Ｍを統括する狭義のマネジメント（Ｍ　管理・運営）の中核的な存在でもあり，かつ，先の連関性との対応関係（相補関係）を形成している基軸の一つとしても機能している。

それだけではなく，協働性は，構成要素の組織構造と組織文化との相補関係をポジティブな関係として合成していく際のキーとなる用語（協働体制・協働文化）でもある。なお，基軸と構成要素との関係は，前者を後者が支援（サポート）する対応関係にある。

そして，この内部構造を外部から支援する関係にあるのが，地域社会（community）と各種の教育政策の執行機関でもある教育行政（educational administration）である。この双方は連携（linkage）という形において，すなわち，学校内部との関係においてカリキュラムマネジメントをソトから支援する。

以上が，パラダイム構造の説明であるが，それぞれのキーワードについては，本書の全体の事例を通して実証を兼ねながら，各章において説明を加えていく。実際に，この構造のデザインを全て統合的に満たしてカリキュラムマネジメントを実践している事例は極めて稀で（実践的な開発的研究が期待される），その点では，教育課程経営研究と同様に「理念止まり」とも評されよう。カリキュラムマネジメントの必要性をはじめ，上の構造の各部分の検証は，以下の多くの事例を通して行っていくが，研究方法でいえば説明的研究としての特色を持っている。

2　基軸の原理と機能

次に，上のカリキュラムマネジメントのパラダイムモデルのなかでも，車のエンジン部分にあたる「基軸」のなかの「連関性」と「協働性」について，この双方はモデルのなかの構成要素（組織構造・組織文化），そして双方の合成である組織力（リーダーシップ）の方向性を規定する基盤なので，その構成上の原理を考察することにしたい。

(1)　連関性の原理

この連関性については，第１章でカリキュラム研究や実践と関わってその態様について述べ，かつ，具体的には，学習指導要領のなかにもその必要性が見られること等を述べてきたが，ここでは，具体的なケースを説明材料として取りあげながら原理と機能とを論じていく。

まず，「基軸」について，最初にこの用語を使ったのはカリキュラム研究サイドで，それは1993年の扇谷尚氏（以下，敬称略）にまで遡ることができる。扇谷は当時，臨教審答申を経て平成元年の学習指導要領で個性尊重の教育が新しい教育理念として打ち出されたのを契機に，カリキュラム概念の再吟味を試みている。その際，個性開発をねらう授業システムのカリキュラム構成の視点から見た，教育システム変革の「基軸とはなにか」（傍線，筆者）を論じた。そこでは，学習者中心―学問中心，行動・具体化―理論・抽象化，柔軟性―厳密性，統合―断片化の４つの「基軸」を，いずれも両極をもつ連続体の用語として提示している[1]。そして，扇谷自身は，結論的にはこれらの各対になっている，いずれも前者の基軸の在り方を個性開発のカリキュラム構成にはふさわしいとするカリキュラム論を展開している。

このうち，「カリキュラムマネジメント」の基軸の一つである「連関性」に焦点をあてた場合に特に注目されるのは，最後の「統合―断片化」に関わる基軸である。カリキュラムの統合性こそは，合意され，設定された学校の教育目標の具現化に配慮しつつ，究極的には様々な学習経験を学習者の生活と意味深く関連づける，すなわち「連関《れんかん》」させることで，その態様によってカリキュラムの質の高さが確保されることになる。扇谷によれば，統合の場合，ⓐ様々な教科や領域の学習経験を相互に関連づける，ⓑ学習経験を個々の学習者の内部にある意味行動と関連づけるという２つの次元があるとし，自らは知識の内面化を担保しているⓑの統合化の次元を個性重視のカリキュラム構成論の原理としている[2]。

知識の内在化をカリキュラムの内容上の構成原理とするこの見解は妥

当ではあるが，カリキュラムの基本的な在り方として，学校での子どもの学習経験の内部の各要素を目標に向けて総体として関連づけ，編み出し，動かし，これを変えていく動態的な活動を条件整備と関わって特に重視するマネジメント論からすると，扇谷の分類でいえば，統合化を促すⓐの立場，すなわち，学習経験の統合への機会を教科・領域との相互関連において促す視点の方をとることになる。

この立場をとると，再編の在り方において，当然のことながら，カリキュラムの内容・方法上の連関性に合わせる形で，教科や領域を超えた「協働」の仕事や「協働」の文化の在り方をはじめ，絶えざるカリキュラムの再編（P—D—Sサイクル）による継続的な学校改善までもが研究上・実践上の課題になってくるわけである。マネジメントマインド（マネジメント思考）では，指導計画にしても固定的・安定的には捉えず，不断に，しかも柔軟に単元を変え，配列を動かしていく発想を重視する。

(2)　連関性の概念と対象

カリキュラムマネジメントの基軸である用語としての「連関性」については，より平易に「関連性」（関連づけ）をはじめ，「関係性」とも同義と解しても差し支えない[(3)]。カリキュラムマネジメントにおける連関性を検討していくうえで重要なことは，教育の目標系列での連関性は統合に向けての手段であるということである。統合するために，カリキュラムの内容上・方法上における連関性を見出すことである。また，カリキュラムマネジメントにおける連関性を媒介とした「統合」は，学習者の学習経験の統合という狭義での統合だけではなく，マネジメントマインドからは，連関性には「ヨコ」と「タテ」が想定される。

①内容・方法上の連関性

まず，「ヨコ」の連関として，各教科・科目間，単元間，教科と領域間，教科と総合的な学習の時間との間，それに社会的要請を背景にした現代的な課題（例えば，環境，キャリア教育，情報教育，食育等，いずれも学年内，学年間，学校全体を射程に入れる）における，カリキュラムの内容上での「つながり」が必要となる。それが必要な最たる理由は，分断

(分化) は生きている人間のトータル性を断ち切る危機とつながるからである。これを避けるには，全人的・調和的発達観につながる「統合的・総合的存在」としての人間観に立つ必要性がでてくる。したがって，当然のことながら，カリキュラム論としては，Interdisciplinary[(4)]，Integrated, Connected, Cross等のCurriculum論までもが視野に入ってくる。しかし，現実には，田村知子氏（以下，敬称略）による福岡市の教務主任対象の調査によれば，こうした「関連」を意識しての授業は，必ずしも行われていないと分析されているが[(5)]，この傾向はおそらく全国的なものと言えよう。

目標系列での「ヨコ」の連関性には，今一つ，学習方法上（学習活動・指導方法）での連関性がある。仮に内容上では「つながり」ができなくとも，学習過程，学習指導の方法，学習活動の形態，指導体制，学習評価等において「つなげる」ことが可能である。中・高校で教科内容としてはつながりにくくとも，学習指導や生徒指導の方法において，共通のテーマのもとで校内研修が展開可能なことが，方法上の連関性の根拠となる。この点で，2008年の学習指導要領において６つの横断的な改革事項（言語活動や体験活動，伝統・文化等）が登場して，いずれも教科を越えての連関性が必要な実践が浮上してきたこととも関わって，特に方法上での連関性が問われる状況も増えてきた。

また，以上のような学校内の教育活動での連関だけではなく，総合的な学習をはじめ，家庭学習の習慣化等，家庭や地域とのカリキュラムの内容上での「つながり」も必要とされるようになり，連関の必要性とその対象は新たに広がりつつある。

②機能的連関性

次に，目標系列での「タテ」の連関性として最も典型的なのが，教育活動におけるP—D—Sのマネジメントサイクルの段階ごとの時系列での「つながり」で，曽我はこれを機能的連関性（**図表２**）と命名している。ここには，資質・能力と教育目標，そして学校全体のカリキュラム編成との連関性から始まり，学年と学級の活動の相互の連関等がある。また，方法上の「連関性」としては，知識・技能の「習得」から「活用」

「探究」への学習過程の流れのなかでの連関性等もある。いずれにせよ，こうした内容上・方法上の「つながり」には，教科や領域，学年を越えた教師間での「つながり」，すなわち「協働性」が必須となる。

カリキュラムマネジメントが登場してきた経緯については，第1章で論じてきたように，直接的には総合的な学習の創設とつながって，そのための「受け皿」から始まったが，今日では，カリキュラムマネジメントの対象は，各教科・領域をはじめ，現代的な課題，学校全体のカリキュラムのマネジメントにまで拡充している。そこで，ここでは，カリキュラムマネジメントという名を冠した典型的な連関性のストラテジーを取りあげ，若干の説明を試みる。

③内容上の連関性の具体例

内容上の連関に関しては，２つのケースを取りあげる。

連関自体を学校の教育活動全体の再編による改革というレベルで捉えた場合，最大の改革は単元全体の再編によるカリキュラム改造があげられるが，これは学習指導要領の枠組みを超えるような場合，すなわち研究開発学校が対象となるケースである。例えば，新潟県上越市立大手町小学校では，期待する資質・能力の充実・発揮（自立・創造・共生）という面から，現行学習指導要領に基づく教育課程の手直しでは不十分との認識のもと，従来の各教科・領域の単元内容の厳選や新たな教育課題への対応を「連動」（ママ）させて，新たに7単元群の構想による「にじ色の夢」と題したカリキュラムを構築した(6)。構築に際しては，単元内・単元間の連関性が学校全体レベルで当然に要求されてきたのである。

一般に，学習指導要領の法的拘束性を超えた新しいカリキュラム開発には，学力観の吟味を前提にした，カリキュラムの内容上の連関性を十分に認識したうえでの再構築が必須となる（こうした例外的対応ではなく，一般の学校においても，学校改善を目指したカリキュラムマネジメントが要求されてくる）。

この大手町小学校を含めた上越市では，2009（平成21）年に，上越市立教育センターと上越カリキュラム開発研究推進委員会との共同により，教育行政サイドから，学校が主体的に「カリキュラム・マネジメント能力の向上」（傍線，筆者）を図ることができるよう，『上越カリキュラム』のいわば「ガイドライン」を作成することに成功している。

この『上越カリキュラム』の特色の一つと見られるのが，「視覚的カリキュラム表」（単元・題材配当一覧表）の作成を各学校でできるようにIT化されていることである。「視覚的カリキュラム」とは，自校の特色が視覚的に現れるように，単元相互の関連や教科間の関連を明示したもので，これを作成（クリック）することで，様々な学習活動を貫く，特色ある取り組みが浮かびあがってくるものとされており，学習内容の構造化と体系化が図れるツールとなっている。関連を維持することで，教科，道徳，特別活動，総合的な学習の時間など，どの単元において課題解決に向けたアプローチをするかが分かるように工夫されているのが「視覚的カリキュラム」である。単元間の「かかわり」や年度内のバランス等が一目でわかるようになっている[(7)]。このカリキュラム表を活用することで，少なくとも①目指す子ども像を明確化・共有化でき，②教科横断的な視点でカリキュラムを見つめることができ，③今日的課題を視覚化できるものとされている。

④方法上の連関性の具体例

次に，方法上の連関性のケースであるが，その態様には，学習活動や指導体制，学習方法等において多様な工夫ができるし，学習指導要領で教科を越えた共通の学習課題をはじめ，知識・技能の「習得」→「活用」→「探究」の学習過程が提示されていることからも，今後，方法上の連関性を求める傾向は強まるものと想定される（第６章で取りあげる）。ここでは，今日，学力問題をはじめ，学習指導要領での言語活動の充実などで活用されるようになってきたPISA型読解力による方法上の連関性について，横浜国立大学附属横浜中学校のケースを取りあげておく。

横浜中学校は，PISA型読解力を導入する大前提として，「はじめにカリキュラムマネジメント・マインドありき」（傍線，筆者）から学校改善に取り組んできたことが注目される。すなわち，2004（平成16）年前後ごろから，当校では「教育課程経営からカリキュラムマネジメントへのパラダイムの転換」を受けてとしたうえで，「学校での教育の総体を対象化することにより，これまで個別に切り離されて行われてきた様々な教育活動が，トータルなものとして捉えることのできる視点を獲得することができる」[8]として，PISA型読解力を学校全体の構造改革において重視した。すなわち，「読解力」育成に各教科や総合的な学習の時間で取り組み，その評価を行うことを目的に研究を始め，今日では「言語活動の充実」をカリキュラムマネジメントに位置づけて，リテラシー育成に向け全教科，道徳，特活，総合的な学習を開いて，共通の実践的研究として進めてきている[9]。

⑤学習指導要領上（総則）に見える連関性――現代的な課題の登場

ところで，総合的な学習における連関性については，その必要性が学習指導要領上（総則）においても指摘され続けてきた経緯がある。そこで，この連関性が学習指導要領の変遷のなかで，カリキュラムの内容研究上において要求されることになってきた状況を取りあげてみたい。

すでに昭和26年の学習指導要領においても「連関性」が見られるが，そこには「新教育」の影響があると指摘できる。これが，1950年代のコア・カリキュラム運動であった。これは，必ずしも自覚的とは言えないまでも，社会的課題の学習論，横断的・総合的なクロス学習の論理，「総合学習」の領域化の理論を兼ね備えた新しいカリキュラム論であった。そして，後の1998（平成10）年の学習指導要領で登場してきた総合的な学習にその思惟は引き継がれたとも言える。カリキュラム構成上，連関性が特に要求されてくるカリキュラムで，この点でも従来の「教育課程経営」を超える原理がすでに芽生えていたと言える。

実は，こうした連関性がカリキュラム構成の原理として要求されてきたのは，我が国のみではなく，近年のアメリカの「サービスラーニング」や「コネクテッドカリキュラム」，イギリスの「クロスカリキュラム」，さらには「学際的なカリキュラム」[10]に共通してみられる傾向である。特にクロスカリキュラムは，我が国でも総合的な学習が創設されてからは，学校全体のカリキュラムマネジメントと関わって連関性の原理が適用される点で，特に「トピックス」（現代的課題，テーマ学習）を対象にしたカリキュラム編成には十分参考になる取り組みとして評価される。

イギリスのナショナルカリキュラム（NCC）によって構成されるクロスカリキュラムは，「環境教育」「市民教育」「職業教育とガイダンス」など5つのテーマ（トピックス）からなるが，これらのテーマについては，既存の教科との連関性が問題となるので，提唱されたとき(11)特に注目された部分である。NCCでは，5つのテーマが実際に学校で実践される方法として，①Single subject（単一教科アプローチ），②Multidisciplinary approach（多分野アプローチ），③Interdisciplinary（学際的アプローチ），④Cross-curricular course（クロスカリキュラーコースアプローチ）があり，例えば「環境教育」等のテーマには，これらのアプローチのどれかに即して，①「環境についての教育」，②「環境のための教育」，③「環境のなかの，環境を通しての教育」という様々な角度から行うことになる(12)。

ただ，ここで重要なことは，例えば，「環境教育」にしても，これを学校全体で統一して行う場合（日本的には，教育目標を具現化するステップとして，重点目標への組み込みや校内研修の統一テーマの設定において）と，統一することなく行う場合とがある。まず，後者については，「環境教育」を単一教科アプローチや学際的アプローチ（いずれも既存のカリキュラムを維持）において行う場合に分けられる。前者の全学レベルで統一して行う場合には，多分野アプローチやクロスカリキュラーコースアプローチに分けられる。最後のクロスカリキュラーコースアプローチは我が国でいえば，教科・道徳・特活・総合的な学習の時間とかかわって，すなわち，内容上・方法上での「連関性」を取ることにおいて行うものとなろう。

具体的には，連関性は，例えば社会科でゴミ処理の問題を扱うときに理科では食物連鎖を学ぶなど，関連した内容を複数の教科で有機的に結びつけ，同時的に教える方法で，カリキュラム全体を見直すことにもつながる。学習指導要領ではクロスカリキュラムという用語こそ用いていないが，各教科（道徳，特活，総合を含め）の内容上の関連を図り，系統的・発展的な指導を求めている。特に平成10年以降の総合的な学習の創設をはじめ，現代的なトピックス（課題），例えば先の環境をはじめ，キャリア・健康・情報等の領域の課題が，学校のカリキュラムを豊かにしつつある。

学習指導要領では，言語活動，理数教育，伝統や文化，道徳教育の充実，体験活動，外国語活動などの横断的な改革事項が増え，さらに知識・技能の「習得」からその「活用」，そして「探究」が求められてくるなど，現代的課題の活動には，内容・方法上での連関性がカリキュラム編成に求められてくる(13)。例えば，言語活動能力といっても，国語科のみで対応するのではない。京都市立衣笠中学校では，「伝え合う力，表す力，理解する力」を学校全体で統一して共通に学び取る「人として心豊かに生きていく力を育む」としてカリキュラムの中核に位置づけ，国語科を中心に，他の教科の「能力」（例えば，社会科「適切に表現する能力や態度の育成」，数学科「説明したり表現したりする論理的な思考力や表現力の育成」等）をはじめ，道徳，特活，総合的な学習で必要となる能力を学校全体のカリキュラムに位置づけ，相互連関させて実践を展開している(14)。

3　連関性と協働性との接続の構造

内容上・方法上の連関性は協働の態様を促すことになり，双方は相補関係にある。これを図解したのが**図表2**である。連関には，上に述べてきたように，内容上のヨコの連関（①各教科・領域の単元間，②現代的課題，③教科・道徳・特活・総合的な学習の間）と機能上のタテの連関（各教科・領域におけるP—D—Sのマネジメントサイクルとしての各段階間，また，知識・技能の「習得」「活用」「探究」という学習過程上）とがある。また，方法上のヨコの連関としては，①学習方法＝スキルの間での連関，②学習形態間の連関，③学習過程間の連関（このうち，学習過程間の連関性は機能的連関性のニュアンスが強い）がある。

ここで重要なことは，連関性は総合のレベルのみを対象とした単に教科相互の関連づけではなく，タテの連関，ヨコの連関を各教科の存在(特に学習と生活との意味連関まで含め(15))自体まで考慮に入れれば，一つは，学校全体のカリキュラムの見直しを前提にした新たなカリキュラム論を生み出す可能性まで視野に置く必要性があるし，今一つは，かくして成り立つ連関性に焦点をあてたカリキュラムの編成原理は「調和」志向にあると言える。

一方，それぞれの「連関性」の形態に合わせて，当該校の教科，学年，分掌など教師間の，また，当該校外部（保護者，住民，対学校種別，教委，諸機関との）間での「協働性」が生じてくる。重要なことは，この協働をいかに意識的・組織的に捉えるかである。

ここで言う協働性とは，関わり合う者同士の異質性と相互関係から生み出される「意識的」「組織的」な営みである。同じ基軸である内容上・方法上において連関しているから協働が可能なのである。逆に，協働の意思があれば，連関性を構築することもまた可能である。この点を，さらに連関性と関わって深めてみたい。

端的に言えば，協働性は学校改善を目指した新たな価値体系であるが，広義には「協働意思」（例えば，具体的に同僚性，革新性，参画性，開放性，信頼性など）と新しい価値体系とにおいて連関性を構築し実現しようとする「思惟」のことである。この協働意思，価値体系は，学校の組織体が経営環境の内・外の変化に対応しつつ，組織体として生き抜いていくためにそこに必然的に生じてくる諸種の問題に挑戦しながら，成熟に向けて絶えざる自己改善を展開していく過程をトータルにつかむという教育的エコロジー観[(16)]に基づいて形成されるものである。

ここで重要なことは，学校の存続・維持・改善のためには，当該関係者の諸活動を目標（価値）と結びつけた新たな共存関係＝協働の関係を組織化していくということである。この組織化の際に，それをポジティブな方向で実施していくのが「協働体制」であり，「協働文化」である。この点で，組織力は協働力でもある。この双方を統合するのが広義の協働性（連関性と対峙した基軸の一方）である。協働は組織としてこれを動かしていく場合，その対象となるのは組織構造（体制）と組織文化であるが，この双方が共にポジティブに作動して相互関係を構築していくのに必要なのが「協働性」（広義）である。カリキュラムマネジメントを進めていく際の協働体制と協働文化との間には相関性のあることもすでに解明されてきている[(17)]。

組織体制だけを整えてもカリキュラムマネジメントによる学校改善は

図表２　基軸（連関性・協働性）の構造　　(2014年1月，曽我)

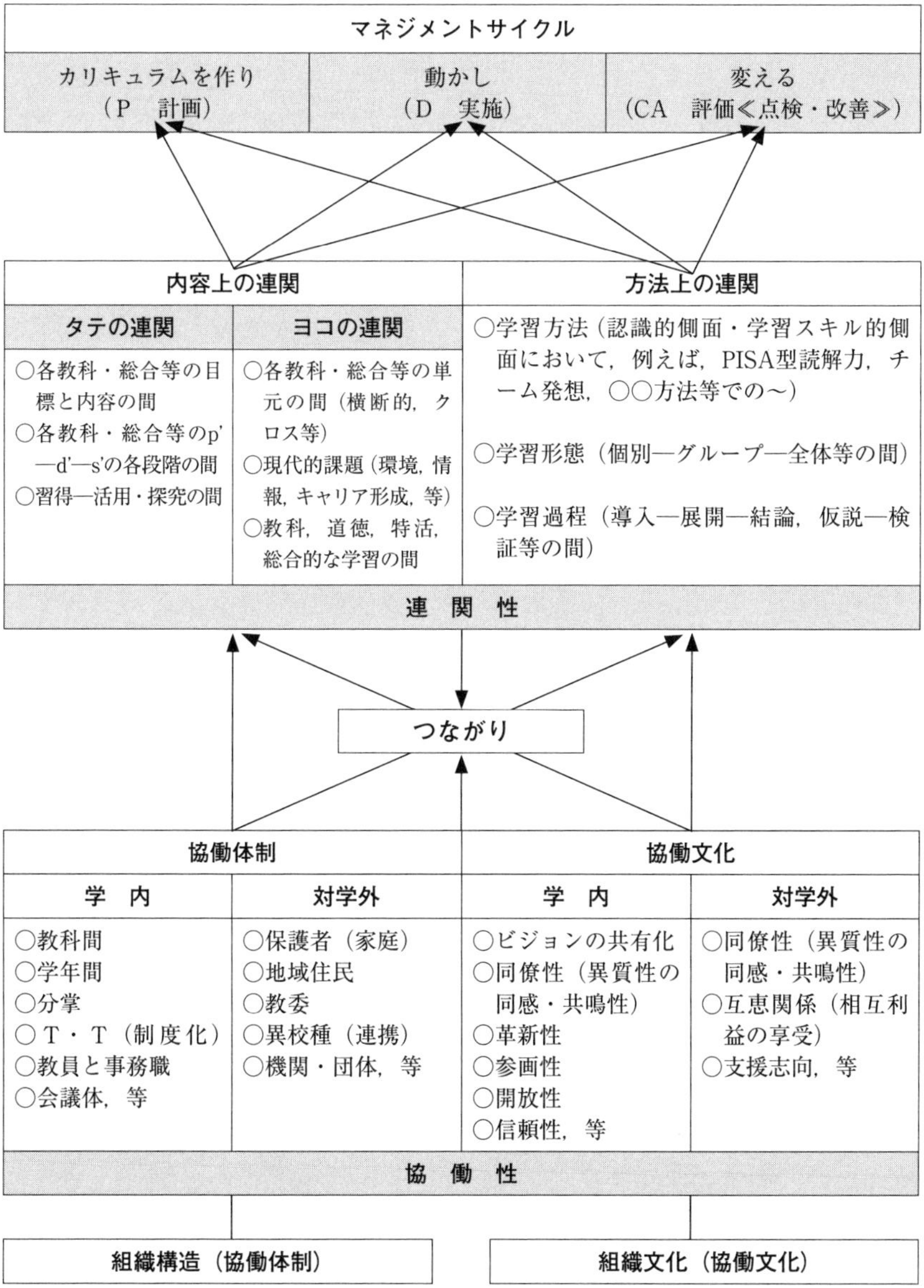

（『教職研修』2010年10月号の中留のカリキュラムマネジメントのモデル図に一部変更を加えた）

進まない。「スクールリーダーとしての校長・教頭・教務主任の協働体制が整っている学校は，内外の変化にも対応可能な組織的・機動的な学校経営が実践されている」とする調査研究(18)もあるが，そうした体制づくりの根底にはポジティブな文化＝協働文化（同僚的・自律的・革新的な雰囲気・風土）が潜在していることに留意した新たな体制づくりが必要なのである。強いて言えば，スクールリーダーの協働体制が整っている学校に至るには，異なる見解（価値観）を重ねることへの気づきを通して（協働文化），体制が形成されてきたという認識が重要なのである（この組織体制と組織文化については，第７章で改めて取りあげる）。

2 カリキュラムマネジメント・モデルの理論と検証

1　仮説（構成主義）の設定

ここでは，先に構築してきたカリキュラムマネジメントのパラダイム構造（基軸と構成要素）を「受け皿」として，学校が一定の範囲でカリキュラムを実践していった場合，その受け皿としてのカリキュラムマネジメントは有効に機能（定着化）することになるのかを検証した調査結果を提示する。その調査研究は，福岡市教育センターでのグループ研究（通称，Ｇ研。校長会推薦の市内小・中学校計６校を対象に，校長・教頭・教務主任を各校から１名ずつ抽出した計６名の研修員チームによる。筆者＝中留はカリキュラムマネジメント通年研究の指導・助言者を５年間務めてきたが，当該研究は平成22年度(19)）によるものである。

検証の過程は後述するが，仮説に踏み込めば，「公教育の福岡モデル」と学習指導要領（平成20年３月）の趣旨（総則）が共に定着していくうえで，カリキュラムマネジメントが適切に行われている（進行している）場合には，前者の実践（福岡モデル）と後者の実践（平成20年３月の学習指導要領総則の趣旨）も共に適切に行われていることを相関分析により検証することである。結論としては，仮説は大かたにおいて検証されたと言える。そこで，以下にその研究内容の大略を取りあげてみたい。

福岡市教育センターでの当該調査研究によるグループ研究の主題は

『学校経営における新学習指導要領の定着過程の考察』である。これは，「公教育の福岡モデル」の実践化を，カリキュラムマネジメントを検証することを通して解明したものである[20]。

福岡市では，学習指導要領（平成20年）と新しい福岡市の教育計画の理念「公教育の福岡モデル」を各学校で実現していくことが緊急の課題となっている。そのためには，カリキュラムマネジメントの考え方を「公教育の福岡モデル」と新学習指導要領（平成20年）とに導入して，双方がどのように，どの程度において定着しているのかを数量的に，また，事例研究において解明することが有効な手段であると考えた。

結論を先に述べれば，福岡モデルの取り組み状況と学習指導要領（平成20年）との間には，統計上明らかな相関のあることが判明した。ゆえに，公教育の福岡モデルを学校内・外の関係者との協働において，カリキュラムマネジメントのサイクル（P—D—S）をはじめ，カリキュラムマネジメントの基軸や構成要素を適切に機能させることができている場合には，新学習指導要領総則の趣旨（平成20年）をはじめ，そこにおける改善事項を推進することにおいても，カリキュラムマネジメントは有効に機能していることが解明された。言うなれば，その趣旨の定着にも，カリキュラムマネジメントによる方法が有効であることが検証されたこととなる。

仮説—検証に必要なカリキュラムマネジメントの理論モデルについてはすでに本章1で解説してきたので，以下には，本稿を展開していくうえで最小限の説明にとどめる。カリキュラムマネジメントの基軸とは，中心となる根本的なキーコンセプト（連関性・協働性）であり，構成要素とは，カリキュラムマネジメントを成立させている機能である。カリキュラムマネジメントは，学校の教育課題を踏まえて設定した教育目標の具現化を目的として，カリキュラムの内容・方法をP—D—S（CA）サイクルにおいて動態化し，改善を継続化する営みである。

カリキュラムマネジメントでは，カリキュラムを支える条件整備に着目し，カリキュラムの内容と条件整備とを対応的に捉えている。条件整備については，組織構造と組織文化の双方を重視して取りあげている。

また，学校外の要素として，家庭・地域社会や教育課程行政との連携（相互作用）についても取りあげている。そして，これらの多様な要素を貫く基軸として，教育活動である目標系列では，カリキュラムの内容（単元）間，学習の方法間をつなげる「連関性」を，それを担保するマネジメント系列では「協働性」を取りあげている。この双方をつなげ，また，諸要素を一体的に動かしていくのが，校長・教頭・教務主任等のスクールリーダーのリーダーシップである。これらの基軸と構成要素との組み合わせにおいて，仮説と設問を設定している。

2　検証（実証主義）の過程

さて，その仮説と設問構成との関係を，**図表3**の関連図において示す。紙幅の関係から，設問の具体についてはほとんど記述できないが，Web上でも「紀要」として公開されているので，ご参照いただきたい。

まず，「公教育の福岡モデル」とは，福岡市の子どもの現状や学校・地域の課題，歴史・伝統，地域の特性等を考慮して，すべての福岡市立学校・園において「たくましく生きる力をはぐくむ」ための道筋と手立てを示したもので，特に「教育の内容」と「教育の方法」（方法の用語については，これは連携活動であるので，学習指導要領（平成20年）との兼ね合いからも「条件整備活動」として捉えなおす）を重視している。この福岡モデルは，今後10年間，福岡市で推進していくモデルとして平成21年６月に作成され，議会に報告されたものである。

モデルは，①福岡スタンダード（人間形成の土台となる「基本的生活習慣」をすべての子どもたちに身につけさせたい実践的態度として，「あいさつ」「掃除」「自学」「立志」の４つ），②「ことばを大切にする教育」（(i)ことばで感じ，考え，伝える言語文化の環境づくり，(ii)自分の心と生き方を見つめる読書活動の充実等５項目），③「子どもの力を引き出し発揮させる教育」（子どもが本来持っている「伸びようとする心」を目覚めさせ，「すごい」「わかった」「できる」という感動・満足感・達成感とともに，「やればできる」という自信や有用性を実感させる教育で，それには(i)「授業の充実」，(ii)「体験活動や特別活動の活性化」が必要）の３つで構成される。そして，

図表3　「公教育の福岡モデル」と新学習指導要領との関連図

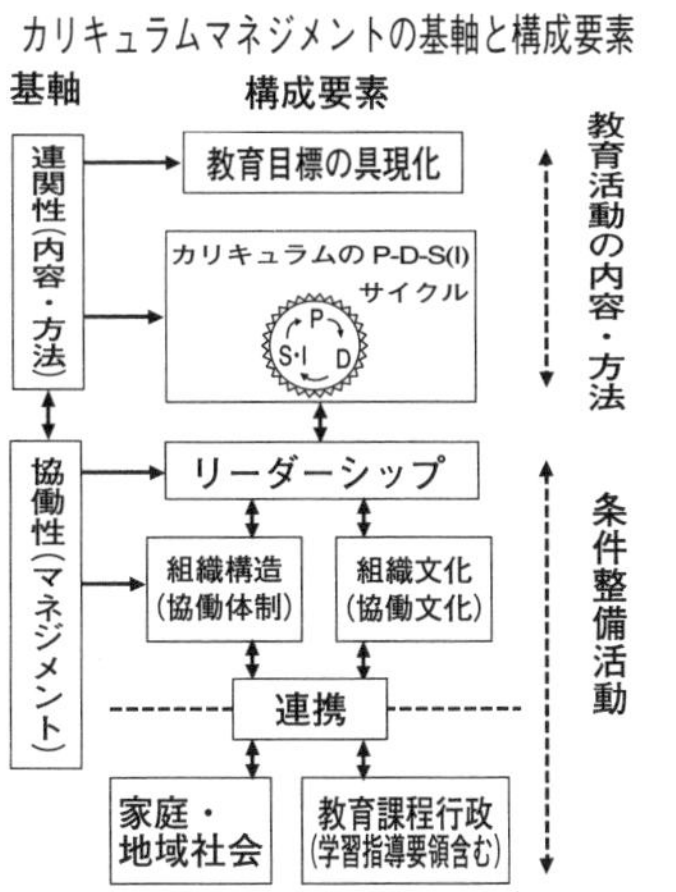

図(1)

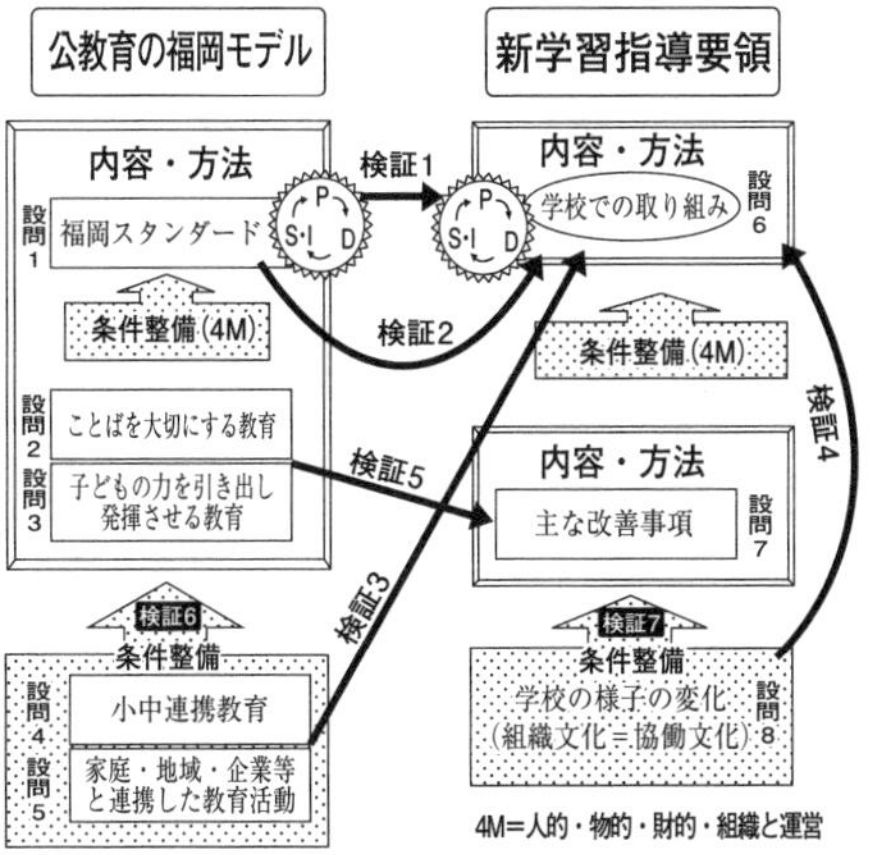

図(2)　「公教育の福岡モデル」と新学習指導要領との関連図

これら３つの内容を支援する条件整備として，④小中連携教育（(i)９年間を見通した学習指導，(ii)心の教育の充実，学校における適応指導の充実，(iii)体力の向上，(iv)キャリア教育の充実，(v)特別支援学校との連携）と，⑤家庭・地域・企業等と連携した教育活動（(i)長期休業日等における家庭・地域と連携した教育活動の推進，(ii)学校支援地域連携事業の実施等）がある。

図(2)の福岡モデルは，内容上の活動として，「スタンダード」４つとそれらを支える条件整備としての４Ｍ（設問１），「ことばを大切にする教育」（設問２），「子どもの力を引き出し発揮させる教育」（設問３）と，それらを支援する条件整備としての活動である「小中連携」（設問４），「家庭・地域・企業等との連携」（設問５）から成っている。設問の内容は，いずれも「新しい福岡市の教育計画」に記載されているモデルの説明に使われている活動内容のうち重要な項目を取りあげて，**図(1)**のカリキュラムマネジメントの理論モデルの内容から起こしている。

次に，学習指導要領（平成20年）の定着過程を見ていく内容として，**図(2)**では，「総則」と関わって，今日の「学校での取り組み」とそれを支える条件整備（４Ｍ）と共に，学校全体のカリキュラムの内容・方法を明示していると判断される「改善事項」７項目に焦点をあてて取りあげている。「言語活動の充実」「理数教育の充実」「伝統や文化に関する教育の充実」「道徳教育の充実」「体験活動の充実」「小学校段階における外国語活動」「社会の変化への対応」と，それを支える条件整備としては特に「学校の様子の変化」として，組織文化を取りあげて仮説と設問項目とを構成している。

いずれにせよ，福岡スタンダードをはじめとしたモデルの実践化と共に，学習指導要領（平成20年）での実践化を合わせて検証していく共通の媒介項（受け皿）となったのが，カリキュラムマネジメントである。

仮説の「検証」に当たっては，**図⑵**に見るように，福岡モデルと学習指導要領（平成20年）の関連についての定着過程と，福岡モデルと学習指導要領（平成20年）それぞれの条件整備に対応した活動内容の定着過程を，相関分析により検証している。

簡明に結論を述べると，検証１：「スタンダード」と学習指導要領（平成20年）の取り組みの定着過程の相関（係数）は0.51で，双方の取り組みには明らかに相関がみられる。検証２：「スタンダード４つにおける校内の協働体制の取り組み」と学習指導要領（平成20年）との相関は0.54で，ここからはスタンダードに対する協働体制の高さが学習指導要領（平成20年）の定着にもよい影響を与えていることがうかがえる。検証３：「校内・外の条件整備の進度」と学習指導要領（平成20年）との相関は0.59とこれも高い。福岡モデルの「小中連携教育」「家庭・地域・企業等と連携した活動」が進んでいる学校は，学習指導要領（平成20年）の内容上の活動の定着でも進んでいるものと判断される。ここからは，また，学校内・外との連携活動と学校の教育活動との間には密接な関係があることが読み取れる。

小・中学校のドット分析による比較では，小学校の方が広く分散している。検証４：「学校の様子の変化」（組織文化として）と学習指導要領（平成20年）の内容上の活動との相関は0.61とかなり高い。学校の組織文化は学習指導要領（平成20年）のカリキュラム実践にあたっても確かな影響力をもっていることが判明した。すなわち，カリキュラムに対してネガティブな組織文化を保持している学校における学習指導要領（平成20年）の内容上の実践は，低迷する可能性が高い。検証５：「福岡モデル」のうち「ことばを大切にする教育」「子どもの力を引き出し発揮させる教育」を実践している場合，学習指導要領（平成20年）の改善事項（７項目）の定着過程も高く，相関は0.66と最も高い。この点から，前者に関しては，言語活動をすべての教育活動において広げ実践すること，後者については，P—D—Sのサイクルに乗せて展開することにより，学習指導要領（平成20年）が定着していく可能性のあることが分かった。

残り２つの検証についても，簡単に取りあげておく。福岡モデルの推進については，小中連携や地域・家庭などとの連携の取り組みが，また，学習指導要領（平成20年）の内容の定着には，小・中学校共通して協働体制（組織構造）やポジティブな組織文化（協働文化）が必要なことが判明した。さらに，両者と条件整備との関連においては，前者は「教職員の良好な協働体制」が，後者は「教職員の力量」が特に強く指摘されていた。この点，学習指導要領（平成20年）の定着には，改善事項において創意工夫のある専門的な力量が要求され，福岡モデルについては，学校内・外での協働・連携が要求されているといえるが，形式論的には相補関係にある。

カリキュラムマネジメントのパラダイムを福岡モデルと学習指導要領（平成20年）という地方・中央レベルからの学校現場での政策的課題として捉えたとき，いずれにも対応可能なことが検証されたのである。この点は，カリキュラムマネジメントの実践を今後さらに「深め，広げていく」際の一つのヒントになり得ると考えられる。今後の研究上の課題としては，カリキュラムマネジメントのマニュアル作成がある。

③ これまでの研究・実践の成果から見えてきたカリキュラムマネジメント上の課題

カリキュラムマネジメントの理論枠を構築し，調査研究の対象としてから，およそ25年を越えようとしている。用語としてはかなり多義性を帯びたものとなってはいるが，今日までに中央，地方の教育センター等の研修講座においても，かなりの程度一般化されて進められてきており，すでにこの用語は市民権も得たものとなっている。

上のパラダイムのキーワード（基軸と構成要素）においても，数多くの数量調査と実践事例（この間，約100校のインタビュー）に出会い，研究的にはそれらの分析も手がけてきた。そうした調査研究の成果と，そこから出てきた研究上・実践上の課題は極めて多い。その成果のなかから，さらにカリキュラムマネジメントのパラダイムを広げ，深めていくうえでの必要条件を，第３章以降の本題である「総合的な学習のカリキュラムマネジメント」につなげていく課題として整理しておきたい。

①カリキュラムマネジントは，それを通して「生きる力」（知・徳・体の統合）を具現化していくという意味での共通認識（エピステモロジー）を得ることが学内でまず必要である。それは，少なくとも「学力」問題と関わっていることから見えてきた。特に，総合的な学習と関わってみると学力の深刻さが分かる。総合的な学習を風化させるのではなく，カリキュラムマネジメントの枠組みの共通理解を通して，確かな学力の向上を図る必要がある。そのためにも，各教科，道徳，特活等とのカリキュラムの内容上の連関性を前提とした関係者の協働性がますます必須となる。

②カリキュラムマネジメントは，教育目標の実現を図ることを通して，それがほぼ成功した場合においては，学校改善に有効に機能することが実証されているが，そのためには，教育目標―重点方針―カリキュラム編成の基本方針の内容上の連関性が必須で，①と同様に，そのための共通理解を前提とした総合的な学習への組織的取り組みが決定的に重要であることも分かってきた。

③カリキュラムマネジメントが実働するには，カリキュラムの内容・方法上の「連関性」とそれを支える条件整備上の「協働性」が「相補的な関係」にあることへの「気づき」がまず教職員にあって，それが総合的な学習において有効に機能したときに，学校は多くの点において活性化し，子どもの学力は伸びている。

④カリキュラムをPDCAのマネジメントサイクルに対応させ，動態化＝機能的連関化させることにより，課題解決的な取り組みが可能となるが，この場合，年間一度の学校評価ではなく，C＆Aの往還運動としてのS（評価）の機能を重視する必要があることが分かってきた。すなわち，動態化はPからではなく，S（CA）から起動させることである。この点も，課題解決を通して学習の継続性・発展性が特に期待されている総合的な学習に必須なことである。

⑤組織構造と組織文化とをカリキュラムの内容・方法につないで機能させるには，カリキュラムリーダー，特にミドルリーダーの存在が重要である。そこでは，協働体制と協働文化の相補的な関係としてリーダーシップが発揮されるが，そうした組織的力量をつけることが要求されてくる。また，これまでのスクールリーダーは学内における調整役がメインであったが，これからは段階間（校種）を超え，行政との新たな協働を担っていくことが，カリキュラムマネジメントを進めていくうえでの新たな力量としてリーダーに特に要請されてくる。

⑥カリキュラムマネジメントが有効に機能する経営環境として，自主的・自律的な経営ができる裁量の拡大が制度的な必要条件である。カリキュラムについては総合的な学習をはじめ，選択教科，学校設定科目等を通して特色ある学校経営が可能であるが，特にそれを支える条件整備としての教職員人事，予算の計上・執行など財政縮小のなかでの制約が依然として強く残されている。小さな力を集めて大きくするよりも，一人ひとりの小さな力を大きいものにしていく「関係づくり」（子どもの育成においても，教職員間の協働体制と協働文化づくりにしても）が特に必要視される時代となってきたことも，カリキュラムマネジメントの取り組みを通して明らかにされてきている。

⑦学校と地域の開かれた連携活動と行政による支援活動が，学校のカリキュラムマネジメントと「開かれた応答関係」になったとき，学校の改善は進む。その入り口となり出口となるのが総合的な学習をはじめ，特別活動，道徳など潜在的なカリキュラムによるところが大きい。潜在的カリキュラムと顕在的カリキュラムを結びつける力が，実

践的にも研究的にも要求されてくるようになった。

4 総合的な学習のカリキュラムマネジメント上の課題

学校全体のカリキュラムマネジメントの理論枠組みと関わって示唆されてきた3での議論を踏まえながら，第３章以下の総合的な学習のカリキュラムマネジメントの理論枠や実際に具体的につなげていくための課題を，以下に整理しておく。ここで総合的な学習の課題を示しておくのは，これらの課題に研究的・実践的にどうアプローチして，これらの成果を学校全体のカリキュラムマネジメントの研究と実践に深め，広げていったらよいのか，その糸口になればと考えたからにほかならない。

第１章では，学校全体のカリキュラムマネジメントの縮図として総合的な学習へ適用する視点を，学習指導要領の変遷の文脈のもとで述べてきた。このおよそ25年間を振り返ると，総合的な学習のカリキュラムマネジメントもその創設期を過ぎてはきたが，「定着化」するにはいまだ多くの課題を残している。改訂学習指導要領でも，二度にわたり審議会等からの問題点の指摘を受けて，全体計画や年間指導計画の作成の必要性や指導体制の工夫等が図られ，「総則」から「章」に格上げされてきた。こうした点での総合の扱いについては，これを重視してきている経緯が明確に見られる。以下には，その後の総合が歩んできた過程において，定着化のために少なくとも解決せねばならない必要課題を７点に集約して指摘しておきたい。

これらの課題は，実は総合だけではなく，カリキュラムマネジメントの全体に関わる課題でもあるが，ここでは総合に限定して取りあげる。

第１に，各教科，道徳，特活と「総合」との内容上・方法上における連関性を図ることを，全体計画や年間指導計画の作成レベルにおいて具体的にどう進めたらよいのか。

第２に，「総合」のカリキュラムマネジメントにおいては，連関性と協働性の関係をどのように捉えて実践したらよいのか。そこにおけるスクールリーダーに求められる役割や力量はなにか。

第３に，すでに個業としての授業が慣行化している状況において，「総合」には教師間で協働することが要求されてくるが，協働体制（指導体制）をつくることと，協働の雰囲気（協働文化）をつくることとの関係をどのように捉えて実践していったらよいのか。

第４に，「総合」は学校段階での学習歴が次の学校での継続性の礎になるといわれているが，校種間の連携・協働をカリキュラムにおいてどう進めたらよいのか。

第５に，「総合」のカリキュラムのマネジメントサイクルは，廻っていないと一般的にも指摘されてきているが，P―D―Sのマネジメントサイクルのなかでも評価があまり機能していない。このことは，「総合」が評価を経ての「改善」につながりにくいこと，継続性がないことにより定着しにくいことを意味している。カリキュラムマネジメントにはS（CA）から始まる発想の転換が必要視されているが，「総合」における学習評価とカリキュラムの評価をどう関係づけたらよいのか。

第６に，「総合」の時数管理は活動の中心場所である教室を地域に置くことが多く，「まとめどり」などを含めて，複雑な作業となることが多い。年間授業時数の確保をはじめ，弾力的な単位時間，授業時数の合理的な運用にどのような工夫があるのか。

第７に，総合は上記のように，地域が教室となることもあり，外部との連携が必須となるが，この連携をどう進めたらよいのか。特に，小中連携，一貫校が急増してきている今日において，学校内・外の学習環境を支援・整備するために，地域だけではなく行政の積極的な協働体制づくりが中学校区を中心に広がる傾向のなかで，これをどう整備したらよいのか。また，そこにおける新たなコーディネータとしてのリーダーの力量・役割とは何か。

以上７点は，「総合」がカリキュラムとして定着するうえで，少なくともマネジメント上での十分な配慮が必要な事柄である。カリキュラム論から言っても，各教科とは異なる「経験単元」で構成されていることもあり，全体計画や年間指導計画が立てにくいし，そもそも，我が国の教師にとっては経験自体がいまだに薄い。しかし，だからこそ総合は創意工夫が必要で，やりがいのある教育活動なのである。

〈注〉

⑴扇谷尚「カリキュラム概念の再検討」，日本カリキュラム学会『カリキュラム研究』第2号，1993年。

⑵カリキュラムの「統合」については，その後，寺西和子氏がこの扇谷のⓑを支持しながら，学習者個人と環境との「相互依存的関係」において，学習経験を統合する論考を明らかにしている。寺西和子「カリキュラム統合の再検討――相互関係的視点からの学習経験の統合をめざして」，日本カリキュラム学会『カリキュラム研究』第7号，1998年。

⑶筆者（中留）がカリキュラムの単元開発に「連関性」の用語を使い始めた背景には，総合的な学習の時間の創設に際して，当時（平成8年頃），文部省の教育研究開発企画評価委員の任（平成5～18年）にあり，今後，教科間，教科と総合，総合と領域との関係性が強く求められるようになると予測し，あえて一般的な「関係」とか「関連性」の用語を避け，「名は実態を現す」のもとに，関係者に注目されるよう意図的に「連関性」を充当したもので，関連付け・関係付けと同義である。

⑷例えば，連関性と協働性の視点からアメリカのInterdisciplinary Curriculumを取りあげた最近の研究には，曽我悦子の研究がある。それは，初等・中等教育レベルでのInterdisciplineの用語が主として教科に関わるという現実から，「教科連関カリキュラム」の訳語を生み出し，その形成過程の先行研究を系統づけるとともに，このカリキュラムに関わって，教師による協働とそこに生じてきた問題の事例分析を文献により行った成果である。曽我悦子「Interdisciplinary Curriculumにおける連関性と協働性の態様とその実践的効果に関する考察」，『九州大学大学院教育経営学研究紀要』第14号，2011年。

⑸田村知子「カリキュラムマネジメントにおけるカリキュラム・リーダーの力量および価値観の考察」，『カリキュラムマネジメントの力量および力量形成過程の分析』報告書（平成18－19年度科学研究費補助金研究，2008年6月，10頁）。調査対象校で「関連を意識している」（「非常にあてはまる」と「あてはまる」の合算）と回答した者の全回答者数に占める割合は39.8％と低い（福岡市においては，すでに平成14－17年においてカリキュラムマネジメントの用語を使っての調査が行われてきていた）。

⑹再編した新たな7つの単元群は，①生活・環境単元群（体験をとおして豊かな感性と探究心を育てる），②言語単元群（コミュニケーションを高める），③数量・図形単元群（論理的な思考のよさを実感できるようにする），④総合科学単元群（科学的・客観的な見方や考え方を養う），⑤創造表現単元群（自分の思いを現す豊かな表現力と感

性を養う），⑥身体・健康単元群（生涯にわたって健康を考え，高めていく），⑦自分・集団単元群（人と関わり，自分を見つめながら生き方を学ぶ）で，これからの時代に必要な「自立・創造・共生」という３つの資質・能力を養う新たなカリキュラムを構想した。詳細は，新潟県上越市立大手町小学校『新しい教育課程ににじ色の夢—教科・領域を超えて！　新しい単元群の構成と実践』日本教育新聞社，1998年。現在は，新たな研究課題として，「ふれあい」「生活・総合学習」「教科学習」の３領域が共振する教育課程の開発に，カリキュラムマネジメントを明確に意識して取り組んでいる。新潟県上越市立大手町小学校2008年研究紀要『ともに輝くとき』2009年。

⑺上越カリキュラム開発研究推進委員会・カリキュラムチーム編『上越カリキュラム』2009年。また，カリキュラムの視覚化という点では，学校が抱えている多様な課題に向けた取り組みを，７つのボタンで色分けしながら視覚化することが可能となっている（ボタンの項目は設定画面で変更ができるので，学校の実情に合わせて変更・活用ができる）。

⑻横浜国立大学附属横浜中学校『「読解力」とはなにか——PISA調査における「読解力」を核としたカリキュラムマネジメント』三省堂，2006年，32～34頁。具体的には，読解力として学校全体で３つの目標（①テキストを理解・評価しながら「読む力」を高める取り組みの充実，②テキストに基づいて自分の考えを「書く力」を高める取り組みの充実，③様々な文章や資料を読む機会や，自分の意見を述べたり，書いたりする機会の充実）のもとに，全教科，総合的な学習を越えて共通にこうした力をつける授業を展開した。

⑼同附属中学校『各教科等における「言語活動の充実」とは何か——カリキュラム・マネジメントに位置付けたリテラシーの育成』三省堂，2009年，参照。

⑽学際的なカリキュラムの動向については，中留武昭「Interdisciplinary Curriculum の開発を促進する経営的条件の考察」，『九州大学大学院人間環境研究紀要（教育学部門）』第５号，通巻第47号，2003年，参照。

⑾The National Curriculum，1995，及びNational Curriculum Council，“Curriculum Guidance 7 Whole Curriculum”，HSMO，1990. 日本でも，環境を他の課題（テーマ）に置きなおして（例えば，キャリア・健康・情報等），こうした角度からのカリキュラム開発が必要であろう。

⑿この環境教育のクロスカリキュラムについては，National Curriculum Council，“Curriculum Guidance 7 Enviromental Education”，HSMO，1990. なお，イギリスのクロスカリキュラム理論については，野上智行『「クロスカリキュラム」理論と方法』明治図書，1996年がある。また，日本での実践については，野上智行・西宮市立甲陽園小学校『「自然環境学習」理論と方法』（総合学習への提言５）明治図書，1996年。

⒀こうした実践上での教師側の成果として，①内容が連関しているために，事象を強く意識化することができた，②学習内容を即授業で実践できるため，振り返りを深めることにつながった，③内容が連関しているために子どもたちが効率よく学習できた，④教師一人ひとりの力量がよりよい環境づくりへとつながるという自覚ができたことがあげられる。一方，課題としては，①事前の打ち合わせの時間の確保，②どちらの内容にも精通することが求められるので教師に相当の力量が必要とされることがあげられる。

⒁北原琢也編著『「特色ある学校づくり」とカリキュラム・マネジメント—京都市立衣笠中学校の教育改革』三学出版，2006年，参照。

⒂佐藤学は，総合学習を特徴づけている最も基本的なことは「教科内容相互の連関（ママ）を欠いて教育課程の固定化が進み，生活（実在）との意味連関を欠いた網羅的な知識の教授に教科教育が陥った」ことを問題としている（佐藤学「総合学習の史的検討」，日本教育方法学会編『教育方法12　学級教授論と総合学習の探求』明治図書，1983年，121頁）。この点は確かな指摘である。では，総合が成立すれば教科の分化主義が解決するかというと，そういうものではなく，教科自体の生活との分離に問題があることを見逃すわけにはいかない。

⒃「教育的エコロジー」については，中留武昭『自律的な学校経営の形成と展開』（教育開発研究所，2010年）第２巻第Ⅱ部第５章に，また「協働化の言説」の吟味については，平成一桁年代は同第２巻第Ⅰ部第５章，平成10年代以降は同第３巻第13章で詳述してきた。

⒄田村知子「初等中等学校のカリキュラムマネジメントの規定要因の研究—カリキュラムマネジメント・モデルの開発と検証を通して」2009年，九州大学大学院博士学位論文（未刊行）。

⒅福岡市教育センター・経営研究室『教育活動の組織化を図るスクールリーダーのあり方—校長・教頭・教務主任の協働体制に着目して』2009年。

⒆福岡市教育センターでのグループ研究では，すでに中留の指導・助言において，カリキュラムマネジメント研究を一貫して行ってきた。平成16年度には，学校文化がポジティブな場合にカリキュラムマネジメントは有効に活性化すること（紀要第685号），17年度には，スクールリーダー力量と学校文化の形成とには深い関係があること（紀要第708号），18年度には，カリキュラムマネジメントを推進するうえでの力量と研修の関係によるマニュアルづくり（紀要第733号）を開発的研究として行ってきた。そして平成23年度には，学校の組織力を高めるスクールリーダーの指導・助言—カリキュラムマネジメントを目指した組織文化の在り方（紀要第863号）をいずれも数量調査と事例研究とをペアにして行ってきた。

⒇平成22年「学校経営における新学習指導要領の定着過程の考察」福岡市教育センター『紀要第838号』。

第Ⅱ部

カリキュラムマネジメントの「基軸」を動かす

第3章 「教科教育」と「総合的な学習」との連関性

カリキュラムマネジメントは，基本的には「学校全体のカリキュラム」が対象である。そのなかで，総合的な学習の時間，総合的な探究の時間（高校は2018年学習指導要領より総合的な探究の時間に改訂）のカリキュラムマネジメントに焦点をあてたのは，総合的な学習が課題解決的な学習を中心としており，教育活動の内容上の連関性への「気づき」と教職員の協働性を必要とするということによる。課題解決的な総合的な学習に対応した経営方式として必要とされるのが，「課題解決的なマネジメント」である。その意味で，カリキュラムマネジメントの「縮図」の典型が総合的な学習にあることが確認されたとも言えよう。

こうしたなかで，カリキュラムマネジメントのパラダイムデザインをいっそう深め，進化させるには，一日の学習の９割の時間を占める教科に着目しなければならない。総合的な学習の次は，「教科教育のカリキュラムマネジメント」が必要である。

教科の学力（見える学力）がついていない学校（子ども）は，総合的な学習の時間，総合的な探究の時間（高校）も低調だとされている。なぜなら，単一教科の内部においても，また，関連教科との間にも，学力観の広がり（「確かな学力」にあるような「見える学力」と「見えない学力」の双方を必要とする広い学力観）が必要視されるようになってきたからである。つまり，教科の側から他の教科との内容・方法上の連関性をもたせることによって，「生きる力」をつけることが求められるようになってきた。まさに，総合的な学習から教科への発信だけではなく，教科から他の教科への発信や総合的な学習への発信が，単元の内容・方法レベルでの連関性として求められるようになってきたのである。

教科間を内容・方法上において開くには，当然ながら，マネジメント上，教科間の教師の協働性が必須となる。また，教科内でも連関性と協働性が必要となってくる。教科と教科書とがあれば，カリキュラムなどはあってもなくてもよしとする，かつての時代とは異なってきているのである。グローバル化や国際化が教科間の連関性や教職員の協働性に拍車をかけるようにもなってきた。

では，教科教育のカリキュラムマネジメントとは，いったい何をどうすればよいのか。この「問い」に対しては，我が国ではこれまであまり配慮もされずにすませてきたパンドラの箱を開けなければならない。総合的な学習が進んでいかないのは，実は教科教育のカリキュラムマネジメントがうまくいっていないことによるという解釈が可能となる。教科だけでなく，教科と領域（道徳，特活）との間にも連関性が必要となってきており，その意味で，カリキュラムマネジメントの態様は，深化だけではなく，拡張の必要性も出てきたのである。

拡張とはカリキュラムのヨコのつながりであるが，一方で，単位学校間，つまり小学校と中学校，中学校と高校，高校と大学といった学校種別間のタテの「連携」による新しいカリキュラムマネジメントの態様もある。単位学校でのカリキュラムも十分でないところに，学校種別間の連携校や一貫校でのカリキュラムマネジメントをどうするのか，大きな問題を抱えている。そのため，連携校・一貫校の新たな学習指導要領も必要となってこようが，その前に，まずは連携校でのカリキュラムマネジメントはどうしたらよいのか。この問いにもカリキュラムマネジメント研究と実践は応答していかねばならないわけで，その役割には極めて大きなものがある。

1 教科教育におけるカリキュラムマネジメントへの「気づき」

各教科教育のカリキュラムマネジメントは，基本的には学校全体のトータルなカリキュラムマネジメントのグランドデザインがモデルである。カリキュラムマネジメントの構造自体は，各教科にも領域にも，基軸と構成要素を通してサブシステムとしてつながるものとなっている。このことは，一教科の教育にしても，それは孤立して存在しているのではなく，人間形成（教育基本法では人格形成）を志向して，各教科，道徳，特活，そして総合的な学習がそれぞれに役割を持ち，相互に「連関」（以下，「関連」「つながり」「関係」とも同義）していることの確認が要求されるわけである。

したがって，教科のカリキュラムマネジメントと言っても，それは学校全体のカリキュラムマネジメントのグランドデザインを取り込んで成立している。すなわち，教科教育のカリキュラムマネジメントも，学校経営（広義のマネジメント）全体を機能の面から構造的に捉えた場合，教科教育の授業活動に代表される教育の機能（教育目標の系列としてのカリキュラム）と，それを支え，維持・促進していく経営機能（狭義の４Mマネジメント）とに分けられる。

授業活動に代表される機能は，学校の教育目標→カリキュラム（教育課程）編成→授業→評価で，どこの学校でも最低限等しく見られる学校の本質的機能であるが，教科教育のグランドデザイン・モデルの構造については，本章③で後述する。

② 教科教育のカリキュラム研究・実践の経緯と現状の再認識

教科教育のカリキュラムマネジメント・モデルを取りあげるに先立ち，今日に至るまで，教科教育のカリキュラム自体が研究的にも実践的にも活性化していない状況をどう把握するのか，その理由と今日的状況について吟味する。

教科教育の経営を本格的に論じてきたと思われる典型的な著書は，後にも先にも，『現代教科教育学大系』シリーズ（第一法規）のなかの河野重男・原実編著『教科教育の経営』と木原健太郎編著『教科教育の理論』きりないと言える。いずれも今から49年も前の1974（昭和49）年の刊行である。前者において河野重男氏（以下，敬称略）は，「なんのために教えるか」を論じるに当たり，まず教育の目的・目標を自己実現的目標と手段的目標とに分けて，今までの我が国の学校が手段的目標（特に進学，受験等）に傾き，自己実現的目標を軽視してきたことを指摘して，教科教育のカリキュラム研究やその実践が極めて遅れている背景を明らかにしている。

この指摘は，第1章で中留が述べたカリキュラム・学力論に役立つ見解である。すなわち，河野による双方の目標論からのアプローチは，教科教育と特別活動の分野をカリキュラム編成の基本方針（後述）にいかに連関させるのかという問題ともなる。端的に言えば，教科，特に受験のための教科の教育が重視されるなかで，とりわけ用具教科と言える国語や数学，外国語などは手段的目標の性格が比較的強く，これ対して特別活動の領域は自己実現的目標の性格が強いと指摘している。そして，我が国では，自己実現的目標のカリキュラムが軽視され，手段的目標のカリキュラムが著しく重視されているとも指摘している。

この点，中留のカリキュラム・学力論で言えば，「見えない学力」である自己実現的目標を重視した「潜在的カリキュラム」と，「見える学力」である手段的目標を重視した「顕在的カリキュラム」との相克が生じ（知識と徳育・情意との分離による），人間形成という教育目標が空洞化することになりやすい。ここで大事なことは，人間形成という教育目標の具現化に立ったカリキュラム編成では，潜在的カリキュラム（見えない学力）を通しての顕在的カリキュラム（見える学力）との連関性という教育本来の在り方が問われてくることとなる（潜在的カリキュラム・顕在的カリキュラムについては第1章参照）。

1　教科教育マネジメントが機能しないのはなぜか

ところが，現在もなお，潜在的カリキュラム，顕在的カリキュラムいずれにおいても，教科教育のカリキュラムマネジメントのなかで，端的に言えばカリキュラム自体がマネジメントの対象としては活性化していないのである。それはなぜか。この点に関して『教科教育の経営』の分担執筆者である原実氏と遠藤正雄氏は，その10年前（1960年代前半）も低迷の状況であったとして，以下の諸点を指摘している。

当時において，すでに教科教育経営（教科の経営）が必要とされる理由として，①学校経営の今日の（当時までの）反省点として学校の教育目標が生きていないこと，②教科教育が教科教授法に留まっていること（教育課程研究も教科別の指導法の改善に絞られている），③研究対象が教科の指導法から脱皮していないことに加えて，指導法に欠くことができないソフトの教材・資料の収集，そして，それらを充足する経費の投入，行使の適否があまり課題として認識されていないこと，④自己の担当する教科については「他人の介入を認めず，また，己も他に干渉せず」で，同じ教科部内においても，相互の交渉，相互の研究協力が行われていないこと，⑤父母は学校や教師に対して，我が子への公平・平等で丁寧な教え方を願い，学習の成果の評価を求める傾向があること，⑥教科教育のマネジメントの問題として，教師，学校，教育行政ともに，知的認識領域の目標達成は教科教育で行い，情意的領域の目標達成は道徳，生活指導，特別活動で行うとする二分化の認識傾向が強いことをあげているが，これも今日でも変わらない。

2　今日における教科カリキュラムマネジメントの状況

以上が，当時（1970年代半ばごろ）の教科教育経営の動向についての大まかな認識であるが，これらの状況は事柄によっては若干の改善がなされてきたものの，現在も継続している課題として認識される。当時，教科教育経営が必要とされていた背景（①～⑥）を今日的状況に照らして(1)再吟味する。

①については，教育目標の必要性に対する認識は完全なる共通理解とまではいかないまでも，今日では相当程度においてなされてきている。しかし，教育目標達成や具現化の論理，そして具現化の手続き過程，目標とカリキュラム編成との連関性，さらに目標と各教科目標との連関性に至っては，まったくの無風状態であることには変わりない(2)。教科教育のマネジメントに目標の明確化，連関性などが生きていないことは今日でも同じであるが，その原因は，何と言っても，教科書と教科書会社

作成の指導書，そして画一的な指導法に馴染んできたネガティブなカリキュラム文化にある。

②については，少なくとも学外での教員研修プログラムにおいては，教科のみではなく，領域や総合等，学校教育の機能の拡大とともに，内容は広がってきた。だが，少なくとも教科に関しては，一部の研究指定校以外，学校全体のカリキュラムとの連関性に対しての認識は依然として薄く（カリキュラム編成の基本方針の存在認識も薄い），形式的・観念的で，教科・道徳・総合の連関性も切り離されている。

③については，４Ｍのなかでも「物」としての教材・教具等のソフト・ハードの量的不足，経費の不足等の条件整備の問題も，指導法に比べて整備がかなり立ち遅れていた。この点は今日のような知識基盤社会ではかなり充足されてもきたが，現在では少子化による空き教室の存在に典型のように，ハードはあっても使われていないケースや，あるいは使用されていても，教科や教師，または地域での活用に格差が生じるなど（行政レベルでの格差もある），地域教育レベルでの経営の再編という新たな教育経営の課題として持ちあがってきている。

さらに，教科と他教科との内容・方法上の連関性や，指導過程（授業）と条件整備との連関性の視点からも同様の問題を多様に抱えているが，特に大きな問題として課題視されていることは，教科間の単元内容や指導法はむろんのこと，教科書の質的な連関や教科と領域（生活指導，進路指導等）の内容上の連関性もほとんどなく，教科担当者と教科部，学年会，特設された委員会の協働体制など組織的な取り組みに欠け，担当者が個業として授業を担当するという閉塞的な組織体制となっている状況は今日でも変わっていない。

④については，教科間・学年間等での閉塞的な組織体制に加えて，教師間の協力の度合い，情報の流れ，教科等に対する期待感，データの提出，意思決定等に関する「目に見えない」ポジティブな組織文化としての協働文化への配慮が求められているが，その組織体制と組織文化の連関性を見通した教科教育のマネジメントをいかに行っていくかという試みが求められていながら，未だにそれは進んでいない。

⑤については，今日では，保護者の願いは単純な不満・不平から学校不信に変わり，それは直接的に教師の専門とする教科の内容や指導方法にも及ぶような質的変貌を遂げており，教科経営の計画の一環としての学校外部環境を射程に入れた学校経営自体への批判にも及んでいる。

⑥については，二分化（二元化）の問題は，今日では進学校と生徒指導困難校の二分化にまで及び，しかもそれが固定化されてきた。それに対して，「何のために教えるのか」という教育目標論や，学校機能・役割論，さらに教科の目的論にもつながる問題認識が複雑に持ちこまれるようになってきた。

以上のように，「教科教育を通しての人間形成」の目的論は，マネジメントという考えからも目標の二元化を越えなければならないものとして見直していくことが今日の学校経営の課題ともなっている。また，これらの諸課題は，結局，学校の教育は教科教育を中核として，しかもその教科教育は教育目標具現化の主要なサブシステムとして存在していることを再認識する必要性を生み出している。

このように見てくると，教科教育とマネジメント（学校経営）は車の両輪（対応関係）であること，教科は一教科として孤立するものではなく，人間形成という教育目標を志向して，他教科や領域，「総合」がそれぞれに役割を持ち，相互に連関していることをまずは共通確認することが重要である。こうした確認を，学校現場でいかに学校経営の機能的連関性（PDCA）に生かしていくのか，その「営み」が改めて教科教育のカリキュラムマネジメントに求められている。

次に，こうしたトータルシステムとしてのカリキュラムマネジメントの「サブシステム」に位置づく「教科教育のカリキュラムマネジメント」のグランドデザインを描いていく。

3 教科教育のカリキュラムマネジメントのデザイン

教科教育のパラダイムのデザイン化を図るうえで重要なことは，学校全体のトータルなカリキュラムマネジメントとの関わりである。この点に関して，教科教育は人間形成という教育目標（この目標と「生きる力」とを組み合わせた表現は学校により異なるが，「人間形成」はその最大公約数的な教育目標）を具現化するためにあるので，教科教育はそのための「手段」であるという認識の共有化が必要である。公立・私立を問わず，国語の学校，数学の学校，英語の学校ではないのである。にもかかわらず，教師を含め多くの関係者は，教師が教科の免許状を持ち（教員養成も教科別），さらに進学・受験・就職の目標（手段的目標）を自己実現目標とすり替えて認識していることもあり，形式的には人間形成を意識しながらも，実際には手段としての目標に比重が置かれているのである（その方が現実的であり，保護者の了解も得られやすいという問題点もある）。

カリキュラムマネジメントは，まず，こうした偏見に挑戦しなければならないが，教育目標具現化に向けて，学校全体のトータルなカリキュラムを視野に入れたサブシステムとしての教科教育のカリキュラムマネジメントの構造化を図ることが重要である。教科教育のカリキュラムと言っても，パラダイムの構造自体は学校全体のカリキュラムマネジメントの「縮図」（第2章）でもある。この点は，中留がカリキュラムマネジメントを初めて提示したのが，1998（平成10）年に創設された「総合的な学習の時間」を対象としていたことからも理解されよう(3)。特に「総合」はその趣旨や学校独自のカリキュラム編成が課題解決的な学校経営を特色とする場合に導入される傾向が強かったと，後に述懐している。

一教科教育だけの営みを見ても，学校全体をトータルとみた学校経営と同様に，以下に述べるように各要素と要素間の組み合わせの働きに支えられているわけだから，これまでの教科指導にマネジメントの考え方を取り入れた「教科教育のマネジメント（経営）」が認められよう。したがって，マネジメントは管理職に固有な特定分野の研究や実践ではなく，一人ひとりの学級担任や教科担任にも「マネジメント」は生きて働くべきものである。

以上の前提に立って，教科教育のカリキュラムマネジメントをグランドデザイン化したのが**図表1**である。これは，学校経営を便宜上，機能面から静態的に捉えたものであるが，以下には，工学的アプローチでの

図表1　教科教育等のカリキュラムマネジメントのPDSのデザイン　（中留，曽我）

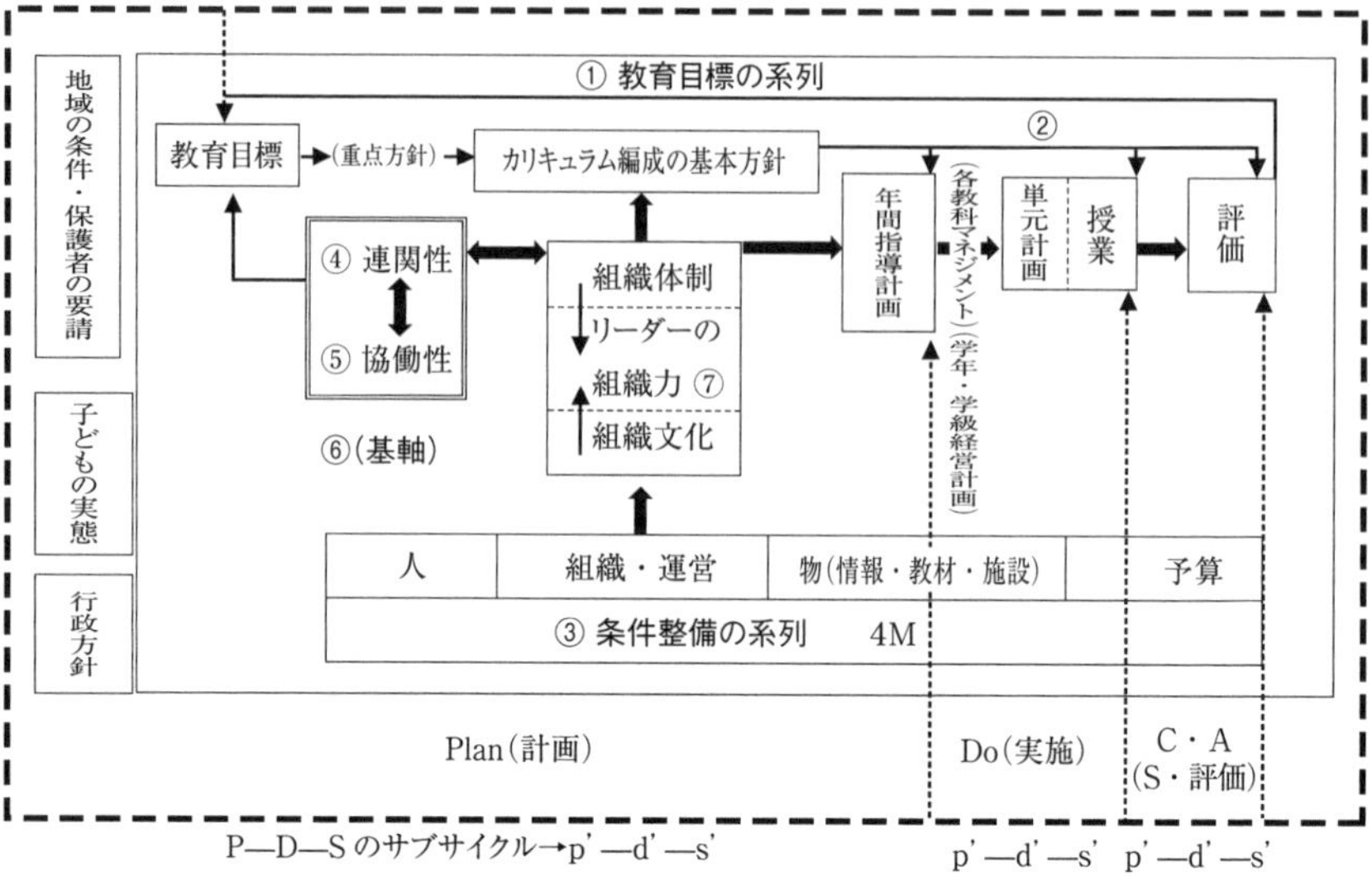

操作と機能的連関とにおいて説明する。

基本的には，カリキュラムマネジメントは，自律的経営であることを前提にしたコンセプトとして位置づけるのが妥当である[4]。学校経営の機能面から学校全体のカリキュラムマネジメントの構造を前提（この点は特別活動，道徳，「総合」にしても同様）にして，教育目標の具現化の系列（教育活動の機能）と，それを支える条件整備の系列（管理機能）の双方から教科教育の機能を捉えることである。

そこで，教科教育のカリキュラムマネジメントを強いて定義するならば，「学校の裁量権拡大を前提として，学校の教育目標を実現（具現）するために必要な学校全体のカリキュラム編成の基本方針を策定して，各教科目標を定め，その実現に必要な内容の厳選を当該教科と他教科等との連関性を見出しながら，当該教科内，外関係者との組織的，同僚的な協働において，動態的に営んでいく」ことである。

図表1にあるように，教育活動（狭義には教授活動）に代表される教育目標（①）系列の機能は，学校の教育目標→教育課程の基本方針→教科の年間指導計画→その単元計画→授業→評価という，どの学校にも見

られる一連のサイクルの流れ（②）において進めていくという教育活動の本質的機能を意味する。これに対し，条件整備系列の機能は，教科指導の目標具現化を効果的に促進させるために，諸種の経営的な条件整備を組織化していく働きを意味する。経営的な条件整備（③）は，４M（Men＝人，教職員，Materials＝物，ソフトな情報，教材，ハードな施設・設備，Money＝金，予算，Management＝組織と運営，狭義のマネジメントで校務分掌，諸種の会議体の運営）から構成されている。

ここで重要なことは，教育活動の系列のサイクルは，具体的には学校教育の中心であるカリキュラムの内容・方法上の活動であるとともに，その活動を支える条件整備活動としてのマネジメントサイクルにも対応しているということで，双方は対応関係にあることを関係者として共通認識することである。

この対応関係において，前者に関しては，カリキュラムの内容・方法（指導）上，また機能上の「連関性」（④）が，そして後者に関しては，その連関性を関係者（教科の担当者や，教科の組織）間の協働性において生み出し，かつ，マネジメントの４Mのなかにある「協働性」（⑤）がセットとなって対応して，教育活動の系列を支えていると言える。ここでは，その「連関性」と「協働性」との対応関係を「基軸」（基本的な物の見方の原理・原則）（⑥）と称している。

この基軸は，教育活動の系列と条件整備活動の系列を教育目標具現化の一連のカリキュラムマネジメントの「サイクル（PDCA＝CAは評価S）」に対応させて，後者が前者を支援するシステムを組んでいる。したがって，マネジメント機能としての「協働性」は，一方においてはカリキュラムの内容・方法上において意味ある「連関性」を生みだし，また一方においてはマネジメントの４Mのなかの人や物，そして予算を協働性において結びつける「組織と運営」の中核概念でもあるが，これは，教科教育における「組織体制」（校務分掌）と「組織文化」（組織の雰囲気・風土）を目標の具現化に向けて生成していくカリキュラムリーダーとしての機能（組織力）（⑦）を持っている。

このリーダーの組織力の構成に関しては，**図表２**に焦点化して表し

図表２　カリキュラムリーダーを軸にした組織力　（2013年，中留，曽我）

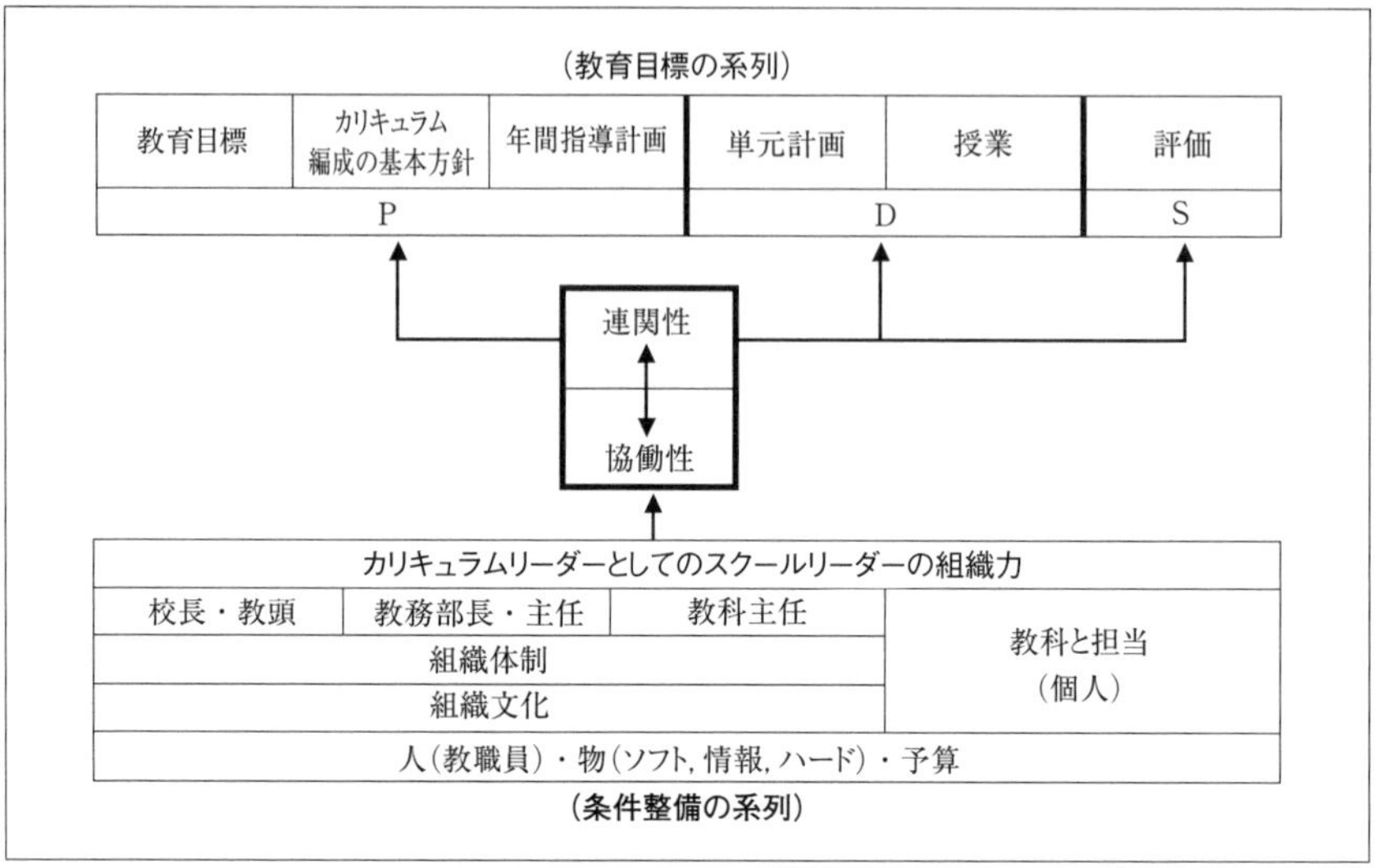

た。すなわち，この組織体制と組織文化とを合成した組織力を作ることのできるリーダーが，トータルなカリキュラムを統合する教務主任であり，教科内部をまとめる教科主任である。また，カリキュラムマネジメントのグランドデザインは，基軸（連関性・協働性）を中心として（太枠で囲んだ部分）主要なキーワードを構成要素としている。

以上，**図表１**で教科教育のカリキュラムマネジメントのグランドデザイン化を図り，**図表２**でマネジメントの中核となるカリキュラムリーダーの組織力の構成要素を述べてきた。そこで，以下には，教科教育のカリキュラムマネジメントとして記述してきた基本的事項を簡明に整理したうえで，教科教育のマネジメントの課題を明らかにしておく。

教育目標の具現化には，カリキュラムの内容上（教科内，教科間），方法上（学習形態，スキル，学習過程等），機能上（PDCA）において基軸の一つである「連関性」が機能しており，これは目標から評価につながるタテの系列にあり，目標具現化の場でもある。一方，マネジメント機能である条件整備の系列は，けっして本来の教育機能と無縁のもの，別のものではない。具体的には，カリキュラムの連関性と対になっている協働性を機能させ，実際に4Mのなかで最も協働性を生み出しやすいポジティブな組織と運営を通して，人間形成という教育の目的を教科教育において具現化していく「営み」とも言える。PDCAのサイクルの各段階において，教科教育の内容・方法上の連関性を見出し，その連関性と関わって協働性を構成するマネジメントの諸要素を最適な形において生み出すことが，カリキュラムを核にした学校経営，すなわちトータルなカリキュラムマネジメントである。

それには，第1章で述べてきた工学的アプローチと羅生門的アプローチの双方によるカリキュラム開発を展開していくことである。さらに言えば，どの教科も教育の「営み」は本質的には不変であるが，教育目標を具現化させるために，これを促進する条件整備の投入（インプット）や条件整備の各要素を組み合わせることによって効果的に機能させる（ストラテジー）ことによって，学校経営は変わるのである。「マネジメントによって学校が変わる」「校長によって学校が変わる」も，まさにこの条件整備の態様によることが大きい。その対象の核になるのが，カリキュラムマネジメントのトータルシステムであるが，各教科，道徳，特活，「総合」は，いずれもそのサブシステムとしてのカリキュラムマネジメントとして位置づけることができる。

ここでは，教科教育のカリキュラムマネジメントを通して，サブシステムとしてのカリキュラムマネジメントの理論的な枠組みを吟味してきた。そこで次に，本題である「総合」に焦点をあてて，総合と教科のカリキュラムマネジメントの態様を，事例分析を通して解明していく。

4 事例分析

ここでは，総合と各教科の内容上・方法上の連関性をつくるうえでの基本的な視点について事例の分析を試みるが，それに先立ち指摘しておきたいことが少なくとも2点ある。

その一は，総合と各教科は「生きる力」を育むうえで相互補完の関係にあるものと認識することである。すなわち，生きる力の育成には，児童・生徒の興味・関心を生かし，自主的・自発的な学習を行うことが必要であるという点で，総合と各教科との連関性をカリキュラム編成の基本方針や年間指導計画に打ち出す必要がある。

その二は，各教科はそれぞれ固有の目標をもって教育活動を展開しているが，子どもの側から見ればそれはそれぞれに孤立したものではなく，教科の知識・技能，資質・能力の習得を通してそれらを子ども自らが連関づけ，機能させていくことが期待されているということである。

整理すると，総合的な学習は，各教科で身につけた知識や技能を相互に連関させて，各教科において生かしていくことが大切であるが，子どもの側においても，総合と各教科との連関性を子ども自らが図ることのできるような手立てが必要だということである。

そこで，生徒の「生きる力」につながる総合と各教科との連関カリキュラムの事例２校を取りあげ，カリキュラムマネジメントの枠組みにおいて検証していくことにする（２校共に2012年５月のフィールドワークに基づいている)。

1　福岡県立城南高等学校の事例分析

まず，福岡県立城南高等学校(5)の事例である。この高校は，カリキュラムマネジメントの検証のための理論的枠組みから見た場合，その枠組みをどのように満たしているのか，この点の検証データを考察する。

城南高校は，国際的な科学技術系人材の育成を目指し，平成22～26年，文科省から「SSH（スーパーサイエンスハイスクール)」の指定を受けた研究開発校である。「進取の気性を有し，端正にして明朗で，広く社会への貢献を志す人材の育成を目指します」を教育目標として，その基本的な教育目標から重点目標へ，さらにそれがCCSを柱として具体性を帯びてくる。CCSとは，キャリア教育，コミュニケーション教育，サイエンス教育の３つのキーワードを示す国際社会におけるコミュニケーション能力と科学的な態度を育てるキャリア教育（Career education with Communicative competence and Science attitude in global society）の略である。

図表３　キャリア教育の年間指導計画

月	第１学年	第２学年	第３学年
4	進路設計と文理選択(1)	進路ガイダンス	進路講演会
5	EU講演会	EU講演会	EU講演会
6	進路設計と文理選択(2)	進路設計	ドリカム講座
7	進路設計と文理選択(3)	進路ガイダンス	ドリカム講座
8		ドリカム活動	
9	進路講演会	進路講演会	進路講演会
10	DSツアー	ジョイントセミナー （大学出前授業）	ドリカム講座
11	キャリアアッププログラム （社会人による進路講演）	キャリアアッププログラム	キャリアアッププログラム
12	小論文講座	大学研究	進路ガイダンス
1	小論文講座	小論文講座	ドリカム講座
2	ドリカム講座	ドリカム講座	進路ガイダンス
3	卒業生セミナー	卒業生セミナー	

まず，キャリア教育では，自分の将来について「自ら考える姿勢」を育成する。キャリア形成において必要とされる能力や態度を培う力の育成のために，以下の３点を学習力構築の連関カリキュラムの目標としていることが分かる。①教科から学ぶ（確かな学力），②集団から学ぶ（特活），③「総合的な探究の時間（ドリカムプラン）」（進路学習を通して，生き方を考え，将来のこと，働くこと，そのための学習について知る）。その連関カリキュラムとして，キャリアアッププログラム，ジョイントセミナー，ドリカム研修等のプログラムを計画している。**図表３**がキャリア教育の年間指導計画である。これも体験学習主体の総合的な探究の時間（ドリカムプラン）が核となっている。

次に，サイエンス教育では，科学への関心を高め，論理的思考力を育成している。自己表現力を高め，他人と協働できる視野の広さと実践力を養うために，海外研修旅行や海外サイエンスキャンプ等を企画してい

図表４　コミュニケーション教育指導計画一覧表

生徒の言語活動の充実について（計画）

⑴　各教科の指導においての取組

教科名	内　　　　　容
国語	**●語彙力，論理的思考力，文章の構成力の育成** ・良質の文章の話や論の進め方を学ばせる。 ・漢字力をつけると同時に，語の意味も学ばせる。 ・辞書を引かせ，文脈に応じた言葉の意味を正確に把握させる。 ・様々な表現方法に触れさせ，語彙を豊かにさせる。 ・新聞のコラムや社説を読む習慣を付けさせる。 ・有名な作品の一節を朗読させる。 ・読書の時間の設定や本の紹介など，読書活動を推奨，奨励する。 **●表現力，理解力，文章力の育成** ・発表を多く取り入れる。 ・必要に応じて何人かで話し合わせ，代表者に発表させる。 ・聞く側に評価させ，整理して記述させる。 ・学校行事や体験を文章に表現させる機会を多く設定する。 ・筆者や登場人物に向けての手紙や，感想文を書かせる。 ・単元終了時に，同じ作者の他の文章や同じテーマの他の作者の文章を読ませる。 ・発問に答えさせる場合，答えだけではなく，根拠をわかりやすく説明させる。 ・短歌や連句を詠ませる。 ・文学的作品や論語，漢詩などを朗読，暗唱させる。 ・作品の音読や一斉読みをさせる。 　現代文も古典も共に，言語活動に必要な基礎的，基本的な能力と相まって育成していく科目であり，教科の学習活動はすべて重なり合いながら言語活動の充実につながっている。
地歴 公民	**●日本史** ・言語能力・語彙力が低下していることを念頭において，歴史用語だけでなく，一般的な語彙力をつける工夫をする。 ・授業の中で意識して，社会情勢と関連させて話しをする。 ・小論文指導で生徒の予備知識を増やしていく。 **●世界史** ・教師が発する言葉をできるだけ正確に理解させるため，少し難度が高いと考えられる語彙については，易しい言葉に置き換えたり，解説をつけ加えたりする。これは歴史用語に限らず，一般的な語彙についても同様である。 ・授業中，「なぜそうなるのか」「何のためにそうするのか」など複数の解答が可能な問いかけを取り入れ，歴史的事項を理解した上で，論理的かつある程度自由な発想によって答えさせるようにする。 ・考査問題に必ず論述問題を課し，因果関係や背景について論理的に考え，筋道立てて叙述する力を育むようにする。 **●地理** ・課題に即応して読み，自分の感じたこと，考えたことを簡潔に表現する能力を育成する。例えば，統計資料を地理的・歴史的背景などを踏まえて読み取らせ，他地域との比較をするなど，地理的な見方・考え方を養う。また，文献や新聞記事，インターネットなどから情報を選択して収集し，それをもとに①食の安全性や食糧安全保障の視点などから自給率を確保しなければならない，②食料の価格や国際分業などの視点から食料の輸入をすすめなければならない，などの異なる立場で考えをまとめ，レポートの作成，または班毎に発表や討論をする。 ・読み手・聞き手・討論の相手などに対して，自分の考え方を理解させることができるような，わかりやすいレポートや資料を作成させ，さまざまな考えがあることを互いに認め，異なる意見も尊重するようにする。

	●現代社会・政経・倫理 ・毎時間，数名の生徒に「時事問題」についての発表（プレゼンテーション）をさせる。これを年間を通して継続する。 ・プレゼンテーションにあたっては，以下の点について特に指導する。 ①聞き手の心に残るプレゼンテーションの仕方（原稿の棒読みをしない。「自分」の言葉で語る。図・資料を利用する） ②プレゼンテーションの態度（目線・話し方・話すスピード） ③メモの取り方（心に届くプレゼンテーションのために） ・発問を積極的に行い，生徒自身の考えを「自分の言葉」で語らせる指導を徹底する。 ①「わかりません」，沈黙を認めない。 ②正解ではなく，自分の「考え」を述べる発問を工夫する。 ③どんな発言でも，それをしっかり受け止め，認める姿勢を明らかにする。それが次の発言の意欲につながる。
数学	・問題の解答を板書させ，どのように考えて解いたかを説明させたり，どのようにすればよりよい解答になるのかを考えさせたりする。 ・授業のまとめとして，その時間のポイントなどを発表させる。 ・数学で使用する用語や記号の有用性を理解し，それを適切に使用し，表現できるようにする。 ・問題の解決で，誤った解答に対しては，どこが誤りか，誤っていると言える理由は何か，また，どこをどのように修正すれば正答になるかなどを考えさせ説明させる。 ・同じ問題に対して，数人の生徒に解答を発表（板書）させる。その内容に対して，誤りがないか，考え方はどうかなど議論（話し合い）をさせる。その結果，よりよい解答（解法）を追究し，理解を深めることで，知識および技能を活用する言語活動の充実が図られる。
理科	**●論理的思考力と科学的な発想力を表現する力の育成** ・論理的思考の組み立てのためには，先ず言葉の理解が大切である。語句の定義をしっかり身に付けさせる必要がある。そのために，小テストや問題集のウォーミングアップを活用する。 ・論理的な思考力の育成のために，実験・観察のレポートの中で手順や方法をまとめさせたり，結果から考察させたりする。 ・実験・観察のデータを解析処理し，グラフ化する。 ・実験・観察や問題演習を班内でコミュニケーションをとりながら協力して行うことで，実験を手早く正確に行う。 ・実験・観察の目的を理解し，説明する。 ・実験・観察の結果について，班毎に発表する。 ・授業で身についた内容をどのような実験で確かめることができるのかを考え，表現する。 ・常に「なぜこうなるのか」を考える習慣を身に付けさせ，自分でその答えを導き出せるような力を育成する。それを言葉で表現できるようにする。また，発問に答えることができるようにする。 ・教科書を読むことで，授業の内容を振り返る。 ・様々な科学的文章を読んだり，講義を聞いたりして，その趣旨を理解し，レポートにまとめる。 ・新聞やインターネットなどの情報を活用し，理科と生活の関わりや環境問題等について生徒同士で討論する。
保健 体育	**●体育** ・多くの種目の個人的技能を習得させるにあたり，教えあったり，話し合ったりという行動をするなかで，他者の技術や自己の技術を認識していく。その際，「なぜできないのか」「このように行えばできるようになる」等，相手の理解しやすい言葉を用いて教え合う。

る。実際には，カリキュラム上は教科と関わって，学校設定科目―サイエンス・リサーチⅡ（理数コース３年次）において，理科と英語科のTT授業や英文科学記事講読，海外教育機関との連携を行っている。

また,DS（ドリカムサイエンス）講演会（全校生徒対象）では，世界トップレベルの研究者を招いている。さらに海外サイエンスキャンプ（夏季休業中）では，海外の研究機関で体験学習を実施している。文・理を問わず，科学的思考と教養を育成し，持続可能な社会の発展に不可欠なサイエンスマインドを養うために，DS講演会，DSツアー等を企画している。サイエンス教育の全体計画に基づいた体験学習主体の総合的な探究の時間（ドリカムプラン）が核となっている連関カリキュラム（理科・数学・総合等）である。特に平成22～26年は，文科省からの「SSH(スーパーサイエンスハイスクール)」の指定により，キャリア形成能力と関わって活動自体が生徒のモチベーション高揚に大いに寄与している。

最後に，コミュニケーション教育では，言語活動などを通じて表現力等のコミュニケーション能力を育成し，「話すこと」「聞くこと」「書くこと」を各教科及び科目の単元のなかに位置づけて指導している**（図表４）**。

コミュニケーション教育と先のキャリア教育とは，カリキュラム上において連関している。例えば，キャリア教育の一環として，自らのキャリアと関わって「総合的な探究の時間（ドリカムプラン）」に，ドリカムグループ（人文科学，社会科学，自然科学，芸術・スポーツ）がそれぞれのテーマで小論文指導をしている。「小論文とは単なる作文ではなく（下線部，福岡県立城南高等学校），現代社会の様々な問題に対し，問題意識を持ち，情報を収集・整理し論理的思考によって解決を図ろうとする知性を育成するものである。その知性とは，科学的知識・科学的思考・歴史の知識・歴史的認識・現代社会についての教養・計算力・文章読解力・表現力・英語力・論理的思考力などである。これらは日常の教科の学習（下線部筆者，以下同じ）によって身につけていく学力であり，日々の様々な学習の中で知識を身につけ，論理的思考によって問題解決を図る能力を高めていくことが大切である」。このように，各教科及び科目，総合的な探究の時間（ドリカムプラン），特別活動におけるコミュニケーション力の育成は，教育目標具現化のため全教育活動を通じて育成される言語活動の充実につながる重要な連関カリキュラムである。

さらに，例えば，第1学年の「総合的な探究の時間（ドリカムプラン）」には，年間指導計画のなかにキャリア教育，コミュニケーション講座，クラスコミュニケーション，進路設計，DS（ドリカムサイエンス）ツアー，小論文講座等が盛り込まれている。教科とキャリア，キャリアアッププログラム等が含まれている。また，各教科及び科目のシラバスが，日常生活や将来とのつながりを含めて書かれている。この点で，進路選択やその教科及び科目のもつ意義を生徒がつかむことがより容易にできるし，「総合的な探究の時間（ドリカムプラン）」を核とした連関カリキュラムの内容・方法上の機能性を高めることにもつながっている。それが福岡県立城南高等学校の「ドリカムマインド」である。

2 横浜国立大学附属横浜中学校の事例分析

次の事例は，横浜国立大学附属横浜中学校[(6)]である。横浜中学校は，2005（平成17）年に文部科学省が出した「読解力向上プログラム」の趣旨に沿って，2006～2010年に研究開発校として，PISA型「読解力」とカリキュラムマネジメントを中心に「習得」「活用」「探究」に焦点化した授業開発，「言語活動の充実」「思考力・判断力・表現力」等を育成する習得と評価を単年度の重点項目として，プロセス重視の学習指導案づくりを中心としたカリキュラム開発を行っている。

そこで，まず，総合的な学習と教科教育との連関性と協働性―特に連関性に焦点をあてて，連関カリキュラムの態様について述べる。「思考力」「判断力」「表現力」を育成するために次のような目標を定めている。

「各教科等の指導に当たっては，生徒の思考力，判断力，表現力等をはぐくむ観点から，基礎的・基本的な知識及び技能の活用を図る学習活動を重視するとともに，言語に対する関心や理解を深め，言語に関する能力の育成を図る上で必要な言語環境を整え，生徒の言語活動を充実すること」（平成20年3月，中学校学習指導要領・総則「第4　指導計画の作成等に当たって配慮すべき事項」2(1)：横浜国立大学附属横浜中学校引用，下線は筆者)。

この「言語環境を整え，……」というのが，横浜国立大学附属横浜中学校における総合と教科の連関カリキュラム展開の取り組みである。取り組みにあたっては，以下の３点に考慮している。①意識して考えさせる課題を抽出する，②小グループによる話し合い，③自らの考えを書く機会を増やす。すなわち，知識の習得においては，生徒の体験や過去の学習歴を考慮に入れた授業に心がけること，知識の活用においては，個の思考と同時にグループによる話し合いを重視し，それを発表し，振り返りとしてまとめること。以上のことがらを念頭に置いて，各教科における学力を養成することに力点を置き，自由研究である「TOFY」という総合的な学習につないでいる。

まず，言語活動重視の観点から，「記録・要約・説明・論述・討論・発表」の活動を，各教科で知識の習得から活用にまで発展させている。各教科指導において，付箋紙でウェビングをしたり，フリップボードやホワイトボードを用いてプレゼンテーションを行ったり，実物に触れたり（疑似）体験学習をしたりする学習活動においては，筋道を立てて論理的に自分の意見を発言したり，相手の意見を傾聴して比較・関係づけを通して自らの意見や感想を変えたり質を高めたりしながら，知識の習得から活用にまで段階的に発展させている。

さらに，教科間連関の事例として，教科枠を越えた方法上の連関性と同時に，内容上の連関性をも担保している事例をあげよう。これは，2010（平成22）年に実施された技術・家庭と国語の内容上の連関性を意識したカリキュラムである。１年次の「技術探し」という単元のなかで「技術とは何か」という問いに対してグループで話し合いをさせ，２年次には「生活の中で技術で解決できる課題を見つけよう」というテーマで，自らの課題とマッチさせた作品づくりを通して「社会生活の中から自らの課題を決め，多様な方法で材料を集めながら自分の意見をまとめる」という２年次の国語の「書くこと」に迫っている。

この事例は，「書くこと」を中心に据えた授業を通して，自らの課題を決め，自分の主張と聴く相手の理解を得る説得力のある「書く力」を国語科と技術・家庭の両方で得る，知識の習得から活用にまで発展した教科指導といえよう。しかも，単年度で終わるのではなく，３ヵ年間を見通した技術・家庭で身につける教科目標と国語科で身につける教科目標が，カリキュラムの内容上の連関性を通して構築されている点で評価できる事例である。

このように，教科と総合，教科相互の連関カリキュラムで身につけた知識の習得から活用につながる学力を「探究」に発展させるために，横浜中学校では「TOFY～人生は問い続けること～」という総合的な学習を推進している。「TOFY」を通して培うのは，①自ら見出した課題について，見通しをもって多面的・多角的に考え調べる力，②得た根拠を基にして，自らの考えを提言したり，思いを工夫して表現したりする力，③調べたり提言したり表現することを通して，自己の生き方について考える力である。

また，各教科のなかで充実した言語活動を行い，それを探究活動につないでいる点において，各教科で「習得」，総合的な学習で「探究」という学習のプロセスができているだけなく，「TOFY ～人生は問い続けること～」という総合的な学習の学びに，「習得」「活用」「探究」の学習過程が構築できている。すなわち，３ヵ年の総合的な学習の学びを通して，時系列的に「習得」「活用」「探究」の流れができている。具体的には，１年前期で「情報のスキル」（コミュニケーションの図り方，レポートの書き方，プレゼンテーションの作成と発表の仕方）を習得し，１年後期で「課題別学習」に入る。これは情報スキルを活用して具体的な課題を解決する学習である。２年次と３年次には，自らの設定したテーマに従って調べたり考察したり実験を行ったりと，創作活動を通して自らの提言を行う探究的な学習である。

「TOFY」の学習のポイントは，①一般的な調べ学習で終わらないよう，「受信」→「熟考」→「発信」のプロセスの連続を意識して，発表会を３月と７月の２回実施する（特活），②信頼度の高い根拠に基づいた発信をする。インターネットの情報を鵜呑みにせず，文献にもあたる（情報・社会科・総合）。また，文献の根拠に基づいて，実験したり，考察したり，質問紙で調査・分析したり，製作・創作したりして実際に確かめる活動を重視する（理科・数学・総合），③客観と主観とを分ける（国語），④論文完成後，長期的な研究内容を「関連する職業」と「自分の生き方」という視点で振り返り，作文にまとめる（国語と総合）。

〈注〉

(1)吟味の対象は，1998（平成10）年の学習指導要領以降，中留らがカリキュラムマネジメントの理論枠において検証してきた以下の一連の数量調査，事例分析の結果から傾向を抽出したものである（中留武昭編著『カリキュラムマネジメントの定着過程―教育課程行政の裁量とかかわって』教育開発研究所，2005年）。中留の指導・助言による福岡市教育センターの継続５年に及ぶカリキュラムマネジメントの研究成果は，①『信頼される学校文化の形成―カリキュラムマネジメントにかかわる校長・教頭・教務主任の意識調査を通して』平成16年度研究紀要（第685号），②『信頼される学校文化の形成―カリキュラムマネジメントを活性化するための管理職・教職員の力量』平成17年度研究紀要（第708号），③『信頼される学校文化の形成―カリキュラムマネジメントの力量形成の方法に関する研究』平成18年度研究紀要（第733号），④『学校経営における新学習指導要領の定着過程の考察』平成22年度研究紀要（第838号），⑤『学校の組織力を高めるスクールリーダーの在り方―カリキュラムマネジメントをめざした組織文化の協働性を引き出す指導・助言の事例研究を通して』平成23年度研究紀要（平成24年刊）にまとめられているが，その成果から想定される教科教育の課題の吟味に依拠している。

(2)教育目標の具現化の考察については，中留武昭「教育目標の具現化・計画化の動向とその取り組み」，『自律的な学校経営の形成と展開』第３巻（教育開発研究所，2010年）を参照。

(3)この点は，中留武昭『総合的な学習の時間―カリキュラムマネジメントの創造』（日本教育綜合研究所，1999年）で正式に取りあげた。他に，中留武昭「『総合的な学習の時間』へのカリキュラムマネジメントの基軸の適用」前掲書(2)。

(4)この点については，中留武昭「カリキュラムマネジメント論の登場と挑戦的課題」同前掲書(2)参照。

(5)中留武昭監修『生徒主体の進路学習　ドリカムプラン―福岡県立城南高校の試み』学事出版，2002年。

(6)横浜国立大学附属横浜中学校編集『「読解力」とは何か―PISA調査における「読解力」を核としたカリキュラムマネジメント』三省堂，2006年。

第４章　「特別活動」と「総合的な学習」とをつなぐ連関性と協働性

1「特別活動」と「総合的な学習」との連関性

カリキュラムマネジメントで重要なキーとなるコンセプトに基軸があるが，それは，カリキュラムの内容・方法上と機能上の連関性，そして条件づくりとしての協働性との２つから構成されている。この点に関しては，第Ｉ部（第１章，第２章）において詳しく述べてきた。総合的な学習は，カリキュラムマネジメントを受け皿にして，各教科，道徳，特活との連関性が強く要請される学習活動なのである。第３章では，総合と教科との内容・方法上の連関性を取りあげて論じてきたが，第４章では，総合と特別活動（以下，「特活」と略す場合もある）との連関性を明らかにする。連関性の態様については，双方の共有部分と専有部分との識別を行い，その実践化を通して検証する。

総合的な学習は，特活と近い関係に位置づいていることから，今日においても双方の関係が混同され誤解されやすい点があまりにも多いことに注目し，双方の連関性を規定する要因を模索していくことは重要なことである。しかし，総合についてはともかく，なぜ今，特活なのか。総合と特活の連関性を検証する前に，その問題認識を明らかにしておく必要がある。

子どもが今何を考え，何を感じているのか，我が子が学校行事や生徒会活動に意欲的に取り組んでいるのか等には，保護者や地域の人々は強い関心を持っている。学校は，子どもを取り巻く環境を踏まえ，子どもの個性が生きる活動として，どのように特別活動を展開していくかが問われている。

今日の子どもたちの人間関係構築力の乏しさから，学習指導要領において，特活の目標に人間関係構築が謳われ，特活のいっそうの重視が求められるようになってきた。「為すことによって学ぶ」という特活の原点が，ようやくクローズアップされるようになってきたといえる。体験的学習をはじめ，勤労生産活動，職業観の育成，進路学習等の活動を含めた特活は，自主的・実践的能力を育成するという点において，総合とも共有可能な部分が少なくない。しかしながら，この共有化できる部分と各々の領域の専有部分との線引きについては，研究上も実践においても不鮮明な部分が多いのである。

そこで，本章では，特活と総合のカリキュラムの内容・方法上の連関性に焦点をあて，双方の「連関カリキュラム」のデザインを，サブシステムとしてのカリキュラムマネジメントをモデルにして構築する。そして，このモデルを動かし，変えていくマネジメントの態様を協働性において明らかにしていくが，連関性と協働性の実際については，事例校において評価項目を作成し，実践の「振り返り」を通して検証していく。

まず，特活と総合のカリキュラムの内容・方法と，それを（実現すべく）支援するマネジメント上の理論モデルを構築する（**図表1参照**）。

2 「特別活動」と「総合的な学習」との内容・方法上の連関性の吟味

1　特活と総合双方の専有部分の吟味

特活と総合の共有部分と専有部分を明確にするために，双方の教育活動の目標を学習指導要領の目標・目的上において確認する必要がある。結論から言えば（以下，傍線は筆者（曽我）で，連関性を示唆しているキーワード），①特活は「望ましい集団活動」を通して「人間関係」を築こうとする，自主的・実践的な態度を育てる，②総合は「横断的・総合的な学習や探究的な学習を通して」学び方やものの考え方を身につけるこ

図表１　「総合的な学習の時間」と「特別活動」との連関性を規定する要因

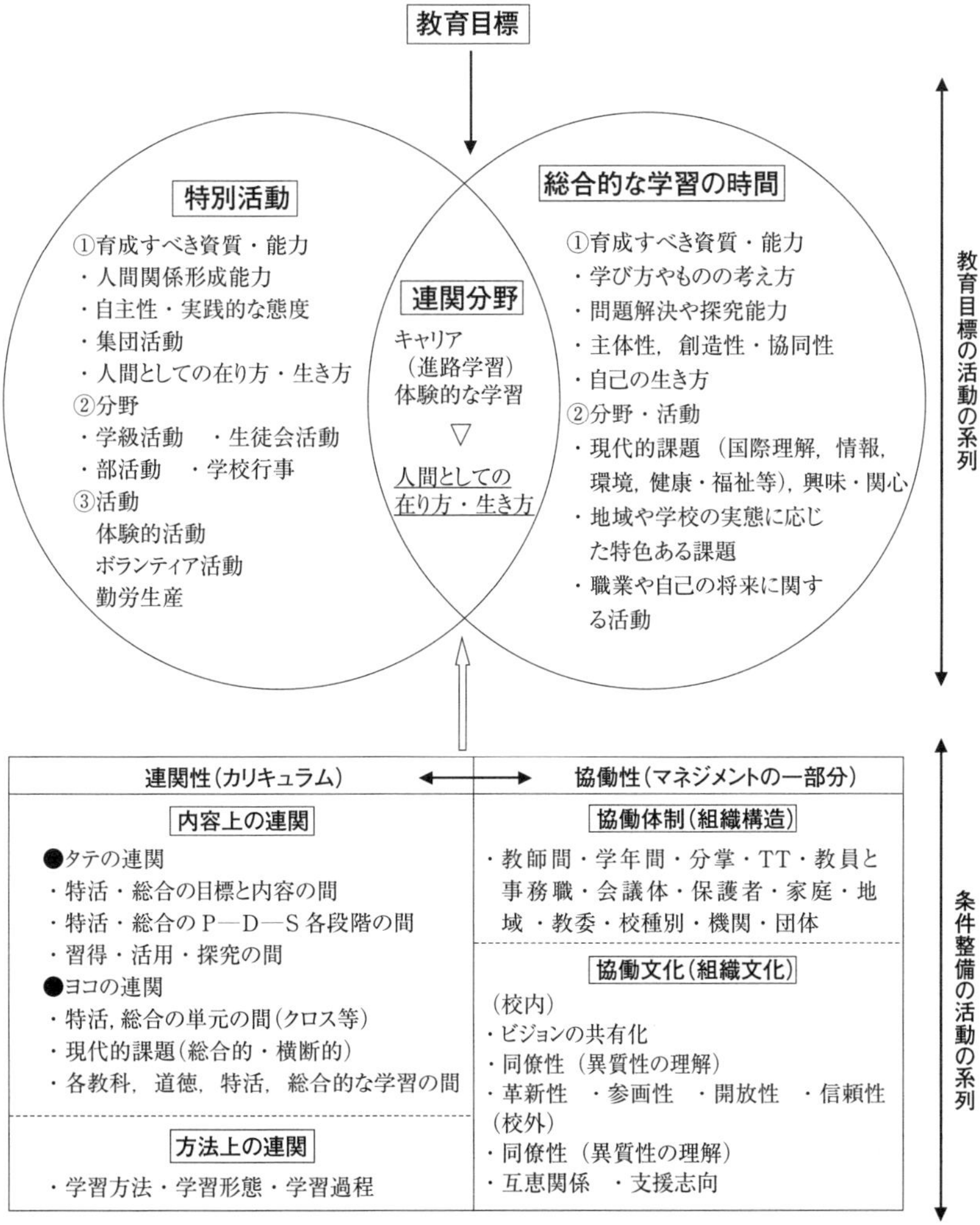

※条件整備の活動の系列（図の下部）に関しては，「カリキュラムマネジメントの理論と実践を深め広げる戦略　カリキュラムマネジメントの基軸（2）—協働性の原理と機能」，『教職研修』2010年10月号のなかの「図1　基軸（連関性・協働性）の構造」（中留武昭）を筆者（曽我）が一部組み換えた。

とがねらいである。そして，双方の共有部分に必要な目的は，生徒の主体的に課題を解決しようとする態度の育成であり，自己の生き方についての自覚を深め，自己を生かす能力を養うことである。

次に，双方の専有部分においての活動が固有の連関性を持っていることを整理する。

双方の専有部分の目標について見ると，特活（中学校）では，望ましい集団活動を通した人間関係の構築と集団への所属感や連帯感を深めることである（2008〈平成20〉年の学習指導要領で新たに導入された目標は「人間関係」）。なお，「指導計画の作成と内容の取扱い」においては，以下のような文言で連関性の確保が特活の専有部分として示されている（以下，傍線は筆者）。①「各教科，道徳及び総合的な学習の時間などの指導との関連を図る」，②「中学校入学当初においては，個々の生徒が学校生活に適応する」，③「道徳の時間などとの関連を考慮しながら」，④学級活動及び生徒会活動の指導「内容相互の関連を図る」，⑤学級活動については「道徳教育の重点などを踏まえ…内容間の関連や統合を図ったり」，⑥学級活動については「生徒指導との関連を図る」，⑦学校行事については「行事間の関連や統合を図るなど精選して実施する」のように連関性の用語が多い。

一方，総合においては，３つの目標のうちの一つである「各教科，道徳及び特別活動で身に付けた知識や技能等を相互に関連付け，学習や生活において生かし，それらが総合的に働くようにすること」を取りあげている。次に，「指導計画の作成と内容の取扱い」については，以下のような文言で連関性の確保が総合の専有部分として示されている。①「全体計画及び年間指導計画の作成に当たっては，学校における全教育活動との関連の下に，目標及び内容，育てようとする資質や能力及び態度，学習活動，指導方法や指導体制，学習の評価の計画などを示すこと」，②「教科等の枠を超えた横断的・総合的な学習，探究的な学習，生徒の興味・関心等に基づく学習など創意工夫を生かした教育活動を行うこと」，③総合の「目標及び内容」については，「日常生活や社会とのかかわりを重視すること」，④「育てようとする資質や能力及び態度」については，「例えば，学習方法に関すること，自分自身に関すること，他者や社会とのかかわりに関することなどの視点を踏まえること」，⑤「国際理解，情報，環境，福祉・健康などの横断的・総合的な課題についての学習活動，生徒の興味・関心に基づく課題に関する学習活動，地域や学校の特色に応じた課題についての学習活動，職業や自己の将来に関する学習活動などを行うこと」，⑥道徳教育の目標・内容と総合の「特質に応じて適切な指導をすること」，⑦「問題の解決や探究活動においては，他者と協同して問題を解決しようとする学習活動や，言語により分析し，まとめたり表現したりする」，⑧「自然体験や職場体験活動，ボランティア活動などの社会体験，ものづくり，生産活動などの体験活動」を取り入れる，⑨「グループ学習や異年齢集団による学習などの多様な学習形態，地域の人々の協力も得つつ全教師が一体となって」行う指導体制，⑩「学校図書館の利用，他の学校との連携，公民館，図書館，博物館等の社会教育施設…との連携を図り」，地域の教材や学校環境を積極的に活用する，⑪「職業や自己の将来に関する学習を行う際には，問題の解決や探究活動に取り組むことを通して，自己を理解し，将来の生き方を考える」学習活動を推進する，等のように連関性は量・質ともに多くの箇所において使われている。

各学校レベルでの教育目標系列と関わった学校全体のカリキュラムの内容・方法上の連関性についてまとめると，特活と総合の目標を達成するためには，双方を別々に考えるのではなく，双方の連関分野を見据えた内容・方法上の連関をつくらなければならない。なぜなら，生徒の活動の実態は，まさに「生きた連関性」の属性である。生徒側からすると，各年齢において，発達段階的に，一人ひとりの生活体験を通して，「生き方・在り方」を継続的に構築している。体験的学習を通して，何を感じ，何を学び，どう生きていくかという自らの課題を，進路学習（キャリア）を積み上げていくなかで実現していくものであり，もともと「つながり」のある有機的連関性が属性として備わっているので，有機的統合を目指した活動の視点で，教育活動全般を創造しなければならない。この意味において，双方の教育目標の活動の専有部分の共通化，すなわち図表１の上部の連関分野を視野に入れて，双方の教育目標の活動の専有部分の吟味を行っていかなければならないのである。

2　特活と総合双方の共有部分の吟味

図表１（上部の特活・総合・連関分野の図）に記したように，特活・総合のそれぞれの領域に見られる共有部分がある。この共有部分が連関性のある部分なので，ここでは同じく2008（平成20）年の学習指導要領を手がかりに，その内容を整理しておく（なお，以下の傍線部分は筆者が特に連関性を強調した部分）。

まず，特活の集団宿泊的行事，奉仕的行事においては，体験的活動を入れること（**図表１**上部の特活③の体験的活動・ボランティア活動・勤労生産的活動），さらに，第１章「総則」第３の５「総合的な学習の時間における学習活動により，特別活動の学校行事に掲げる各行事の実施と同様の成果（**図表１**上部の総合②の職業や自己の将来に関する活動を通し，特活①と総合②の共有部分の進路学習〈キャリア〉と体験的活動を通して生徒の自主性や実践力を養い，人間としての生き方につないでいくこと）が期待できる場合においては，総合的な学習の時間における学習活動をもって相当する特別活動の学校行事に掲げる各行事の実施に替えることができる」が新たに付加された。

次に，職場体験やボランティア活動を総合として計画するときには，その活動は学習指導要領に示されている目的や目標を踏まえたものでなければならない（**図表１**の総合②に示すように，総合の時間では，体験学習を充実し，生き方について考え，深めることが求められる）。この点においては，**図表１**の連関領域に示されるように，進路学習（キャリア）や体験的な学習が重要である。また，**図表１**の総合の「横断的・総合的，探究的な学習を通して」という総合の専有部分と教科と生徒指導との連関性，特活①の特活の目標の１つである「望ましい集団活動を通して」と総合①の学び方やものの考え方における個と集団との人間関係形成との連関性等，各々の専有部分の目的や目標の実現は，学びの主体である生徒の側からすれば，**図表１**の連関分野における進路学習や体験的学習は，総合と特活の双方をつなぐ媒介要因となる。

以上の点から，学校や地域の実態を活かし，特活と総合の学習相互の連関性に十分留意したカリキュラム編成が重要である。進路学習と体験的学習の２つの共有部分を規定することになる媒介要因が果たす機能的活動について，学習指導要領で新たな「取扱い」が示されたが，これらは特活，総合双方の連関性を改めて見直すうえからも，実践上において重要な指摘と言える。

まず，体験活動については，特活の学校行事に示された「勤労の尊さや創造することの喜びを体得し，職場体験などの職業や進路にかかわる啓発的な体験が得られるようにするとともに，共に助け合って生きることの喜びを体得し，ボランティア活動などの社会奉仕の精神を得られるような活動」としての効果が期待される場合は，この活動の他に勤労生産・奉仕的行事を行わないことができる。よって，特活の全体計画や学校行事の目標設定には総合との連関を考える必要性が出てくる。

この点は，今少し説明が必要となる。すなわち，特活の学級活動と生徒会活動の目標に勤労生産，キャリア・進路指導があり，総合にそれらを取り入れることが学習指導要領の示す重要な点でもある。**図表１**に示すように，特活②の分野に該当する部分は総合では②であるが，総合の場合には分野と活動の区分がなく，現代的課題や地域・学校の実態に応じた特色ある課題に関する活動は学校独自で構築していかなければならない。学習指導要領の総則の目標は，研究の目的ですでに述べてきたように，現代の子どもたちが激変する時代を生き抜いていくための「知・徳・体」のバランスのとれた資質・能力を育成することである。学業と進路に関しては，学習課題を解決し学習効果を高めるために，家庭や地域の関連機関や施設の協力が必要になる。よって，学校行事や校外学習，授業参観の機会等に適切な配慮をして，題材やテーマを意図的・計画的に年間指導計画に位置づけることが必要となる。

学校行事についても，学校や地域及び生徒の実態に応じて，種類ごとに行事及びその内容を重点化するとともに，行事間の関連や統合を図るなど精選して実施すること，また，実施にあたっては，幼児，高齢者，障がいのある人などとの触れ合い，自然体験や社会体験などの体験活動を充実するとともに，体験学習を通して気づいたことを振り返り，まとめたり，発表しあったりするなどの活動を充実するように工夫すること，勤労生産・奉仕的行事に関しては，キャリア及び進路を総合に入れることが可能となった（**図表1**の連関分野）。

ニートやフリーターの増加等の社会的現象を見据え，特活の職場体験学習を通して，職業に関する視野を広げ，働くことの意義や尊さを学び，将来の職業について考え，礼儀や社会ルールを遵守する精神の育成を図る必要がある。総合においては，学び方やものの考え方を学び，問題解決や探究能力を主体的・創造的に学び，自己の生き方につないでいくことが望まれる。さらに，地域や学校の実態に応じた特色ある課題をはじめ，現代的課題に取り組み，自らの職業や自己の将来に関する活動として一連のつながりを担保していくことが求められている。

その双方を連関させる要因は，進路学習と体験的活動を通じて，自主性と実践力を培うことである。例えば，連関分野（**図表1**の上部）においては，進路を大テーマに据えて，生徒個々人の課題設定及び探究学習を職場体験学習に置き，その課題を解決するうえで最も重要な情報源として計画・推進していくことが，子どもの側から子どもの個性を伸ばす活動を創造していくことになる。そのためには，さらにどのような組織や教育活動によって教師の協働性を深めていくのかが，特活・総合のカリキュラムの内容・方法をつくり，動かし，変えていく（P—D—C—Aサイクル）際の重要なカギとなる。

3 事例による連関性と協働性の規定要因の形成とその検証

1　評価の視点から振り返って見た共有部分と専有部分の態様

上に述べてきたような理論モデルを用いて，実践事例における総合と特活双方の共有部分と専有部分に機能する連関性と協働性とを検証するために，評価の項目を作成した。項目の作成においては，ほぼ**図表1**のデザイン・モデルの内容に即して構成した（設問には，理由を問う項目まで含めている）。ここで評価を取りあげたのは，カリキュラムマネジメントのサイクルはP—D—S（C—A）よりもS（C—A）から始めるS（C—A）

図表2 学校全体の教育活動を視座に置いた特活と総合の連関性に関わる年間指導計画（福岡県S女学院中高等学校の事例）

分野・活動領域間		特活（学級→学年）	教科 ↔	総合 ↔	特活
道徳（宗教）指導領域目標 ↔ 学校教育目標 ↔ 学年指導目標（高校2年） 「他者と共に祈る～命の重さ」↔「世界に向けて自分の将来を拓く生徒」↔「他者との協力で世界に関与する生徒」					
領域	道徳領域	学級目標 → 学年目標	・学習指導領域目標	・課題解決・探究	・生活指導領域
4月	教育—学院の教育の原点 **他者との関わり**の中で自分の価値を追求する生徒の育成《道徳（宗教）指導領域学年目標》	高校2年生学年目標 ：**他者との協力**で世界に関与できる生徒の育成	**主体性・応用力** **データ読み取り** 国語/情報/社会	オーストラリア旅行プロジェクト/エッセイコンテスト	**他者との協同性** 自己・社会改善に必要な環境整備
	スクールモットー 学院の歩み	入学式 創立記念日	英語・社会・理科 情報・国語	Japan Report 作成（英語）	社会の一員としての将来設計（進路）
5月	教育—学院の教育の継承	避難訓練・合唱コンクール	音楽		合唱コンクール **相互理解と協力**
6月	教育—学院の女子教育 **「他者と共に祈る～命の重さ」**	人権教育 道徳強化週間 久山訪問（奉仕活動）	社会・国語 道徳・社会 英語	諸外国の人々と文化論について英語で討論	**異文化間理解・コミュニケーション力**
7月	教育—地域に仕える学院 **「他者と共に祈る～命の重さ」**	クラスマッチ サマーキャンプ（任意） 保護者会	体育 英語・歴史		**相互理解と協力** 修学旅行実施
8月	世界と共に—平和 **「他者と共に祈る～命の重さ」**	英語イマージョン 平和教育			地域貢献 ボランティア活動
9月	世界と共に—基本的人権	始業式 文化祭準備	情報・国語・社会・英語（教科間及び教科内連携）	・修学旅行記・諸外国の人々との交流・ディベート（日本語）	文化祭で成果発表（自己評価・他者評価）
10月	世界と共に—環境と生活 **「他者と共に祈る～命の重さ」**	教育フォーラム 道徳強化週間	学年教師 国語・英語	小論文 国際短歌コンクール	地域・保護者の理解
11月	世界と共に—世界にある格差を越えて・**「世界と共に祈る～命の重さ」**	クリスマスツリー点灯式			地域・保護者の理解
12月	喜び—生命の誕生 **「他者と共に祈る～命の重さ」** 人間としての在り方・生き方	クリスマス祝会 ハレルヤコーラス 合唱 終業式	音楽/総合表現	**「世界と共に祈る～命の重さ」**	音楽選択者成果発表/クリスマス祝会成果発表/演劇部活動・音楽部
1月	喜び—希望	始業式	総合表現・国語・社会	ディベート小論文（日本語）	**協力体制**
2月	喜び—魂の深まり	生徒会選挙	総合表現・国語・社会	ディベート小論文（英語）	**協力体制**
3月	派遣—世界に向かって羽ばたく	卒業式			
		英語ディベート・クラスマッチ	英語・体育	ディベート大会（英語）	**語学力・協力体制**

―P―Dに重点を置いていることとも関わっている。

まず，連関性（特活と総合の内容上・方法上の共有部分をつくる連関性）に関する評価項目は以下の通りである。①学習活動を推進するための年間指導計画の策定には，双方の連関性がうまく機能したか，②双方の共有部分の学習活動がかなりの程度進んだとしたら，その理由は何か，③共有部分を積極的に進めることが専有部分の学習活動も活性化することにつながったか，④共有部分を積極的に進めることにより，生徒の自主性，実践的な資質・能力は伸びる傾向を示したか，⑤共有部分を進めることにより，生徒の課題解決・探究能力は伸びたか，⑥共有部分を進めることが教科や特活の学びを活性化することにつながったか，⑦共有部分の研修を進めることが生徒の学習成果の向上につながったか，⑧連関性を見出すことを通して，学習形態や学習過程，学習態勢等に変化が現れてきたか，等である。

次に，連関性と協働性との対応関係についての評価項目は以下の通りである。①連関性と協働性とを関係づけることで何が生じたか，②協働意欲をどのように駆り立てたか，③協働性は学習活動にどのような影響力を与えたか，④新たな学習活動を推進していく際に，新たな組織体制（委員会も含め）を作って行った場合，組織文化にポジティブな変化が伴っていたか，逆に，組織文化をポジティブな性質なものに意識的に変えていきながら，新たな組織体制を作ることに成功したか，等である。

事例対象校は，福岡県Ｓ女学院中高等学校（自然に恵まれた小高い丘に建ち90年以上の歴史を誇る女子中高一貫校。キリスト教に基づく情操教育をスクールモットーとし，カリキュラムマネジメントを導入している）である。統合学力教育を推進しており，カリキュラム上「つながる学力」を目指している。2004年から文科省よりスーパーイングリッシュハイスクールの指定を受けた研究開発校である。Ｓ女学院中高等学校のカリキュラムマネジメント導入は，2002年から現在に至る経緯がある[(1)]。

まず，先のモデルと評価項目を受け，特活と総合の連関性に関わって，年間指導計画（Ｓ女学院中高等学校の事例）（**図表２**）と，その中でもとくに「修学旅行」（４～７月）に焦点をあてたS―P―Dサイクルの

図表3 「修学旅行」（4～7月）に焦点をあてたS—P—Dサイクルの各段階における連関性と協働性との関係事例（S女学院高等学校）

P—D—S	連関性（カリキュラムの内容・方法）		協働性（マネジメント）
	連関の内容	特記事項	
（S）	①学校の特色である統合教育の評価（2004年度改革のスタート）	①Sから始まるカリキュラムマネジメント ・組織文化の評価も配慮	①全教職員（評価規準の作成の原案提示は教頭）による検討体制 ・原案の決定までに運営委員会での審議 ・共通認識が確立した
P	②教育目標から学年目標の設定（2004年） ③同時に各教科の特色ある目標設定 ④学年目標と4つの指導領域（宗教・学習・生活・進路）で培う力量（2006年）	②中高一貫校の特色を生かしたタテの連関性のある目標設定 ③教科目標設定により，教科を越えた学校設定科目（インテグレーション，総合表現等）が可能となる ④年間指導計画の作成	②学年目標に関しては学年主任（会）と各学年（会）との間での調整（学年主任会を経て職員会議で了解） ③教科の目標設定は教科主任（会）と各教科（会）との調整 ④学年目標と4つの指導領域とのマトリックスの開発により，運営委員会のメンバーに各指導部門の分掌主任の参加が可能となり，協働体制が強化された。主任のもとに部会が構成された（2006年）
D （修学旅行）	①セルハイ公開授業 国語科・社会科・情報科・英語科→「総合」 ・リビングトーキング **事前準備（p'）**→Japan Report作成（「総合」） ・Survival English（英語科） ・英文アンケート作成（国語科と英語科）	①高校2年生修学旅行 **事後指導（s'）** ・英語スピーチ・パワーポイント・リビングトーキング（英語科・情報・総合） ・オーストラリアキャッチフレーズ（英語IIとOCの教科内連携） ・国際理解短歌（国語科と英語科）	①修学旅行の意義についての理解と解釈（教員と生徒の協働における共通理解） ・各教科担任が「総合」に向けて各教科の修学旅行における教科指導目的を生徒に理解してもらうと同時に教師の共通理解を得る。準備段階から生徒による協働性が芽生え始める。この礎になっているのは，教師の協働性である。事後の自己評価や他者評価を通して生徒は「つながる学力」を体得できる。教員も評価により各教科へとフィードバックする。
S	・「総合」・特活・教科外教科の評価項目と各学年目標との連関性	・観点別評価・感想文ポートフォリオ・授業における到達度・他者評価	・生徒の顕在的学力の育成を図る各教科の到達度別授業法により教師の授業力の向上が図れる。潜在的能力の育成を図るには生徒から教師への授業評価，生徒自身の自己評価・他者評価，作文から読み取る評価

各段階における連関性と協働性の対応関係の事例（S女学院高等学校）（**図表3**）を取りあげながら，特活と総合との連関性を吟味する。

2　事例の検証による考察

これらの評価項目から判断して実践を評価するのは容易にはいかなかった。まず，連関性・協働性の全体を総合・特活の専有部分・共有部分に焦点をあてて，その成果を取りあげる。その評価結果の全体的な傾向は，以下のとおりであった。

①修学旅行（特活）と総合とをつなぐためには，教科を媒介とした方法連関（学習方法・学習形態〈教科間連関及び教科内連関〉）が特に必要なことがわかった。

②修学旅行は，特活をはじめ，教科を含めた教科・領域等におけるそれぞれの目標をつなげることにより，大きな学習成果につながった。

③特活と総合の各々の専有部分であっても，連関性を見つけることによって必然的に協働性が可能となることがわかった。

④特活と総合との連関性を見ていくうえで，各教科・道徳との関係性を視野に入れることにより双方の共有部分の活動がより明確になった。

⑤年間指導計画のなかで教科・特活・総合の各領域間にはそれぞれP—D—C—Aサイクルが機能しており，さらに特活（修学旅行・成果発表）のDのなかにもs'—p'—d'が機能していて，そのマネジメントサイクルが教科・特活・総合の連関性をつくっていることがわかった。

⑥校務分掌単位で各々の指導領域の目標を明らかにし，クロスさせることにより，同僚性が生まれることも理解された。

⑦特活と総合の共有部分は，進路学習（キャリア）と体験的学習を中心として，「人間の在り方・生き方」につなげることが可能であることがわかった。

次に，先の総合と特活の内容上・方法上の連関性の評価項目（①～⑧）と，連関性と協働性との対応関係の評価項目（①～④）とに分けて，それぞれの結果を簡明に整理する。

学校全体の教育活動を視座に置いた特活と総合の連関性に関わる①の

年間指導計画（**図表２**）について説明すると，特活と総合の専有部分の目標は各々バラバラに機能するのではなく，進路学習（キャリア）と体験的学習を中心として，生徒一人ひとりの「人間の在り方・生き方」へとつながる視点において達成されることが分かった。この点は評価項目③，④にもつながる。⑤，⑥については，学校全体のトータルシステムとしてのカリキュラムマネジメントを前提にした学校教育目標，学年指導目標があり，さらに育成したい生徒の資質・能力を４つの領域（道徳指導・学習指導・生活指導・進路指導）の指導目標にそれぞれ対応させたうえで，サブシステムとしての特活と総合の連関性を図ったので，総合と特活の共有部分を中心にした取り組みが可能となった。

連関性と協働性の対応関係について②，③，④の成果をまとめると以下のようになる。**図表２**にあるように，高校２年生の学年目標は「他者との協力で世界に関与できる生徒の育成」である。高校２年生の領域及び領域間の目標は，「他者との関係において，他者との協同によって，相互理解を生み，協力体制を構築し，自己の価値を追求する」ことである。その共通した目標実現のために，特活に焦点をあてた行事活動を多様に展開した。例えば，合唱コンクールでは，音楽の授業を通して基礎知識を習得し，クラス単位で奏楽者，伴奏，各パートの指導者を決め，クラスのメンバーで音楽的価値を追求するなかで歌声を創りあげていく。合唱コンクールや独唱の入賞に関しては，出場者全員で鑑賞していくことを通して，高い音楽的価値を構築していくことができるようになった。

次に，**図表２**の年間指導計画のなかのカリキュラムの内容・方法上の連関性と，それを支える協働性との関係性について，**図表３**の修学旅行の事例で説明する。

特活の学校行事の中の修学旅行の準備をＰと設定した。このＰはまさに学年目標「他者との協力で世界に関与できる生徒の育成」を視座に置いたものであり，道徳指導目標「他者との関わりの中で自分の価値を追求する生徒の育成」との対応関係のなかで，学校設定教科目をフルに活用し，教科を越えて内容上（学校設定科目の設置），方法上（PISA型読解力，総合表現科での多様な学習方法）において全教科との連関性を図り，学校教育目標の具現化に迫るようにした。

具体的には，まず総合で，オーストラリア修学旅行のプロジェクトを立ちあげ，課題解決に向けて探究心を養うものとした。

〈評価①〉では，オーラルコミュニケーションと英語Ⅱで教科内連関を行い，さらに国語・英語・情報・世界史で教科間連関を行うことを通して，組織文化にやや同僚性の雰囲気が出てきた。

〈評価②〉では，P段階での成果発表として，ホームステイファミリーに家族・町・日本紹介を写真やイラストを用いて説明するために，Japan Reportと呼ばれる手作りの小冊子を英語で作成した。6～10ヵ国の近隣在住の英語が堪能な講師を招き，リビングトーキングと呼ばれるプログラムで文化論について英語で討論した。高校1年次より英語検定試験を始め，種々の英語関係の資格試験の目標を定めて指導した。さらに，文化祭で修学旅行実施の成果発表を行った（D)。オーストラリアの文化・歴史及び現代的課題について再度リビングトーキングを行い，パワーポイントを使いながら日本の事例を通して討論する等により，生徒間に学習意欲が盛り上がってきた。

また，〈評価①，②〉では，**図表3**における4～7月の「修学旅行」に焦点をあてたS―P―Dサイクルの各段階の連関性と協働性との関係事例に示すように，D段階においてp'―s'が発生してきた。学校行事を中心に，英語，国語の教科単元を通してキャリア形成能力であるコミュニケーション力を育成した。また，学習指導領域の目標である主体性・応用力を育成し，生活指導領域の目標である他者との協同，相互理解と協力体制を構築し，そこから教師間と同様に生徒間でも協働性が生まれてきた。このようにカリキュラムの内容上・方法上の連関性を担保していくためには，教科・分掌・学年の枠を超え，教師の複数の眼で一人ひとりの生徒を見ていくことが前提であり，そこから協働性が生まれ，さらに，教師間の協働性が生徒間の協働性を「相似形」的に生み出す誘因となった。

〈評価⑤〉は，高校2年生の総合表現・音楽選択者合同による成果発表会において，教科の枠を越え，内容上（学校設定科目の設置），方法上（PISA型読解力，総合表現科での多様な学習方法）全教科での連関性を図り，学校教育目標の具現化に迫ったものである。

〈評価⑦〉は，道徳指導領域の「命の重さ」をテーマに世界の現代的課題を探究し，世界を視野に入れた「共存」の在り方を自らの問題として捉え，自らの足元から解決策を模索し，自らの「人間の在り方・生き方」に迫る成果発表である。総合表現・音楽選択者の成果発表会は，特活を含めた教科・領域等におけるそれぞれの目標をつなげることにより大きな学習成果となり，**図表1**の上部の連関分野が示す人間の在り方・生き方につながるカリキュラムとなる。

本研究のテーマである特活と総合との連関性を規定する要因として，**図表1**の上部の特活と総合の連関領域である「人間の在り方・生き方」の誘因となるカリキュラムの内容上・方法上の連関性と協働性について総括する。特活領域の年間目標は，学校教育目標を標榜し**図表1**で示される連関領域の「人間の在り方・生き方」の方向性を示している。さらに，領域及び各教科の目標とも関連を生み出すように策定されている。例えば，道徳領域目標「他者とともに祈る―命の重さ」に関わる各教科及び領域単元開発は，「他者との協力で世界に関与する生徒」を育成するものである。また，それらの資質・能力は学習指導目標である「主体性と応用力」と生活指導目標である「他者との協力・相互理解力」でもある。これらの「潜在的能力」を教科・総合・特活の内容・方法上の連関性を担保した顕在的連関カリキュラム上で育成することが，特活と総合の共有部分である「人間の在り方・生き方」につながるものである。

〈注〉

(1)福岡県Ｓ女学院中高等学校の事例としては，中留武昭監修　西南女学院中学校・高等学校編著『これからの時代を生き抜く学力を育てる――学校文化を変えるカリキュラムマネジメントへの挑戦』学事出版，2009年がある。

第５章　「道徳教育」と「総合的な学習」とをつなぐ連関的カリキュラム―「命」の単元開発

第５章では，総合と道徳教育との連関性に焦点をあてた「連関カリキュラム」を取りあげ，双方を総合の単元「命」で結んだ場合に必要となる三者の連関性を構造化して，最終的には，総合の単元「命」に絞り込んでの検証までを視野に入れた連関カリキュラムを構築する。

この単元を特に，道徳のカリキュラムとして取り上げるのは周知のように，昨今の少年犯罪の増加及び学校での問題行動（いじめや校内暴力等）を背景に，世論や教育現場では「生命の尊さ」を教える教育の必要性の認識が高まっていることと深く関わっている。核家族化が進み，子どもの生活様式も変化して，情報社会で携帯電話やインターネット上の擬似体験の影響等により，一人の世界に籠るなど，自然や動植物との関わりや人間同士の関わりが希薄になっている。そのため，命あるものとの接触が少なくなっているばかりか，「崇高なものとの関わり」などについて，それを直感・実感したり，考えたりする機会に恵まれているとは言い難い側面があるからにほかならない。

児童・生徒を取り巻く状況をみると，変化の激しい今日の社会において，社会全体のモラルの低下により「知・徳・体の調和ある発達に不可欠な『徳』が見失われ，あるいは埋没しているという危機的な状況」(1)があり，さらに家庭や地域の教育力の低下により，地域の連帯感や人間関係の希薄化などの傾向が見られ(2)，なかでも社会体験，自然体験等の不足のなかで，人間が当然に有するべき逞しさや自他の生命の尊重の精神を身につける機会が奪われるなど(3)，深刻な状況下に置かれている。特に道徳教育と関連して，「生命の尊厳や崇高なるもの」との関わりにおいて教育を推進していくことの意味と新たな実践的課題とが浮上してきた。

本章では，こうした状況認識のもとに，道徳教育と宗教教育の共有部分に位置づく「命」について，道徳と総合的な学習の時間との連関性を中心に，カリキュラムの理論的枠組みの構築とその実践的事例の開発に焦点をあてて論じることにする。

学校全体のカリキュラムマネジメント研究の枠組みを基底にして，それを総合のカリキュラムマネジメントに絞り込み，筆者（曽我）の先行研究である総合と特活との「連関カリキュラム」研究[4]の延長線上に位置づけて行うものである。

章の構成としては，1で，道徳教育と宗教教育との接点に「生命に対する畏敬の念」を位置づけて連関性を図った背景とその理由とを吟味する。2では，道徳と総合的な学習の共有部分に「命」の単元を位置づけて連関カリキュラムの理論的なグランドデザイン化を図り，その実践化（開発）を試みる。3では，宗教教育の裁量範囲が広い私立学校の道徳に焦点をあてて連関カリキュラムの開発を試みる。実践対象としては，筆者（曽我）が主として勤務校で行ったケースの開発と実践の分析を対象化して，理論的枠組みの検証を深める。

なお，カリキュラムマネジメントの枠組みでもあるパラダイムの構造は，これを実現するための基軸と構成要素とから成っている[5]。特に，このコンセプトのなかの「連関性」を道徳と総合的な学習との共有部分に位置づけた。そしてその実証に単元「命」のカリキュラム開発と一部，その実践化と検証までを行ったものである。

1「道徳教育」と「宗教教育」の連関性の吟味

今日，道徳教育に関しては「危機的な状況」にあると認識されるようになったが，宗教教育に関しては，教育界において道徳ほどに語られることは少ない。しかし，単元「命」を総合的な学習と関わって取りあげるからには，道徳と宗教との連関性についての考察を欠かすわけにはいかないというのが筆者の研究上の課題認識である。

宗教に関して，貝塚茂樹氏（以下，敬称略）は，これに対する国民の関心の希薄さ，逆に「宗教的情操」の名のもと愛国心を軸に歴史的文脈で語られてきた戦前からの政治的イデオロギーへの危惧と批判，さらには政教分離の問題についての議論が不十分であることなど，未だに揺れ動いている状況があると，その著書のなかで述べている(6)。

さらに，貝塚はその著書のなかで，戦後の宗教教育が「宗教的情操」をめぐる論議を軸として展開しており，その範囲も教育史や教育内容，教育方法研究に留まらず宗教学や心理学の分野でも注目されてきたにもかかわらず，「宗教的情操」教育をめぐる論議はすでに行き詰まりの状態にあると指摘している。

特に国・公立学校において宗教への関心が希薄である理由を２つあげている。一つには，宗教のもつ属性（宗教は人類にとって普遍的な事実でありながら時代や地域によって様々な形態が表出しているため，あらゆる宗教に普遍的な定義や共通の特質を導き出すことは非常に困難である）により概念が明確でないこと，今一つには，日本の戦後社会における歴史的な背景があること（戦前・戦中に極端な国家主義が教育に介入したことに対する拒否感は，戦後における宗教教育に対する心理的な壁になってきたが，人間存在と教育との基本的関係において多くの問題を含んでいる）を指摘している。

道徳と宗教との違いについて言えば，道徳は宗教の相違を超え，世界のグローバル化に応えられる普遍性を持つものでなければならないと考えられる。公教育が道徳に求めるものは，個人・国家を超える普遍性である。一方，宗教は，個人的で多様な信仰がその対象である。殺人，強盗，窃盗等の行為が「悪」とされるのは宗教の如何を問わず，人種，国籍の相違を超えて普遍性を持つからにほかならない。この点で，カリキュラム上，宗教教育をやっていれば道徳はそれに代置できるという一部宗派の私立学校における実践には限界がある。道徳の規範をつくるには実証性が必要なのも，その点にある。

だが，道徳と宗教のこうした違いとは別に，教育の視点からは，双方に内容上の「連関性」が担保されていることが重要である。以下，2・3につないでいく前提として，その点を簡明に記述する。

教育の視点から，道徳と宗教の立ち位置や対象を求めるとすれば，前者においては，既述の「普遍的価値」の追求が理念的側面としてあり，社会における基本的ルールの創造が現実的側面としてある。人間は根本的本質として有限性と無限志向性とを合わせ持っているが，後者の宗教は有限性を超えたところに無限なる宇宙や「超越者」の存在（人間の力を超えた存在）を対象としていることから，意志や理性による教授や教え込みの領域をはるかに超えており，直感と感情による世界が対象となる。

要するに，宗教においても道徳においても，人間は本質的に有限なのだが，宗教はその有限性を解消するために，超越者からの救済がなければならないとする人間の無力さと限界を強調するのに対して，道徳においては，人間自らの有限性を自覚し，さらにその限界を無限なるものに近づけようと自ら積極的に取り組む姿勢のなかに人間の本質を捉えようとする。そして，その無限なるものへと近づけようとする道徳的努力の過程に必然的に，その目標となる完全性に対するアプローチが必要になってくるわけで，その接点に道徳と宗教の連関性があると言える。

このことは，押谷由夫氏（以下，敬称略）が，生命に対する畏敬の念及び道徳教育と宗教的情操について，「学校教育と宗教との関係」（教育刷新委員会，昭和23年）と「期待される人間像」（中央教育審議会，昭和41年）を引用して次のように述べている通りである(7)。

前者（学校教育と宗教との関係）では宗教に対する基礎的知識と一般的理解を深めることを，後者（期待される人間像）では生命の根源に対する畏敬の念及び宗教的情操の必要性を説いている。そして学習指導要領には，生命尊重と敬虔に関わって，その根底に宗教的情操が押さえられていると述べている。さらに，平成元年には「生命に対する畏敬の念」が学習指導要領に明記され，道徳教育の目標部分に「人間尊重の精神」と「生命に対する畏敬の念」という言葉が併記され現在に至っており，そのポイントは，「生命に対する畏敬の念」を単独ではなく「人間尊重」と一緒に提案していることであると述べている。

その趣旨は「期待される人間像」（中教審，昭和41年）に，以下のように示されている。「（略）その根底に人間として重要な一つのことがある。それは生命の根源に対して畏敬の念をもつことである。人類愛とか人間愛とかいわれるものもそれに基づくのである。すべての宗教的情操は，生命の根源に対する畏敬の念に由来する。（略）われわれの生命の根源には父母の生命があり，民族の生命があり，人類の生命がある。ここにいう生命とは，もとより単に肉体的な生命だけをさすのではない。われわれには精神的な生命がある。このような生命の根源すなわち聖なるものに対する畏敬の念が真の宗教的情操であり，人間の尊厳と愛もそれに基づき，深い感謝の念もそこからわき，（略）われわれに天地を通じて一貫する道があることを自覚させ，（略）」（下線，筆者）。

中教審答申（昭和41年）の示す宗教的情操のマインドは，学習指導要領に以下のように継承されている。「今回の改訂から『人間尊重の精神』と並んで『生命に対する畏敬の念』が新たに加えられたが，それは，人間尊重の精神をより深化させようとする趣旨による。生命に対する畏敬の念は，人間存在そのものあるいは生命そのものの意義を深く問うときに求められる基本的精神であり，生命のかけがえのなさや大切さに気づき，生命あるものを慈しみ，畏れ，敬い，尊ぶことを意味する。このことによって，自他の生命の尊さや生きることのすばらしさの自覚を深めることができる。また，ここで言う生命は，人間のみではなく，すべての生命を含んでいる。そのことによって，人間の生命が，あらゆる生命との関係や，調和の中で存在することを自覚させ，生命あるものすべてに対する感謝の念や，それらを通して豊かな心をいっそう育てることができる」。

この点，道徳と宗教の連関性に関しては，道徳の内面を支えるのが宗教的情操であるとも言える。逆に言えば，双方の連関性がない状況下では，宗教を持たない道徳の限界がある。それは，人間が必然的に対面する価値葛藤に対して人間の有限性を直感させるための宗教的情操を持たない道徳教育の限界があるとも言えるからである。「限界がある」からこそ，道徳と宗教とを分離してしまうのか，それともつなげるべきなのか，「命」を問題にする限りにおいては，特に教育の文脈においては双方の「つながり」を必須なものとして位置づけることであろう。

この点に関して，貝塚は次のように述べている。「そもそも人間は有限で相対的な存在である。また，この有限に対して相対的な存在であるという事実に満足できないのも，また人間の本質である。有限な存在でありながら無限の欲望をもち，相対的な世界に存在しながら絶対的な理想を求める。そこに人間の苦悩と矛盾がある」[8]。

そして，こうした人間の苦悩と矛盾は文化や科学によって完全な解決や救いが得られるとは限らないし，こうした人間の現実的な矛盾や苦悩を自覚せしめ，永遠の理想によって人間の精神生活を豊かにする道筋を与える教育的な機能をもつのが宗教であると言うことが一応はできる，と述べている。

そうだとすれば，人間の存在における有限の意味を正しく理解することは宗教の果たすべき役割と機能であり，その意味で宗教教育は，人類が長年形成してきた様々な宗教的伝統や考え方，現在の宗教を取り巻く諸問題を学ぶことで，子どもたちが自らの生き方・在り方や人生の意義を問う方法を学ぶことを助ける重要な役割をもっていると言えるのではないか。

では，教育政策レベルでは，道徳と宗教との連関性はどう求められてきたのか。ことに「宗教的情操」にまつわっては，戦前から政治的イデオロギーの対立があり，明確化するに至らなかった。初めて明確に示されたのは，1966（昭和41）年の中教審答申別記「期待される人間像」によってである。ここでは，「宗教的情操」について次のように定義された。

「すべての宗教的情操は，生命の根源に対する畏敬の念に由来する。（略）ここにいう生命とは，もとより単に肉体的な生命だけをさすのではない。われわれには精神的な生命がある。このような生命の根源すなわち聖なるものに対する畏敬の念が真の宗教的情操であり，人間の尊厳と愛もそれに基づき，深い感謝の念もそこからわき，真の幸福もそれに基づく」（下線，筆者）。「生命の根源すなわち聖なるものに対する畏敬の念」が「宗教的情操」であるという位置づけは，その後の学習指導要領の内容にも反映されることになった。1968（昭和43）年版の小学校学習指導要領第３章道徳では，「生命を尊び，健康を増進し，安全の保持に努める」「美しいものや崇高なものを尊び，清らかな心をもつ」が内容として盛り込まれた。さらに，「生命に対する畏敬の念」を「人間尊重」に直接結びつける指導方針は，その後の学習指導要領にも引き継がれた。

また，2006（平成18）年に改正された教育基本法第15条第１項は，「宗教に関する寛容の態度，宗教に関する一般的な教養及び宗教の社会生活における地位は，教育上尊重されなければならない」とされているが，これは，戦後教育基本法を受け継いだものである。

学習指導要領（平成20年総則）の「教育課程編成の一般方針」（小学校・中学校・高等学校で共通の記述）に，「人間尊重の精神と生命に対する畏敬の念」を養うことを目標とするとある。さらに「道徳」の内容として（小学校５～６年，中学校），主として自然や崇高なものとのかかわりに関することとして「人間の力を超えたものに対する畏敬の念」とある。高等学校においては，道徳教育は学校教育全体において行うわけであるが，宗教を視野に入れた内容としては，第３節の公民のなかの「第２款　各科目」でも，現代社会，倫理において，さらに具体的に取りあげられている。

ところで，教育基本法第15条のいう「宗教に関する一般的な教養」の具体的解釈には多々議論があるが，それによって学校教育の責任と役割が表出され，国や公立学校での具体的な方策が期待されていることは明らかである。貝塚は，教育の内容においては，教科の知識教育として行うものと道徳教育として行うものとの区分けが必要であるが，特に後者については，学習指導要領に記載されている「人間の力を超えたものに対する畏敬の念」の内容として再度整理する必要があり，そしてこのことが新教育基本法第15条の「宗教に関する一般的な教養」をどのように解釈し，いかにカリキュラムのなかに構造的に導入するかという課題と連動していると指摘している[(9)]が，妥当な見解だと考えられる。

図表1　道徳・宗教・総合的な学習の連関図　（曽我，2013年）

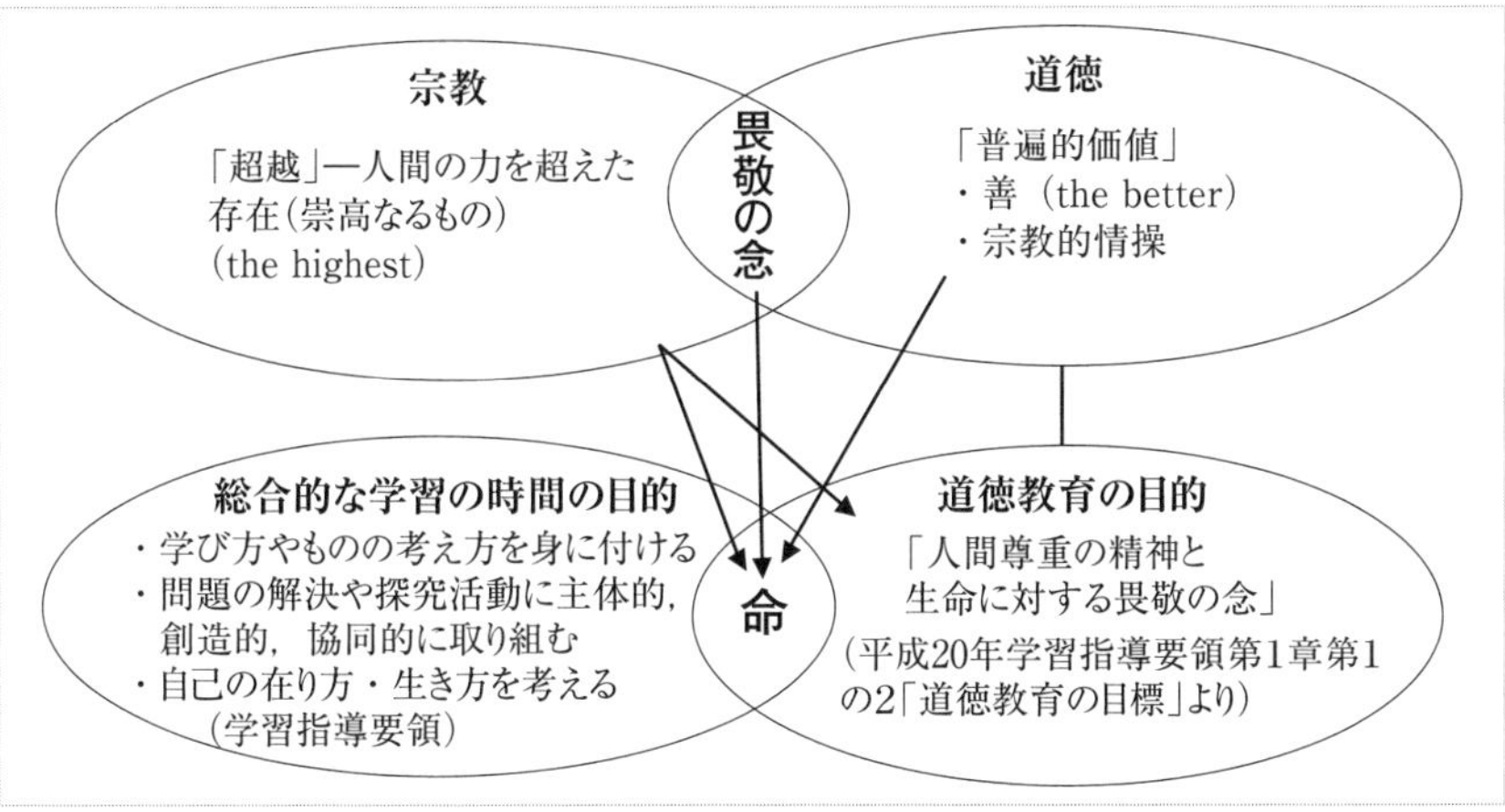

また，押谷は，道徳の時間が設置された昭和33年以降の最大の改訂となった平成元年の改訂では，「生命に対する畏敬の念」という文言が学習指導要領に明記されたが，道徳教育の目標部分に「人間尊重の精神」と並んで「生命に対する畏敬の念」が併記され現在に至っており，この２つを同時に育めるよう，生命の概念を提示し，「生命をテーマとした総合単元等」をカリキュラム化することを通して道徳教育の充実を図っていくことが必要であるとも述べている[10]。

以上のような点を考慮すると，宗教と道徳との共有部分に，人間尊重の証として「生命に対する畏敬の念」が位置づけられるのである。畏敬の念は，「人間の力を超えたもの」として，超越者の存在を示唆している。ここで，カリキュラム上で「命」を取りあげる具体的な場や機会として重視されることになる領域が，道徳と総合的な学習の時間との共有部分であると言えよう。むろん，各教科（例えば，理科・美術）の単元のなかで「命」を取りあげることは重要であるが，道徳の時間で学んだ「命」に関する知見を現実に生かすには，総合的な学習の時間との連関性を積極的に図ることが有効である（**図表1**は，道徳・宗教・総合的な学習の連関図）。

なお，平成20年の学習指導要領（小・中学校）の道徳では，内容上の連関性や一貫性を考慮して，道徳教育の内容が4つの視点に分類・整理されている。1.主として自分自身に関すること，2.主として他の人とのかかわりに関すること，3.主として自然や崇高なものとのかかわりに関すること，4.主として集団や社会とのかかわりに関すること，がそれである。これに関しては，連関性があるとは言え，配列上の問題が指摘されてもいた[11]。自分を中心にして人間関係を広げていく過程で身近な他人との関係から集団や社会へと移動していくことは分かるが，なぜ，その間の3に「自然や崇高なもの」を経るのかについてである。この点で，一般的に他律から自律に向かう児童・生徒の道徳の発達からは，4と3とを入れ替えるのが妥当ではないかと，疑問を呈しておく（解説書では4から3になっている）。

2 「道徳教育」と「総合的な学習の時間」との連関性のモデル開発―連関分野（共有部分）に焦点をあてて

1　「道徳教育」と「総合的な学習の時間」との連関性を規定する要因

主題と関わり，道徳教育と総合的な学習の時間とのカリキュラムの内容・方法と，それを支援する（実現すべく）マネジメント上の理論モデルを以下に構築する（**図表2**）。

平成20年3月の学習指導要領改訂において，道徳教育は「道徳の時間を要として学校の教育活動全体を通じて行うもの」（下線，筆者）であるとし，「要」という言葉が道徳教育の中核的役割として明確化された。これにより，道徳の属性から道徳教育の目的を抽出（**図表1参照**）し，さらに，**図表2**に示すように，道徳教育と総合との連関分野（共有部分）を抽出することが可能となった。すなわち，道徳教育と総合それぞれに特化される専有部分と双方の共有部分とを再吟味して位置づけ，双方のカリキュラムの内容・方法上の連関性を図り，質の向上を図っていくことができるようにしたものである。

具体的には，**図表2**は，取りあげるテーマ（現代的課題等）に対して，他の教科や領域の各単元にどのような道徳の内容を適切に導入していく

図表２ 「道徳教育」と「総合的な学習の時間」との連関性を規定する要因

（曽我，2013 年）

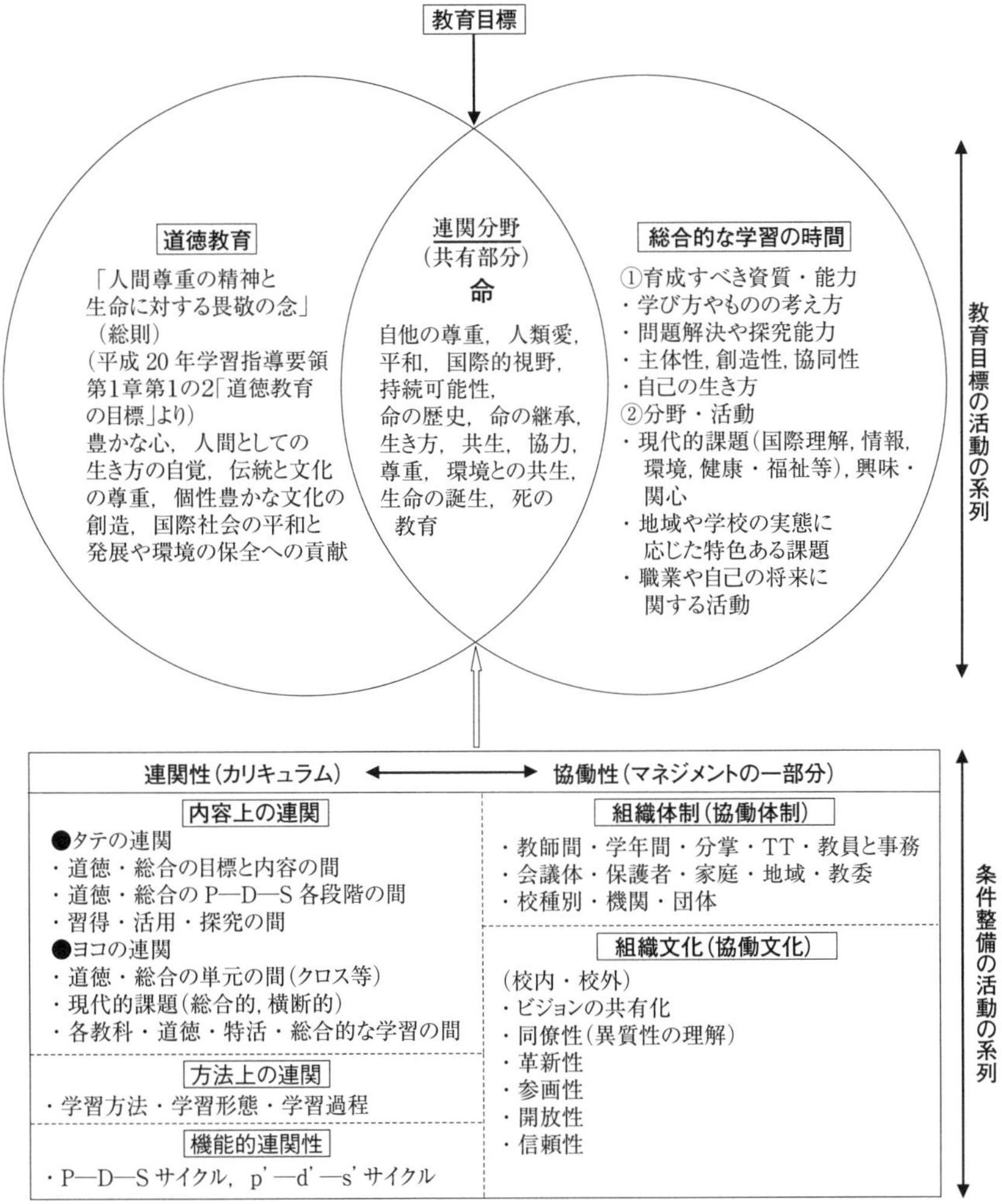

条件整備活動の系列（下部の図）に関しては，中留武昭のカリキュラムマネジメント理論の基軸（連関性・協働性）と構成要素（組織体制と組織文化）の一部を筆者が組みかえた（中留武昭編著『カリキュラムマネジメントの定着過程』教育開発研究所，2005 年）

ことができるかを洗い出し，体験的学習に基づいて自己の在り方・生き方を見つめる方向に導くことによって，他の教育活動との連関性を図っていくことができるようにしたものである。内容・方法上の連関性を担保したカリキュラムを通して，道徳教育の目標である豊かな心の醸成，主体的に実践する子どもの育成のために，道徳教育と総合との連関分野（共有部分）に「命」の単元を位置づけた。

単元「命」に「命のはかなさ」「命の輝き」「命の大切さ」「命の重さ」等を連関分野（共有部分）として位置づけることができるが，これらの属性は我々の日常の出来事，日常の変化，日常そのものでもある。人が生活の糧を得るための就労の労苦，感動，成長も「命」との関わりである。その「命」を単元として，教科，総合，道徳，特活の単元を用いた「連関カリキュラム」の構築に取り組むことが可能となる。

2　「道徳教育」と「総合的な学習の時間」の内容上，方法上，機能上の連関カリキュラムの視座

1において，道徳教育と宗教教育の共有部分を畏敬の念とつないだ総合的な学習のカリキュラムの一単元「命」との連関性について言及し，その構造を明示してきた。総合の単元「命」を取りあげる教育的意義は，「今，命あるもの」を大切に自分の夢や目標に向かって精一杯頑張ろうとする態度の育成，命はかけがえのないものであるという自覚，自分の生き方を考え，困難に負けず，力強く生き抜こうとする気持ちの高揚等を総合のカリキュラムに反映させ，道徳と総合との連関性が担保されたカリキュラムを開発することである。

そこで，主題の道徳と総合的な学習の学習単元（命）を中核として，他の教育活動と有機的に連関させることで，道徳の時間において，道徳的価値が高まり，テーマの主人公の立場に共感したり，相手の立場を考慮したり，思いやりの心をもったり，共に協力しあい，課題探究を共同したりなど，「他を思いやる心の根づき」の実践化に結ぶ連関カリキュラムを構築していく基軸（要因）を示したのが**図表２**である。これがカリキュラムマネジメントの理論枠組みの基本である。

次に，**図表２**で表示した連関性のコンセプトをカリキュラムマネジメントに即して整理する。その内容は以下のとおりである。

連関性はカリキュラムの内容・方法上の連関性と機能上の連関性の２

つから成っている。前者に関して言えば，学校全体のトータルなカリキュラムと各教科，道徳，特活，総合といった領域ごとのサブシステムとしてのカリキュラムが対象である。次に，前者を動かしていくために必要なマネジメントとして機能上の連関性がある。それは，トータルシステムとしての連続性のあるP—D—Sサイクルと，各教科・道徳・特活・総合の各単元を軸にしたサブシステムとしてのp’—d’—s’サイクルから成り立っている。後者の場合，マネジメントサイクルと共に各段階間の往還までを含める。

そこでまず，道徳と総合との内容・方法上の連関性から見れば，道徳は，総合のなかで学び体験したことを通して醸成された普遍的な道徳的価値の重要な発見の場となり得る。言いかえれば，体験自体は個別的・相対的なものであるが，道徳は，自らの体験を通して子ども自身が道徳的価値を受容する素地を育成し，さらに体験的活動を内省することで道徳的思考として内在化していくという役割を担っているわけである。

次に，道徳教育のカリキュラムの内容・方法上の連関性と補完関係にある条件整備系列の態様も重要である。総合の活動が道徳的価値の視点から見て意義深いものであるかという点も，機能的連関であるPDCAマネジメントサイクルでの検証が必要である。従来の教科主義に立った教科指導だけでは，道徳と総合の連関カリキュラムを構築していくことはできない。

道徳と総合の連関のみならず，教科・道徳・特活・総合のカリキュラムの連関性の視野から見ると，**図表２**にあるように，道徳と総合との関係性を構築したうえで連関カリキュラムを構築していかなくてはならない。すなわち，カリキュラムマネジメントの構成要素の一つである「協働性」のポジティブな学校文化のなかで，協働体制と協働文化とを合わせてつくりながら，連関カリキュラムをつくっていくことが大切である。その際，協働体制のなかに家庭・地域の支援が重要となる。たとえば，道徳教育の意義や実態を，学校新聞等を通して，生徒の活動が明確に見える形で保護者や地域社会に継続的に説明していくなど，学外とのつながり（協働）も必要である。

以下，主として自らが開発した事例と既存の事例分析を取りあげるが，そこにおいては，主として連関性に焦点をあてながら，連関性と相補関係にある協働性とも関わって，「命」を媒介とした道徳と総合との連関性の態様を述べる。

3 実践事例の開発とその吟味

1 「命」の単元デザインの開発

昨今の子どもたちが発する「死ね」「殺す」などの言葉が気になる。それほど深い意味はないにしても，命が軽んじられていると思える発言である。「自分の命は大切だ」ということを文言上では理解できていても，「他者の命も大切である」ということを果たして認識できているのか。すなわち，日常的な「命を大切にしたい」という思いと「かけがえのない自他の命の尊重」を自覚することの間には隔たりがあるように思える。そこに，命の実感を深くとらえ，「命の尊さ」への「気づき」を促すにはどうすればよいのかという実践的研究上の課題があり，そうしたことを背景にして，単元「命」のカリキュラムデザイン化を試み，実践に供することにした。その開発実例を対象化するに先立ち，当該「命」に関して，学習指導要領にどのように取りあげられているのか，「宗教的情操」と関わってカリキュラム化が可能なのか，まずこの点を吟味することを試みる。

中学校学習指導要領には，「生命の尊さを理解し，かけがえのない自他の生命を尊重する」とある。しかしながら，命の尊さを理解するためには，命そのものの理解が前提となるはずである。つまり，存在としての命に対する確かな知識や経験が育まれてこそ，「生命の尊重」に関する認識が生徒個々人のなかに明確化して現れてくるのである。そして，自他の命を愛おしく思う心情とともに，より深く豊かな認識が育まれていくことが望まれる。

しかし，反面，「命はかけがえのないもの，命は大切にしなければならないもの」という視点のみが強調されると，「なぜ，大切なのか」「どうして大切にしなければならないのか」子ども自らが「気づき」を通して「発見」していくプロセスが傍流になってしまうという懸念が生じる。これでは，学校教育のなかで，命について知的な理解だけに終わり，「畏敬の念をもって生命を尊重しようとする心を育む」という宗教的情操が重要な柱として位置づけられ培われてきたのか，という批判にもつながるものとなる。

宗教的情操の涵養は，けっして一部の私立学校の宗派教育のなかだけで行われるものではない。「人間尊重の精神と生命に対する畏敬の念」，そして「人間の力を超えたものに対する畏敬の念」を育んでいくのが宗教的情操で，そうした情操こそは，国・公・私立に通底した「見えないカリキュラム」でもある。もっとも，「畏敬の念」という抽象性の高い概念を使わなくとも，宗教的情操は教育上も養われなければならないものである。

なぜなら，「情操」は本来的に美しいもの，優れたもの，崇高なるものに接して感動する情緒的に豊かな心で，そうした情操の豊かで健全な育成を目的とした教育は，政治的イデオロギーとは別に至極当然のことだからである。そこに情操教育のカリキュラム上の立ち位置がある。こうした意味で，情操教育は基本的には道徳教育や宗教教育の対象であることもむろんのことであるが，情緒的に豊かな心は道徳や宗教のみではなく，子どもたちが本来的に「いかに生きるか」という（「いかに死ぬか」という問いまで含めて）自らの人生の意義について考える教育的な課題であることに違いはない。そこで，そうした人間の存在を学校教育で取りあげるからには，学習指導や生徒指導のレベルを含めて，各教科，道徳，特活，総合的な学習等を視野に入れた，学校全体として内容上・方法上トータルなカリキュラムの構築を前提にする必要がある。

実際，「生きる」という人間の営みは，バラバラなものから意味あるまとまりをつくる活動であるし，逆に意味ある全体に出合ってその本質を理解したり，感動したりする活動でもある。したがって，そうしたカリキュラム構成において重要なことは，子どもは単に一つの教科や一領域レベルではなく，むしろそこに内在化する学習活動間の「つながり」

を求めている存在であるという見方が必要なのではないか。この「つながり」こそ，可能な限りにおいて全体をつかみ，全体のなかに部分があること，また部分と部分との関係によって統一された全体があることを認識した「連関カリキュラム」として示す必要がある。子どもたちが自らの生き方に迫ろうとするための方法を導き出す「手立て」となるものが必要であり，その手立てをつくりだしていくのが，「カリキュラムをつくり，これを動かし，変えていく」カリキュラムマネジメントの役割である。

図表３は，「命」を多義的・実感（直感）的に捉え，道徳と総合を中心に各教科・特活との連関性に考慮した「命」の単元のグランドデザインとして開発したものである。これは，筆者（曽我）の以前の勤務校の併設校であった福岡県Ｓ女学院中高等学校での実施を目的として開発した，道徳をはじめ各教科，特活との連関を意図して構成した「連関カリキュラム」である。単元「命」を取りあげる場合に，道徳と総合に焦点をあてながらも，特に全体と部分，部分と部分の関わり（**図表３**「命の教育のグランドデザイン」）において，学校全体を視野に入れた広くトータルな教育活動の計画である。公立学校でも十分に活用できる余地を残したモデルであると考えている。

「命の教育のグランドデザイン」モデルの開発にあたっては，「生命尊重」という子どもの「命そのもの」の認識と，「生命尊重」の普遍的価値に関する子どもの「気づき」と「変容」を期した。まず，全体として，学校の教育目標と単元「命」との連関性を図り，「命」の問題と道徳・総合・各教科・人権教育・特活が内容上「どのように関わっているか」を明らかにした。

ここでは，「命」を媒介として，次の３点が教育活動としてつながっている。①学校の教育目標「世界に向けて自己を拓く」，②宗教領域の重点目標「自他の命を大切にする」，③全教育活動を通しての道徳教育（生徒指導との関連では「法やきまりの意義の理解」，進路指導との関連では「自分の将来」，学習指導との関連では「基礎的・基本的な知識及び技能の確実な習得」，総合・特別活動との関連では「ボランティア活動，自然体験・国

図表３　命の教育のグランドデザイン

（曽我，2013年）

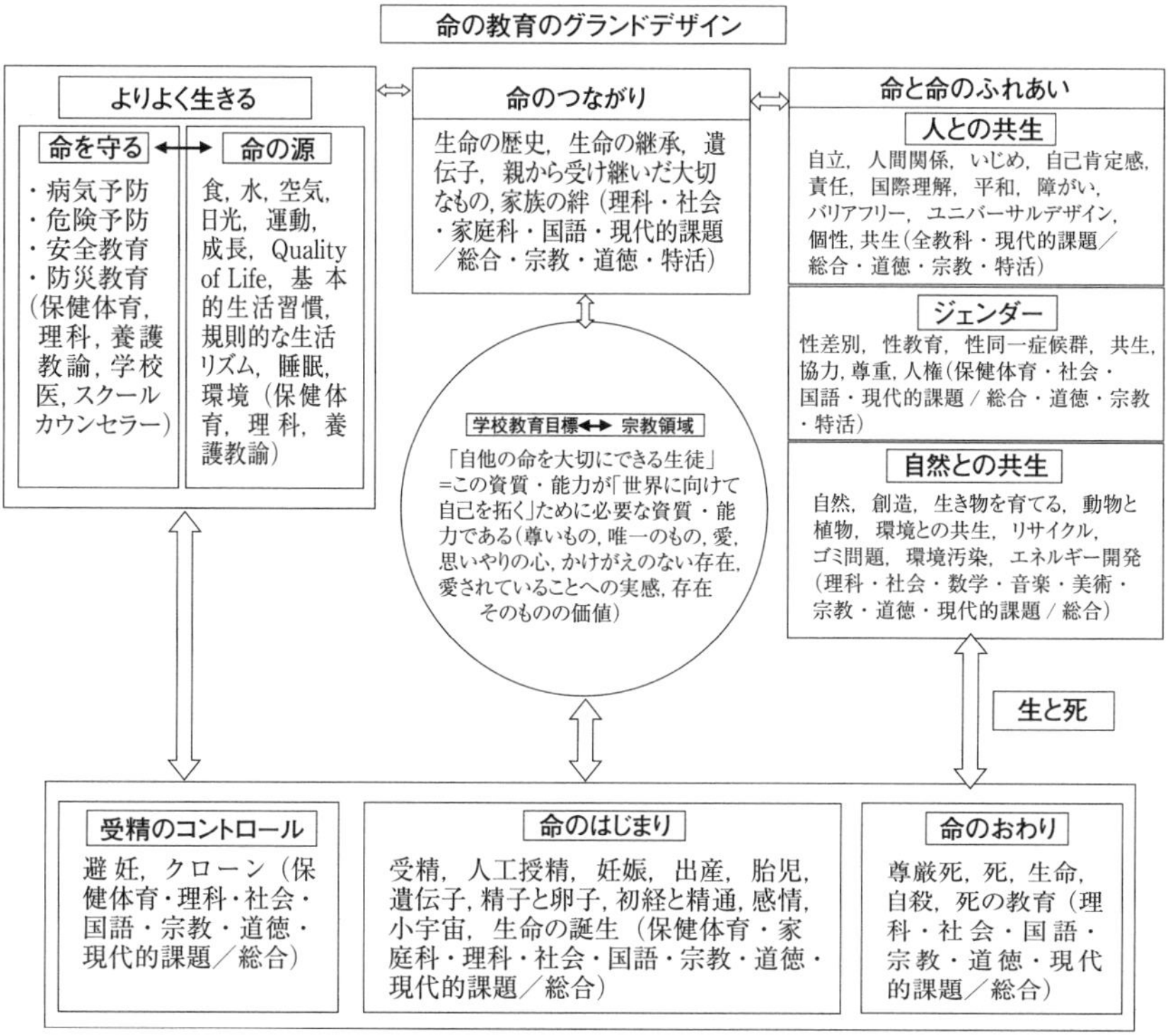

際社会」，各教科との関連では「言語活動の充実」，宗教教育との関連では「自然や崇高のものとの関わり・命に対する畏敬の念」等に関する事項）である。

以上から，多面的な生命のとらえ方は，次の４つのエピステモロジー（認識枠）によってより理解しやすくなる。

①有限性と無限性「生と死」（生きとし生けるものは必ず肉体的な死を迎える。しかし，「命」は，受け継ぎ，受け継がれるものである。この観点は，人間は支え，支えられて命をつなぎ，生かされているという道徳的・宗教的観点である）。

②共通性・平等性・個別性（命の価値は共通にしかも平等のものとして論じられなければならないし，また一つひとつの命の存在は異なり，特殊で

あるという個別性をもっているという観点)。

③神秘性(「超越者の存在」「人知では及ばない力」，人間の意識や力の及ばないところでデザインされている生命の形，しくみ，その働きの存在があるという観点)。

④感応性(命と命の向かい合う感応性が人間に内在化しており，「役に立ちたい」「助けたい」という思いや行動性が備わっているという観点)。

この4つの観点から「命の教育のグランドデザイン」は，関係性がより明確化する。さらに，教科と教科，教科と総合，教科と道徳，教科と特活，教科とその他すべての教育活動が「命」との関わりによって「つながっている」ことを認識できる。また，この4つのエピステモロジー(認識枠)の理解が深まると，それぞれの関係性が見えてくるので，自分と他(者)との関わり及びそれらの命に対する認識にまで広がっていくようになり，これに体験的学習が加味されることにより，「実感的受けとめ」が身近な自らの問題として捉えられるようになる。

宗教的情操教育は，こうした単元「命」の連関カリキュラムの開発で実践化(PDS)を図ることができる(なお，**図表3**に関しては，一部において「養護教諭としていのちの教育に取り組む」神奈川県横浜市立下和泉小学校養護教諭・櫻井文子，泉区保健研究会，『いのちの教育の理論と実践』近藤卓編著，金子書房，2007年，90頁を参照した)。

2　道徳教育の連関カリキュラムにおける実践化

まず，学習指導要領の「道徳教育は，道徳の時間を要として学校の教育活動全体を通じて行うもの」という目的の具現化を図ってきた視点から事例を取りあげる。取りあげるテーマに対して，他の教科及び領域では，各単元でどのような道徳の内容を適切に導入していくことができるかを洗い出し，それらを単元の導入や終末で利用したり，体験的学習に基づいて自己の在り方・生き方を見つめる方向に導いたりすることによって，他の教育活動との連関性を図っていく態様である。内容・方法上の連関性を担保したカリキュラムを通して，道徳教育の目標である，豊かな心の醸成，主体的に実践する子どもの育成を図る実践を行った。

事例校は，聖書科の授業をもって道徳としていた。道徳教育は大ざっぱに言えば，①畏敬の念，②自分に関すること，③他者に関すること，④規範意識という4項目を網羅することが求められているが，チャペルの時間や聖書科の授業の内容は①に該当し，あとの3点の目標はカリキュラムに反映されていない。よって，これはまさに教科・総合・特活のカリキュラムの内容・方法上の連関性を図ったものである。その態様は以下のとおりである。

図表3の中央の円にある学校教育目標「世界に向けて自己を拓く」と宗教領域の重点目標「自他の命を大切にする」をつないで，世界に向けて自己を拓いていく（教育目標）には自他の命を大切にする（宗教領域の重点目標）資質が必要であり，この資質・能力を育成すべく連関カリキュラムを構築した。宗教的情操（この場合は，自他の命を大切にする思いやりの心の育成）を教育活動として取り入れ，各教科，総合，道徳，特活の連関性を担保した道徳の指導案を作成し，その実践化を図った。

●福岡県S女学院中高等学校中学3年生・第1回道徳指導案

(1) 単元名：「共に生きる～できることから始めよう」
～高齢者福祉施設での高齢者との交流を前提とした思いやりの心の指導～

(2) 単元の目標：「高齢者との交流を通して，思いやりの心を培う」

(3) 単元設定の理由：「思いやり」を具現化するために「思いやりの心」を形に表すこととは，相手の立場を正しく理解し，相手に対して自分は何ができるのかを考え，実行できるようになることである。

単元設定から授業過程に至る経緯のなかで，道徳を中心に各教科・特活・総合の連関性をどのように図り実践してきたのかを，**図表2**の左下にある「機能的連関性」の属性であるトータルシステムとしてのカリキュラムの連続性を示すP―D―Sサイクルと，各教科・道徳・特活・総合・その他の領域の各単元を軸にしたサブシステムのp'―d'―s'サイクル（このミニサイクルについては第6章参照）との連関性を示しながら記述する。

まず，思いやりの心を体験を通して認識できる「場」として高齢者福祉施設を選んだ（総合的な学習におけるP)。そこで，自分の気持ちを相手に伝えることの大切さを感じ，高齢者の心身に配慮した優しい言動での接し方ができるようになることを目指した（総合的な学習Pと道徳の目的p'の連関)。

具体的教育活動としては，高齢者をはじめ，高齢者福祉施設のスタッフの方々と交わることにより，コミュニケーション能力を高め，体験を通して福祉や高齢者問題など現代の日本が抱える問題のなかから自らの課題を見つけ，探究する姿勢を育成する（国語単元—小論文指導，社会科単元，道徳，総合との連関性　Pの中のp'd')。障がい者福祉について外部講師に講演を依頼し，日本と世界における障がい者の歴史及びそれに関わる各国の対応等を学んだ（総合Pの中のp'd')。また，外部講師の講演の内容をその後の生徒たちの調べ学習につないでいくために，筆者が「ノーマライゼーション」についての講義を行った（総合Pの中のp'd')。さらに，家庭科・国語科・社会科等で，障がい者及び高齢者福祉に焦点化して知識の習得を図り，実際の体験学習に備えて生徒個々人が興味・関心の高い高齢者福祉について調べ学習を行い，その成果を学年発表会及び文化祭で発表した（教科，道徳，総合，特活の連関　Pの中のp'd')。

手続き過程として，自らが興味をもった事柄に即して調べ学習を行い，同時に訪問する高齢者福祉施設の属性と機能及びスタッフの関わり等を自らの調べ学習と重ね合わせ，訪問時の質問事項をつくりリスト化させた。その後，高齢者福祉施設での体験学習を実施（総合D）して，文化祭で成果を発表し小論文にまとめた。小論文指導に関しては，福祉以外の現代的課題に関する取り組みや小論文のまとめ方を国語科の単元のなかで押さえ，外部小論文講座と指導の評価から生徒のテーマに対する理解力と表現力の到達度評価を得た（総合Dの中のp'd's')。さらに，体験学習後，国語科指導のもとで「福祉」に関する記事・小説を読み，国語単元のなかで「読み方」→「書き方」を指導し，夏休みの宿題として小論文を１本書かせた（国語単元と総合との連関　Dの中のp'd's')。

しかし，この教科及び総合と特活の連関カリキュラムでは，生徒の「生きる力」と関わってトータルに何を育成したいのかという系統的なエピステモロジーが，教員側にも生徒の側にも明確には見えにくい。そこで，総合に道徳を導入することにより，「這い回る体験」に止まってしまう懸念を回避した。その態様は以下のとおりである。

総合単元「共に生きる」は，高齢者との交流を通して相手の立場を正しく理解し，相手に対して自分は何ができるかについて考えることを通して，高齢者の命が自分の命と同様にかけがえのないものであり，思いやりの心とその実践が自他の命を大切にすることにつながっていることへの「気づき」を促すための単元である。そして，その前提に「生命に対する畏敬の念」があり，それが高齢者の人権の尊重につながるということを生徒が自ら考え，感得し，探究していく学習活動である。よって，人類愛に基づく生命の根源に対する畏敬の念について内省し，その醸成を図るべく，宗教的情操と関わって道徳教育をこの連関カリキュラムに導入した。

このことは，生命とは肉体的なものだけでなく，精神的な生命もあり，このような生命の根源，すなわち聖なるものに対する畏敬の念が真の宗教的情操であるとする中教審答申（昭和41年）の内容とも符合する。筆者が作成した**図表1**（道徳・宗教・総合的な学習の連関図）は，この内容（中教審答申，昭和41年）を示している。すなわち，国・公・私立にかかわらず，宗教的情操は「生命の根源すなわち聖なるものに対する畏敬の念」をもつことであり，「人間の尊厳と愛もそれに基づき，深い感謝の念もそこからわく」としている。

図表3の中央の円にある，教育目標（「世界に向けて自己を拓く」）の実現には，宗教領域の重点目標（「自他の命を大切にする」）に関する資質・能力が必須である（教育目標と宗教領域との連関性）。すなわち，自らのキャリアを世界に拓いていく資質・能力には，人間の尊厳を基本とした「自他の命に対する畏敬の念」をもつことが求められる。そのためには，宗教的情操（「自他の命を大切にする思いやりの心」等の育成）を教育活動に取り入れた各教科，総合，道徳，特活の連関性を担保したカリキュラムを構築し，教育実践に反映させる必要がある。この連関カリキュラムは，同時に学校改善のために構築された教育目標具現化のためのカリ

キュラムでもある。

以下は，道徳教育（Pの中のp' d'）の中身である。「ねらい」は，①まず，「思いやりの心」を形にするために，相手の立場を理解することである。そのため，道徳教育に疑似体験を導入した。これはNPOと連携した活動である。全員が目隠しをして階段の上り下りをしたり，外界からの音が聞こえない状態で日常の活動を行ったりした。この活動では，いかに高齢者や障がい者が日常レベルにおいて生活に不自由さを感じているかをつかむため，教師も生徒と共に体験した。②次に，「相手に対して自分は何ができるのかを考え，実行できるようになる」ことである。疑似体験後，間髪を入れずに，学活において２グループ（健常者側と障がい者側）に分かれて気づいた点をまとめ，それをもとに高齢者福祉施設訪問での挨拶の仕方からおもてなしの出し物の企画に至るまで詳細に計画を立てた。

疑似体験や高齢者福祉施設の訪問を通して，健常者は気づかない高齢者や障がい者の方々の日常の苦悩や葛藤のごく一部を実感として感得することができ，それを通して命のかけがえのなさや大切さに気づき，命あるものに対する慈しみ，畏れ，敬い，尊ぶことの意味を考察していく。具体的には，高齢者や障がい者が置かれているネガティブな状況を改善していくために，生徒自らが興味・関心のある福祉における課題に関わって調査をすると同時に，訪問する高齢者福祉施設のスタッフの方々との交流を通して，高齢者や障がい者との接し方や課題等についての学びを深めるなかで，人間の生が様々な命との関係や調和のなかで存在することを自覚し，命あるものすべてに対する感謝の念を抱き，それらを通して豊かな心を育てていく。この点に連関カリキュラムの意義があるのである。

以下には，連関カリキュラム・単元「命」を通して，生徒が命と命のぶつかり合いのなかでいかに生命に対する畏敬の念を育み，奉仕体験活動を通して高齢者や障がい者の方々への感謝の気持ちを醸成したかをうかがい知ることができる観点別評価の結果と感想のまとめを紹介する（**図表４**，PDSのＳであり，同時に道徳p' d' s'のs'でもある）。

図表4　S女学院中高等学校中学3年生　第1回道徳の観点別評価結果

●評価基準…4：とてもよくできた　3：ある程度できた　2：あまりできなかった
1：全くできなかった

(%)

	評価項目	4	3	2	1	合計
1	高齢者疑似体験を生かして準備に取り組むことができたか	55	38	7	0	100
2	班内（クラス内）で共同して準備に取り組むことができたか	80	18	0	2	100
3	体験学習に楽しく取り組むことができたか	86	12	0	2	100
4	体験学習を通して新たな発見があったか	71	27	0	2	100
5	自分から積極的に取り組むことはできたか	59	32	7	2	100
6	また，同じような体験をしたいと思うか	70	23	5	2	100

道徳教育の評価は，どの項目もかなり高かったと言うことができる。以下は，評価項目1～6の観点をそれぞれどの視点で評価しているかの態様である。なお，評価の視点の設定については，各項目（実践）を振り返って点検・評価を行うことにした。

評価項目1は，道徳の疑似体験を通して，学活で高齢者の方々に喜んでいただけるプログラムを自分たちで計画した点に対する評価である。疑似体験から得た高齢者の日常の不自由さを考慮した項目に対する評価の視点は，次のとおりである。

①名前を大きな声でゆっくり呼び，笑顔で挨拶できたか。会話をするために，笑顔のつくり方や挨拶の仕方を含めた相手への接し方等について，友人たちと共に考え，積極的に練習に取り組んだか。

②挨拶から会話に入ったとき，差し支えない範囲で高齢者の方々に若かったときのポジティブな出来事を想起していただき，高齢者主体に話題が展開していったか。聞き上手になるには何が必要か。また，高齢者の話題を生徒たちの「今」とつないで発展させ，楽しい雰囲気づくりに反映させるには何が必要かを積極的に話し合ったか。

③バレーダンスの得意な生徒，歌が上手な生徒等が演技指導のリーダーとなり，「踊り」のパフォーマンスの練習を計画的に行うことができ

たか。高齢者に楽しんでいただき，さらに，感動を与えるものに仕上げていくために，互いに協力し合い，そのなかで一人ひとりが役割を認識し，積極的に取り組みに参加できたか。

④合唱の選曲に関して，予め高齢者の世代と状況を鑑み，適切で感動を与える選曲を合意のもとで行ったか。

⑤劇「桃太郎」の練習に対して，それぞれの役割を認識し，パフォーマンス力を上げるために個人レベルで積極的に取り組むと同時に，全体としての調和のとれた仕上げのために積極的に共同することができたか。

評価項目２では，①〜⑤までの取り組みのなかで，生徒中心に役割分担を決め，それぞれの領域のリーダー（生徒）を中心に企画及び他の生徒の演技指導，調整を行った。ポジティブな学級文化，学年文化を通して，リーダーとしての認識と気配り，フォロワーとしての気配りをもとに，訪問する施設の入園者及びスタッフの方々に好感を与えながら心から喜んでいただけたかが評価の視点である。また，生徒の共同に即した形で，ポジティブな協働体制（生徒たちのプログラムに関して訪問する高齢者福祉施設に対する連絡，訪問等の事前調査及びその調整）を構築できたかが，教師に対する評価の観点である。生徒も教師も共に学び合う環境のなかで，互いに支え合い，助け合いながらプログラムを構築するという観点に立った評価である。

評価項目３は実際の訪問体験であるが，評価項目４と関わって，十分な準備のもと，生徒自らが楽しみながら余裕をもってプログラムに対処することができたことが，評価項目３に対する評価結果及び感想から読み取れる。さらに，評価項目４の「体験学習を通して新たな発見があったか」では，自分たちが一生懸命準備してきたものに対して，高齢者の方々が涙を流して感動したり，爆笑したり，懸命に聴き入っておられた様子を見て，逆に生徒が相手に対して「感謝の気持ち」を深く抱き，「自分が役に立つことでこんなに感動するとは予想以上だった」と振り返りの感想に述べている。評価項目６では，「また，今回のような体験をしたいと思う」という気持ちが高いことが観点別評価から読み取れる。

体験的学習が１回のイベントとして，「なんとなく役に立ったようだ」といった一時の感動に終始し，徒労感が教師と生徒間に生じるような「這い回る体験」では，仏作って魂入れずになってしまう。事前の取り組みを教科，総合，道徳，特活の連関カリキュラムを通してしっかり行い，体験学習とつなぐことが重要である。

これが，カリキュラムマネジメントの基軸の一つである内容・方法上の「連関性」のなかの機能的連関性によるマネジメントサイクルP―D―Sとp'―d'―s'の関係性である（**図表２**）。すなわち，上記の観点別評価１と２における具体的評価の視点が，Ｐに対するp'―d'―s'の関係である。

生徒は，一教科では学び得ない自らの興味・関心及び切実なる思いを，テーマに系統性が担保された教科，総合，道徳，特活の一連のカリキュラム（**図表２**）を通して，知識や技術の基礎・基本をしっかり身につけ，それを活用し，さらに自分の興味・関心及び切実なる思いから探究活動へとつないでいくプロセスのなかで，確実なものとすることができるのである。そして，その学習活動のなかで自らの在り方や生き方が見えてくるのである（機能的連関カリキュラムの具体）。その過程において，体験的学習は連関カリキュラムのなかで重要な位置を占める。なぜならば，体験的学習は人と人との関係性のうえに成り立っており，そのなかで生徒一人ひとりがそれぞれの体験知に基づいて，命と命の触れ合いを通して，自分のなかで衝撃，感動，葛藤等と出会い，「気づき」「発見」「変容」を体得するからである。

事例校のスクールモットーは「感恩奉仕」であり，その趣旨は，宗派を超えて生命の根源には聖なるものに対する「畏敬の念」が含まれ，それが真の宗教的情操であり，人間の尊厳の基盤になっているものと考えられる。そして，それが感謝の念を生み出し，天地を通じて一貫する道があることを自覚させるのである（中教審答申，昭和41年）。ここには，宗派はもとより，国・公・私立を分断する発想もないのである。

人間存在そのものの価値や命の意義を深く問う連関カリキュラムを通して，生徒が命のかけがえのなさや尊さに気づき，命あるものに対する慈しみ，畏れ，敬いを学び，自他の命の尊さや生きることのすばらしさの自覚を深めることができ，自らの生き方，在り方につなげていくという教育活動及び学習活動は，国・公・私立を問わず，教育基本法及び学習指導要領が謳っている重要なコンセプトである。

確かに公私間では宗教と宗派の有無及び許容範囲など違いはあるが，**図表1**にあるように，生命の根源を聖なるものとして道徳と宗教の共有部分に位置づけ，それに対して畏敬の念をもつ宗教的情操を媒介とする「命」を単元として設定し，人間としての尊厳や人類愛を醸成していく方向性は，高き理想，崇高なるものに通じる道筋となっていく。その意味において，国・公・私立を問わず，教育目標具現化を視野に入れた「畏敬の念」「宗教的情操」「命」の単元を連関カリキュラム（特に総合的な学習の時間）において構築することには意義がある。

最後に，今後の課題として次のことがあげられる。

道徳と総合とのつながりで言えば，道徳は，総合のなかで学び体験したことを通して道徳的価値の重要な発見の場となり得る。体験自体は個別的であるが，その体験は生徒自らが道徳的価値を受容する素地を育成し，体験的活動を組み合わせることで，それが道徳的思考として内在化していくという役割を担っている。

ここに，道徳と総合とのつながりを通して共有部分の「命」に迫り，その属性である自他の尊重，人類愛，平和，生命の歴史，生命の誕生，生命の継承，生き方，共生，協力，環境との関係などの人間的素地を育成すべく，総合と教科の間，総合と道徳の間，道徳と特活の間など，学習形態・学習方法上の連関性も担保した形で導入したのである。

そのためには，カリキュラムマネジメントの基軸の一つである教員の連関カリキュラムに対する共通のビジョン，すなわち同僚性（異質性の理解），革新性，参画性，開放性，信頼性をポジティブにしつつ，必要な組織体制（カリキュラムを変え，つくり，動かしていく力量のあるカリキュラムリーダーを中心に協働で進める）を整えながら，カリキュラムリーダーを中心にポジティブな学校文化のなかで連関カリキュラムを構築することが必須であることを確認できた。この場合，従来の教科主義に立った教科指導だけでは，連関カリキュラムの構築は困難である。

カリキュラムリーダーには，全教育活動における連関性とそれを支える協働性と関わって，リーダーとしての力量を発揮することが期待される。この種のリーダーにどのような役割とリーダーシップが要求されてくるのか，これを解明することが今後の実践的な研究課題である。

（本稿は，「『道徳教育』と『総合的な学習の時間』との連関性を規定する要因の考察―『命』の単元開発に焦点をあてて」，『九州地区国立大学教育系・文系研究論文集』第１巻第２号〈通巻第13号〉１⑵，No.1〈2014―3〉に依拠している）

〈注〉

⑴『小学校学習指導要領解説　道徳編』2007年。

⑵『中学校学習指導要領解説　道徳編』2008年。

⑶『高等学校学習指導要領』2009年。なお，高校生の道徳的習慣について，小学生・中学生よりも低く，時間と指導を経て必ずしも単純に道徳性が身についていくわけではないとする調査もある。Benesse教育研究開発センター『第２回子ども生活実態基本調査報告書』2009年，など。

⑷曽我悦子「『特別活動』と『総合的な学習の時間』との連関性を規定する要因の考察」九州教育経営学会研究紀要第17号，2011年６月。本研究は，特活，道徳共に総合的な学習との連関性が不透明・不安定であることに鑑み，双方のカリキュラムの内容上・方法上の連関性を明らかにすることをねらいとしている。

⑸カリキュラムマネジメントとは，学校の自主性・自律性の確保を前提に「教育理念・目標を実現するために，教育活動の内容，方法上の連関性と条件整備活動の対応関係を組織構造と組織文化を媒介としながら，PDCAサイクルを通して組織的，戦略的に動態化していく営み」（中留武昭「カリキュラムマネジメント論の登場と挑戦的課題」，『自律的な学校経営の形成と展開』第３巻，教育開発研究所，2010年）である。そして，「この営みを通して学校改善を図る」ことであるとしている。この概念定義については，すでに1984年に中留が定義づけしてきた教育課程経営の定義（『戦後学校経営の軌跡と課題』教育開発研究所，1984年，383頁）の延長線上に位置づけられるものである。さらに，このカリキュラムマネジメントの概念に基づいて，2002年に中留（研究代表者）は，科研費補助金基盤研究（B）『教育課程基準の大綱化・弾力化と学校の自主性・自律性との連関性を規定する要因の研究』（2002年度報告書）を行ってきている。また，連関性については，協働性と対

の関係として，1998年に総合的な学習のカリキュラムマネジメントを展開していく際の基本的な原則を「基軸」として命名している（中留武昭『総合的な学習の時間―カリキュラムマネジメントの創造』日本教育綜合研究所，1999年）。これは，中留（研究代表者）による1997－1998年の同タイトルによる科研費研究の成果である。本研究は，こうしたカリキュラムマネジメント観に基づき，道徳と総合的な学習との連関性の解明に焦点をあてたものである。

(6)貝塚茂樹「戦後教育において『宗教』はどのように論じられてきたか―宗教教育の歴史と今後の課題」，『学校における「宗教にかかわる教育」の研究(1)』研究報告No.78，公益財団法人中央教育研究所，2012年10月。

(7)押谷由夫「『生命に対する畏敬の念』と道徳教育」，『学校における「宗教にかかわる教育」の研究(1)』研究報告No.78，公益財団法人中央教育研究所，2012年10月。

(8)前掲(6)，貝塚論文。

(9)前掲(6)，貝塚論文。

(10)前掲(7)，押谷論文。

(11)例えば，山口和孝氏は，配列の妥当性について，「自然や崇高なもの」は，「集団に所属しながらも互いに共通性もなく，しかも現実の不安の中で孤立している個人をいったん，具体的現実を超越した世界に飛躍させることで人間の弱さ＝有限性を『克服』させ，『世界の中の日本人』として『逞しく』生きることができるようにする」（『新教育課程と道徳教育―「国際化時代」と日本人のアイデンティティ』エイデル研究所，1993年，56頁）と述べている。

〈参考文献〉

・押谷由夫『新しい道徳教育の理念と方法』東洋館出版社，1999年。

・桃崎剛寿『21世紀の学校づくり・中学校編　とっておきの道徳教育Ⅲ―６つの願いで創る35の道徳授業―命・正義・悩み・生き方・社会・そして愛』日本標準，2005年。

・永田繁雄他編『小学校道徳　板書で見る全時間の授業のすべて・高学年』東洋館出版社，2012年。

・白木みどり・石川県鶴来町立鶴来中学校『「総合的な学習の時間」と「道徳教育」』2011年。

・小幡啓靖「『宗教的情操』の教育に関する一考察」東京大学教育行政学研究紀要第13号，1993年。

・中留武昭編著『カリキュラムマネジメントの定着過程―教育課程行政の裁量とかかわって』教育開発研究所，2005年。

第6章　機能的連関性としてのマネジメントサイクルを動かす

前章まで，カリキュラムマネジメントの「基軸」を活用して，総合的な学習を対象に，教科・特活・道徳との連関性と協働性について吟味してきた。そこでの連関性は，いずれにおいても，カリキュラムの特に内容・方法上におけるP—D—S間の連関性であった。このP—D—Sのマネジメントサイクルのシステムにおいて，各P・D・Sにおけるサイクルとして，P段階における〈p'—d'—s'〉，D段階における〈p'—d'—s'〉，S段階における〈p'—d'—s'〉のそれぞれを同じマネジメントサイクルと捉え，この流れをマネジメントサイクルのサブサイクルと位置づけている。そして，<u>この下位のp'—d'—s'のマネジメントサイクルを「機能的連関性」</u>（第7章に詳述）という。トータルシステムとしてのカリキュラムマネジメントは，この双方（PDSとp'—d'—s'）を分析の対象としている。

本章では，まず[1]で，PDSサイクルを基本とした各種サイクルの存在とその特色，そしてPDS自体は簡素な骨組みの流れであるから，それを肉付けする各種要素との連関を説明する。

[2]では，PDSのなかでもPの部分に位置づいている年間指導計画とDのはじめに位置づけられている単元計画とを構成する必要条件を明らかにする。

[3]では，同じ機能的連関性ではあるが，方法上の連関性の存在を示唆してくれているPDSの時系列のなかでもD（実施）の段階であるサブシステムとしての連関性を取りあげ，S（評価）段階ではケースをあげて，P（計画）に結びつける戦略について述べる。

最後の[4]では，必ずしも機能的連関性の全ての条件を満たしているわけではないが，高校での総合の機能的連関性の数少ない事例を吟味の対象とする。

[1] PDS（P—D—C—A）サイクルの再吟味

1　マネジメントサイクルの認識の多様性

機能的連関性とは，空間的な関係を内包しているカリキュラムの内容上・方法上の連関性と関わりながら，マネジメントサイクルの各段階（P—D—S）間における時系列上の連関性（P→D→S）を意味するコンセプトである。これは，マネジメントのトータルシステム（学校全体レベルのP→D→S），サブシステム（P・D・Sの各段階のサイクルとして機能するp'—d'—s'）のいずれの場合にも共通しているのがマネジメントの「サイクル機能」である。

この場合，内容・方法上の「連関性」は広義の連関性を意味するが，サブシステムとして機能するp'—d'—s'の時系列上では同じ「接続」としての意味を併せ持っているのが「機能的連関性」である。この点において「連関性」は広狭両義で使っているが，共通点は，マネジメントからすれば時系列上でのサイクルという両側面を持つ概念という点に特徴がある。

ここでの考察の対象はP—D—Sとp'—d'—s'の双方であるが，特に後者のＤにおけるマネジメントサイクルが検討の中心である。同じマネジメントサイクルでも，トータルシステムのPDSのＤに当たる方法上の連関性のサブシステム（p'—d'—s'）において見えてくる機能的連関性については，[2]—３で吟味する。

最初に用語が登場してきたのは，トータルシステムとしてのPDS(Plan—Do—See)[1]で，これを基本として今日までいくつかの変型が見られる。いずれにおいても，変型の共通視点はサイクル最後のＳ自体の意味と，ＳがＰにつながりにくいとする点に課題があるとするものであった。そのなかの典型であるPDCA[2]は，今日でも，中教審答申をはじめ，多くの地方教育センターの調査研究で使われているが，双方の異同については，①サイクル期間の長短，②数値目標のストレスの仕方，③改善策の具体化と公表の義務化において後者を採択しているものと見てよい。

ただ，①については，期間の長短を言うならば，むしろD—CAのCA（Check Action）をつないでDに還流させる方法もあるし[(3)]，②については，教育の場合，数量化には限度があるし，③については，改善策の具体化ならば，むしろPの前ないしはPの年間指導計画に評価の結果と改善を位置づけなければつながりにくく，連関性に欠けることになりやすいことなどを指摘できよう。

特に③については，評価の意味（訳語）と改善観とに問題がある。多くの場合，C（Check）を「評価」と訳して，またそう理解されているようだが，評価は価値観を内包しているわけだから，Sを即「評価」とするのは早計で，その前提に「点検」の結果に基づいて評価することが必要となる（大学の「自己点検・評価」でも議論があった）。

この点を是正する措置として，C—PDSとしてCをサイクルの先頭に出しているケースが多い。ただ，この場合，Cにアセスメントとしての評価を見込んでいるわけだが，それをもとに「データベイスド」という言葉を用いDBCM（CMはカリキュラムマネジメントの略語としている）と言い換えている例もある[(4)]。他に，経営のビジョンとその戦略策定の前段階として，組織マネジメントから，「調査」（リサーチ）をCAと普段から結びつけておき，そこから「ビジョン」を創出すべきとしたRV（Research Vision）をPDCAの前に位置づける型[(5)]，また，組織変革論から，児童・生徒の「現状把握と整理」（＝Research）をR（リサーチ）として，R—P—D—Sを良循環のサイクルとして打ち出しているモデルもある[(6)]。

確かに，Sを評価として位置づけ，そこに「検討・処置」を入れ込むという方法には無理がある。それならば，むしろ教育経営研究者が紹介したことのない，教育組織をも対象とした一般経営学（品質管理論）のデミングのPDSAのサイクル[(7)]の方がよいと言えないこともない。ここでのSはStudyを意味し，それは「検討」という意味の訳語を持ち，A

はActのコンセプトである。「検討」ならば，ここには調査（R：リサーチ）を含めた現状把握であることも理解されよう。

筆者ら（中留・曽我）は，それならばむしろＳを単なる評価のみではなく，カリキュラムマネジメントが最終的には教育エコロジー観に立った学校改善（School Improvement）にあることに鑑み(8)，評価の目的に改善までをも内包させて，ＳをむしろＰの前に位置づけたS—P—Dのサイクルを取ることを薦めてきた。すなわち，Ｓのなかに短期間のCAを頻繁に活用するシステムを生かした評価の結果を，Ｐの最初の段階である教育目標から年間指導計画，そしてカリキュラム編成の基本方針のなかに評価から吟味してきた改善策に適切に組み込むことの方が，先のＳとPとの断絶問題を解決するにはより現実的ではないかと考える。筆者（中留）は，こうした点からＳをPDSのままにして，Ｓの後にＩ（Improvement）を付けてPDS—Iとして提案してきた経緯もあるが(9)，このＰにＳを組み込む方法については2—２で取りあげる。

このようなマネジメントサイクル観は，各学校の裁量の余地が大きいことが前提であるが，この点では2003（平成15）年の学習指導要領の一部改正の際にその性格が「最低基準」とされたことにより，内容上においても，各学校での特色あるカリキュラム開発がより強調されるものとなってきた。

2　教育目標—カリキュラム編成の基本方針の策定までのストラテジー

次に，PDS（CA）の「骨組み」の肉付け（要素）をしておく必要がある。ここで，Ｐは単なる「計画」だけではなく，Ｓ（CA）の検討に基づいた教育目標の再吟味（特に我が校の教育改革の場合には複数年度を見たうえでの新たな設定）が必須である。この場合，目標に先立ち「教育ビジョン」が必要であるが，校長自身の所信にしても教育目標の内容と重なるものであることが重要である。また，ビジョン（思い，願い，信条）については，教育と同様に「経営ビジョン」も必要である。いずれにせよ，ビジョンを内包した戦略策定の意味については，①年間指導計画に基づいて全教職員が統一的に教育実践をするための指針となるように，また，②説明責任を果たし，情報公開の柱となる資料としても有効である。

教育・経営双方のビジョンづくりは，次の本年度の「重点目標」と，これを実現するための具体的な「手段（tactics)」をも含めた「経営戦略の策定」においても必須である。重点目標の設定にあっては，児童・生徒，教職員，学校を取り巻く環境，地域や保護者の声，学校評価の結果等を踏まえ，教育活動と経営活動の双方における「緊急度」と「重要度」を指標として「重点」化を図ると共に，設定に着手するにあたり，その「困難性」と「効果性」の指標を考慮した場合，着手の「困難性」においてはその「容易性」に，そして「効果性」においてはそれが「大であること」に「重点」化した重点目標（実現のための手段を含め）を経営戦略の策定の構成内容として位置づけることが原則となろう。

また，教育と経営に焦点をあてた重点目標を年間指導計画につなげるのに先立って必要なことは，これは極めて重要なことなので後述もするが，カリキュラムマネジメントに必要な「カリキュラム編成の基本方針」を設定することである。もともと重点目標が教育と経営の内容を混在化させていることもあり，そこから特定のカリキュラム編成の重点項目を抽出して上位目標を作りだし，これに連関させてそれぞれの重点項目が作成される（例えば，カリキュラムの上位目標として「生徒一人ひとりの進路実現のための学力を目指す」を位置づけた場合，重点目標は「学習指導の充実」「授業の充実と完全実施」「家庭学習の充実」「課外指導の充実」「進路選択支援の充実」等)。

この教育目標—(重点課題)—重点目標（学校経営の基本方針)—学校全体の「カリキュラム編成の基本方針」間の機能的連関性と関わって，例えば以下のような内容上の連関性を図ることができよう。

A中学校において，教育目標として「意欲的に学び，豊かな心や社会性を身につけ，ねばり強く努力し続ける生徒」が，目指す学校像，目指す生徒像，目指す教師像との連関において設定されたとする。重要なのは，本校の解決すべき重点課題で，これは学校経営の基本方針と重点目標とに連関することとなる。具体的には，重点課題として，①特別支援教育の原点に立った基礎学力の確実な定着と向上，②心の教育の推進，③自己実現を図る進路指導の充実，④体力・気力の向上，⑤人・物を大切にする教育の推進等があげられる（順不同，以下同じ）。

次には，この重点課題と連関して重点目標が策定される。例えば，①実態に基づく到達目標の明確化，②家庭学習習慣の確立，③心に届く道徳の指導，④個を重視する学級づくり，⑤人権教育・性教育の充実，⑥定期的な進路情報の提供と体験機会の充実，⑦自分の健康を知り自分を育てる態度の形成などが設定される。

以上の教育目標，重点課題・重点目標を達成するために，それらのねらいと連関させて，学校経営の基本方針（重点方針）が校長から示される（後述するが，校長一人で決めるのではなく，協働体制を重視するうえでも，教職員からのフィードバックで連関させる）。例えば，①21世紀の社会を生き抜くことのできる資質を持った生徒の育成に努める，②創造性の育成を目指して，教育方法の改善を積極的に進め，基礎学力の向上に努める，③「人権教育はすべての教育の基礎である」という考え方に立って，教育活動全体を通じ創意工夫を凝らした人権教育に取り組む，④教職員相互の信頼と敬愛を基礎に，本校の歴史と伝統を重んじ，家庭や地域社会との連携を深め，開かれた学校づくりに努める等があげられよう。

そして，この教育目標—重点目標—経営方針と関わって出てくるのが「カリキュラム編成の基本方針」である。例えば，A中学校の場合，上の流れと関わって考えると，以下のような項目があげられよう。①「特色ある教育活動」や「総合的な学習の時間」の実施においては，その効果が上がるように柔軟な時間割編成，指導計画の作成を行う，②「特色ある教育活動」は，教科・領域との連関を図りながら，日課や週行事，カリキュラムに位置づけることで，自己表現力の伸長や豊かな心の育成を図る，③本校の教育課題解決のために，カリキュラム編成に全教職員のアイディアを生かし，課題設定から解決，実践へ至るシステムをつくる，④全ての教育活動で一人ひとりの生徒に自信を持たせる指導を心がけ，自己を見つめるために，生徒が自己評価できる場を保証する等が考えられる。

ここで特に重要なことは，カリキュラム編成の基本方針の策定と関わって言えば，一般的に，それは経営方針や重点目標等のなかに組み込まれ（もう少しきつい表現で言えば「埋めこまれ」）ており，大かたの教師に（特に教務主任においても），その重要性が「認識されずじまい」であるということに尽きる。カリキュラムマネジメントが適切に進み，その効果が浮き彫りになって出てくるためには，まず何と言っても「カリキュラム編成の基本方針」が全教職員において共有化されなくてはならないのである。このことは，少なくともスクールリーダーとしての校長・教頭，そして教務主任には強く自覚されていなければならない。

こうした教育目標―重点目標―経営方針の内容上の連関性と機能上の連関性を前提にして，年間指導計画―単元計画へとつながることになるが，その前に，連関性と関わって協働性にも言及しておかなくてはならない。

連関性と関わって協働性が出てくるのはその「手続き過程」だが，まず，ビジョン作成を含めた重点目標を中心に，「経営戦略の策定」においては校長一人が原案を出すのではなく，情報の共有化を通した組織的な取り組みが必要である。例えば，基本的には，校長の教育・経営方針の提示に至るまでに，各分掌でまとめた前年度の反省を運営委員会で整理し，そこでの審議を経て校長が「重点目標」数項目を提示する。この重点目標を受けて，各分掌組織がそれぞれの努力目標を設定するが，その際に，設定した努力目標が重点目標とどう連関しているのかを明記する。そして，各分掌から出された努力目標を運営委員会または学校評価委員会が重点目標に沿って分類し，そのなかからビジョンに該当するものを抽出し，最終的に校長が重点目標を提示する。こうした組織の協働的な取り組みによって，教育目標の具現化（目標を具体的な形で顕すこと）が進んでいくものとなる。

かくして，カリキュラム編成の基本方針の次には，手続きとして各教科，道徳，特活，そして総合の年間指導計画(P)と単元計画(D)の策定ということとなるが，以下においては，内容構成に必要な条件とは何かを吟味する。

2 年間指導計画と単元計画の内容構成に必要な条件

1　カリキュラムマネジメントに必要な指導計画・単元計画の位置づけ

さて，教育目標→重点目標→カリキュラム編成の基本方針という学校全体のカリキュラムマネジメントにつながるのが，Ｐ段階での学校全体としての年間指導計画の作成と，各教科・道徳・特活・総合のＤ段階の最初にくるサブシステムとしての単元計画の作成である。この単元計画に直接つながるのが指導案―授業，そしてＳ段階としての評価である。この場合，評価にも，子どもの学習成果の評価，単元評価，そして最終的にはS段階の学校全体としての学校評価レベルにおけるカリキュラムマネジメント自体の評価がある。

このうち，年間指導計画と単元計画の作成に必要な条件について，それぞれ学校ごとの様式があるが，どのような様式をとるにせよ，策定においては，総合を含め最小限，次のような必要条件が考慮されていることである。

(1)　年間指導計画の策定（以下，連関性・協働性については下線部分に留意）

「年間」指導計画だからといって，指導内容を単に時間軸で並べるだけで，しかもその内容たるや単に教科書会社の指導書の丸写しのようなテーマ別の書き込みだけのシラバスであれば，それは対象である子どもの実態に合わないことになり，その結果，実践は思いつきの活動となってやがて行き詰まり，カリキュラム編成の基本方針とも当然ながら合わなくなるから，結果として目標の具現化もおぼつかなくなる。

年間指導計画の策定においては，カリキュラムマネジメントを円滑に進め，かつ充実を促すべき方策（tactics）をそこに明記しておくことが必要となる。その必要条件を以下に簡明にまとめるが，これらの条件は裁量幅の広い総合の年間指導計画においては特に重要である。

①学年・教科・領域の各担当者は，カリキュラムの基本編成方針のなかの特にどの項（事項）と連関させて本年度は授業を進めていくのか，学習指導要領の内容とも<u>連関させて</u>我が校の我が学年・教科の実現可

能な目標を策定し，年間指導計画に書き込む。

②複数の教科にまたがり，他の教科・領域との連関性の内容を明記することを通して，学習活動をより豊かにする。

③体験活動を教科，学年の特活，道徳，総合に取り入れる場合，それがどのような意味内容と連関しているのかを明記することにより，体験だけで這いまわることのないように工夫する。

④学習形態（規模＝全員・少人数・個別），指導体制，指導組織（習熟度別，ティーム・ティーチング，教科担任制＝小学校）などを明らかにして記入する。その際，教科間で共通する部分を拾い出して記述し，単元計画で協働体制が取れないか，検討の余地を意図的に示唆しておく。

⑤単元構成のレベルでもつながるように，授業時数の配分，補充学習と発展学習の区分とつながり（連関性），さらに対象となるのは生徒全員なのか，一部の生徒なのかを組み込み，教科相互の実践が見えやすいように工夫を図る。

⑥総合を中心に，地域学習や生活科などにゲスト・ティーチャーやボランティアを導入する場合は，その計画まで含めて簡略に明記する。

⑦校外での観察学習，体験学習，行事等で普通の授業を変更する必要がある場合，時間数の確保と教科との入れ替わりを明記する。

⑧本年度はどのような学習環境を工夫したら学習が効果的に行えるのかを議論して，教科・領域ごとに明記する。

いずれにせよ，どのような条件（①～⑧）下で，どのように，どこまで行えるのかを，トータルレベル（全校的な立場）のカリキュラム編成の基本方針のもとに検討し（校長・教頭・教務主任の企画運営委員会等レベル），一方で，サブシステムレベル（教務主任・学年主任・教科主任等のスクールリーダーレベルで構成）を中心に，当該担当分野の年間指導計画を作成することになるが（当然，トータルレベルとサブレベルでの年間指導計画の調整は必要），「条件を生かす」協働の努力が教育活動を活性化する原点となる。

(2)　単元計画の策定

単元計画（D段階）の策定においても，一部の教師だけではなく，学校全体として教師一人ひとりがマネジメント意識を持って取り組むことが重要である。そのために，単元計画の基本的な構成内容（要素）を示すことが必要である。なお，単元計画はカリキュラムマネジメントのDの部分に当たるが，ここでは特にDの段階の内部で動くp'—d'—s'のサブシステムとしてのマネジメントサイクルに焦点をあてる。ここでも，総合においては，基本的に「経験単元」という総合のカリキュラムの性格上，以下のような視点に立った計画化が必要となる。

単元計画の単元《題材》ごとの構成要素では，一般的には，①単元名，②単元設定理由（地域や学校の実態，社会の要請，子どもの実態），③教師の願い，④単元目標，⑤育てようとする資質・能力，⑥各教科，領域との連関性，⑦学習課題，学習対象，⑧単元の評価規準，⑨教材，⑩指導計画，⑪評価計画となる。ここでもシラバスとは異なる。なお，単元とは，「教育目標を達成するために，ひとまとめにされた学習指導計画であり，教材や学習活動を主題ごとに連関させて，組織したもの」である。すなわち，単元《題材》は，教育目標や学年，教科，道徳，特活等の目標が実現するよう，子どもの立場に立って作成する必要がある。

特に上記②，④では，教科での取り組みが異なるので，他教科にも分かりやすく記述し，③，⑤では教育目標，カリキュラム編成の基本方針との連関に留意することが必要である。

そのためには，学校として組織的・計画的・継続的に単元計画を作成する必要があり，この点で単元作成をベースに置いた授業は教師一人ひとりに求められるマネジメントなのである。教科書に合わせた指導書写しの単元構成ではなく，その学校の子どもの状況や育てたい資質・能力，地域の実態に合わせて常に工夫・改善を行い，学校・学年・学級独自の単元計画を指導書も参考にしながら作成することが重要である。教師一人ひとりが常にカリキュラムマネジメントの視点において毎時間の授業を振り返り，子どもの学習意欲を高めるために工夫・改善を行いながら，単元計画を発展的に作成していく工夫が求められる。

この単元計画の策定が終わったら，次に１単位時間の授業の構成がある。ここにもサブシステムとしてのマネジメントサイクルが機能する。

すなわち，１単位時間の授業を，①～⑧のトータルシステムとしての年間指導計画の条件に従って，クラスの子どもの実態と具体的にここまでは伸ばしたいという教師の願い，そして地域の実態等に合わせて発展・改善させていくのである。その場合，教師が協働して教材開発を行い，さらに指導と評価の一体化を図る必要がある（p'—d'—s'）。なお，評価については，システムとしての評価(S)は学校評価レベルでのカリキュラムマネジメントの評価であり，s'においては子どもの学習評価と授業マネジメントの評価が対象である。

また，単元計画の作成に当たっては，カリキュラムの内容上・方法上の連関性と，担当者間での協働が必須であるが，以下の条件を確保していることが必要である。①学校や子ども，地域の実態に応じた指導計画（単元計画），②単元の評価計画（s'），③学習内容を確実に習得できる工夫，④体験的な学習活動を取り入れる，⑤基礎的・基本的な知識及び技能を活用した問題解決的な学習活動の工夫，⑥思考力・判断力・表現力を育てる工夫，⑦学習の見通しを立て，学習を振り返る活動の工夫，⑧言語活動を充実する工夫，⑨キャリア教育を視野に入れた工夫，⑩他教科や道徳，特活等との連関性の工夫，⑪単元間のつながりを示す工夫，⑫学年間のつながりを示す工夫，⑬実生活との連関性を示す工夫等である（下線は連関性の部分）。

２　評価（Ｓ）から計画（Ｐ）へとつなぐ工夫

機能的連関性を取りあげるうえで最大の問題が，ＳからＰへの連関性の確保である。ＳをCAとして代用するにせよ，Pにどうつなげたらよいか。

この点は，今日でもまだ一定の確定された方式があるわけではない。しかし，いくつかの試みはなされてきている。ここでは２つを取りあげる。典型と言えるものは，Ｓ（CA）からＰにつなげるにあたり，Ｐの中にＳ（この場合のＳは，評価とそこから生み出される改善方策の双方がある）を取り込む方法である。この場合，出されたSの改善策を教育目標と重点目標の再吟味の際にフィードバックするか，吟味の末，仮に双方の目標が基本的に不変であれば，年間指導計画の月別の内容に並置した形で，評価から生み出された改善点を直接組み込む工夫を取ることである。

ただ，いずれの場合（目標・年間指導計画）を取るにしても，それは評価を経た改善点を念頭に置いての取り組みとなるだけに，具現化(D)の際に過去の実践の「振り返り」が容易に可能となり，ＳとＰとの機能的連関性がより円滑に強固のものとなろう。この点は，年間計画レベルに組み込んだケースを含めて後述する。

さらに今一つ，ＳとＰの連関性を強い関係のものにするには，評価の結果から，「到達目標」（attainment target）をＰ（特に重点目標やカリキュラム編成の基本方針レベル）に組み込むことである。ここで，「なにを＝目的」をより具体的に表し，カリキュラムマネジメントしてきた実践を評価・確認できるように明確にしたものが「どこまで＝到達目標」である。この点で，到達目標は評価と表裏の関係にある。到達目標設定の原則として，①具体的であること，②現実的であること，③測定可能であること（限界を覚悟で質を量へ転換）の３点である。

教育の場合，一般に「目標」として，「○○について考える」「○○についての知識を得る，深める」といった記述が多く目立つが，例えば，「考える」であれば，内容を理解しないでも考える機会になればよいことになる。「知識を得る」だけならば，意味が分からなくても「得た」ことになるし，多義性を持った知識ならば「得た」ことはその一部である。この点，到達目標は「行動で表す」必要があり，「説明する（発表する)」「類別する」「選択する」「策定する」「明示する」「実施する」等がそれにあたる。

そこで，カリキュラムマネジメントに即して，「カリキュラム編成の基本方針」レベルで若干の到達目標を組み込んだ例を取りあげてみよう。

Ｎ市立Ｍ小学校の校長の重点目標は，教育目標を受けて「保護者，地域と連携した学年・学級づくりを中心にして，組織的な実践を通して地域と一体になって学校経営を進める。また，児童の可能性を伸ばすために個々の教職員の指導力を高め，地域や学校と連携した学校支援ボランティアの活用を通して信頼される学校を構築する」である。これを前提に，全校で取り組むカリキュラム編成の基本方針（５つ）のうち２つと，その具体的な実践事項（括弧内）を取りあげる。

①全学年，全国平均以上の学力をつくる（具現化＝(i)習熟の時間の計画を作成し，徹底した基礎・基本の定着を図る，(ii)基本的な流れを重視した問題解決的な学習指導方法を取り入れ，工夫した授業づくりを目指す，(iii)家庭学習の時間―低学年30分，中学年60分，高学年90分の80％達成を目指して，児童が自己学習できるための仕組みを各教科において生み出す，(iv)図書室利用の工夫を図り，全学年通して年間２万冊以上の読書量に増やす）

②おいしく食べて，健康な体づくり（具体化＝(i)地域・企業と連携した食育活動を継続し，「弁当の日」を充実したイベントとして組織する，(ii)年間を通した運動「なわとび計画」を取り入れ，具体的な数値に基づく体力向上をめざす）等

いずれにせよ，改善策を到達目標化する作業が必要となるが，これを工夫することにより，評価と目標とが具体的につながることとなる。

図表１は，福岡県Ｓ女学院中高等学校の総合のカリキュラム（同校では連関カリキュラムと呼称）で，年間指導計画の単元のなかに評価規準（表右側）を組み入れたものである（７月までを掲載）[10]。

この特色は，「目指すべき学力」の内容が達成できたかを検証するために設定した評価規準が右側に見えることである。ここでは評価規準と言っても評定尺度（指標）こそないが，学力と評価との連関性（めざす学力①～⑦と評価規準Ａ～Ｇ）を確保しようとしていることが分かる。他にも，指導計画と評価（内容項目・評価規準）との連関性を年間指導計画のなかに組み込むために多様な様式が見られる。重要なことは，これらの評価規準を踏まえながら（評価の振り返り），ＳとＰとをつなげることが，より現実性を持ったＤにつながることとなる。

3　サブシステムとしての機能的連関性―総合に焦点をあてて

１・２においては，学校全体のトータルシステムとしてのマネジメントサイクル（PDS）のなかでも，特に連関性と協働性が必要となるＰレ

図表１　Ｓ女学院中高等学校の総合的な学習の時間における「目指す学力」に対する評価項目及び評価規準　（曽我，2009年）

【育成をめざす学力】
①授業や体験を通して課題を発見する力　②自己の研究課題を発見する力　③情報を収集し分析する力　④テーマに関する興味・関心を持つ姿　⑤活動に対して自己評価，総合評価をする力　⑥プレゼンテーション能力　⑦小論文を作成する力

【評価規準】（上記の評価の内容項目・方法は、評価規準に対応（①→A，②→Bのように）
A　授業に積極的に参加することができる（意欲）
B　自分自身で課題を設定することができる（課題の発見）
C　情報を収集し，それを自分の言葉で整理できる（表現力）
D　テーマに関する興味・関心を課題探究活動に結びつけることができる（思考・判断・表現）
E　活動に対して自己評価・相互評価ができ，さらに他者の意見を参考に自分の作品（発表内容）を改善できる（知識・理解，思考）
F　分かりやすく筋道の通った発表ができる（表現）
G　小論文作成ができる（技能・表現）

総合的な学習の時間を中心とした連関カリキュラムの年間指導計画				
	目標	**単元内容**	**内容項目・方法**	**評価規準**
４月 総合	オリエンテーション	「私たちと社会」～福祉社会について～	①④→ 本年度の学習テーマ及び趣旨を理解する	A, D （理解＝ポートフォリオの活用）
５月 総合	高齢者及び障がい者福祉についての理解を深める	「障がい者福祉」について NPOによる授業 筆者による授業	③④→ 高齢者福祉と障がい者福祉の共通点と歴史的考察	C, D （感想文の作成）
６月 総合 家庭科 社会科 国語科	福祉のキーワードから諸外国と日本の福祉の実態を理解する	①福祉のキーワード及び関連性を学ぶ：社会福祉と社会保障，福祉六法，ノーマライゼーション等，高齢者福祉（在宅福祉と施設福祉，施設の種類，介護保険制度）など。福祉先進国である北欧の福祉の状況を知り，福祉のあり方から自らの「あり方・生き方」を考える（下線部は筆者による授業），②「福祉」について自分の興味・関心の高いテーマを選び，発展的なテーマ学習を推進する	①②③④→ ・授業を理解できたか ・「福祉」と自分の将来の生活を結び付けて「福祉」を考えることができたか ・日本の福祉の現状と諸外国のそれとの違いを理解することができたか ・福祉についての学びの中で自らの課題を見出すことができたか	A, B, C, D 質問紙（インターネットの活用）

6月 総合→ 道徳へとつなぐ	「高齢者の状態」を疑似体験し，身体的な不自由さを体験的に学習する	「高齢者疑似体験学習」(NPOの指導による体験学習)	①②④⑤→ 目隠しをして階段昇降や歩行等を行う。体験を通しての「気づき」をその場で記録させる	A, B, D, E （「気づき」の記入）
7月 道徳	高齢者への思いやりの気持ちを行動として表していくことができる	「共に生きる～できることから始めよう」～高齢者福祉施設での高齢者との交流を前提とした思いやりの心の指導～。「思いやり」について高齢者の身体的な衰えを理解した上で，高齢者の心情を考える。また，高齢者に接する態度を考える。「思いやりの心」を形に表す際，相手の立場を正しく理解し，相手に対して自分は何ができるのかを考え，交流のプログラムをつくる	②③④⑤→ ・自分の気持ちを相手に伝えることの大切さを感じ，高齢者の心身を配慮した優しい言動での接し方ができるようになる ・高齢者をはじめ，高齢者施設のスタッフの方々と交わることにより，コミュニケーション能力を高める ・職場体験により，福祉や高齢者問題など現代の日本が抱える諸問題の中から自らの課題を見つけ探究する姿勢を育成する	B, C, D, E （意見交換での「気づき」）
7月 総合 体験学習	高齢者福祉施設訪問を通して，自分の気持ちを相手に伝えることの大切さを感じ，高齢者の心身を配慮した優しい言動での接し方ができるようになる。自分たちの作ったプログラムが高齢者に喜んで受け入れられる	・職場体験により，福祉や高齢者問題などを身近な問題として捉え，自らのテーマ学習につなげる ・体験学習を小論文にまとめる	①②④⑤⑥⑦→ ・高齢者をはじめ，高齢者施設のスタッフの方々と交わることにより，コミュニケーション能力を高めることができたか ・高齢者の人権を尊重し，思いやりの心をもって接し，本当に喜んでいただける訪問にすることへの気づきがあったか ・自分たちの作ったプログラムの質と高齢者の満足度	A, B, D, E, F, G 総括を通して自らの生き方・あり方の考察

ベルに焦点をあてて，その内容を具体的に吟味してきた。次に取りあげておきたいのが，Ｄレベル（単元計画～授業）のサブシステムとして展開しているp'—d'—s'のサイクルの機能である。これも基本的には機能的連関性であるが，各教科や道徳・特活と異なり，総合の場合の単元や授業・評価には特に留意する必要があるので，その基本的な点に触れておく。

総合の内容は各教科等と同様に，年間指導計画に基づいて，①単元計画（p'）—②授業（d'）—③評価（s'）として位置づく。①の単元計画については，Ｐレベルの総合の年間指導計画で，学校独自の特色（地域や学校の実態を生かしたもの，教科や道徳，特活との連関性を明確にしたもの，生徒の興味・関心をはじめ，つけたい力が明確になっていること等）があることを前提にしながら，各単元で探究する値打ちのある学習課題（単元題材）が構成されていることが必要条件である。なお，値打ちのある育てたい力とは，例えば，活動への意欲，課題を設定し追究する力，表現する力，生活に生かす力，多面的に見る力，探究を継続する力，判断し振り返る力等である。

その際，総合の単元構想の観点としては，(i)学習の継続性があるものか（イベントではない），(ii)連続的に発展していく可能性はあるか，(iii)当該課題を探究していくための教科等の基礎的な力がついているか　(iv)学習することによって獲得する力は何か，(v)生徒の立場から切迫感のあるものか等に考慮して作成することである。要するに，単元のねらいと指導方針，育てたい力を明確にすることであるが，こうした単元構想は，どの単元でも各教科や道徳，特活で養われるものを土台として，それらの接点を探り，横断的な学習を充実させ，有機的に連関性を確保することである。この点では，内容的な連関性のあることが求められてくる。

次に，②の授業（d'）においては，多様な活動がある。例えば，調べ活動，聴きとり活動，話し合い活動，表現活動，観察活動，まとめ活動等であるが，特に総合に関しては，これら学習方法上の連関性の確保も重要である。こうした方法上の連関性は，学習形態，学習過程の各々において，また方法間にも連関性が必要となるが，当然のことながら内容とも深く関わっている。他にも総合は体験活動を伴うケースが多いので，単位時間内で実施するには無理が生じ，年間指導計画と関わって「まとめ取り」や単位時間の工夫を行う必要性がでてくる。こうした授業の単位時間の弾力化も多様な形態を踏まえた連関性がないとできない。

このうち学習指導要領においては，方法上の連関性と関わって重要なのが「習得―活用―探究」の学習過程である。ここで，それと深く関わる事項として，なぜ，総合においても言語活動の充実なのかを明らかにしておこう。この点については，1998（平成10）年改訂の学習指導要領と関わって，少なくとも３点考えられる。①総合でも言語活動の充実により，各教科等を横断・総合して活用力を高め，探究的な学習を行うことができるという前提が仮説としてある（そこに学習指導要領で総合が時間減となった理由があるが，その検証も研究・実践上の課題であろう）。また，②各教科での知識・技能の習得と総合での活用・探究活動との間の段階的なつながり（連関性）が乏しくなり，思考力・判断力・表現力が十分に育成されていないという学習過程上の問題意識が生じたこと，③国際的な問題認識からであるが，我が国のPISA型「読解力」が関連諸国と比べて低いことが分かったこと等が挙げられよう。

かくして学習指導要領の改訂にあたり，「言語力は，知識と経験，論理的思考，感性・情緒等を基盤として，自らの考えを深め，他者とコミュニケーションを行うために言語を運用するのに必要な能力」であり，「言語力の育成を図るためには，（中略）学習指導要領の各教科等の見直しの検討に際し，知的活動に関すること，感性・情緒等に関すること，他者とのコミュニケーションに関することに，特に留意すること」（下線，筆者）と提言している。

実は学習指導要領が出される直前の平成19年８月に，言語力育成協力者会議「言語力の育成方策について（報告書案）」が中教審に報告された。「報告書」の「⑶各教科等における言語活動の充実の意義」では，各教科と総合との連関性担保の必要性を次のように述べている。

「各教科等における言語活動の充実に当たっては，これまでの言語活動を通じた指導について把握・検証した上で，各教科等の目標と指導事項との関連及び児童生徒の発達の段階や言語能力を踏まえて言語活動を計画的に位置付け，授業の構成や指導の在り方自体を工夫・改善していくことが求められる。そのために，各学校における教科間の関連や学年を超えた系統的で意図的，計画的な言語活動が実施されるよう，カリキュラム・マネジメントを適正に行うことが求められる」（下線，筆者）。

特に教科担任制を原則とする中学校，高等学校の国語科以外の教師は，これらの点を理解することが重要であろう。この時点で，平成17年の中教審答申時に出された「カリキュラム・マネジメント」の用語が，「関連」（連関性）と関わって，この「報告書」で再度出されたことになる。さらに，各教科等の指導に当たっては，児童・生徒が学習の見通しを立てたり学習したことを振り返ったりする活動を計画的に取り入れるよう工夫することが指摘されている。

このように，総合を中心に位置づけ，教科の言語活動を媒介にした「習得―活用―探究」の過程を思考力・判断力・表現力の育成につなげていくという考え方においては，以下のような学習活動が必要であると指摘している（文部科学省『言語活動の充実に関する指導事例集』2011年，５頁）。①体験から感じ取ったことを表現する，②事実を正確に理解し伝達する，③概念・法則・意図などを解釈し，説明したり活用したりする，④情報を分析・評価し，論述する，⑤課題について，構想を立て実践し，評価・改善する，⑥互いの考えを伝え合い，自らの考えや集団の考えを発展させる。

こうした学習活動は，d'において「習得―活用―探究」の過程で，方法上の連関性を確保しながら展開していくことも機能的連関性であるが，それはトータルマネジメントのサイクルとしてのPDSのような「円環型」ではなく，習得と活用そして探究の連関性を，例えば習得→活用，活用→探究（一方通行）のみではなく，活用から習得へ，活用を媒介に習得と探究とを結ぶという，言わば「相乗型」や「往還型」（「習得⇔活用⇔探究」）を意味し，これもまた新たな機能的連関性である。

しかし，こうした機能的連関性は，実際にはどの程度小学校・中学校で行われているのか。それを示すデータ（Benesse教育研究開発センターの調査結果，2011年4月28日）によれば，全体的に活用や探究の授業を取り入れようとする兆しは見られるが，教師が心がけている授業内容は「習得」が中心である（小・中学校ともに習得が約8割，活用が約4割，探究が約1～2割）とも指摘している。

総合と各教科等における言語活動を，「習得⇔活用⇔探究」の過程で思考力・判断力・表現力等の能力育成にどうつなげていくかという問題は，学習方法のみに限定するのではなく，サブシステムのサイクルとしてのd'レベルでの問題を，学校全体のトータルシステムのカリキュラムマネジメントとして捉えなおすことが必要であることを提起しておく。また，サブシステムとしての「習得」─「活用」─「探究」の過程における各段階間の機能についても，①段階間全部を直線でつなぐ形態，②「習得」⇔「活用」間，「活用」⇔「探究」間を往還する形態，③「活用」を中心にして「習得」「探究」を同時的につなぐ形態など，いっそうの創意工夫が必要であろう。

4　事例の分析

以下に2つの事例を取りあげる。言語活動を通して，思考力・判断力・表現力を育成するための学習過程（知識の習得⇔活用⇔探究）の典型的な態様を明らかにする。

〈事例1〉「思考力・判断力・表現力」に焦点をあてて

各教科における思考力・判断力・表現力の育成を図るための言語活動を中心としたカリキュラムの構築は，今日の教育活動の柱である。そのなかで思考力・判断力・表現力育成のための学習活動が，学習過程「習得⇔活用⇔探究」の「間」において，実際に基礎・基本が定着し，それが活用され，自らの学習課題や生活上の課題の探究にまでつながっているかを「評価」を通して知る必要がある。同時に，授業者が，教科における思考力・判断力・表現力をつけるために，言語活動の一つである「記録」や「要約」「説明」「論述」等の学習活動を，知識の習得・定着を図り，活用へ，さらに「探究」まで発展しうる単元計画であるかどうかを吟味し，評価しなければならない。授業と評価の一体化の「確実性」を担保しうる授業内容であることは必須である。

そのためには，PDCAマネジメントサイクルに沿った，思考力・判断力・表現力の育成を図るための各教科の言語活動充実に重点を置いた年間指導計画が必要となってくる。しかも，年間指導計画策定において，トータルシステムとしてのカリキュラムマネジメント（教育目標→重点項目→カリキュラム編成の基本方針→各教科・総合・道徳・特活の各年間指導計画）と総合におけるサブシステムとしてのカリキュラムマネジメント（総合の全体計画→年間指導計画）が機能的連関カリキュラムでつながっていることが重要な視点である。もし各教科のみの思考力・判断力・表現力を育成するための言語活動であれば，生徒一人ひとりが抱える学習及び生活上の切実なる課題解決へのアプローチとしての「知の総合化」が図れないことになる。

PDCAマネジメントサイクルに沿って，思考力・判断力・表現力の育成を図るための各教科の言語活動充実に重点を置き年間指導計画を策定した事例として，神奈川県立総合教育センター『高等学校の言語活動の充実に関する研究―年間指導計画への位置付けに向けて』（神奈川県立総合教育センター研究集録32：1～6，2013年）がある。複数の神奈川県立高等学校の事例から，各教科の言語活動を通していかに思考力・判断力・表現力の育成を図っているか，その態様を簡明に説明する。

ここで教育センターの『研究収録』を意図的に取りあげたのは，一つには，全国的にも言語活動の充実を思考力・判断力・表現力において検証した調査研究が極めて乏しいので，実践上で参考になる点が多いと考えたからである。二つには，複数の教科を対象に「習得―活用―探究」の過程をトータルシステムとしてのP―D―S，さらにサブシステムとしてのp'―d'―s'につなげて，アクティブ・ラーニングにおける機能的連関性を説明できること（特にサブシステムとしての往還型，相乗型などの実践化），三つには，先の『言語活動の充実に関する指導事例集』で示されていた6つの学習活動の検証が可能なことからである。

この『研究集録』から，国語，地歴，数学，理科，英語における基礎・基本の習得・定着，活用，探究までを視野に入れた各教科に共通する指導内容・項目を，『言語活動の充実に関する指導事例集』が示す①〜⑥の学習活動に沿って説明するとともに，先の３つの理由を取り込んで検証する。

まず，同センターの『研究集録』を見ると，研究の進め方から，思考力・判断力・表現力の育成を図るための各教科の「言語活動の充実に焦点を当てた単元の授業実践」を２回設定している。１回目の単元は６月中旬〜７月上旬に実施し，そこで見出された課題に基づいた改善策を10月下旬〜11月下旬に行った２回目の単元に反映させている。さらに，２回目の単元で確認された成果と課題及び改善策を明らかにしている。これは，教科単元におけるサブシステムとしてのp’→d’→c’→a’マネジメントサイクルで，中期におけるc’→a’，さらにp’へつなぐ重要なマネジメントサイクルの動態化の態様である。

年間指導計画策定にあたっては，地歴，数学及び理科に関しては「段階を追って力を身につけさせる」ためにキーワードを与えたり，課題を細かく区切って考えさせたりと，平易なものから難易度の高いものへと課題を段階的に提示するなど，段階を追って丁寧に思考力・判断力・表現力を育成するように工夫されている。また，国語，英語においては，「繰り返すことで慣れさせる」ことに主眼を置き，同じ活動を繰り返し，レベルやテーマを変えながら言語活動に慣れさせ，より考えを深めさせる構成を考案している。

１回目の単元では，ペアで意見交換をさせた結果，他の生徒の意見を踏まえて自分の考えを表現できるようになったが，自らの意見を深化させることができたという実感がもてなかったとされる。その課題を克服するために，２回目の単元では，英文を読ませたり，他の生徒と意見交換させたりするたびに，「要旨に直結する質問」を投げかけて考えさせ，自分の考えについて合理的に説明させることで，課題に対する自分の意識や考えを確認させた。「要旨に直結する質問」を投げかけて考えさせることを繰り返すなかで，生徒は情報を正確に受け取るだけでなく，その情報の正当性や合理性を判断しながら表現することができた。また，「何が要点かを読み取ることが大切」という視点で演説を聞かせたり英文を読ませたりすることを繰り返す指導を通して，「要点」がつかめるようになったとしている。

国語科においては，「論旨を的確に読み取る」という単元に対し，１回目は評論文を段落ごとに区切って説明し要約を行わせたが，生徒たちは文章全体を一読して概観することに困難を示した。そこで，その課題を克服するために，２回目は「要旨を的確に読み取り，自らの考えを深める」という単元設定をし，文章全体を大まかに捉えることを意図する次のような指導の工夫を行った。①環境問題について２つの視点から書かれた構成の分かりやすい教材を選定する，②キーワードを手がかりに，対比されている２つの視点の展開に着目させる，③その作品の著者の立場を明確にして要旨を読み取らせる。

以上のc’→a‘→p’の過程で改善を行った結果，「要約」という同じ言語活動を繰り返すことによって生徒が慣れ，要旨を的確に理解させたうえで考えを深めることが可能になったと報告されている。１回目の単元では細かく区切り，２回目では大まかに把握させることにより，生徒は論理の展開を辿りながら作品の著者の主張を読み取ることができるようになっていったとしている。この点は，論理的な文章を読むうえで最も大事な点である。なぜなら，その単元指導のプロセスが生徒自身の思考力を育成することにつながるからである。

地歴では，単元において「キーワードを与えて考えさせること」「キーワードを裏付ける具体的な歴史的事象を考えさせること」を，段階を追って指導した。また，他の生徒たちと相互に意見交流を行わせたり，他の生徒の記述を読ませたりすることを通して自分自身の意見が深まり，自分自身の改善点の発見にもつながった。特に歴史的意義を記述させる際には「授業者が何を記述させるかを明確にする」必要があることを生徒の評価から見出した。

さらに，最初の段階では結論部分にあたるキーワードを提示してから記述や説明をさせ，最終的には，まとめとして生徒が自らの主題を設定し，探究した結果を論述させることもできた。

以上の各教科のミクロのレベルにおける指導の視点は，①段階的な指導を通して「生徒に考えさせる視点を与え，表現させる」こと，②「繰り返すことで慣れさせる」指導を通して「論理的な文章を読んで論旨を読み取る」ためには，基礎的な事項についての繰り返しの指導が必須であること，③キーワードを示して考えさせる視点を与えること，④生徒自身の自己評価，生徒間の相互評価，生徒と教師間の評価，教師に対する生徒の評価が必要であること，⑤「振り返り」の学習活動を通して生徒の考えを深化させること，の５点である。

この①～⑤までの筆者の知見は，前述の『言語活動の充実に関する指導事例集』の示す思考力・判断力・表現力を育成する学習活動①～⑥の特に④「情報を分析・評価し，論述する」際の事柄を比較したり，分類したり，関係づけるなど，考えるための技法を各教科で創意工夫し，生徒自らの生活上及び学習上の課題解決のための整理につなげる授業上のよい示唆となる。

また，⑤「課題について，構想を立て実践し，評価・改善する」学習項目については，理科において仮説を立て，観察・実験を行い，その結果を整理し，考察し，まとめ，表現したり，改善したりする能力や，「知の総合化」を図る際の予測や仮説の検証方法に関する習得及び活用において不可欠な能力となる。

さらに，⑥「互いの考えを伝え合い，自らの考えや集団の考えを発展させる」学習項目については，問答やディベート形式を用いて議論を深化させ，課題解決のためのより高次な解決策を構築させる手立てとなっていく。

このように，教科単元のなかで言語活動を取り入れながら，思考力・判断力・表現力を育成するために，学習過程「習得⇔活用⇔探究」の「間」を意識した機能的な「連関カリキュラム」，さらに総合で「知の総合化」を図り，生き方・在り方につなぐカリキュラムが必須である。と同時に，各教科担任は，この視点で自らの教科の指導案を作成し，評価し，改善をしていく必要がある。

〈事例２〉熊本県立鹿本高等学校の事例

熊本県立鹿本高等学校は，平成11～13年に文科省より研究開発学校に指定されたのを機に，教育のパラダイム転換が必要であるという視点に立って取り組むこととなった。総合では「生徒の自分探し」に焦点化してきたが，年間指導計画の前段階におけるサブシステムとしての全体計画（**図表２**）を作成し，これを全学年通しての単元計画（**図表３**）に機能的につなげている。単元を作るにあたっては，そこで育むべき「力」（能力）の分析・整理から始め，それらの力を「方法知」「内容知」「自己知」「パフォーマンススキル」の４つの知に分類している。

以下に，カリキュラムマネジメントの視点から，同校の総合の特色を整理する。[11]

同校は，教育目標のレベルから総合の創設を行ってきた経緯があり，教育活動系列のカリキュラムの内容・方法上の連関性と条件整備系列の協働性との対応関係を主軸（カリキュラムマジメントの基軸）として，PDSサイクルの確保と共に，教科・特別活動との連関性を図っていくことで，総合の土壌づくりを行ってきた。学校教育改革委員会を組織し，校長・教頭・事務長・フロアー教師４名を構成員として，「総合的な学習の時間」研究開発委員会，自宅学習小委員会，授業創造小委員会，課外活動・行事改革小委員会の４部門に分け，教育目標の実現化のために，総合を核として教員の協働性を担保しながら組織体制を整えていった。

総合のカリキュラムづくりは，まず，学習指導要領や県の教育目標の共通理解から始めた。自校の教育目標の再構築には，「つけたい力」の配置―どの教科単元をどの時期にどの程度まで実施するのかという，総合と教科・特活の連関性をカリキュラムの内容・方法上どう作っていくか等，具体的な機能的連関性に立ったカリキュラムの作成―を自校独自の教育課程において構築してきた。

研究上の留意点は以下の①～⑥にまとめている。①生徒・地域の実態分析，②生徒につけたい力の分析と分類，③自校の教育目標の再構築と

図表2　自分探しを扶ける「総合的な学習の時間」
「総合的な学習の時間」の概念図（熊本県立鹿本高等学校）

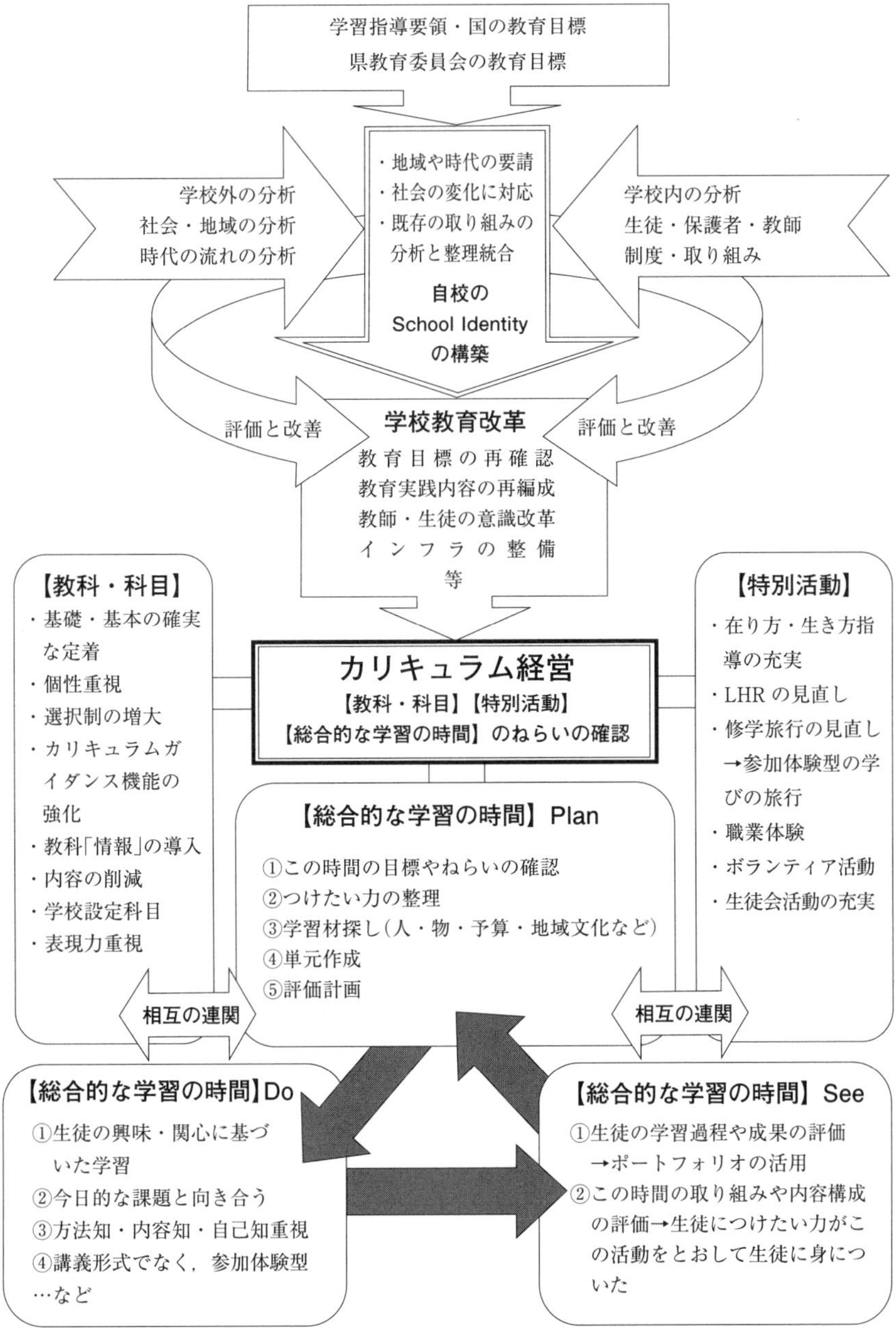

学習指導要領・国の教育目標
県教育委員会の教育目標
・地域や時代の要請
・社会の変化に対応
・既存の取り組みの
分析と整理統合
自校の
School Identity
の構築
学校外の分析
社会・地域の分析
時代の流れの分析
学校内の分析
生徒・保護者・教師
制度・取り組み
評価と改善
評価と改善
学校教育改革
教育目標の再確認
教育実践内容の再編成
教師・生徒の意識改革
インフラの整備
等
【教科・科目】
・基礎・基本の確実な定着
・個性重視
・選択制の増大
・カリキュラムガイダンス機能の強化
・教科「情報」の導入
・内容の削減
・学校設定科目
・表現力重視
【特別活動】
・在り方・生き方指導の充実
・LHR の見直し
・修学旅行の見直し
→参加体験型の学びの旅行
・職業体験
・ボランティア活動
・生徒会活動の充実
カリキュラム経営
【教科・科目】【特別活動】
【総合的な学習の時間】のねらいの確認
【総合的な学習の時間】Plan
①この時間の目標やねらいの確認
②つけたい力の整理
③学習材探し（人・物・予算・地域文化など）
④単元作成
⑤評価計画
相互の連関
相互の連関
【総合的な学習の時間】Do
①生徒の興味・関心に基づいた学習
②今日的な課題と向き合う
③方法知・内容知・自己知重視
④講義形式でなく，参加体験型
…など
【総合的な学習の時間】See
①生徒の学習過程や成果の評価
→ポートフォリオの活用
②この時間の取り組みや内容構成の評価→生徒につけたい力がこの活動をとおして生徒に身についた

図表３　各単元の概要（熊本県立鹿本高等学校）

	単元名	方法知 パフォーマンススキル	内容知	自己知
1年生	Apple Program	・課題発見シミュレーション ・仲間づくり ・インターネット体験 ・文書作成体験 ・図書検索体験	・学びのモチベーションアップ	・興味・関心の広がり
	成功へのエチュード ～バーチャル市役所プラン～	・課題発見 ・課題設定 ・課題探究・課題解決 ・協力・協同 ・仲間づくり ・フィールドワーク ・研究のまとめ方 ・発信・表現方法	・教科への興味・関心と学びの意欲を高める	・適性の発見 ・裾野の広がり ・集団の中で個人が果たす役割に気づく
2年生	知の方法論 ～ディベート～	・課題発見 ・課題設定 ・課題探究 ・協力・協同 ・知的好奇心 ・論理的な思考 ・発信能力の向上 ・資料収集・取材能力	・論理性 ・視野の広がり ・教科学習の深化	・他者理解と自己理解
	Young Doctor Plan	・計画を立てる ・課題発見 ・課題設定 ・課題探究・課題解決 ・共働 ・文献の利用 ・インターネットの活用 ・メールの活用 ・コンピュータの活用 ・論文の書き方入門 ・研究のまとめ方の工夫 ・発信・表現方法の工夫	・教科横断的発想 ・教科の学習をこの時間に生かす ・教科の学習の時間にこの時間の学びを還元する	・生き方を考える ・社会性とリーダーシップ ・自分に自信をつける
3年生	未来への架け橋	・課題の発展 ・課題探究の技法を探る	・教科の学習の時間にこの時間の学びを還元する ・高校と社会や上級学校との接続	・これからの自分の生き方につなげる

学校改善，④総合の導入と単元開発，⑤総合の授業実践，⑥研究評価と学校評価。また，教育活動系列であるカリキュラムの内容・方法上の連関性と条件整備系列の協働性との対応関係がどうであったかを検証するための「評価」として，組織体制と組織文化の態様を解明している。

そして，以下の５点の評価指標を設定している。①総合の内容構成の評価―教科・特活との連関性を確保する。②各単元の評価―カリキュラムを目標・内容・方法に分け，評価と各単元の改善を行いやすくする評価システムを構築する。③生徒の学習成果の評価―(i)主体性と創造性，(ii)学び方と考え方，(iii)問題解決能力の評価を，生徒の関心・意欲・態度，思考・判断・表現，技能，知識・理解の観点から行う。④学校文化の評価―学校の社会的風土を学校文化として捉える。すなわち，(i)学校を改善するために新しい教育手法を取り入れようとしたか，(ii)教師同士が教科の枠を越えて協力しあうことができたか，(iii)教師一人ひとりが自ら模範を示し意欲的に教育活動を行ったか，である。⑤マネジメント評価―総合を支えたり阻害したりするマネジメント要因を評価する。

鹿本高等学校は，連関カリキュラムに必要な組織体制をつくり，学校文化の評価まで構築していることが，評価できる点の一つである。

さらに，この鹿本高等学校の総合を核とする連関カリキュラムには「機能的連関性」が確保されている。第１は，全体計画の中核に総合的な学習を学校教育改革と連動させて位置づけていることである。第２は，単元計画について，生徒に育む力（資質・能力）を４つの力（方法知・内容知・自己知・パフォーマンススキル）に整理し，整理の過程でそれらの力をいくつかのグループに分け，グループ間にも一定の連関性が見られることをつかんで，総合的な学習の目標についての構造化を試みていることである。そして，構造化された目標は，生徒の学習成果の評価，単元の評価，時間全体の評価から，それが達成されたかどうかを評価できるように工夫している。この点は，P―D―Sサイクルを評価から始まるS―P―Dに転換することにより，ＳとＰとを機能的につなぐことに配慮している。

このように，総合を中心とした連関カリキュラム構築の大前提として，カリキュラムの内容・方法上の教育系列の連関性と組織体制と関わって条件整備系列の協働性が担保され，総合に必要な「共通のビジョン」「同僚性」「革新性」が組織文化のなかでも担保されている。また，組織力のうえで欠かせない校長を中心としたスクールリーダーの存在とインパクトに関して，組織体制と関わるなかでその実態と機能が見える点において大いに評価できる。

〈注〉

⑴用語としてのPDSを最初に著したのは，牧昌見によれば，自らの教育誌論文「学校経営におけるPDSとその課題」（明治図書『学校運営研究』，1973年，111－117頁）だとされている。別に，アメリカ教育経営に見られた各種のマネジメントサイクルからの影響を受けながらも，これを日本独自の経営過程論として体系化した高野桂一『学校経営過程―その分析診断と経営技術』（誠信書房，1963年）がある。また，戦後の日本的萌芽については，すでに終戦後の解放的民主化の時期における自由裁量の大きかった1947年，1951年の試案としての学習指導要領と当時の各種学力調査の目的にまでに遡ることができるし，三重や新潟，山梨等のいくつかの県立教育研修所（研究所）の「教育課程計画」の「作成結果の反映」のなかに，さらには東京第三師範学校（後の東京学芸大学）附属小学校には，素朴ながらも教育課程計画と実践の条件整備の認識にも教育課程経営の萌芽が見られる（中留武昭『戦後学校経営の軌跡と課題』教育開発研究所，1984年，64－74頁）。

⑵PDCAについては多くの論者がいるが，典型的には，木岡一明『新しい学校評価と組織マネジメント―共・創・考・開を指向する学校経営』（第一法規，2003年）がある。

⑶この方法については，福岡市（小・中学校の事例研究）において，カリキュラムマネジメントにおける校長→教頭，教頭→教務主任，教務主任→学年主任・研修担当者間での「指導・助言」活動が，どのようにDとCAとの往還を繰り返して協働性を引き出し，組織力を高めてきたのかを検証した研究がある（福岡市教育センター「学校の組織力を高めるスクールリーダーの在り方―カリキュラムマネジメントをめざした組織文化の協働性を引き出す指導・助言の事例研究を通して」平成23年度研究紀要，2012年）。ここで中留は調査研究の指導・助言者として機能してきた。

⑷この主張は，田中統治「教育改革の動きを教育課程経営ビジョンにどう反映させるか」，高階玲治編『自校の特色を生かした教育課程のPDCA』（教育開発研究所，2005年，53－55頁）。

⑸高階玲治「学校の教育課程を充実させる組織マネジメントのあり方」，前掲書，4

－7頁。

(6)佐古秀一「学校の組織特性をふまえた学校組織変革の基本モデル」，佐古秀一・曽余田浩史・武井敦史『学校づくりの組織論』（学文社，2011年）。

(7)デミング, W, E. のこの考え方の紹介は，坂元平八監訳『品質管理の基礎概念―品質管理の観点からみた統計的方法』（岩波書店，1960年）及びNTTデータ通信品質管理研究会訳『デミング博士の新経営システム論―産業・行政・教育のために』（NTT出版，1996年）参照。

(8)中留武昭「学校改善と総合的な学習との接点」，同編著『総合的な学習の時間―カリキュラムマネジメントの創造』（日本教育綜合研究所，1999年）。

(9)中留武昭「特色あるカリキュラムマネジメントの評価―評価構造」，中留武昭・田村知子『カリキュラムマネジメントが学校を変える』（学事出版，2004年）。

(10)同前。

(11)同校の研究開発の実践においては，中留が運営を支援してきた経緯がある（中留武昭監修・熊本県立鹿本高校編著『生徒の自分探しを扶ける「総合的な学習の時間」』（学事出版，2003年）。

第７章　生活科のカリキュラムの創造と展開

1 はじめに

第７章においては，1998年の学習指導要領（以下，「基準」と表記する場合もある）で創設された「総合的な学習の時間」を機に中留を代表とする科研においてはじめて導入された「カリキュラムマネジメント」の理論における見方・考え方（特に基軸の「連関性と協働性」を概念に内包している）は，改訂版の本章「生活科」のカリキュラムマネジメントにおいてもその概念（第１章）を含め適用可能なこと（事例による検証も含めて学校全体のカリキュラムマネジメントにおける生活科の「基準」の適用）を明らかにしてみたい。

生活科は小学校の低学年（第１・２学年）に教科として位置づけられているが，生活科の理念は基本的には「生きる力」に通底しており，この点では本書の基軸の中心に取り上げている中学・高校の「総合的な学習」（以下，「総合」と表記する場合もある）のカリキュラムとの「接続性」が期待されている。即ち，「教科」としての目的・内容をもつ生活科と，「時間」としての性格を持つ「総合的な学習」との間における「連続性」に十分な配慮をした上で，学校全体のカリキュラムマネジメントの「基軸」（内容上の連関性とマネジメント上での協働性）に繋げることに配慮した生活科のカリキュラム開発を促進していく必要性がある（中留は2012年に，カリキュラムマネジメントの概念・内容の適用を中学・高校だけではなく，特に教職大学院でのカリキュラムマネジメントに関する研究に「基軸」

を発展させている。中留武昭著『大学のカリキュラムマネジメント―理論と実践』東信堂，2012年）。

本章では，生活科の特に「基準」の解釈に焦点を当てて，以下，生活科におけるカリキュラムマネジメントの特色を論じていくことに目的がある。即ち，生活科の内容自体の成立過程を振り返る過程を通して，必要となるマネジメント上での「基軸」の視点から，生活科の実際と今後の課題とを提示してみたい。まず，この章で生活科を取り上げる意味についてであるが，大きく以下の点に整理される。

生活科は1989（平成元）年に「基準」として設置された。その10年後の1998年に制度化されたのが「総合的な学習」であった。総合的な学習が基準に組み込まれたのは，生活科の独自性（子どもの「自律性」と「気づき」の促進）との連続性を前提に，小学校をはじめとして中学校・高等学校に立ち上げられたものと認識される。

生活科自体は，1987（昭和62）年に合科として新教科創設の必要性ありと提起され，２年後の1989（平成元）に設置となった。構想から設置までには22年が要されてきた。背景には，社会科と理科の内容を中心とした新教科の必要性が求められていた経緯がある。この経緯については後述するが，ここで生活科の成立と総合的な学習との相違について簡明に述べれば，理念や目標は「基準」から判断する限り「生きる力」の共有性を持つが，生活科は「教科」であり，総合は特別な「領域（後に「総則」への位置づけ)」である。従って，教科としての生活科は「基準」の縛りがあるが，「総合」は各学校による自由裁量が大きい「カリキュラム開発」の対象となる分野とも言える。この双方を「基軸」においてどう繋げるかは，今なお取り組みが継続中の実践的課題として認識される。

次に政策レベルから，生活科成立の経緯を以下に簡潔に整理するが，これらの経緯は生活科と総合とを結ぶ「基軸」の内容を補足するものでもある。具体的に直接成立に関わる政策レベルでの改革のうち典型的な答申や基準に当たってみると，まず，1971（昭和46）年の中教審答申で初めて「従前の教科区分にとらわれない教育課程の在り方」を検討するよう示唆した。これを契機に打ち出された「研究開発学校制度」（文部省）による実証的な研究成果の中に，生活科構想の多くが生み出されてきた（なお，この当時中留は同制度の中等学校担当の企画評価委員で，これを2017年まで継続してきたこともあり，「基準」による教育改革への関心はこれを前後した頃から個人的にも強く持ってきていたことが想起される）。

その後，1975（昭和50）年の教育課程審議会の「中間まとめ」では，社会科と理科の内容を中心とした新教科設置の必要性が打ち出されることとなった（実は低学年の社会科と理科の廃止論は，既に1960年代〈昭和30年代末〉～1970年代〈昭和40年代半ば〉頃から出されてきており，以来議論されてきたことでもあった）。

最終的に生活科が成立するまでにはさらに時間を要した。1976（昭和51）年に教育課程審議会（「審議のまとめ」）から今一つ慎重論が出された。それは「教科の再編については…指導の効果や学校における教育条件等も十分考慮して決定しなければならず…なお研究と試行の積み重ねが必要である」との考え方が強く，むしろ「教科の編成は現行通りとし，学習指導要領上の措置を含めて低学年における合科的な指導を従来以上に推進するような措置を取ることが望ましい」というもので，生活科設置に向けての動きは一時頓挫することになった。

その後，1977（昭和52）年の「ゆとりと充実」の基準に連なるが，このとき低学年における合科的な指導の必要性が提起されてきた。その6年後の1983（昭和58）年に中教審教育内容等小委員会から「小学校低学年の児童の教科構成について，国語，算数を中心とした既存の教科の改変を含む再構成を行う必要がある」とする「審議経過報告」が出され，1989（平成元）年の生活科設置の「基準」へと繋がることとなった。これにより戦後40年目にして初めて，小学校の「基準」における教科の改訂が行われることとなったわけである。

なお，本章は「生活科」のカリキュラムマネジメントの基軸を「基準」の内容を通して吟味することが目的であり，その方法として「総合的な学習」のカリキュラムマネジメントの理論化と事例による検証を行う。本章の冒頭部分で生活科の成立過程を敢えて述べてきた経緯とも関わるが，究極的には，生活科と総合的な学習との内容上での「繋がり」（連関性）との「関わり」への配慮が求められる。この点において端的に言えば，生活科で身につけた質の高い「気づき」を総合的な学習における「課題解決」に必要な資質・能力へ発展させていくために，多くの授業関係者との協働をベースにした滑らかな接続と連携の有効性を検証していくべきであることを，まずは指摘しておきたい。

② 学校全体のカリキュラムマネジメントにおける生活科の『基準』（学習指導要領）の吟味

この②では，カリキュラムマネジメントの構造化（基軸『連関性』と『協働性』）が，生活科の合科で育成すべき三本の柱（「知識及び技能の基礎」「思考力，判断力，表現力等の基礎」「学びに向かう力，人間性等」）（以下，３つの柱と略）をどのように実現していくのか，小学校学習指導要領【（平成29年告示）解説　生活編　平成29年７月】（以下，小学校現行「基準」と略）に沿って，その態様の吟味を行っていく。

この章の構成として，１では生活科のカリキュラムの目標・内容・方法上の『連関性』について，２では『連関性』を促進，統合するマネジメントにおける生活科の『協働性』の吟味を行う。

１　生活科のカリキュラムの内容構成における『連関性』

⑴　生活科における「基準」（学習指導要領）とカリキュラムマネジメントの「基軸」における『連関性』の吟味

生活科は平成元年の学習指導要領の改訂に伴い，低学年児童の発達上の特徴に即して新設され，それ以来，三十数年に渡り生活科教育の一層の充実が求められている。生活科は，具体的な活動や体験を通して，自分自身や自分の生活について考えさせるとともに，その過程において生活上必要な習慣や技能を身に付けさせ，自立への基礎を養うことを目標としている。

そして，平成20年改訂の学習指導要領（基準）では活動や体験を一層重視するとともに「気付き」の質を高めること，幼児期の教育との連携を図ることなどについて充実を図り，言葉と体験を重視した改訂の趣旨が概ね反映されてきたが，更なる充実を図ることが期待されることとして，現行の学習指導要領（2017年）において，以下①〜⑧が見通しの視点として示された[(1)]。

①「活動あって学びなし」にならないように具体的な活動を通してどのような思考力等が発揮されるか十分に検討する必要性

②生活科における言葉と体験を重視した前回の改訂の上に，幼児期の教育から小学校低学年へ，さらに中学校以降における各教科等における学習との関係性を踏まえ，活動や体験を通して育成する資質・能力や「見方・考え方」のつながり（特に「思考力，判断力，表現力等」）が具体的になるように見直す必要性

③教育課程全体を視野に入れたカリキュラム・マネジメントの視点からの教科等横断の学校全体で取り組むスタートカリキュラムの必要性（カリキュラムマネジメントの『連関性』）

特に，幼児期における遊びを通した総合的な学びから各教科等における，より自覚的な学びに円滑に移行できるよう，入学当初において生活科を中心とした合科的・関連的な指導などの工夫（スタートカリキュラム）を行うことを明示した。なお，これまでは国語科・音楽科・図画工作科の各教科において幼児期の教育との接続及びスタートカリキュラムについて規定していたが，今回の改訂では，低学年の各教科等（国語科・算数科・音楽科・図画工作科・体育科・特別活動）にも同旨を明記した。

④生活科における目標の改善の必要性

生活科は，具体的な活動や体験を通じて身近な生活に関する見方・考え方を生かして，自立し生活を豊かにしていくための資質・能力を育成することが大切である。この点について，さらに言及すると以下のようになる。

学校全体のカリキュラム編成の中で生活科と他教科との関係性を検討し，それぞれの目標と内容のつながりから教科等の横断的カリキュラムをつくっていくので「生活に関する見方・考え方」を明確にすることは必須条件となる（カリキュラムマネジメントの『連関性』）（下線は筆者，以下同じ）。なお，『連関性』とは「関係性」，「つながり」と同義である

が，生活科で使用される「合科」は連関性（関係性）の教科間の「組み合わせ」を意味するものと解される。

⑤内容構成の改善を図り，学習内容をア学校・家庭及び地域の生活に関する内容，イ身近な人々・社会及び自然と関わる活動に関する内容，ウ自分自身の生活や成長に関する内容の３つに整理した。

⑥学習内容，学習指導の改善・充実として，具体的な活動や体験を通じて，どのような「思考力，判断力，表現力等」（３つの柱である資質・能力の一部として）の育成を目指すのかが，具体的になるよう各内容項目を見直した。

⑦活動や体験を通して得た「気付き」について，「見付ける」「比べる」「たとえる」「試す」「見通す」「工夫する」などの多様な学習活動を行う活動を重視した。

⑧動植物の飼育や栽培等の活動は２学年間に渡って行うこととした。

《教科目標》

生活科の教科目標は，具体的な活動や体験を通して身近な生活に関わる見方・考え方を生かし，自立し生活を豊かにしていくための資質・能力を育成することを目指すことである[2]。教科目標の構成は，生活科固有の見方・考え方と生活科を通して育成することを目指す資質・能力である３つの柱【⑴「知識及び技能の基礎」，⑵「思考力，判断力，表現力等の基礎」，⑶「学びに向かう力，人間性等」】から成っている。

まず，⑴「知識及び技能の基礎」は，体験を通して，何に気付き，理解し，何ができるようになったかに言及した資質・能力に関わる目標である。活動や体験の過程において自分自身，身近な人々，社会及び自然等の関わりを通して生まれる「気付き」が，相互に関連付けられたり，既存の経験等と組み合わされたりして各教科等の学習や実生活の中で生きて働く（カリキュラムマネジメントの『連関性』）ものとして，知識及び技能の基礎として形成されていくことを目指している。

次に，⑵「思考力，判断力，表現力等の基礎」は，生活の中でできるようになったことを使って試したり，工夫したり，表現したりして活用できる資質・能力[3]に関わる目標である。生活科では思いや願いの実現に向けて「何をするか」「どのようにするか」と考え，それを実際に行い，次の活動へと向かっていく。その過程には，様々な思考や判断，表現が存在している。思いや願いを実現する過程において身近な人々，社会及び自然を自分との関わりで捉え，自分自身や自分の生活について考えたり表現したりしながら，自分の思いや願いを実現できるようにすることを目指している。これは，生活科の見方・考え方であり，活動や体験の中で「思考」や「表現」が一体的に繰り返し行われ，生活を豊かにしていくための資質・能力が育成されていくことを示している。例えば，比較や分類によって共通点や相違点，それぞれの関係や関連が確認され，分析的，創造的に考える幅が広がり，楽しかったことや伝えたいこと等を，言葉，絵，動作，劇化等の多様な方法によって他者と共有することで新たな「気付き」が生まれたり，様々な「気付き」が関連付けられたりすることが期待され，具体的な活動や体験を通して表現したいという意欲が生まれるようにすることが大切である【カリキュラムマネジメントの『連関性』とアクティブ・ラーニング（マネジメントサイクルのP—D—SのD［単元，授業］の部分〈筆者後述〉）における言語活動の充実】。従って，具体的な活動や体験の充実を促すとともに，言葉などによる振り返りや伝え合いの場を適切に設定することも求められる。この点，中央教育審議会答申は，全ての教科等における言語能力の育成（アクティブ・ラーニングにおける言語活動の充実）について特に指摘している。

また，⑶「学びに向かう力，人間性等」はどのような心情，意欲や態度などを育むのかに関わる目標である。実生活や実社会との関わり中での満足感・達成感等を通して自分自身の変容や成長の姿を客観的に捉え，自分のよさや可能性に気付いていく。それが積極的に学んだり生活を豊かにしたいという意欲を生み，自分は学んだり生活を豊かにしたりしていくことができると信じる自信につながっていく。それが繰り返されることによって安定的な態度が養われるようにしていくことを目指している。

なお，３つの柱⑴と⑵に示した資質・能力の末尾に「の基礎」とあるのは，幼児期の学びの特性を踏まえ，育成を目指す３つの資質・能力を截然と分けることができないことによる。また，他教科等と異なり「見方・考え方を働かせ」とせず「生かし」としているのは，幼児期における未分化な学習との接続という観点からである。

《学年目標》

生活科の学年目標は２学年共通に示されている。その趣旨は，まず，低学年の子どもは具体的な活動を通して考えたり，試行錯誤し繰り返すことで対象を体全体で学ぶ。この発達上の特徴から学年の目標を共通にすることで実態に即した活動の深まりや広がりに配慮した柔軟な指導ができるようにしている。次に，生活科は子どもの生活圏が学習の対象や場であり直接体験を重視している。このような学習では，子どもの生活様式や習慣及び生活経験の違い，地域の生活環境の様子や変化等が活動に影響してくるので，学年の目標を共通にすることで活動自体を見なおし，地域や児童の実態に応じられるようにしている(4)。

そこで，２学年間で実現すべき目標の３つの構成について筆者なりに整理してみた。

一つ目の学年の目標(1)は学校，家庭及び地域の生活に関する内容である。その趣旨は，身近な対象の様子や特徴からその価値に気付き，自分との関わりが具体化し，その結果，喜びや肯定感を感じ地域に愛着をもち，集団や社会の一員としての安全で適切な行動につながるとしている。学年の目標(1)は，主に内容(1)から内容(3)（前掲第３章）によって構成される(5)。

二つ目の学年の目標(2)は身近な人々，社会及び自然と関わる活動に関する内容である。その趣旨は，活動を繰り返す中で対象を自分との関わりで捉え，その結果，存在や役割，変化，不思議さや面白さ，生命や成長の尊さ，関わり合い，伝え合い，交流する楽しさ等を実感できることを期待しているとある。学年の目標(2)は主に内容(4)から内容(8)（前掲第３章）によって構成される(6)。

三つ目の学年の目標(3)は自分自身の生活や成長に関する内容である。その趣旨は，学校，家庭及び地域における日々の生活の様子について考えたり，生活や出来事を振り返り自分自身を見つめることで，自分の変化や成長について改めて確認していく，そして，それを通して自分のよさや可能性を認め支えてくれた人々との関係に気付き，感謝の気持ちをもつようになり，意欲と自信をもって生活するようになることである。その結果，意欲と自信は自分への信頼を高め，更に他者を信頼し，協力していくようになる。学年の目標(3)は主に内容(9)（前掲第３章）によって構成され，また，この学年の目標は全ての内容とのつながりが深い[7]。

⑵　生活科とカリキュラムマネジメントの基軸とその吟味

この⑵では，目標・内容の特色をあげるに際して，「基準」のカリキュラムマネジメントの原理において捉えることの意味を生活科の３つの階層分野において整理してみた。

①生活科の内容構成

生活科の内容を構成する具体的な９項目の視点（「学校と生活」，「家庭と生活」，「地域と生活」，「公共物や公共施設の利用」，「季節の変化と生活」，「自然や物を使った遊び」，「動植物の飼育・栽培」，「生活や出来事の交流」，「自分の成長」）[8]には，児童が直接関わる学習対象や実際に行われる15項目の学習活動（①学校の施設，②学校で働く人，③友達，④通学路，⑤家族，⑥家庭，⑦地域で生活したり働いたりしている人，⑧公共物，⑨公共施設，⑩地域の行事・出来事，⑪身近な自然，⑫身近にある物，⑬動物，⑭植物，⑮自分のこと）[9]，及び育成を目指す資質・能力の３つの柱が組み込まれている。なお，生活科の場合，具体的な活動や体験を通して自分と対象との関わりを重視するという特質から具体的な活動や体験は単なる手段や方法ではなく目標であり内容でもある。つまり生活科で育みたい児童の姿をどのような対象と関わりながら，どのような活動を行うことによって育てていくかが重要であり，そのこと自体が内容となって構成されている。それは，低学年の子どもは未分化なので一体的な経験主義の学びの特性を生かした学習の充実が望ましいからであると解される。

②生活科の階層性

今回の改訂では学年の目標に即して９つの内容（前述）を示し内容の構成要素とその内容の大きなまとまりを意識して単元の構成を行うことに配慮する必要性から「生活科の内容のまとまり（分野）」を３つの階

層に分類している。

第一に，児童の生活圏である環境に関する内容として，内容(1)「学校と生活」・内容(2)「家庭と生活」・内容(3)「地域と生活」を位置付けている。

第二に，身近な人々，社会及び自然と関わる活動に関する内容として，内容(4)「公共物や公共施設の利用」・内容(5)「季節の変化と生活」・内容(6)「自然や物を使った遊び」・内容(7)「動植物の飼育・栽培」・内容(8)「生活や出来事の伝え合い」を位置付けている。

第三に，自分自身の生活や成長に関する内容として，内容(9)「自分の成長」を位置付けている。なお，内容(9)は，一つの内容だけで独立した単元の構成も考えられるし，また，他の全ての内容と関連させて単元を構成することも考えられるとしている[(10)]。

③カリキュラムマネジメントの視点から見た生活科における『連関性』の吟味

９項目の内容と15項目の学習対象（前述）を組み合わせた生活科の単元構成は，各教科と「特別の教科　道徳」，特別活動，領域指導（主に生活指導）との教科等横断，また，教科と教科との教科間連関（合科）というカリキュラムマネジメントの『連関性』を示唆したものである。以下，その態様を吟味する。

まず，小学校低学年の生活科は合科を中心とした教科と他教科等とをつなぐ教科等横断のカリキュラムである。教科等横断の視点で言えば，生活科の合科は，生活科におけるカリキュラムマネジメントの基本的な戦略として経験主義に立った遊びによる学びの経験の再構成を行い，学校全体のカリキュラムマネジメントを射程に入れた中学年以降さらに中学校の総合的な学習の時間へと継続されていく視座が前提となっている。そのために，生活科では，具体的な視点を視野に入れた15項目の学習対象を見直し，内容構成の９項目の具体的な視点と15項目の学習対象（前述）とを組み合わせ（カリキュラムマネジメントの『連関性』），それを学習活動の核である資質・能力の３つの柱として内容を構成している。

次に，生活科における『連関性』には，各教科等の「見方・考え方」を「習得・活用・探究」という学びの過程の中で働かせるためのカリキュラムマネジメントとアクティブ・ラーニングとの関係性（なお，カリキュラムマネジメントとアクティブ・ラーニングとの関係性における論理構成については本書第１章でも整理している）について把握しておく必要がある。その点は以下，〈③の１〉と〈③の２〉で説明する。

〈③の１〉３つの柱（資質・能力）を実現するための生活科の「見方・考え方」と学習過程「習得⇔活用⇔探究」について

生活科の場合，アクティブ・ラーニング（主体的・対話的で深い学び，以下，アクティブ・ラーニングと略）を通して，児童や学校の実態及び指導の内容に応じて３つの柱が偏りなく実現されるようにバランスよく単元計画を作成することが重要である。

第一に，「主体的な学び」の視点は，小学校低学年は自らの学びを直接的に振り返ることは難しく，相手意識や目的意識に支えられた表現活動を行う中で，学習活動の成果や過程を表現し振り返ることで手応えや自信を得ていき，それが主体的に新たな活動に挑戦していく意欲を高めていくことができるようになることである。小学校低学年の主体性は中学年以降の総合的な学習の時間へと受け継がれていく資質・能力として重要な視点でもある。

第二に，「対話的な学び」の視点は，小学校低学年は思考と表現が一体化している特性があるので，生活科で身近な人々と関わる中で，比較したり，伝え合ったり，試行したりする活動を通して，気付きや考え等を対話的な学びで共有し，聴く相手の反応により，課題や次の目標が明らかになったり，称賛を受け自信を得たりと交流する活動を通して，感じ取った思いや願望等を自分自身の実感のこもった表現方法で表すことができるようになることである。

第三に，「深い学び」の視点は，子どもが自分との関わりで対象を捉えていき，よりよい生活に向けて思いや願いを実現しようとする生活科固有の見方・考え方を生かした活動を通して獲得した「気付き」を基に，思考し，さらに新たな「気付き」を生み出していく中で，個別的な「気付き」が関係的な「気付き」へとさらに質的に高まっていくことで深い学びを実現できるようになることである。その方法として，子どもが活動や体験したことを言葉等によって振り返ることで，「見付ける，比べる，たとえる，試す，見通す，工夫する」などの多様な学習活動の工夫によって，「気付き」が自分の中で明確になったり，それぞれの「気付き」を共有し関連付けられたりと，さらに「気付き」の質を高めることができる(11)。

特に「深い学び」の視点において各教科等の「見方・考え方」を「習得・活用・探究」という学びの過程の中で働かせるには，授業実践（P—D—SのD）におけるアクティブ・ラーニングの態様が鍵となる。この点について，以下に再認識しておきたい。

即ち，幼児期の『10の学び』から引き継がれた小学校低学年の生活科の合科は，中学年，さらに中学校の「総合的な学習の時間」，高校の「総合的な探究の時間」の教科等横断的カリキュラムへと内容・方法としては受け継がれ，学びを支える資質・能力として育成されていくので，学年・学校種別における接続性は，系統的・機能的につながっていくことが望まれる。そのため，生活科のカリキュラムのみを単独でつくってもその継続性は担保できないことになる。教科等横断的視点が系統的・機能的につながっていくためには，PDSのマネジメントサイクルにおけるそれぞれの「間」の時系列的な態様が，カリキュラムマネジメントの構造化を通して教科等の『連関性』をつくる。同時に『連関性』には，生活科や総合的な学習の時間における教科等横断的カリキュラムを支える組織・運営上のマネジメントの『協働性』が実施上担保されている必要がある（カリキュラムマネジメントの『連関性』と『協働性』）(12)。この点については，次の〈③の２〉でカリキュラムマネジメント及びアクティブ・ラーニングとの関係性において述べる。

〈③の２〉生活科におけるカリキュラムマネジメント及びアクティブ・ラーニングとの関係性

PDSのそれぞれの「間」の態様とは，カリキュラムマネジメントがPDSを通して教科等横断的カリキュラムをつくる際の「**手続き過程**」を指す。「**手続き過程**」とは，カリキュラムマネジメントの構造化の一つで，教科等横断的カリキュラム（合科）をつくり機能させるための，PDSの各段階における原案の作成・実施・調整・評価を行う際のサイクルである【「**手続き過程**」に関する詳細は本章2⑵の①】。

即ち，カリキュラムマネジメントの構造化（基軸の『連関性』『協働性』）が，PDSのそれぞれのサイクルの「間」の態様のなかで，教育目標で掲げる資質・能力を生活科のカリキュラムに繋ぎ実現するために，学校全体のカリキュラム編成の基本方針を通して，生活科固有の見方・考え方を各教科等と機能的にPDSにおいて繋いでいく。この点，カリキュラムマネジメントの基軸のカリキュラムの『連関性』には，学習内容，学習方法，学習過程があり，学校全体のカリキュラム（PDS）における学習過程「習得⇔活用⇔探究」においてアクティブ・ラーニングとの関係性で捉えるならば，学習過程を通して生活科と各教科等の目標をつなぐ（『連関性』）ことにより生活科としての合科がつくられていき，それを実践（授業）していく段階が，Dにおけるアクティブ・ラーニングである。よって，アクティブ・ラーニングの効果は，PDSを機能的につないでいくカリキュラムマネジメントの構造化のなかで，発揮されるのである。アクティブ・ラーニングを形骸化させないためにも，このように生活科におけるアクティブ・ラーニングの授業計画（P）は，学校全体のカリキュラム（P—D—S）におけるそれぞれの「間」の態様【詳細は本章2⑵の①】を通して行うことが必要である。

このようなカリキュラムマネジメントとアクティブ・ラーニングの機能を通して，教科等の知識・技能（**習得**）を生活科の見方・考え方と関わらせ（**合科**），体験活動と表現活動とを相互に作用させて思いや願いを実現しようとし，よりよい生活に向けて更に興味・関心の幅を広げ（**活用**），子どもが意欲をもって生活し，学習しようとする（**探究**）資質・能力を育成する教科等の横断的カリキュラムの実践が行われるのである。

以上が，生活科の合科的指導を射程に置いた，資質・能力である3つの柱，各教科等の「見方・考え方」，学習過程「習得⇔活用⇔探究」，カリキュラムマネジメント及びアクティブ・ラーニング等におけるキー概念の関係性を内包した構造と機能ということになる。

〈③の3〉生活科における他教科との内容・方法上の『連関性』の吟味

次に，生活科における他教科との『連関性』の態様を見ていく。

生活科の合科的な指導とは，生活科と各教科等との双方における学習内容，学習方法，学習過程の関連（カリキュラムマネジメントの『連関性』）を検討し，複数の教科の目標や内容を組み合わせた合科的カリキュラムを行っていくことである。

その態様には，まず，生活科の学習成果を他教科等の学習に生かすことが考えられる。例えば，季節の変化と生活に関する学習活動から自然の変化や四季の美しさを言葉，絵，動作，劇化などの多様な方法によって表現したくなる気持ちにつながる。それは，国語科，音楽科，図画工作科，体育科などにおける学習活動の動機付けとなる。生活科における豊かな体験は国語科における日記や手紙など文章を書く言語活動の題材として活用され，それが表現することへの有効な動機付けとなる(13)。

次に，逆に他教科等の学習成果を生活科の学習に生かすことが考えられる。生活科の学習を充実させるためには他教科等において身に付けた資質・能力を適切に生かして活動を展開する必要がある。この点，例えば，算数科で，単位や測定の理解，表やグラフを読み取る等の学習成果（知識・技能の習得）が，生活科において収穫した野菜の数などを整理したりする際に発揮され（活用），栽培活動における諸事象の「気付き」を確かなものにしていく。また，生活科での遊びの活動において遊びをより面白くするために，算数科で学んだ計算などの知識を活用して得点やルールなどを工夫し友達と比べ合ったりする。また，子どもが図画工作科において粘土，紙，クレヨン，はさみ，のり等の材料や簡単な小刀類などの用具等に十分慣れるようになった知識や技術を生活科での遊びや遊びに使う道具等を工夫してつくる活動に生かされる(14)。

2　『連関性』を促進，統合する『協働性』

(1)　カリキュラムマネジメントの視点から見た生活科における『協働性』の吟味

①スタートカリキュラムの編成から見る『協働性』

指導計画の作成に当たって次のように記述されている。「児童の発達の段階や特性を踏まえ，２学年間を見通して学習活動を設定すること」(15)。この点についてさらに言及すると，以下のようになる。

まず，生活科は，小学校低学年の２年間で実施される。そのため，児童の発達の段階や特性を踏まえた２学年を見通した学習活動を設定することが重要である。即ち，小学校１年生前半の時期に実施されるスタートカリキュラムは幼児期の教育と小学校教育との接続の時期に位置していること，さらに小学校２年生の生活科は社会科や理科，総合的な学習の時間等をはじめとする各教科等へとつながることを意識して単元構成を行うことが求められる。

小学校１学年の生活科のカリキュラムは幼児期の生活や遊びに近い活動と児童期の学び方を織り交ぜながら児童が主体的に自己を発揮できるように工夫されている。これがスタートカリキュラムと呼ばれるもので，平成20年の「小学校学習指導要領解説　生活編」において，「(前略)学校生活への適応が図られるよう，合科的な指導を行うことなどの工夫により第１学年入学当初のカリキュラムをスタートカリキュラムとして改善することとした」とその趣旨が示された。今回の改訂においても，合科的・関連的な指導や弾力的な時間割の設定等，指導の工夫や指導計画の作成（カリキュラムマネジメントの『**連関性**』と『**協働性**』）の重要性が示されている(16)。

更に，幼児期の教育から小学校教育への円滑な接続を図る観点から，入学当初においてはスタートカリキュラムとして単元を構成し，カリキュラムをデザインする際には幼稚園や保育所などとの連携や全校的な協力体制（カリキュラムマネジメントの『**協働性**』）が必須であると述べている(17)。

以上の点について，カリキュラムマネジメントの『**協働性**』の視点から言及し，以下㋐〜㋒のように３点を「基準」を踏まえつつも，より広く基準の内容として捉えておきたい。

㋐ 生活科の合科は学校全体のカリキュラムマネジメントを射程に入れた中学年以降さらに中学校の総合的な学習の時間へと継続されていくので，生活科と総合的な学習の時間の教科等横断的カリキュラムのそれぞれの態様や生成の手続きは全教職員が共有しておかなければならない。よってスタートカリキュラムは学校全体で取り組む組織体制を構築すべきである（カリキュラムマネジメントの『協働性』）。また，スタートカリキュラムは小学校1学年独自の学級担任の教育活動という雰囲気が生まれると，それがネガティブな学校文化として組織・運営上の阻害要因となる可能性もある。その阻害要因をポジティブな促進要因に変容させるのが，職種，職位，経験年数，年齢等を越えて，教師の苦悩や葛藤が共有できる校内研修等を中心とした教師の学びの場である。必要に応じてリーダーが適切に指導・助言を行うことも必要である。こうして，組織にビジョンの共有化・同僚性・革新性・参画性（『協働性』の属性）が生まれ，協働文化が促進要因として機能していくようになる。その結果，教科等の横断的カリキュラムを動かしていく協働体制が生まれるのである[(18)]。

このように，協働文化が担保された協働体制の中での学校全体の取り組みでなければ，教科等横断的カリキュラムの実践における成果は期待できないと推測される。その意味で，カリキュラムマネジメント（構造化）は画期的であると言える。特に昨今，少子化の煽りで一学年一クラスの学校も少なくない現状において，小学校1学年と2学年合同で生活科の合科的カリキュラムに取り組まなければならない場合が生じてくる傾向がある。そのとき，ビジョンの共有化が正確に行われ，互いに協力していく体制が整っていなければ，生活科の合科的カリキュラムの目標に見合った成果は期待できないと推測される。この点，教師間の校種を超えての協働性（隠れたカリキュラム）は，子どもの活動に影響を与える重要な要素となるので，子どもの共同性は教師の協働性と相似形（学び＝対話的共同，指導体制＝組織的協働）が望ましいとも仮説される。

(イ) 幼児期の子どもの生活や遊びの実態を把握し理解するために，幼稚園の教育要領等を読み理解を深めたり，実際に幼稚園や保育園等に赴き意見交換を行ったり，また幼児期の学びや生活指導等の機会を得て校種・園を超えた「協働」の取り組みを観察することも重要である。具体的には，近隣の幼稚園と小学校の教師が合同研修会，合同研究会をもち，授業参観や意見交換等を通して円滑な接続を「協働」している実践をも観察できればなお望ましい。

例えば，幼児教育から小学校への円滑な導入を行うために，双方の年間指導計画を共有化したり，また，幼稚園側は『10の学び』から読み取れる我が幼稚園の幼児期の子どもの生活や遊びの実態を報告したり，一方，小学校側は幼児教育における『10の学び』と４月から実践する小学校１年生のスタートカリキュラムについて，内容的に整合性が取れているかについて指導・助言を受けたり意見を求めたりすることが想定される。また，生活科の合科は中学年以降の総合的な学習の時間の教科等横断へと引き継がれていくカリキュラムなので，基本的には総合的な学習を中心にして，学校全体のカリキュラム編成に全てつながっているものとも仮説される。P—D—Sマネジメントサイクルにしても，それが自校だけの一過性の形のもので終わってしまうのではなく，特に校種や各校を超えた「開かれた協働」形態のもとでの生活科のカリキュラムマネジメントの実践につながっていくことが期待される。

(ウ) 入学当初は幼稚園等での生活や遊びの延長線上の学習活動を行うことが望ましいと考えられる。入学当初の子どもは長時間同じ姿勢を保つことを苦痛に感じるので，時間割上の工夫としてモジュールで時間割を組んだり，子どもの実態を十分に把握して学習活動を内容上，２時間続きで行ったりと合科的指導を弾力的な時間割のなかで行い，身体全体を使って遊んだり友達と交流する活動が楽しいと感じ，安心して生活したり学ぶことができるような工夫が求められる。以上，上記(ア)(イ)(ウ)は，生活科のスタートカリキュラムを支えるカリキュラムマネジメントの組織・運営上の『**協働性**』に求められ改革課題でもある。

②子どもの共同性と教師の役割—事例分析を中心に—

低学年の子どもは，生活科で身近な人々と関わる中で，比較したり，伝え合ったりと試行錯誤を繰り返しながら「気付き」や「考え方」等を友達と共有したいという思いが生まれる。それぞれの「気付き」を共有し，関連付けながら，挑戦したことが工夫や共同の成果から達成できた喜びを共感していく活動を通して，さらに「気付き」の質を高めることができる【子どもの「学び」の共同性】。そのために教師は，子どもの共同性が図れるように多様な学習活動の工夫に努めることが求められる。子どもの活動が多様であるということは「気付き」も多様であるからである。例えば，子どもが活動や体験したことを自分なりに明確にしたり互いに関わり合う状況の中で，それまでに見えなかった現象，また気付かなかった友達との共通点や相違点，さらに自分自身の「よさ」のイメージもが見えてくるようになり，互いのよさやそれぞれの「気付き」を「共鳴」させることを通して自らのよさを発揮できるようになり，学級全体の中に多様性を尊重する風土（子どもの共同文化）を醸成し合い，互いが異なることを認め合えるような雰囲気作りをしていくような，即ち子ども同士や教師との「関わり合い」（素朴な共同の認識や教師との関わり合い）の認識に努めていくことが教師には極めて重要な役割となる。そのために，教師が「いいね」「そうだね」等の声掛けを行い，対象に対して共通の視点に気付かせたり，その内容を繋いでいくことで子どもの対象に対するイメージや興味・関心が広がっていき，さらに「気付き」の質を高めていくことに繋がることになる。また，子どもが活動の見通しを立て自分が得た情報が役に立つという自覚がもてるように，教師が写真や動画で撮影し，振り返る際に提示することも大切な指導上の戦略（筆者）となる[19]。

以上の点を踏まえて，ここでH市立小学校（茨城県）の「児童が生き生きと活動や体験に取り組む生活科の授業づくり」の事例を取り上げたい。

この学校では，校舎内に幼稚園があることから，連携しやすい利点を生かした小学校１学年と２学年の子どもの共同や地域との交流を特徴とする小学校１学年の単元（生活科・総合的な学習の時間実践事例集 小学校 日立市教育研究会　令和２年度 生活科・総合的な学習の時間実践事例集 kyoken-hitachi.com. http://www.kyoken-hitachi.com/08senmon/03seikatu/R2/R2seikatu.html）を提示している。

同校の単元の目標は，生活科の学習を通して子どもが「同校の一人」としての自覚をもつと共に他学年や地域の人々への関心を高めることにあるとされる。

そこで，この事例を通して，カリキュラムマネジメントの視点から生活科と各教科等との「連関性」に子どもの共同と教師の役割（協働）がどう関わっているかを明らかにする。

同校の生活科の単元ごとの取り組みとして，まず，1年生にとって一番身近な2年生との交流（単元）【(カッコ）内の補充は筆者】では，週4回一緒に下校したり，2年生が作った手作りおもちゃで遊び方を教わったりしながら，小学校1学年の子どもが学校に対して好印象をもち興味・関心を広げていくようにしている。2年生にとっても1年生への指導的関わりを通して，更に自らの1年前の姿を思い返し自分の成長を客観的に捉えたり新たな発見をしたりと，「気付き」の質を深めることができるとの仮説を基に多様な試みを行ってきたとされる。

次に，公共施設である児童公園を利用した活動の単元である。子どもたちは季節を感じたり生き物を探したりできる場所で，バッタやコオロギ，ダンゴムシ，クモを捕まえ，生き物の体の特徴などについて友達の意見を聞いて共通性や違いを感じたり，疑問点やその特徴など「気付き」を深め，互いに協力して図鑑やインターネットで調べ（ITCを用いた学習），グループごとで発表会を行っている（国語科との連関性）。この際，子どもの「気付き」が浅く堂々巡りをしていたり苦戦している場合には，教師が声掛けをして新たな「気付き」へ導くなどして寄り添い，背中を押してあげる配慮も求められると推測される。また，この児童公園では定期的に清掃活動を行っているので，体験活動を地域の清掃活動に合わせた日程にしている（カリキュラムマネジメントのカリキュラム系列に呼応した組織運営上のマネジメントの対応）。これらの活動を通して子どもたちは地域の人々への挨拶ができるようになったり，地域の人々が清掃していることへの「気付き」とその意味を知ることができる（地域交流）。また，これらの活動を通して，季節の移り変わりを感じる生きもの探検や人々との関わりが，「うさぎにエサをあげたい」という次の活動への願望と意欲に繋がり，ウサギの世話体験が始まった。具体的には【みんなでどうぶつをかおう】という単元につながっていき，高学年の飼育委員からエサの与え方や小屋の掃除の仕方等を指導してもらい（他学年との交流），フンを片付ける様子を見て，ウサギの世話の大変さを感じることができた（生活科と特別の教科 道徳との『連関性』）。

更に，秋の植物や生き物に関心をもつ単元においては，木の実や葉っぱを集めてそれらを生かす活動を行い，その成果を「秋祭り」で発表した（生活科と特別活動との『連関性』）。

「秋祭り」では，秋の芸術作品展を開き，拾ってきた木の実や葉を画用紙に貼り付けて作品に仕上げ体育館に展示した（図画工作との『連関性』）。そして各作品が「何に見えるか」について意見交換し交流を深めた（国語科との『連関性』）。また，幼稚園生を招待し，木の実や葉っぱ等でつくった作品の店や「つるわなげ」「けん玉」等のゲームを通して，幼稚園生のために一生懸命に取り組んできたことへの充実感・満足感を得て自信に繋がった（幼稚園生と小学校低学年との連携）。さらに，まつぼっくりを使ってミニツリーを作りお世話になっている家族や先生，6年生に感謝の気持ちを込めてプレゼントした。

この児童公園を利用した活動では，生き物に直に触れる体験を通して自分達で動物の世話をしたいという「いのち」に積極的に向き合う「主体性」が，そのためには「何が必要か」という「気付き」を促し，他学年との交流に繋がっている（生活科と特別の教科 道徳との『連関性』）。また，「秋祭り」は，異なるいくつかの単元を組み合わせることで，生活科と他教科及び特別活動との『連関性』を通して，体験と表現の多様性が更に増している態様が伺える。その結果，この態様は3つの柱である資質・能力が次第に醸成され，気付きの質が更に高まっていく過程において，子どもが次の目標に主体的に関わろうとする，また関わりたいという「主体性」の現れと解される。

以上，この事例における生活科と他教科及び特別活動との『連関性』の態様において，各単元のなかで，同学年及び異学年における児童の共同及び教師の協働，地域の人々との交流等によって，児童の「気付き」の質が高められ，主体的に新たな活動へ挑戦しようとしている姿が伺われる。

この「主体性」こそ，未分化の子どもの活動や体験そのものから，小学校中学年の教科等が分化していく総合的な学習の時間へと繋がっていく成長の要素であると解釈できる。

この点，生活科と総合的な学習の時間との『連関性』について，更に言及すると以下になる。

まず，生活科と総合的な学習の時間との『連関性』を捉えようとするとき，その接点をどう図るかが鍵となる。生活科は子どもの主体性の割合が高くなり，総合的な学習の時間は課題性やテーマの割合が高くなる。

一方，双方の共通性は，「総合的」な学習活動である点である。子どもの意識においては各教科のように教科の枠の概念はほとんどない。課題は主に身近な生活圏から始まり，活動や体験を通して一つの課題が解決されると，それをきっかけに次の課題性が見えてきて新たな「気付き」や発見へと発展していく特徴がある。そのため，子ども一人一人の個性や能力が発揮されやすく，また，子どもの資質・能力の変容が可視化されやすい。

最も大事な点は，子どもの「主体性」と教師の「教科主義，課題性」との接点における葛藤のなかで，生活科においてはただ遊びや能動的な活動を行えばよいという発想ではなく，また，総合的な学習の時間においては課題やテーマのみに集中することなく，生活科で身に付けた「主体性」が総合的な学習の時間で，資質・能力として十分に生かされることである。

そのためには，学校全体のカリキュラムマネジメントのサイクルのPDSの各過程のなかにおいて生活科と他教科との『連関性』を一貫して図っていくことが求められる。この点，カリキュラムマネジメントの実施が期待される。

⑵　カリキュラムマネジメントの基軸―『連関性』と『協働性』の統合の視点と実践上の戦略（ストラテジー）

カリキュラムマネジメントの構造化（基軸の『連関性』と『協働性』）が，学校全体のカリキュラム（PDS）のそれぞれの「間」の態様のなかで，生活科と他教科との『連関性』を図り，生活科の教科等の横断的カリキュラム（合科）をつくっていくためには**「手続き過程」**が必要となる。

また，同時に教科等横断的カリキュラムを実践するためには，人的・物的な組織・運営上のマネジメントシステムの態様が求められる。

そこで，**2の(2)**では，生活科の合科型のカリキュラム開発においてもカリキュラムマネジメントの基軸である『連関性』と『協働性』との双方の統合が必須となるが，ここで改めてカリキュラムマネジメントのなかでも重要なポイントとなる機能的なマネジメントサイクル（サブサイクル）の必要性を以下に整理しておきたい。

①機能的連関性

『連関性』には２つの側面がある。一つは，広義の意味での時系列の連関性で，【Ｐ計画】→【Ｄ実施】→【Ｓ評価】における生活科のカリキュラムのマネジメントサイクル全体を示す。これは，各教科をはじめとした学校全体（特活，道徳等のレベル）を対象としたカリキュラムのマネジメントサイクルである。

今一つは，既述の【Ｐ】→【Ｄ】→【Ｓ】の**各段階における**p'→d'→s'（サブシステム）の狭義の空間的連関性で，この態様が合科の教科等横断的カリキュラム（カリキュラムマネジメントの『連関性』）をつくっていく。なおこの連関性を学習方法・学習過程から見ると，**『連関性』**を支える組織マネジメントと組織文化の連関性と捉えることができる。例えば，児童の共同，教師間の協働，児童と教師の関わり，地域社会との交流，弾力的な時間設定，グループワークまたは個別学習等をどの段階で組み入れるか等の配慮は，カリキュラムからは一見見えにくい部分があるが，**『連関性』**を実現していく過程には不可欠な要素である。以上のように，この**『連関性』**の２つの側面が機能してはじめて，生活科の目標が他教科等で，また他教科等の目標が生活科で実現できるように生活科と他教科等とを横断し，学習内容・学習方法・学習過程を通して生活科の合科的教科等横断カリキュラムができていくのである【カリキュラムマネジメントの**『連関性』**と**『協働性』**（本書第Ⅰ部第２章参照）】。そのための**「手続き過程」**（カリキュラム開発の過程）を**機能的連関性**[20]と呼ぶ。

下記はカリキュラムマネジメントの**「手続き過程」**の流れを形式論的に示したものである（PDSの全体と各P・D・S単位におけるp' —d' —s'のサイクルがある）。

P【わが校の教育目標→〔重点項目〕→カリキュラム編成の基本方針→各教科等の全体計画→各教科等の年間指導計画】
↓
D【各教科等の単元―授業の実践】
↓
S【各教科等の授業の評価および学校評価（P―D―Sの各評価）】

機能的連関性について整理すると以下のようになる。

機能的連関性とは，「学習者の資質・能力を内包させた教育目標の実現化を図るために，カリキュラムの内容・方法上での連関性（関係性＝繋がり）を創り，これを組織的な協働を通して計画―実施―評価するマネジメントサイクル（PDSによる構造的―機能的な「営み」）」を意味している。即ち，各学校での構成員による連関性のある実践的な「カリキュラム開発」【アクティブ・ラーニング（「主体的・対話的で深い学び」）を取り込んだカリキュラム開発】には，組織的な協働によるカリキュラム構成が必須である。そのためには，より実践性のある学習方法を取り入れたアクティブ・ラーニングを「機能」（「p'→d'→s'」）化させていくカリキュラムマネジメントが必要なのである。

生活科のカリキュラムにおいても学校全体のカリキュラム編成と基本的に繋がっている（また，繋げるべきである）ので，学校全体の組織体制における『協働性』が不可欠で，この取り組みを通して，カリキュラムのp'→d'→s'（サブシステム）においても，内容上・方法上での連関性の確保に繋げるのが重要である。また，特に生活科では総合的な学習の場合とは異なり，子どもの思考と表現は未分化なので，PDSのDのマネジメントサイクルのサブシステムp'→ d'→ s'部分のアクティブ・ラーニングの態様が合科や教科等の横断的カリキュラムの連関性をつくる鍵となる。

この点について更に言えば，生活科にかかわらず，学校では組織で動かすというよりも，「授業」でも個業という認識が強くあり「協働」が成立しにくいことが常態化しているが，組織における目標実現の対象としての「カリキュラム」を動かす（機能化させていく）には，P（計画）・D（実施）・S（評価）の作業が必須なのである。基本的に「カリキュラムを動かす」機能としてのPDSとその下位概念でもある生活科の合科的カリキュラム（Dにおけるp'→d'→s'のアクティブ・ラーニング）を円滑に動かすには，P・D・Sの各レベルにおいて，児童の「気付き」の対象になる「情報の共有化」をベースとした『協働性』の必要性が生まれる。

単元の内容間・教科間・領域間における【P】・【D】・【S】ごとにおける「p'→d'→s'」のマネジメントのサブサイクルの態様を通して，合科や教科等の横断的カリキュラム（カリキュラムマネジメントの『連関性』）がつくられる。その過程のなかで各組織や教師個々人がどんな役割を果たすべきか等の態様（カリキュラムマネジメントの『協働性』）を詳細に「見える化」（年間指導計画及び単元レベル）し，これを全教員で共有化する必要がある。即ち，P（計画）とD（実施），そしてS（評価）ごとにおけるP→〔p'→d'→s'〕→D〔p'→d'→s'〕→S〔p'→d'→s'〕の**p'→d'→s'のサイクル**が「機能的」連関性であり，この態様のなかに『連関性』と『協働性』の統合の態様が伺える。アクティブ・ラーニングもこのサイクル（学習過程）で機能する。

特に，生活科は2年間の連続期間内に9つの内容を網羅した項目を例示しており，なかでも，特に1学年と2学年の各学年の目標との関連で合科指導を行うことも求められている。

即ち，それぞれの『連関性』の内容に合わせて，各教科等，学年，分掌等，教師間の，また，学外（保護者，住民，教委，諸機関等との間）での『協働性』が必要となる。重要な点は，この協働をいかに意識的・組織的に機能させるかが問われてくることである。即ち『協働性』とは関わり合う者同士の異質性と相互関係から生み出される「意識的」「組織的」な営みである。だからこそ，教科，学年等を超えて教師が『協働性』を確立させることが，『連関性』の前提となることを共通理解しなければならない。内容的に全教育活動の目標が繋がっているからこそ，内容上・方法上において連関ができ，その連関は協働が可能なのである。逆に，協働の意思があれば，連関性を構築することもまた可能である。即ち，横断的カリキュラムの『連関性』と学校全体の組織運営上の『協働性』は相補関係である（カリキュラムマネジメントの『連関性』と『協働性』：本書第Ⅰ部第２章参照）。

なお，この『協働性』について，特に生活科においては，実際に指導する教師の意識について詳しく調査を行った研究は少ない。この点，生活科，総合的な学習の時間の課題に果敢にチャレンジするＺ市立Ｘ小学校（以下，Ｘ小学校）における教師の協働性が学校全体の組織運営を通していかにつくられていくか，その態様を教師のインタビューから分析した事例研究[(21)]は評価に値する。以下，その詳細を説明する。

Ｘ小学校は，生活科，総合的な学習の時間に「わくわく学習」という呼称を用いている。この調査は，「わくわく学習」（教科等の横断的カリキュラム）に対する教師の意識を【①広がっていく学び】【②仲間との関係性】【③児童と教師でつくる営み】【④それぞれに任されている】【⑤葛藤する教師】の５つのカテゴリーに整理している。インタビューから，①については，各教科等と「わくわく学習」との関連について「わくわく学習を中核に据えることで，様々な学習を通して児童が生活のなかにある喜びを大切にし，児童の学習が教科や学校という枠を越え【①広がっていく学び】として捉えている」と述べている。そして，学級経営や生徒指導との関連から見ると「共通体験によって児童同士の横のつながりが生まれ，課題解決に向かってみんなで考える（児童同士の学び合い）ことの大切さを認識するなど，児童が【②仲間との関係性】を捉えている」と述べている。また，教師の「わくわく学習」の対象が児童の生活の中心にあるという認識が，個性的な学級を生み出すと感じ，「わくわく学習」を中核にすることで，教師は児童の思いや願いを尊重し，学びを意味づける重要性を再認識し，児童と教師でつくり続ける姿勢で「わくわく学習」に臨む教師の姿が確認できると述べている。

「わくわく学習」の活動は，基本的には，個々の教師【④それぞれに任されている】ので，そこには教師それぞれの「わくわく学習」観があり，イメージもそれぞれ異なる。よって，児童の思いと教師のイメージのバランスに【⑤葛藤する教師】もいる。インタビューのなかで，教科等の横断的カリキュラムには教科書やマニュアルがないことや各教科と「わくわく学習」とのカリキュラム上の連関性，教師の思いと個々の児童の実態とのバランスの把握等に苦悩している教師の姿も述べている。X小学校では，そうした個々の教師の葛藤等を共有する場として「セッション」と呼ばれる教師同士の対話を大切にした校内研修に取り組んでいる。X小学校のグランドデザイン「学びづくり」「心づくり」「くらしづくり」の3つは，先に述べた調査対象の5つのカテゴリーに呼応している。

X小学校には，児童と教師でつくり続ける学校文化が根づいており，その要因の一つは「セッション」であると述べている。「セッション」では，重点項目「共につくる」に沿って児童の姿について，職種，職位，経験年数，年齢等を越えて全教職員が対等な立場で意見を交わすことが大切にされている。学級や学年を越え，「セッション」で語られる児童の姿が学校文化になっており，それを全教職員が共有している（学校改善を促す協働文化）。また，今一つは，職員室の棚に全学年の学年便りが掲示してあり，いつでも職員室で教師間の対話ができる環境が整っていることもその要因であると推測できる。「生活科や総合は一人ではつくれない。だから雑談は大切である」というインタビューの教師の発話からも，協働性を生み出すマネジメントは教科等の横断的カリキュラムの連関性には必須であることが推測できる。

この組織運営を通して，「教科等の横断的カリキュラム」を中核にするということをどのように捉え，実践していくかに教師一人一人が意識を向け，主体的，対話的，協働的にカリキュラム開発に取り組み，児童と教師の日々の積み重ねを通して教育目標の具現化を目指すというビジョンの共有化が確立されていると推測される（協働文化）。それによって，個々の教師の「わくわく学習」の更新や再整理につながっていると述べている。以上，この事例から，教師の協働と個々の教師の切磋琢磨の往還を通して児童と共に学ぶという学校文化が醸成され学校改善につながっていくものと推測される。

さらに，現実的には，組織体制だけを整えてもカリキュラムマネジメントによる教科等の横断的カリキュラムをつくれるわけではない。スクールリーダーとしての校長・教頭・教務主任による協働体制が整っている学校では，内外の変化にも対応可能な組織的・動態的な学校経営が実践されている[22]。

この点について，まず学内においては，各組織のリーダーがどのような的確な指導・助言や調整を行っていくのか等，スクールリーダー行動にまで言及する必要がある。そして，リーダーがものの見方や考え方が異なる組織文化を介しP—D—Sマネジメントサイクルを円滑にまわして組織体制を『協働性』という属性（ビジョンの共有化，同僚性，革新性，参画性）を担保した『協働体制』に変容するようにリーダーシップを発揮していくことが，組織・運営上の『協働性』をつくり出していく鍵となる（カリキュラムマネジメントの『協働性』）。

次に学外に関しては，外部講師等の配置や予算等も年度のはじめに年間指導計画（P）に記述しておく必要がある。また，生活科や総合的な学習の時間のような教科等横断的カリキュラムには体験的学習が重要な要素となる。よって保護者や地域を巻き込んだ取り組みが必須である。その場合，保護者や地域の参加・協力が必要となる。但し，実施の段階（PDSのD）から関わったのではうまく機能しないことも推測される。なぜなら，途中の段階からの参加では，多様な状況から既述のように「やらされている感」が拭えない場面が出てくる可能性があるからである。そのため，計画の立案の初めの段階（PDSのPの段階）からの参画が望ましいと考えられる。

以上のようなカリキュラムマネジメントの『連関性』と『協働性』の態様（構造）を十分に考慮して生活科の年間指導計画を作成することが大切である。

②年間指導計画及び単元計画の留意点

まず，生活科の年間指導計画及び単元計画を作成する場合，幼児期の教育と小学校教育の接続とともに，低学年の２年間における児童の成長や第３学年以上の学習への接続にも留意することが大切である。生活科の場合は，知識や理解の系統性に殊更重きを置いているのではない。例えば，遊びを通して物を作る活動においても，面白さや不思議さに気付くことが大切で，素材の働きや性質等を学ぶことに重点を置くこととは異なる。しかしながら，先に述べたように，主体的に問題を解決しながら自らの思いや願いを実現していく活動を行っていく「主体性」は，総合的な学習の時間にも連続し発展していく。この継続性は十分に踏まえておかなければならない。この点を踏まえて，生活科の合科は２年間を見通した計画が必要である。

内容的には，構成に必要な視点を９項目と15項目の学習対象（本章176頁参照）と組み合わせて生活科のカリキュラムの単元構成をする目安とし，「児童が直接関わる学習対象や実際に行われる学習活動等」「思考力，判断力，表現力等の基礎」「知識及び技能の基礎」「学びに向かう力，人間性等」の４つの資質・能力が盛り込まれている。内容の組み合わせを通して資質・能力の一部がいずれの単元からも欠けることがないように，教師が各内容の構成要素を丁寧に分析し，どの部分を反映させた単元構成であるか（カリキュラムマネジメントの『連関性』）を意識して検討する必要がある[23]。ここで留意すべき重要な点は，はじめに培うべき資質・能力を決める際に，合わせて構成に必要な視点９項目と15項目の学習対象（本章176頁参照）を協働の意思決定において図ることである。

この点を**機能的連関性**から言及すると，既述のように，年間指導計画【P】におけるp'→d'→s'の態様が，生活科と他教科等を横断する学習内容・学習方法・学習過程を通して生活科の横断的カリキュラムができていく。単元の実施はPDSマネジメントサイクルのDに該当する。具体的には学年の年間指導計画のp'→d'→s'の**機能的連関性**における教科を横断する協働である。例えば，年間指導計画の原案作成（p'）―調整（d'）―評価（s'）における（s'）のプロセスの協働性の確保が必要条件である。

次に，生活科の場合，最も大切なのは一連の学習活動の「まとまり」として単元化されているかどうかという点である[24]。これは，生活科の活動や体験と話し合いや交流，伝え合いや発表等の表現活動との『連関性』が担保され，４つの資質・能力[25]が適切に実現できていく単元の組み合わせ（カリキュラムマネジメントの『連関性』）になっているかが重要なポイントであると解釈される。よって，授業時数，学習環境，学習形態，指導体制，各教科等との関連などにおいて単元計画として実現可能かどうかを検討し，基本的な年間指導計画を踏まえつつも，単元計画レベルにおいては児童の興味・関心，教師の願い，学習活動の特性等の観点から弾力的に組み替えていく（カリキュラムマネジメントの『協働性』）必要がある[26]。

③学習評価の在り方について

生活科の評価（S）は，第一に「子どもの理解」にあるので，活動や体験そのものや学習の過程が評価の対象となる。また，学習過程における子どもの「知識及び技能の基礎」「思考力，判断力，表現力等の基礎」「学びに向かう力，人間性等」の資質・能力を評価して，目標の達成に向けた指導と評価の一体化が行われることが求められる。そのためには，単元の目標を明確にして，評価規準を具体的な児童の姿として表しておくことが大切である。よって，授業時間外の子どもの変容の姿や成長の様子も評価の対象となる。従って指導と評価の一体化が要となり，この点についてカリキュラムマネジメントの**機能的連関性**の視点から整理すると以下のようになる。

まず，P—D—Sマネジメントサイクルにおいての P の計画段階で，全体計画及び年間指導計画を踏まえながら，各単元計画の評価規準と評価項目（S）の策定を行うことが大事である。即ち，P—D—Sの P の段階において，S の評価項目に考慮して P を策定する。また，D と S（Check 評価 and Action 行動）との往還を行うという新しい工夫も可能である。

それは，生活科と他教科の目標の実現（合科）に向けて，どの段階でどんな資質・能力（３つの柱）を育成するのかを，双方の達成目標の目安である評価規準に沿って具体的な評価項目を立てることを意味する（カリキュラムマネジメントの『連関性』における生活科と他教科との目標の評価）。それが S を P につないで学校改善を図るカリキュラムマネジメントの戦略となる。即ち，P—D—Sのサイクルが次のP—D—Sに繋がることになる。

また，対象に対する自分自身への「気付き」や子どもの共同における自分と友達との共通性や相違点への「気付き」等の質が高まっていく中で育成される資質・能力が，子ども自身が自らを振り返ったり，対象を客観的に捉えたり，更に対象を自分と友達との関係性で捉えたりと，「気付き」が個別から包括的にその質が高まっていく。教師の指導の評価として，子ども自身による自己評価や子どもの相互評価も大切な評価の戦略である。

さらに，教師は，ゲストティーチャーや専門家，家庭や地域の資源からの情報等，様々な立場からの評価資料を収集することで児童の姿を多面的に評価することが大切である(27)。また，児童の変容や成長の様子を捉える長期にわたる評価も重要であり，授業時間外の児童の姿の変容にも目を向け評価の対象に加えることが望まれる(28)。

このように，年間指導計画・単元計画における学習状況，学習活動，学習対象の選定，学習環境，配当時数等の態様から，生活科の評価を授業評価と学校評価の両面から捉える戦略をとることで，それらの評価が教師や学校の評価にもつながり，それらを授業改善や単元構想に生かすことにより学校改善を促進するものと推測される（S→P→Dによるカリキュラムマネジメントの態様での工夫)。さらに，子どもが「気付き」を頻繁に伝えようとしていたり，挑戦したことが工夫や共同の成果から達成され喜び合ったりしている姿や状況を教室全体の雰囲気や様子等から伺えることが，教師にとって，子どもの振り返り表現する活動における評価の大事な視点の一つになるものと想定される。

本章を閉じるにあたり，ここで引き続き生活科，総合的な学習の時間を対象に「仮説・検証」のできる実践的研究課題（命題）として提示しておきたいことは，「一人ひとりの教師」による自律的・主体的な協働文化に満ちている「学校文化（風土)」においては，日常レベルでの生活科，総合的な学習の時間に基礎を置いた「学校改善」にカリキュラムマネジメントがその基底においてつながっている（「連関性」）ものと思慮（仮説）されるし，またその検証も可能であることを銘記しておきたいものである。

〈注〉


⑴小学校学習指導要領（平成29年告示）解説「生活編」平成29年７月，第１章２参照。

⑵同前第２章第１節１参照。

⑶同前第２章第１節１参照。

⑷同前第２章第２節１参照。

⑸同前第２章第２節１⑵参照。

⑹同前第２章第２節１⑵参照。

⑺同前第２章第２節１⑵参照。

⑻同前第３章第１・２節参照。

⑼同前第３章第１・２節参照。

⑽同前第３章第１・２節参照。

⑾同前第５章第４節３参照。

⑿本書第Ⅰ部第２章参照。

⒀前掲小学校学習指導要領解説「生活編」第４章１⑷参照。

⒁同前第４章１－１⑷参照。

⒂同前第４章１－１⑵参照。

⒃小学校学習指導要領（平成29年告示）第１章総則第2-4⑴参照。

⒄前掲小学校学習指導要領解説「生活編」第３章第２節⑴参照。

⒅カリキュラムマネジメントの『連関性』と『協働性』における協働文化と協働体制の態様については，本書第Ⅱ部第８章参照。

⒆前掲小学校学習指導要領解説「生活編」第５章第４節１参考。

⒇本書第Ⅱ部第６章参照。
(21)加藤啓・松井千鶴子「生活科・総合的な学習の時間を中核とした教育課程に取り組む教師の意識に関する事例的研究」上越教育大学研究紀要第43巻，令和５年８月31日。
(22)本書第Ⅱ部第10章参照。
(23)前掲小学校学習指導要領解説「生活編」第５章第３節１参照。
(24)同前第５章第３節２参照。
(25)同前第３章第１節２参照。
(26)同前第５章第３節２参照。
(27)同前第５章第３節５参照。
(28)同前第５章第３節５参照。

第８章　組織体制と組織文化の吟味と合成力としての組織力―リーダー行動に焦点をあてて

これまで，総合的な学習の「基盤」であるカリキュラムマネジメントのなかの主に「基軸」を構成している内容上・方法上，そして機能上の「連関性」（p'—d'—s'）を中心に，その理論と実際（事例分析）について述べてきた。本章では，基軸の一方でもある協働性（その属性に関しては第２章①３参照）に視点を置いて，協働性を共通に内包させた組織構造（体制）と組織文化を取りあげ，体制と文化とがポジティブな方向性で変革ないしは定着した状況をそれぞれ「協働体制」と「協働文化」と呼称してきた。以下においては，その双方を合成したコンセプトが組織力であることの意味を明らかにしたい。そこでまず，組織体制と組織文化のそれぞれの態様を述べ，その双方を協働において捉えることの意味と課題とを吟味する。そして，総合において協働体制と協働文化とが形成されていく態様について事例を通して明らかにする。

① 総合的な学習の基底となる組織力としての協働力

総合と関わって組織体制と組織文化を研究・実践の対象に位置づける限りにおいては，総合の組織をサブシステムの対象として捉えるだけではなく，学校全体のトータルシステムにおいて吟味していくことが重要である。例えば，総合が行われる場としての学級経営にしても，「学年」「学校」と関わって捉えていかないと，「学級王国」が持つネガティブな面をつかむことさえできない。そこで，学校自体の組織論の特色を先行研究がどのように類型化してつかもうとしてきたのかを，典型的な論者のケースに絞って以下に取りあげる。

曽余田浩史氏（以下，敬称略）は，学校組織は不確実性と曖昧性とにおいて構成されている点に特性があるとして，これまでの組織論を，構造的アプローチ，人的資源アプローチ，オープンシステム論，組織文化論に分類し，これらを批判しつつ，曽余田自身は，「合意を得たり，意思決定のため」ではなく，教員同士の状況のなかで，異質な声に耳を傾け，対話を試みることを通して相互の価値観の理解を深め合い，新たな意味を創造していく省察を基盤とした「学習する組織」論を提示している(1)。

露口健司氏（以下，敬称略）は，組織論を直接の対象としたものではないが，学校組織におけるリーダーシップ論を論じるに際して，リーダーシップ・アプローチとして教育的・変革的・支援的・公正的な４つの類型のモデルを開発しており，その点においては切り口が斬新で優れた論である。露口自身は，変革的・公正的リーダーシップを選択して，これら双方に焦点をあてているが，組織特性を類型化したうえでのモデルではない(2)。

この点で佐古秀一氏（以下，敬称略）は，組織特性を自律性と協働において捉え，組織文化，組織過程，組織体制の構成要因とそのための方略を構造化して見せてくれている。しかし，このうち組織体制と組織文化との連関性についての検証には，ほとんど触れてはいない(3)。

筆者（中留）自身も，これまでにK. D. ピターソン等による管理・技術的リーダーシップと文化的リーダーシップの調和を前提にしたアメリカの校長のリーダーシップとその事例を取りあげて紹介し(4)，後に校長の文化的リーダーシップの「読み取り」をアメリカの典型的な５人の校長を対象に検証してきたが，この双方の調和の決め手となるのが，対子ども・教師に向けての教育的リーダーシップにあるとして，そのモデルを学校文化の形成を対象に取りあげてきた(5)。だが，ここでも一定の組織特性と関わってのリーダーシップ論ではなかった。

この４者の考え方のいずれにおいても，今後の研究上の課題となるのは，類型化された組織論の相互の統合の新たな理念と戦略の策定であり，これを実際の学校組織において検証していくことである。教育目標達成のためのカリキュラムという視点からは，カリキュラム編成の基本方針が重要で，その方針の実現を目的にした「組織体制と組織文化」[6]の連関性が「縮図」として位置づいている総合で，その場合，カリキュラム編成の基本方針が特に重要となる。なお，「縮図」とされる総合において必要となる学校全体のカリキュラム計画は，カリキュラム編成の基本方針であって，そこから総合をはじめ各教科，道徳，特活の編成計画が必要だということになるわけで，はじめに「総合ありき」ではない。この点，誤解が大きい（第6章参照)。では，このカリキュラムマネジメントを基底にした学校独自の組織体制と組織文化が必要となる背景と，どのような視点に立ってどのような組織化を図ればよいのか，その具体に迫る必要があろう。

学校全体の組織体制とは，組織体系（組織化を含めての校務分掌）とその運営とを意味する。一方，組織文化とは「当該組織において，大方の者が当然なもの，ことと捉えている『ものの見方・考え方』」のことである。この見方・考え方は，当該組織において時間を経て繰り返されていくうちに，やがて「共有化された価値観，規範，信念」を基底とした組織文化が形成される。一般組織と同様，今日の学校では個業型の組織よりも協働型で学校をマネジメントしていかなければならない状況が山積している[7]。当該組織が生み出す体制と文化には，いずれもポジティブ，ネガティブな「協働」の側面があるものと捉える。この関係は，4次元の座標軸として表すことができよう。前者にはポジティブな組織体制と組織文化があり，後者にもネガティブな組織体制と組織文化とがある。この場合，組織体制と組織文化との媒体となるコンセプトが，ポジティブ・ネガティブな「協働体」ということになる。すなわち，体制をタテ軸に，文化をヨコ軸に座標軸に位置づけてみると，ポジティブな協働体制とポジティブな協働文化（第Ⅰ象限)，ポジティブな協働体制とネガティブな協働文化（第Ⅱ象限)，そして，ネガティブな協働体制とネガティブな協働文化（第Ⅲ象限)，ネガティブな協働体制とポジティブな協働文化（第Ⅳ象限）に区分することができる。そして，この学校全体の組織体制と組織文化の在り方は，その「縮図」である総合にもつながり，重なっていると言える。

ここでは，教育目標達成のカリキュラム編成の基本方針を学内で共有して実現するには，この座標軸の第Ⅰ象限を目指していくことがポイントとなる。そのためには，「協働文化」を変数に見立てて，教育目標とつながっているカリキュラム編成の基本方針の実現に焦点をあてると，４つの次元のなかで第Ⅱ象限から第Ⅰ象限に向けてカリキュラムマネジメントの組織化を図るべく，変革の必要性があるということになる。すなわち，「ネガティブ」な協働文化（協働文化の「ネガティブ」性については後述する）をポジティブな協働文化に変えながら，協働体制を確認し再構築していくことが必要である。

そして今一つ，ポジティブ，ネガティブの両面をもっている協働性の組織体制と組織文化の「合成力」（synthetic cooperation）として，カリキュラムマネジメントを組織化していくのが，**図表１**の組織力である。

図表１　機能的「連関性」と組織力（協働体制・協働文化の合成）との関係

（中留，曽我，2013年）

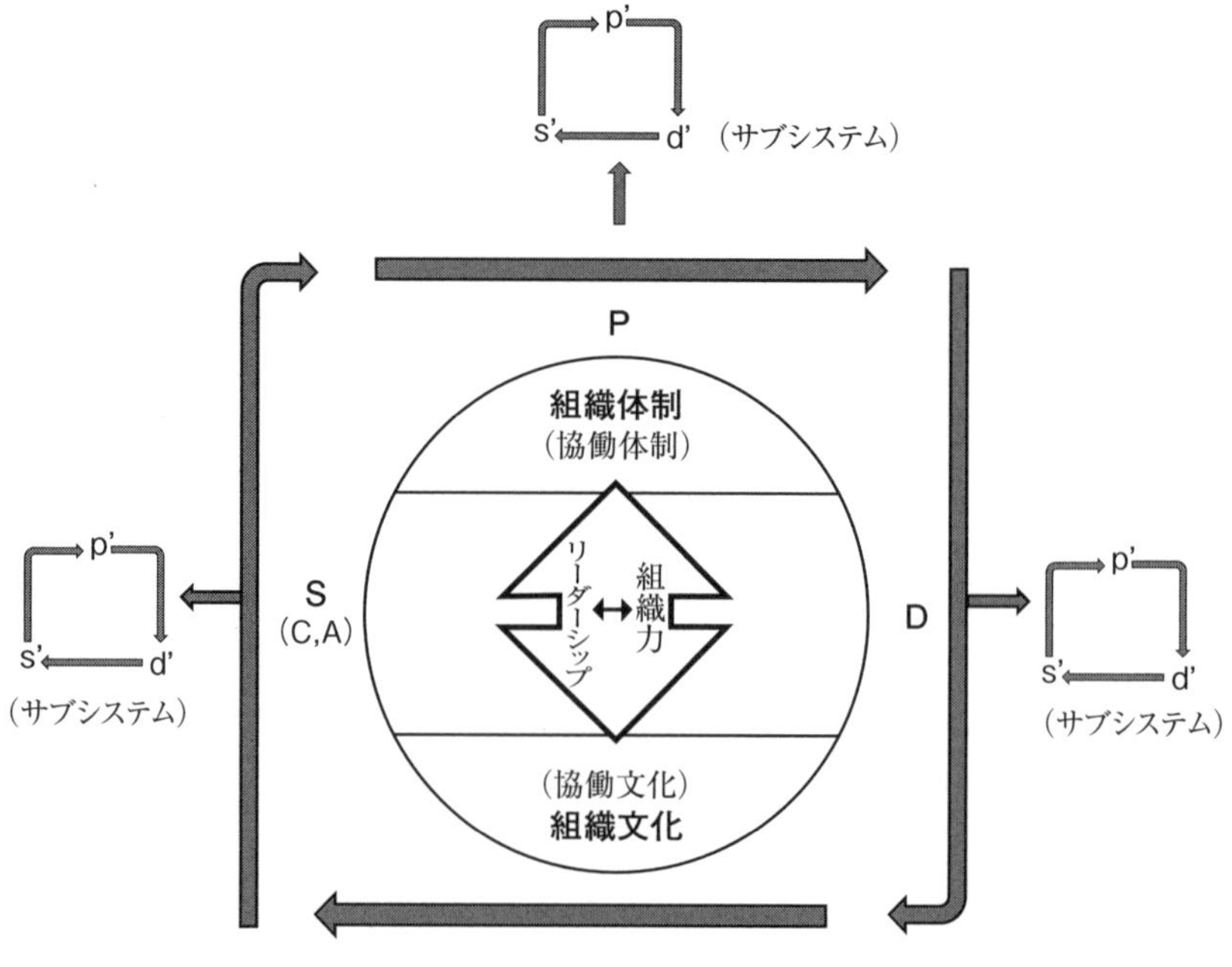

図表２　協働体制と協働文化との相違性―「協働力」の評価規準の視点から

（中留，曽我，2013 年）

【協働体制】
○教科や学年を越えて共通のテーマで教育実践や研修の機会が多く確保されているか（ウチ）
○教科学習の進度や行事の打ち合わせだけでなく，授業の進め方や子どもの学びの姿等，困っていることを出し合い，相互にアドバイスできる機会が確保されているか（ウチ）
○教科主任会が定期的に行われ，単なる授業の進度だけでなく，学習内容や方法についての共通課題を見出すことができるような時間や機会が確保されているか（ウチ）
○単元の構想づくりについて，教科内，教科間（あるいは学年内，学年間）での情報交換の機会や場が確保されているか（ウチ）
○総合的な学習の年間指導計画は関連教科の内容・方法上の連携ができているものとなっているか（ウチ）
○テーマ（現代的課題）学習は，学校全体の重点目標のなかに組み込まれているか（ウチ）
○校務分掌の形態において，これまでのものに拘泥することなく，課題解決的な取り組みができる体制になっているか（ウチ）
○適材適所，負担均衡化，職能発達の原則を目指した校務分掌になっているか（ウチ）
○多様な学習形態がとれる教室スペースやオープンスペースがあるか（ウチ）
○TT（ティームティーチング）の実施計画に照らしての成果は評価の対象にされているか（ウチ）
○互いに授業を見て，子どもの考えや問題意識をめぐる議論の機会を定期的に設けているか（ウチ）
○外部講師と教師との連携はとれているか（ウチ・ソト）
○学習にとって意味ある地域の人々や文化財等について，共有したり情報交換したりするためのシステムがあるか（ソト）
○地域や家庭に向けての情報発信の機能が活性化し，フィードバックはあるか（ソト）
○学校種別を越えたカリキュラム上での連携は確保されているか（ソト）
○学校評議員会によるカリキュラム改善に向けての議論はされているか（ソト）
【協働文化】
○学校の教育ビジョンが全教職員において共有化されているか（ウチ）
○学年・学級で困ったことや悩んでいることが自由に出せる雰囲気があるか（ウチ）
○教科に関する指導方法を変えようとする雰囲気があるか（ウチ）
○お互いに同僚と共に働くことに意欲的な雰囲気があるか（ウチ）
○保護者に「学校任せ」のところがあり，協力が得られにくい状況があるか（ソト）
○職員室が子どもに関する話でにぎやかな雰囲気があるか（ウチ）
○学校全体のことは管理職に任せるという雰囲気があるか（ウチ）
○学校全体のカリキュラムの編成は，校長・教頭・教務主任に任せるという雰囲気があるか（ウチ）
○学校全体の研究計画や教科の年間指導計画等については，一部の人たちの決定事項で，それに追随すればよいとする参画意識の希薄さがあるか（ウチ）
○地域の人たちとの交流には，それが異質文化の関係にあるからこそ理解する必要があると実感している教員の方が多いか（ソト）
○学校評議員会の雰囲気には学校支援意識が強くみられるか（ソト）

したがって，「組織力」とはなにかと言えば，それは，協働体制と協働文化を合成した「協働力」であると言える（**図表２**）。これは，すでに図示してきた（第２章[1]）カリキュラムマネジメントのパラダイムのなかの構成要素の一つでもある。

なお，ここでの組織力とは「協働力」でもあり，PDS（p'―d'―s'のサブシステムまで含めて）のマネジメントサイクルの各段階で，同僚教師間の協働形成を支援していくのが，ファシリテーター（改革促進者）としてのスクールリーダーの重要な役割である。この組織力＝協働力を構成する諸要素の関係をモデル化したのが**図表３**である。

こうした組織体制と組織文化との対応状況に関しては後に調査の成果を吟味するが，その前に，協働力の形成，すなわち協働によって目標を達成していくために，組織に対する複合的なアプローチがますます必要視されるようになってきた今日の現実の学校組織の状況を，かいつまん

図表３　「総合的な学習」のカリキュラムマネジメントを構成するリーダーシップ構造
（中留，曽我，2014年）

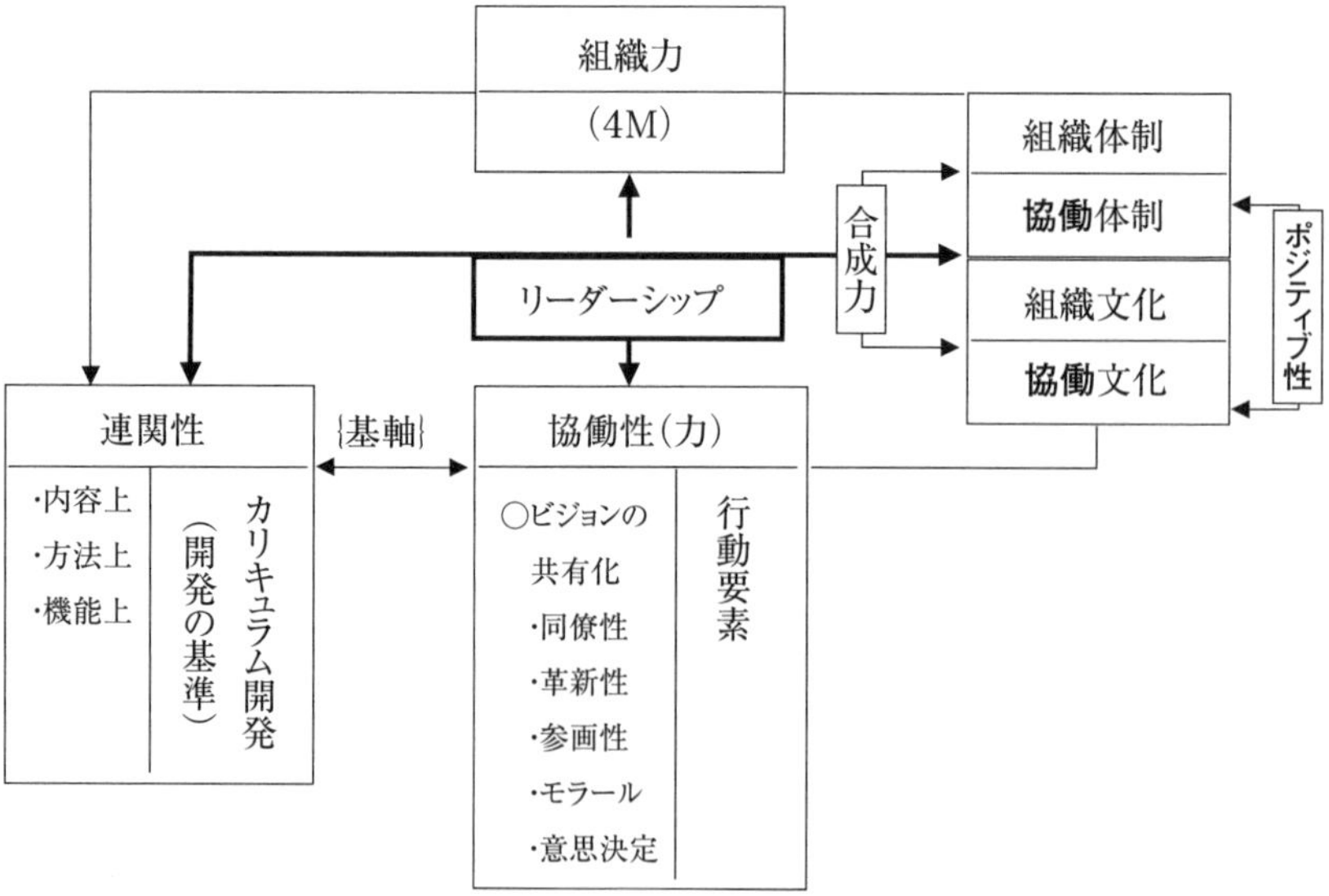

（本図は，第Ⅰ部第２章の「図表１　カリキュラムマネジメントのパラダイム（グランドデザイン）」を，リーダー行動に焦点をあてて一部修正したものである）

で見ておかなければならない。複合的なアプローチとは組織体制の問題である。今日，ますます学校の機能が拡大してきていることと関わって，新たな職位・職種が増加してきたことによって，学校の組織体制が垂直的にも水平的にも拡大してきていることがある。それは，アメリカと比較しても急速に増えてきており[(8)]，その対応に協働性がいっそう重視されることとなった。

具体的には，垂直方向（タテ）では副校長，主幹教諭，指導教諭等の新たな地位の制度化，水平方向（ヨコ）では養護教諭，スクールカウンセラー，司書教諭等の拡大などがあり，こうした拡大は一面で教師の仕事の負担軽減につながりつつも，タテ・ヨコでの仕事の調整が新たに要請されてくるとともに，スクールリーダーとしても改革のファシリテーター（促進者）の役割が増すことになる。

そこに必要となってきたのが，職位・職種の異質な声を聞いて相互の価値観の理解を深め，新たな意味・価値を創造するという協働体制・協働文化の位置づけである。端的に言えば，個々の教師の裁量のみで事態に対応するのではなく，組織への複合的アプローチの必要性が新たに生じてきたといえる。だが，現実には，新たにできた職位も職種も，組織の枠を超えた協働よりも分化の方が仕事に安定感があるという，旧来の組織文化観のもとでの分化した組織体制を維持する方向が堅持されようとしている。この点は新しい研究課題ともいえる。

以上のような組織体制と組織文化について，必ずしも筆者らと同じ視点に立った調査ではないが，総合の本格実施が始まってから2009年までの５年間を対象に行われた極めて示唆に富む客観的なデータがある。この調査は，紅林伸幸・越智康詞・川村光３氏の総合をめぐる一連の調査のなかの一部分ではあるが，本書で重視して述べてきた「総合は学校全体のカリキュラムマネジメントの『縮図』である」という仮説からも十分に検討に値するものなので，以下に取り上げてみたい[(9)]。本調査は，５年間の経年比較ができる点でもユニークな調査である（２つの県の全公立小・中学校対象で，学校調査及び教員調査での無作為抽出による改革先進校との比較も行っている）。

まず，「総合は学校改善に機能しているのか」という問いは，筆者（中留）が総合の学校経営上の目的を教育的エコロジー観に立つ学校改善[10]に位置づけてきたことと関わって気になるデータだが，結果は，「学校の体質を内側から変えるチャンスである」（体質を変えること自体，ポジティブな組織文化への変化である＝中留）とした学校管理者（校長）が，５年前からの経年変化で，小学校で58.1％から67.5％に，中学校で48.4％から60.2％へと増加していた。合わせて，総合の効果についても，調査結果を見る限り，子ども，教師へのポジティブな効果，さらに学校づくりレベルでの「学校改革」（学校改善）の効果にも及んできたと指摘している関係者が極めて多いという成果も見逃せない。

総合の学校改善における意義に関する教員の意識については，総合は他の改革項目（小中一貫，発展的な学習，校長のリーダーシップ，学校評価等，全８項目）以上に，「学校」「教師」「子ども」共に，この数年間の実施の経験のなかで，高い期待が寄せられてきた改革だと結論づけている。また，この調査において総合が成功した条件を「問う」なかで，見方によれば全学レベルの改革において，組織体制と組織文化が大きく関わっていることも検証している。

さらに，組織体制と組織文化に関しては，「学校が置かれている現状と総合」の関係性に関する質問項目のなかで（以下，括弧内は筆者の補足），「学校運営が組織的に行われている」（体制）こと，「学校の特色がはっきりしている」（文化）こと，「教師集団（管理職を含む）にリーダーがいる」（体制）こと，そして「教師同士がお互いの実践について気軽に話し合える雰囲気がある」（文化）こと等を多くの関係者が指摘している。保護者の傾向と総合の成功度との関係についても，「総合に好意的」「教師に協力的」等をはじめとして，地域との協働性が総合の成功度を高めていることが検証されている。

次に，総合はカリキュラム上からも各教科の内容を越えている（教科横断的な学習が典型）ことから，「全体計画の作成」が必要となる。この視点から，学校全体のトータルシステムにおいて，条件整備としての「組織体制と組織文化」との関係性を捉える必要がある。

この点で，同調査において組織体制と組織文化との関係性を見ると，全人的発達観の組織文化のもとでの言わば伝統的な学級王国意識に依拠した「個業型」組織の小学校では，総合を担任の個業に任せきりになりやすいと指摘している。一方，中学校では教科重視というヨコの組織文化観（教科主導主義の文化）を長い間引きずってきているが，その中学校で，教科・学級の壁を超えて新たな組織的な取り組みをしている（例えば，学年組織で積極的に実施して成功している場合も多い＝筆者補足）ことが指摘されている。

この指摘こそ，まさに組織文化を「変える」「変えない」を斟酌しながら，文化というフィルターを通して組織力を構築する「協働性」の形成とも判断される。そして，この組織力＝協働力を動かしていくリーダーは，フォーマルな職位にある者なのか，それとも，そうではないが実質的に文化と体制との合成力を培ってきた一教師なのか，これはリーダーシップが問われる新たな研究的・実践的な課題である。

２ 協働性と協働文化・協働体制の概念と相互関係の吟味

１　３つの概念の吟味

次に，組織体制とか組織文化といった場合，それらがポジティブ，ネガティブ双方の共通性である「協働」に関わっているが，特にポジティブに関わっている場合を「協働文化」と呼称したときに，ネガティブに関わっている場合にも同じく「協働」と呼んでもよいのかという疑問が出てくる。この問いに答える前に，まず「協働」の属性を明らかにしておく必要がある。学校経営の分野で協働の言説がどのような経緯を経て今日に至ったのかを体系化したものが中留論文にあるが[11]，ここでは，ごく簡明に「協働とは，２人以上の間において物事を協力して成し遂げる働き」としておく。

ただし，この定義は，組織のウチとソトを視野に入れてのものではなく，組織と関わる一般的な意味でのコンセプトである。この一般的な意味合いにおける協働性がどのような特性（属性）を内包しているのかについては，我が国や欧米で多くの研究者による提言があるが，もっとも頻繁に使われてきている属性を取りあげると，①同僚性，②実験性（革新性），③自律性，④高い期待，⑤信頼性，⑥支援，⑦知識を基盤にした能力，⑧評価とその認識力，⑨気配り，⑩祝賀とユーモア，⑪意思決定への参画，⑫重要事項の機密，⑬伝統の確保，⑭率直なコミュニケーションの確保等である。これらの属性は，協働には高い人間関係の態様が必要なことを示している。ちなみに，総合が導入された（正確には，総合への移行期における）時点で筆者らが実施した総合の未実施校と実施校を比較した調査では，協働性の18項目のうち最も高かったのが実施校の「同僚性」であった[12]。

では，こうした属性を持つ協働文化のコンセプトとこれを構成している要素は何か。協働文化については「同じビジョンを共有化した目標を達成するために，専門性と責任性を持った構成員が２つ以上の組織間において，学校のウチの間，及びウチとソトの間における相互支援を伴った関係性（mutually beneficial relationship）における認識枠組み（ものの見方，考え方）であり，行動様式である」[13]と中留は定義づけしてきた。

ただ，この協働文化には，ポジティブな協働性だけでなくネガティブな協働性もある（**図表３**）。A. ハーグレイブスらはこれを“contrived collaboration”として「仕組まれた（策定された）協働」と位置づけている[14]。仕組まれた協働，すなわちネガティブな協働とは，学内の人間関係がバルカン半島のように孤立しているような関係，逆に，単に居心地のよい（comfortable）だけの関係，協働のためにいろいろと組織を作りはするが，より深く実質的で生産的な相互関係を構築していないなど，要するに協働に向けて無理に「仕組まれた（策定された）」組織体制のなかの組織文化にある状況を意味する。言い換えれば，それは擬制的協働志向の，究極的には「個業―還元型」の組織である。

日本の場合，今や戦前の擬制家族主義的な学校組織はないが，それでも自分が所属する集団にのみ波長を合わせる教師の存在はあちこちに見え隠れする。また，明確な目標（例えば教育目標）の達成に向け教師が一丸となってチームとして取り組んでいくことを形式的には共有できたとしても，実施の段階では教師の関係自体が学年や教科間でバラバラになってしまうといった雰囲気もある。したがって，表面的・形式論的には協働体的な同僚性を示しながらも，閉鎖性のなかでの慣れ合い集団になっており，同僚間の連携が混乱している状況にあって，それが学校改善の多くを封じ込めてしまうことにもなる。

では，協働文化の特色を持った学校とは，どのような構成要素から成り立っているのか。その構成の状況を「協働形成型」のチーム型組織（ポジティブな協働文化）と，それに対峙した「策定された協働型」（すなわち，仕組まれ，作られた擬制的協働に支えられた「個業―還元型」）の官僚的組織（ネガティブな協働文化）の「対」の型（いずれも理念型）としてイメージしたのが，**図表4**である。

「協働形成型」は自律的個人が組織的に構成する協働文化を内包した，いわば協働学校（collaborative school）で，一方の「個業―還元型」組織の学校は，極端に言えば構成員が集団のネガティブな規範に依拠し，職務の目的・手続き・結果はすべからく個業の為すところに帰するとして，閉塞的な環境のなかで個人的な「居心地」を許容し合っている「仕組まれた協働」（contrived collaboration）性を内包した「伝統的な学校」（traditional school）を意味する。

これらはあくまでも，双方の学校が置かれた文化の環境を組織としてイメージし，その構成要素として学校観，カリキュラム，組織体制，組織文化，リーダーシップ，学外との連携等の典型的な態様を例示したものである。ただ，典型的な態様とはいえ，総合のような横断的・総合的なカリキュラムが適切に展開されている場合，教育活動の内容や教師間の活動において教科や学年の枠を超えた協働がうまく機能していない学校に比べ，より協働学校としての体をなしているものと想定される。

2　協働体制と協働文化との相互関係の形成―授業研究を媒介にして

協働体制と協働文化との相互関係は「協働」が担保されているのであるが，この協働を体制（組織）として，また文化として合成していくのが「組織力」である。ところが，この双方の合成ほど困難なことはない。

図表４　ポジティブ，ネガティブな協働文化の形成志向（曽我，2013年）

マネジメント 対象分野	ポジティブな協働文化形成のマネジメント （協働形成志向のチーム型組織）	ネガティブな協働文化形成のマネジメント （擬制的協働志向の「個業ー還元型」組織）
学校観	●教育的エコロジー観に立った学校改善 ●知・徳・体のバランスのある「生きる力」 ●ビジョンを共有化した専門性と責任性 ●自主的・自律的経営	●一部教科の優先をめざした効率的な経営 ●見える学力（受験学力）向上の重視 ●共通ビジョンよりも部分の専門性の優先 ●教科，学年を中心に個業を束ねた集権化
連関性の確保	●カリキュラムの内容・方法上の連関性 ●機能的連関性（「連関カリキュラム」） ●Sから始まるS―P―Dの円環サイクル ●学習過程（習得―活用―探究）間の往還	●内容・方法上の分断化，孤立した内容・方法，機能的つながりの欠如 ●P―D―Sの段階単位での主体の分散化 ●P―D―S間の一方的な流動性
組織文化	●自律的個人をベースにした協働性 ●ポジティブな組織文化がポジティブな学校文化を生む ●教師間の同僚性と革新性 ●開放性と信頼性に基づくビジョンを共有化した雰囲気（風土）	●和合主義重視の協働性 ●ネガティブな組織文化が組織の生気を奪う ●他者の介入を認めない閉鎖性 ●閉塞性と自己流のビジョンに固執し，他者の介入を認めようとしない雰囲気（風土）
組織体制	●P―D―Sの各段階に教職員の組織的参加 ●目的と組織のニーズに対応した弾力的な再編 ●集団の取り組みとしての協働化 ●集団の活動計画と関わっての個人計画 ●内・外に対して開かれ，かつ受容的	●P―D―Sで教職員の参加の分断方式 ●新しい課題・ニーズに対応しても，既存の組織で固定化 ●個人の職務としての役割分担 ●教科主義，学級主義で担当者任せの計画 ●内・外に対して閉鎖的で，かつ反発的
組織運営	●教育目標，重点目標の具体に焦点をあて，４Mの条件に対応させて動かす ●調査や診断を前提にした学校評価 ●目標の成果達成との整合性において集団としてのモラールに配慮 ●民主的・合理的な運営に配慮した職員会議	●所与のインプット条件（４M）と昨年度比から増減の配分をして組織を動かす ●評価と計画とを分断化させた学校評価 ●所定の期待を満たすことによる個人の満足を優先 ●調和的予定論での職員会議の意思形成の尊重
カリキュラム文化	●教育目標と重点目標からカリキュラム編成の基本方針を明示する ●カリキュラムとマネジメント（４M）との対応関係を視野に入れた年間指導計画と単元計画の作成 ●「基準」と子どもの到達の診断に対応した個性化・個別化 ●年間指導計画，単元計画に「評価」の項目（指標）を組み込む ●授業の見せ合い，師範授業等の学び合い ●機能的「連関カリキュラム」の活性化 ●子どもの学びの「協働」のマネジメントマインド	●教科書と指導書に依拠したカリキュラム編成で，ユニーク性がない ●カリキュラムとマネジメントとの二分化で，年間指導計画，単元計画には教育活動のみ反映 ●指導書と教科書中心に依拠した画一的な指導内容・方法の固定化 ●年間指導計画と単元計画には，予定だけで，評価を組み込んでいない ●研究授業のマンネリ化 ●P―D―Sサイクルと学習過程との形骸化 ●教師→子どもの一方向性で，マネジメントマインドの不在
校内研修	●教師の専門職としての成長の継続性に対する確信（達成感） ●専門職としての協働による校内研修 ●反省的教師としての「振りかえり」	●研修のマンネリ化（研修後の達成感なし） ●個業の認識での校内研修の形骸化 ●理論と実践の分離
教育行政との関わり	●学校との連携事業による学校の活性化	●護送船団方式とチェック機能・統制の確立
地域・保護者との関わり	●地域住民や保護者の積極的な参画 ●総合的な学習，キャリア教育，体験活動等で地域を活性化する ●地域・保護者に向けての説明責任	●５間×４間の教室空間での指導重視 ●学校は地域に支援を求めるが地域に出向かない ●住民・保護者への説明責任の配慮不足

合成は確かに理念としてはあり得るし，研究的にもその理念のもとでグランドデザインを創ることを説明的研究のモデルとして検証することも成立するのだが，「協働」を軸にしてカリキュラムマネジメントを実践化していくことは「言うほどには易しくはない」のである。合成は予定調和で終わるのではないかとさえ思われる。そこで，カリキュラムマネジメントを対象に，ポジティブな協働文化を組み込んだ組織化をどう図るのか，この点について最近の授業研究の成果から学び得るものは何か，また，その成果に対して教育経営研究を母体にしたカリキュラムマネジメント研究からはどのような知見を得ることができるのか，考察したい。授業研究といっても様々な方法があるが，ここでは協働文化を視野に入れた授業研究に焦点をあてる。

この点についての研究は，最近の今津孝次郎氏や秋田喜代美氏，佐藤学氏（以下，敬称略）らの一連の研究成果に考察の手がかりを得ることができるのではないかと思われる。

例えば，今津は，日本の教師たちは実践レベルにおいて，伝統的に緊密な関係を互いに築いてきたことを評価しながらも，その緊密性が個の自律性を無視して画一性へと拘束されるような「共同」(community) の特徴を持っていると指摘している。この「共同」こそは，先のネガティブな「仕組まれた協働」(contrived collaboration) に該当するものではないかと考えられる。では，こうしたネガティブな協働からポジティブな協働文化へと関係を変えるにはどうしたらよいのか。今津は，中国，イギリス，日本の教師の国際比較調査を通して，日本の教師は同僚と授業を見せあったり，他の教師の学級経営に意見を述べたりすることが他の２ヵ国より積極的ではないことを明らかにしてくれた[15]。ただし，変えていく方法については触れていない。

一方，秋田は，授業研究の実際の場における教師たちのコミュニケーションの方向性や内容，そこに現れる学びのビジョンや授業観が大きく異なっていることに注目して，「協働構築モデル」を作りだし授業研究を行ってきた[16]。このモデルの授業研究は，協働的な教師の学習と，授業を核にした協働での学校文化の形成という２つの側面において注目される。まず，秋田は，神奈川県茅ヶ崎市立浜之郷小学校における授業検討会での談話内容の分析から，授業研究を核にした協働構築をモデル化し，教師の学習過程をシステムとして明らかにしてくれた。

その過程は，次の４つのDがサイクルとして機能する実践知の協働構築過程として捉えることができるとしている。簡明に記すと，(i)〔design〕：指導案の検討会を通して，特定の単元内容をある時期の生徒の実態に適した教材にしていく。そのための知識が習得できる。(ii)〔do〕：デザインは研究授業を通して実践化される。同僚はみせてもらえることで授業者の身体化された暗黙の知識の共有が可能となる。(iii)同僚との対話〔dialogue〕：生徒の学習過程や教室での出来事を言語化し語り合うことで，授業の現実をどのように捉え語るのかという実践の表象を作りだす。(iv)実践記録〔document〕：さらに，授業実践記録を単元や年間を通して振り返ることで，１時間の授業だけでは得られない，生徒たちの学習の軌跡を見出すことができる。

この授業研究の方法について秋田は，教師たちの学習システムにより，①授業参観する側は，他の教師が立ち会って見ることによって，初めてある特定の生徒や生徒集団の学習過程を継続的に捉える経験をすることができる，②参観される側は，参観者と対話することを通して，自分のスタイルや理論・信念に気づく，③協働で授業を見あうことで，どのような授業を具現化していきたいのかという学校共通のビジョンや授業についての具体的イメージを共有できる，としている。このアプローチは，既述の羅生門的アプローチ（第１章[1]参照）に当たるものと考えられる。

しかし，特に③の学校共通のビジョンの具体的イメージの共有化は，「授業」レベルから可能だとされているが，そのビジョンは，(i)(ii)(iii)(iv)の学習過程を経てきた結果から生み出され，それに気づいた結果としての教育ビジョンなのか，それとも，学内で新年度に向けて，前年度の学校評価の結果，議論の末に集約されて生み出されたビジョンなのか，恐らく議論の分かれるところであろう。

教育経営研究の視角から重要なことは，少なくとも授業レベルにおいて，教師の学習過程を通してのビジョンの共有なのか，それとも学校経営のトータルなレベル（上からという用語をあえて避ける）からの，学年当初に作られ，あるいは前年度から共通確認されてきたレベルでのビジョンの共有化なのか，双方の調和的な統合がビジョンの再生・確認には必要と考えられる。また，仮にこうした方法で４つのＤの成果をカリキュラム開発に生かしていくとするならば，かなり長期における(i)〜(iv)の実践の累積が必要になるとともに，教育経営研究の視座からは，学校全体のトータルなPDSのマネジメントサイクルのＰレベルに，(i)〜(iv)の成果を反映させる必要がある。少なくとも次年度のカリキュラム編成の基本方針にはその成果を組み込んで，学校全体のカリキュラムマネジメントとつなげる必要がある。

なお，この(i)〜(iv)のサイクルは，学校全体のPDSのサイクルのなかのＤレベルにおけるp'—d'—s'のマネジメントサイクルに相当していることもあり（(i)はp'に，(ii)・(iii)はd'に，そして(iv)はs'にあたる），Ｐへのつながりは形式論的にも可能である。さらに，(i)〜(iv)は一つの単位としてPDSのＳ（学校評価）にもつなげることが実質的にも可能である。

次に，佐藤らによる同じく茅ヶ崎市立浜之郷小学校の学校改革では，佐藤の「学びの協同体」を改革の柱としており，教師たちの歩んだ軌跡から判断すると，その過程は，授業検討会を媒介にしてネガティブな「策定された協働」がポジティブな協働文化へと変革していく過程とも考えられる。

実はこうした経営研究の視角からは，日本の教師たちの学びの場でもある「校内研修」を組織的・計画的にマネジメントしていくことが，学校の「組織の健康」につながり，かつ，それを通して一人ひとりの教師が成長し，その結果，協働体制の確立にも機能していくことを，戦後の校内研修経営の軌跡と調査研究やアメリカの教員研修との違いを通して，筆者は1984（昭和59）年に実証的成果として提示してきた。今から30年前のことで，当時はまだ「協働文化」のコンセプトがなく（組織風土の用語はあった），それに代置されるものとして，M. B. マイルズの組織の健康（organizational health）を使っていたのである[17]。今から振り返れば，経営研究の視角から協働体制と協働文化の合成を結果的には意図したものであった。

こうした成果からカリキュラムマネジメントの実践を進めるべく，協働文化につなげる組織体制としては，通常の教務の仕事を対象とした組織よりも，新たに学校改善を目的にした専門委員会としてのカリキュラム委員会を立ちあげ，そこで学校全体として授業研究をも取り込んだ組織化をこの場合においては推奨したい。

経営研究と授業研究とを結ぶのがカリキュラムマネジメント研究でもある。すなわち，学校経営研究と教育方法研究の研究者間での学問の枠を超えた研究の内容上・方法上の連関性とそれを実現する協働性が，カリキュラムマネジメント研究にはやはり求められているのである。

3 子どもの「学び」を通しての事例分析

組織文化と組織体制との相互関係から，今，意欲的な多くの学校で総合を中心に取り組まれているTTに焦点をあててみたい。先の中留らによる総合の移行期における調査からは，TTの導入によって「学級に変化があったか」の「問い」に対して，総合の実施校と未実施校の間には10ポイントの違いがあった（実施校の方が高い）とされる。

そのなかで，実施校において「変化がない」と答えた理由として，「知識伝達の指導法が変わっていないから」とか，「ウチの『学級』という意識が『私たちの学級』に認識が変わっていないから」という点を指摘している回答が多かった。ここには，TTに授業組織を変えても，教師の知識伝達型の文化や「学級」の縄張り意識的な文化が見え隠れしており，結局，組織文化の変革のない授業組織の改革だけでは改善は難しいということが示唆されているものとも言える。

そこで，次のような子どもの「学び」の事実の観点から子どもの「学び」の「共同」のケースを取りあげる。東京都H小学校の実践である。

それは，特別活動（体育的行事）をリニューアルすることから発想した「総合，TT」の運動会の展開事例で，単元名は「元気！　スポーツの祭典を開こう！」である。まず，子どもにとって学校が楽しいかどうかが，「居場所づくり」を提供する第一原則である。この点で，子どもの心情に目を向け，子ども自らが進んで取り組む総合における活動として，学校行事を見直しリニューアルする意義を見出している。人との関わりのなかでコミュニケーション力を構築する人の「集まり」及び人との「ふれあい」を特性とする学校行事を総合のフィルターにかけ，合科的視点に立った年間指導計画を策定しているのが注目される。

周知のように，運動会は本来，教科等の学習成果を総合的に生かす性質をもっており，総合の時間と連関を図って実施する必然性を内包している。さらに，これまで運動会は「受け身」の傾向が強く，体育科を中心とした教員組織が主導的に管理運営していく性質のものであったが，子どもを鍛える意義を尊重しながらも，子どもが運動を楽しみ，人と触れ合う運動会への脱皮が今日的課題としてある。そこで，運動会が，平素の学習成果を生かし，子ども自らが主体的に取り組み，人と関わる行事となるように，学年のTT，専科教員を含めたTTを取り入れた総合単元としてリニューアルすることとしたのである。

リニューアルに際して，子どもたちの願いや思いを明記し，単元のねらいや内容，実施時間，教育目標との連関等について全校の共通理解を深め，そのうえで総合的・合科的視点に立った「学級・専科経営案」を全教師が作成した。それぞれの学級経営案は，教育目標「元気な子―やさしく，かしこく，たくましく」及び，学級目標「仲良く，元気な子，最後まで話を聞こう，仲良く助け合おう」に基づいている。そして，学級の特徴から指導方針を組み立てている。

以下の指導方針に基づいて，時系列に総合，地域連携，特活，各教科，道徳の「連関的カリキュラム」を構成している。指導方針は，①一人ひとりのよさを認めあい，友人のがんばりを認め評価する，②思考をより深めたり広げたりするために，まず人の話を聞く，③心豊かな子に育つために読書に親しむようにする，④望ましい集団行動や態度に気づかせるために，各行事の参加の仕方について考えさせ，基本的生活習慣を身につけさせる，である。

単元「元気！　スポーツの祭典を開こう！」は，Pのなかのp’—d’—s’の部分である。このサブシステムの単元構成は，３年生，４年生の学年を超えたTTである。教育目標—総合のねらい—体育科のねらいが連関的カリキュラムを構築している。体育科のねらいは，「踊りの特徴を捉え，踊り方，ルールを習得し，気持ちや伝統を味わいながら，楽しく踊る，互いに教えながら踊る」である。児童の実態は，３年生は表現創作が初めてであり，４年生は表現運動が好きで，よい動きに興味・関心がある子もいる。総合のねらいは，以下の２点である。①自らの課題を見つけ，解決方法を工夫できる力を育成する，②問題解決の学習を体験的に行い，主体的・創造的に学習する態度を育成する。

総合で育成する力は，以下の「体育知」を育成するための活動のなかで醸成されている。すなわち，教育目標「元気な子—やさしく，かしこく，たくましく」（下線，筆者）の具現化を，体育科の活動を総合のフィルターにかけて（総合のねらいを体験的学習及び言語活動を通して育成すること）達成しているのである。

すなわち，①友人のよいところを認めあい，グループ活動のなかに入れる，自分のやってみたいことはみんなの前で発表する，相手に合わせた動きやアドバイス，工夫ができる等の活動を通して，「協力，励ましあいの賞賛，教えあい」という，教育目標「やさしく」の具現化を図っている，②動きや運動の内容，ルールの工夫，資料の活用，楽しく効果的な動き，集団の楽しさや美しさを考え工夫すること，楽しく美しい運動の創作の工夫等の活動を通して，「かしこく」という教育目標の具現化を図っている，③力一杯運動する，ルールを守り競争を楽しむ，力を合わせよりよい成長を生み出そうとする等の「学習の流れや練習を工夫する」活動を通して，「たくましく」という教育目標の具現化を図っているのである。サブシステムにおける総合のs’の評価は，体育科と関わり，上記の①～③である。よって連関的カリキュラムにおける指導と評価の一体化が図れることになる。

次に，この単元の具体を見よう。本時のねらいは，①踊りの特徴を生かして楽しく踊る，②グループで相談したり，兄弟のグループのよいところを見つけあったりして動きを工夫する。そして，TTの主な展開は以下の通りである。①表現したい動きをグループで相談し，動きの練習をする際に学年を6つのグループに分け，学年の教師が支援する，②兄弟グループで見せ合う場面では，T1は全体の指導を行い，T2は音楽の準備や和太鼓でリズムをとる指導を行う。留意点は，工夫したところを説明して発表したり，よいところを認めあっているグループを称賛したりして，他グループに気づきを与える。

本単元の中核を占める子どもの願いは「みんなで運動を楽しむ」であり，そのためには，みんなで運動を楽しむために工夫する力を身につけることである。この単元における体育科の授業の目標は，「できないことや困難なことへの連続の負の挑戦」という意識から，「今，持っている力でできる楽しい平易な活動を取り入れる」ことを重視し，学習に積極的に取り入れるようにすることである。このように「できること」や「楽しいこと」，「得意なこと」や「興味・関心のあること」から学習に入る学び方は，学習意欲や創意工夫，人との関わり等の潜在的能力（見えない学力）を顕在化（見える学力）させてくれる。

次に，総合と各教科との連関性を担保するための単元構成が必要であるが，H小学校は各教科と領域との連関性を次のようにまとめている。

①総合と体育科との連関性—㋐みんなで思いきり運動を楽しみたい→「みんなで楽しめる種目の開発等」を実際の活動を通して開発している。㋑「種目やルール，チームのつくり方などは，みんなが楽しめるように工夫したい」→「ルールや作戦の工夫」から「工夫したり協力したりして運動する学び方」の体得につながっている。

②総合と特活のねらいとの連関性—㋐練習や当日の演技活動に関してのねらいは「安全な行動，規律ある集団行動の体得，運動に親しむ態度や責任感，連帯感の涵養，体力の向上，健康の保持増進」，㋑幼児や高齢者等の招待に関わってのねらいは「幼児や高齢者との触れ合いや社会体験の充実」，㋒係活動や触れ合い給食に関してのねらいは「生活上の諸問題の解決，仕事の分担，望ましい人間関係，望ましい食習慣の形成のために話し合ったり協力しあったりすること」である。

③総合と国語科との連関性は,「話し合い活動や招待状作成」を通して,国語科の目標である「話すこと，聞くこと及び書くことの能力を育成すること」である。

④総合と図工科との連関性は，ポスターの作製や装飾活動を通して,「表現及び鑑賞力の涵養」を図ることである。

⑤音楽科との連関性は，鼓笛演奏，行進，歌唱を通して「表現及び鑑賞力の涵養」を図ることである。

⑥道徳との連関性は，全活動を通して「主として他人との関わり及び集団や社会との関わりに関する道徳性の補充，深化及び統合」となっている。

H小学校の事例に関して，組織体制と関わって組織文化を見ていくと，次の点が指摘される。すなわち，H小学校は少子化の波を受け，全学年とも単学級の小規模学校である。この現象は，互いに切磋琢磨し合う学級のメンバーが固定され，子どもたちが人との関わりにおいて実質的に負の面を抱えていると推察される。

また，教師にとっても，学年組織ができないほど人との関わりや仕事を通して職能を高める機会が希薄ではなかったのかと考えられる。これを補うために，学校行事にTTを導入するなどの協働場面を普段から入れて，人との関わりを重視した改善を図ることに取り組んだわけである。ここにも，総合での取り組みが，学校（学年）全体の取り組みの「縮図」となっていることが分かる。

子どもたちの「学び」にもつながる「連関性」を担保するために，学級を超えた教師の協働文化を構築する「同僚性」に立った意識が必要であったのであろう。教師たちの協働は,「教科を超えて，子どもの学びの事実に即して，教師同士が協議する」場において，教師たちの「学び合い」が成立したものと考えられる。すなわち，児童の学びが教師の協働に結びつき，教師の協働文化（collaborative culture）が児童の共同（co-learning）を生み出す，この連関性（connection）は相似形に近いものと言えよう。

この事例においても，長らく潜在し根づいた「我が学級」「我が学年」

というネガティブな組織文化（「策定されて根づいた協働」）が存在していた。それが，育成すべき児童の資質・能力と向き合うために，学年を越えたTTを実施して，現に関わっている児童の実態（事実）をできるだけ正確に把握し，他学年と情報を共有することを通して，ポジティブな協働文化へと変わってきたことにより，学校改善に至ったのである。

〈注〉


⑴曽余田浩史「学校の組織力とは何か」，日本教育経営学会『紀要』第52号，2010年，他。

⑵露口健司『学校組織のリーダーシップ』大学教育出版，2008年。

⑶佐古秀一「学校の組織特性をふまえた学校組織変革の基本モデル」「学校組織開発の実践的展開」，佐古秀一・曽余田浩史・武井敦史『学校づくりの組織論』学文社，2011年。

⑷K.D.ピターソン他／中留武昭監訳『校長のリーダーシップ』玉川大学出版部，1997年。また，K.D.ピターソン他／中留武昭監訳『学校文化を創るスクールリーダー―学校改善をめざして』風間書房，2002年で紹介してきた。

⑸中留武昭「学校文化を形成する校長のリーダーシップに関する研究（その１）」，同「その２」，九州大学教育学部『教育学研究紀要』1994，1995年。また，同編著『学校文化を創る校長のリーダーシップ―学校改善への道』エイデル研究所，1998年。

⑹組織体制と組織文化，そして双方の連関性については，中留武昭「組織構造と組織文化との連関性―組織構造からの吟味」，「組織文化に内在する特性の態様―協働文化形成へのアプローチ」，中留武昭『自律的な学校経営の形成と展開―臨教審以降の学校経営の軌跡と課題』第３巻第２章，第３章，教育開発研究所，2010年，参照。

⑺例えば，カリキュラムと関わった場合の学力に限定しても，学習指導要領の基本方針，教育内容改善の方向，少人数指導，思考力・判断力・表現力などの活用型学力の指導，総合的な学習の全体計画等，また，視角を組織間のマネジメントに絞った場合でも，学校と家庭・地域との協働の確立，小・中・高校間の連携と接続，教委レベルでの学校間の協同研究，キャリア教育の推進と関わっての企業，公・民間組織との有機的関係等，10年前と比べて急増している。

⑻この点については，中留武昭「教職員構成と職種の分化，協働」，『学校経営の改革戦略―日米の比較経営文化論』第14章，玉川大学出版部，1999年，参照。

⑼本稿で直接引用する論考は「『総合的な学習の時間』が変えたもの―学校組織文

化のダイナミズム」『滋賀大学教育学部紀要』第60号，2010年である。３人の論文は，これと関わり「『総合的な学習の時間』における２つの総合化と学校の変容─『総合的な学習の時間』の導入と学校文化・教師文化の変容に関する調査研究」（『信州大学教育学部紀要』第114号，2005年）があるが，ここでは前者の調査論文を取りあげる。調査の細かな操作については省く。

⑽この点については，中留武昭『総合的な学習の時間─カリキュラムマネジメントの創造』日本教育綜合研究所，1999年で詳述してきた。

⑾平成一桁年代の協働については，中留武昭「協働化の言説とその視座」，『自律的な学校経営の形成と展開─臨教審以降の学校経営の軌跡と課題』第２巻第Ⅰ部第５章，平成10年代については，「『連携・協働』のフィロソフィとマネジメント」，同書第３巻第13章，参照。

⑿中留武昭『総合的な学習のカリキュラムマネジメントにおける理論的・実証的研究』科研調査報告書（代表：中留武昭）平成11－12年度（後に中留武昭編著『カリキュラムマネジメントの定着過程─教育課程行政の裁量とかかわって』教育開発研究所，2005年，参照。

⒀中留武昭『21世紀の学校改善─ストラテジーの再構築』第一法規，2003年，249頁。

⒁Hergreaves,A.&Dawe,R.,“Paths of Professional Development；Contrived Collegiality，Collaborative Culture, and the Case of Peer Coaching”，Teaching and Teacher Education，vol.6，pp.227–241.

⒂今津孝次郎「学校の協働文化─日本と欧米の比較」，藤田英典・志水宏吉編『変動社会のなかの教育・知識・権力』新曜社，2000年，300－321頁。

⒃秋田の協働性に対する授業研究での認識は「教師の力量形成─協働的な知識構築と同僚性形成の場としての授業研究」，21世紀COEプログラム東京大学大学院教育学研究科基礎学力研究開発センター『日本の教育と基礎学力』2006年，191-208頁。また，協働構築モデルについては，秋田喜代美「授業検討会談話と教師の学習」，キャサリン・ルイス，秋田喜代美（編著）『授業の研究　教師の学習』明石書店，2008年，114–131頁。

⒄中留は「校内研修経営」という用語を初めて提示し，以下のような仮説を立てて実証的研究を行った。「校内研修経営とは，校内の全教職員が自校の教育目標に対応した学校全体の教育課題を達成するために，共通のテーマを設定し，それを学内・外の関係者との協働において，計画的，組織的に解決していく過程を創造する営みである。そしてこの創造過程を通して，教職員一人ひとりが専門職としての力量を高めることである」。ただ，この研究では，校内での協同研究をマネジメントすることに重点を置いており，カリキュラムを検証したわけではなかった。

第９章　小中連携，一貫校における連関性と協働性の吟味

これまで吟味の対象にしてきたのは，単位学校における総合的な学習のカリキュラムマネジメントであった。連関性・協働性の基軸と言っても，それは単位学校レベルにおける機能であった。しかし，今，大きな教育問題となっているのは，学内だけではなく，学校間，それも学校段階（種別）間の連関・協働である。それだけではなく，これまでの学校と地域との連携関係に加えて，新たに学校と向き合う対象となっているのは教育行政である。管理の対象としての行政というよりもむしろ，学校との協働が行政に求められるようになってきた。行政の支配下の学校ではなく，学校を支援し，学校との協働関係を構築しようとする動きが全国的にも見られるようになってきた。小中連携，一貫校の新しい動きがそれである。

そこで本章では，小中連携，一貫校をめぐる改革への取り組みとその実態，そこにおけるカリキュラムマネジメント推進に対する認識，連携，一貫校における連関性と協働性との特色，そして，そのなかから典型的な事例を取りあげて吟味する。

①連携，一貫教育への取り組みのねらいとその実態

１　教育改革との関わり

小中連携，一貫校といっても，そのねらいと推進方法には多様な取り組みがある。最も現実的な取り組みのねらいとしては，小学校から中学校に入る思春期の段階に，授業の理解度の低下，いじめ・不登校，とり

わけ中１ギャップといわれる教育課題への対応であった。こうした課題に対しては，これまでも主として臨床的な取り組みが行われてきており，それなりの成果が出されてきたことも事実である[1]。

しかし，近年の連携，一貫校へのアプローチには，こうした課題の解決を図る視点に加えて，小学校の教育内容と中学校の教育内容を再構成し，学習と生活の両側面にわたり小・中学校９年間を見通した効果的な指導を行い，生きる力を培うという制度的な教育改革のねらい（義務教育の目的・目標に掲げる資質・能力・態度等をよりよく育成することにつなげる）があるものと判断される。この制度的な教育改革からのアプローチは，カリキュラムマネジメントの構成要素からすると，学校単位の改善よりもむしろ複数の学校の制度的な壁を「越えよう」とする点において，カリキュラムをめぐる学校間の連関性への配慮（内容上の系統性を含めての持続性とも言える）が特に必要となる。

これと並行して，小中連携，一貫校においては，新たに学校「間」及び学校「内」の特に協働体制と協働文化（小・中学校は互いに異文化関係）の在り方を問うことも教育改革の課題として浮上してくることになる。この点からは，これまでの学校と地域・保護者との協働だけではなく，行政支援による学校との新たな協働も問われてきている。

それだけではない。近年の子どもに見られる発達段階の問題を含め９年間を見通した制度改革のねらいからすれば，一斉に足並みを揃える従来型のスタイルではなく，個々の子どもに即した（個に応じたきめ細かな指導のために），制度上も「つながり」を重視した改革にねらいを焦点化する必要がある。具体的には，学習指導要領においても，小・中学校の内容上の重複はもとより，「つながり」や学習の時期などについても十分に検討されているとは言えない。小・中学校の情報交流にしても，永い間に双方の組織文化において形成されてきた役割意識や信念そのものに対する互いの不信感もあり，交流は得てして「たてまえ」に終わりがちとなっている。

以上のことから，「連携，一貫制」は，制度的には「つながり」に焦点をあてることを通して，各学校段階の役割の基本認識に役立つとともに，各学校の教育活動の見直しや特色ある活動を生み出す教育改革としての可能性も高いと言える。もっとも，「つなぐ」視点（連関性を組織的協働において繋ぐ）自体は，学校間，学校と行政間だけではなく，すでに保護者・地域との「つながり」もあり多様ではあるが，「なぜ，連携なのか」を「問う」とすれば，学校間（段階間を含め），行政間，そして家庭・地域と共に「協働」していく「学校づくり」にこそ，連携の意味があるものと言える。したがって，「協働」（ソトとの協働）は，各地域の小中連携，一貫校の実践にあっては共通用語として理解することである。

２　連携，一貫校の意義と形態の多様性とカリキュラム上での課題

そもそも学校間の連携，一貫制は，具体的にどのようなコンセプトのもと，どのような形態としてあり，その実態はどうなっているのか。

連携校と一貫校について，国も明確な定義づけをしていないこともあり，調べてみると各地方・学校においてバラバラであり，それだけではなく，連携も一貫制（校）も異名同体のようにさえ使われている。ただ，そうは言っても，ある程度の線引きは可能である。制度上，小・中学校の「連携」とは，各学校が制度としての独自性をそのままにして，小学校から中学校へと円滑な接続を目指す活動で，必要な部分のみの協働であるのに対して，「一貫制」とは，制度として９年間一貫したカリキュラムを編成して，それに基づき協働する系統的なシステムとして統一された状況を意味する。

しかし，一貫制には狭義と広義とがあり，狭義には，制度上，学習指導要領によらない研究開発学校制度（文科省），または構造改革特区制度（内閣府）による一貫校である。これらの学校では，独自のカリキュラムを作成し，全てないしは一部の教科で９年間の連携教育を行う[2]。したがって，必ずしも連携の発展型が一貫校ということではない。広義には，そのような特例を活用するのではなく，一般の学校でも可能な現行法上での一貫校で，カリキュラム上では４―３―２制，５―４制，３―４―２制などの区切りをつけているが[3]，法制上はあくまでも６―３

制の小・中学校がここでの吟味対象である。

子どもの発達段階や地域の実情等を踏まえて，「6—3」制に代わる区分をどう再編するかは重要であるが，この点は自治体や学校での取り組みが国の整備に先行していることも事実で，地方分権の広がりにより，いっそう連携や一貫制が進んでくることが十分想定される。それだけではなく，少子化が進行する地域においては，小中一貫教育を推進する環境が整いやすいので，地域連携と併せて取り組むことにより大きな効果も期待される。したがって，こうした動きは，地方（行政・地域）と学校とを結ぶという点で，新たな教育改革の焦点にもなりやすいというわけである。

また，小学校と中学校の施設（校舎）の設置形態も多様で，双方が施設を共有する「一体型」，隣接する「併設型」，校舎が離れている「連携型」に大きく分けられるが，近年，統廃合で目立つようになってきたのが「併設型」である。この場合，単位学校ではなく，双方の学校が当事者意識を持ちながら，連携したカリキュラムを積極的に組み込むことのできる長所を生かしていくことが期待される。

連携の形態についてもかなり多様化しており，全教科での連携，一部教科での連携，総合・特活・道徳での連携，学校行事での連携，生徒指導・安全管理での連携など幅広い。さらに具体的に見ると，①学校行事等の合同実施や相互参加，②6年生の中学入学，③地域行事への参加，④教員の合同研修会，⑤合同授業参観，⑥相互授業・授業研究，⑦他校種での相互乗り入れの授業，⑧学力・学習状況の相互の分析と課題の共有化，⑨教材の共同開発等がある。ただ，こうした試みに対しては，カリキュラムマネジメントの発想を基本にした全市的なレベルでの「連携」がないと，どうしても単発型・行事型の連携が多くなり，そうなると教師の多忙感・負担感の増大にもつながりやすいのではないか。

さて，小中連携，一貫校について文科省が行った最近の実態調査では，小中連携に関して何らかの取り組みを行っている市町村の割合は72.4%で，多様な形態で連携が進められている。しかし，問題も数多くある。連携，一貫制の必要性や重要性は理解されているが，実践が「充実していない」[4]という実態をどう乗り越えたらよいのか。

小中連携，一貫校は，扱う教育課題の広さ・深さからいっても，学校が総力をあげて取り組むべきテーマである。実際の取り組みでは，出前授業や人事交流など個別の取り組みに目が行きがちとなる。しかし，最終的に成果をあげるには，９年間を見通した「カリキュラムをどう創り，動かし，変えていくか」というカリキュラムマネジメント上の命題と関わって，各校がそれぞれの実践の過程で教師にどのようなスキル（学習指導，生徒指導等）を求めているのか，その際のカリキュラムリーダーにはどのような力量が必要なのか，行政の支援をどう活用したらよいのか，参画意識の低い教師の協働体制を創るために，学校間の壁となっているネガティブな組織文化をポジティブなものにどう意識改革していったらよいのか等，小中連携・一貫校の在り方は，まさしく学校全体の「カリキュラムマネジメント力」が問われている課題なのである。

[2] 連携，一貫校におけるカリキュラムマネジメントの「基軸」の認識

1　行政による連携教育の支援の多様化と学校との関係

カリキュラムマネジメントの対象は単位学校にのみ固有なものではなく，特にカリキュラムマネジメントの構成要素（第２章[1]）は，学校段階間での「連携，一貫教育」においても，また，大学[5]においても活用可能な認識枠組みとなっている。ここでは，構成要素のうち，特に基軸に関わる連関性（総合的な学習に焦点化）を取りあげ，その視点と実態を簡明に吟味する。総合的な学習の時間については，連関性の内容・方法上の一つとして取りあげる。

その前に，「連携，一貫教育」が規制緩和（1998年中教審答申「今後の地方教育行政の在り方について」）を起点とする行政施策（中央・地方）と関わり，これまでの学校におけるカリキュラムマネジメントの「ソト」からの支援の中心であった「地域社会」との協働に加えて，新たに「連携，一貫教育」が「行政支援」の形をとって学校（複数学校）の協働を必要とすることとなったが，その経緯を簡明に整理する。

小中連携教育は，簡潔にいうと「９年間の学びを一体的なものとして捉えて発達段階を踏まえた一貫性のある継続的な指導を行うことである」ということになる。この考え方は，平成10年の中教審答申における「学校の規制緩和の拡大」から始まり，翌11年の中教審答申「初等中等教育と高等教育との接続について」では，「初等中等教育の役割」において「カリキュラムの一貫性，系統性をより一層確立するとともに，学校段階間のより望ましい連携や接続の在り方について総合的かつ多角的な観点から検討する」ことを，さらに平成17年の中教審答申「新しい時代の義務教育を創造する」では，カリキュラム再編に加えて，６―３制の区分についても，小中一貫教育の導入による学校組織や学年制などの学校体系の見直しを求めており，この頃から研究態勢に入った学校も多い。平成19年には教育再生会議（第３次報告）で，小中一貫教育の推進や制度化の方向での提言もなされた。

こうした中央の政策に対応して，平成16～18年頃から，地方分権のもと，市町村教委においても連携や小中一貫校などの試みを政策判断によるトップダウンの形で行うケースが急増している。しかし，地方が連携，一貫方式を採択する場合，教委―学校関係におけるこれまでの上下支配や護送船団方式にかわって，双方がパートナーシップの協働体制のもとに当該自治体の連携，一貫制の教育理念・目的を踏まえた重点施策（ビジョン）を策定して(6)，学校との協働のもとに積極的に推進していくことが，学校での実りある実践化を図っていくには重要であろう。兵庫県では，県内６教育事務所に「小・中連携推進専門委員」を新たに人事配置して，効果的な取り組みの情報収集や市町・学校に対する助言を行っている。

また，市町教委の学校に対する条件整備の「支援」事項としては，例えば，①教委規則に小中一貫校の規定を設ける，②推進のための「指導主事」を別に設ける，③乗り入れの場合，教職員の兼務発令，④教委の指導主事が小・中学校間の連絡調整等を行うコーディネータを担当，または小・中学校の校務分掌としてコーディネータを位置づける場合に当該校に講師を配置する，⑤学校が小・中学校教員の合同研修，合同授業研究会を開催する場合の支援等，かなり細かな配慮が協働を基盤にして見られる[7]。

ところで，連携，一貫校間のカリキュラムマネジメントに関して，全国調査などは行われていないが，概してカリキュラムに対する認識度は低く[8]，地域による温度差もあるものと推定される。

２　連携，一貫校における連関性の特色

カリキュラムマネジメントにおける連関性と言っても，単位学校内部以上に，校種を超えての連関性は，各教科，領域，総合の特に内容・方法上の系統性（シークエンスとスコープ）が，校種を超えているがゆえに厳しく問われてくる。この点は，一つの中学校区単位の複数校の連携において，９年間を見据えた内容上系統性のあるカリキュラム全体の開発が理想ではあるが，それは困難であるから，１～２教科（特に系統性が強い算数・数学，理科が典型）に限定した試みが地域において見られる。

設置者単位での開発としては，国の基準である学習指導要領を「標準」（基礎・基本）に「補充」「発展」を加味し，しかも全教科，領域，総合を対象に小・中学校９年間を見据えて，内容上の系統性・連関性に配慮して開発された横浜版の学習指導要領がモデルとなろう（平成25年11月に訪問・確認）。この横浜版学習指導要領は，当時においては，分権化が進むなかで行政がイニシアチブをとって小・中学校の教師との協働体制で進めた例としても高く評価できる。

ところで，小学校・中学校双方のカリキュラムの内容・方法上の連関性を，具体的な見える形で設定・再編するにはどうすればよいのか。双方において，各教科等の「単元」レベルの一覧表を作成することがヒントとなる。小学校・中学校に共通した単元構成の柱としては，①単元の目標，②単元の指導計画，③単元の評価規準，④本時の展開と指導上の留意点，⑤実験・観察の方法等が考えられる。重要なことは，これらの単元の比較を通して，小学校の内容が中学校にどうつながっているのか（発展），小学校ではどう学んできたのか（確認）を「連関」させて，双方が９年間を見通した「育てたい力」に基づく新しい学習内容の系統図

を作成することである。この場合，連携し，再編した系統図による年間指導計画の作成が必要となる。

次に，連関性に関しては，内容・方法上の連関性に加えて，機能的連関性（PDSのマネジメントサイクル）を方法的視点と組織化の視点において把握することができる。特に総合に関しては，小・中学校の連携，一貫校での連関の必要性が高く認識されている(9)。これは，一般的にも十分に根拠を持った思惟である。その背景には，総合の内容は各学校に委ねられており，教科等との横断的・総合的な学習，探究的な活動における連関を図って，育てたい力や学習内容の系統性（小・中学校間の取り組みの実態に差があること）を確保することでより高い教育効果を生み出す可能性のあること，さらに総合は現代的課題を小・中学校が共有していることから，双方が子どもの学習歴をつかむ必要があること等が背景にあるものと考えられる。以下，具体的な事例で考えてみる。

まず，方法的な視点からの機能的連関性については，北海道の試案がある(10)。整理すると，総合の改善を学習過程に求めて，「知る」―「比べる」―「整理する」―「確かめる」の学習過程を作り（このプロセスはP―D―Sのマネジメントサイクルに相当），この段階ごとに小中連携に立った総合のカリキュラム開発のモデルを構築している。小・中学校双方において，「知る」は「それぞれの目標や活動内容の違いを知り，情報交換する」段階で，それぞれが年間指導計画等を比較し，内容について認識を深めたり，授業参観したりすることを通して，相互に情報交換する。「比べる」は，「目標や具体的な内容のレベルを比較，検討する」段階で，小・中学校で目標は違うが内容の重複はないかを検討する。「整理する」は，「一貫性や系統性のある指導計画となるよう，目標や学習活動を整理する」段階で，目標や学習活動の連関性を明確にした「内容系列表」を作成する。最後に「確かめる」は，「発達段階に応じて作成した指導計画（内容系列表）を，学習指導要領をもとに確認する」段階である。「確かめる」段階は，①作成した「内容系列表」と学習指導要領における目標との連関（以下，社会科における小・中学校との比較が事例）→②「課題の整理」（学年段階を踏まえた検証結果から課題を整理）→③

「新たな目標」（課題を整理し，新たな目標を創る）→④指導計画の完成（新しい目標に基づいたテーマや指導計画を作成する）の過程で構成されている。

なお，機能的連関性で重要なことは，小・中学校での連関を図る際に，「内容系列表」や「関連図」を作成し，実践したり，検証・評価を行ったり等，改善を目指したマネジメントサイクルを確立することを通して，小・中学校の連関性の属性である「連続性」の質を高め，総合における一貫性を意図し接続した学習活動の実現を目指すことである。

次に，機能的連関性を組織として作りだす側面である。組織体制の面から，連携には，複数の学校間の連携教育を推進するための組織体制と，各学校単位での組織における協働体制がある。前者は連携全体の取り組みで，組織の動きとしてはＰ―Ｄ―Ｓサイクルであり，後者は前者のサブシステムとして機能するp’—d’—s’サイクルであり，双方が組み合わさって小中連携教育がなされるという考え方である。

千葉市のケースで簡明に整理すると，まず，小中連携教育の目標において，各校長・教頭のもとに連携推進委員会（各学校から教務・研究・連携主任で構成）を立ち上げ，この委員会で連携推進会議を設けて，①育てたい力の具体化，②研究計画，内容，方向性の立案・検討，③PDCAサイクルによる評価計画，④外部への説明等を吟味する（ここまでがP）。委員会メンバーによって「カリキュラム開発プロジェクト」「教育課程編成プロジェクト」「生徒指導・特別活動プロジェクト」のもとに連携の「仕事」（プロジェクト）がD段階として位置づく。そして，委員会のプロジェクト全体の評価(S)が研究会として行われている。行政がこの一連の過程を支援しているのである。

一方，各学校では，学校全体のマネジメント会議（校長・教頭・教務主任）と連携推進委員会（研究・連携の主任の他，養護教諭・栄養士などが参加）で，課題の整理，方向性の確認，共通理解等を図り，連携推進委員が連携教育の意義・内容・方法等を議論して，研究全体会（全体計画の作成），各研究部会（部会計画の作成，ここまでがp’）の連携のもとに，研究全体会を媒介にして各教科部，生徒指導・特別活動部が動くことになる（ここまでがd'）。そして評価委員会で評価して（ここまでがs'），その結果がマネジメント会議にフィードバックされるという仕組みとなっている。この二重構造のなかで，機能的連関性としてのマネジメントサイクルがカリキュラムを軸にして動くものとなっている。こうした点に小中連携，一貫校の教育実践の特色がうかがえる。

小・中学校の連携，一貫校は平成10年代半ば頃から始まったばかりで，制度としての評価は今後の教育改革に俟つほかない。総合を連携，一貫校に導入した場合の評価に関しては，広島県の調査（平成13年）で，体験的な学習の評価に対する経験不足や，多様な学習活動・学習形態，複数の教師による評価など，評価計画において個々を見ると評価の難しさが読み取れる，と結論づけている点が見逃せない[11]。

3　新しい協働体制の登場

平成10年代半ば過ぎ頃を起点に，全国的に連携の新しい動きが見えてきた。文科省が地方教育行政の取り組みとして推奨する行政主導による複数の学校対象の協働体制の仕組みづくりである。地域の学校運営協議会（コミュニティスクール）の登場がそれである。行政主導（制度レベル）ではあるが，これまで多くの学校が苦手にしていた学校間連携，しかも同一校種間，学校段階間（校種間）の協働体制を新たに生み出してきている。

特に小中連携，一貫校の試みは，「箱物」だけではなく，地域による９年間を通した複数の学校の協働によるカリキュラム内容の吟味が，今始まったところとも言える。この場合，吟味や実践の対象となっているのは，全国的には学校全体のカリキュラム開発ではなく（その試みを本格実施したのが横浜市や品川区である），カリキュラムの内容上の系統性が取りやすい算数・数学・理科・英語などが主流である。

そこで，以下においては，新たな協働体制づくりの典型でもある学校運営協議会が協働体制を取ることのできる制度的な側面について整理する。学校運営協議会は，中教審「21世紀を展望した我が国の教育の在り方について（第１次答申）」（1996年）に基づき，1998（平成10）年の中教審答申「今後の地方教育行政の在り方について」でさらに踏み込んで，①学校は保護者や地域住民のニーズに応える教育を展開する，②学校の経営責任を明示する，③学校の経営計画に基づいた教育活動を公開する，④保護者や地域住民が学校の経営に参画する，⑤授業評価や学校全体に対する評価を保護者や地域住民が行い，学校改善に生かす，等の提言を行い，迅速な実現を求めてきた。

この取り組みは2005（平成17）年から実施できるようになり（地教行法47条の５），公立学校の管理・運営について，家庭・地域と学校が責任と権限を共有するガバナンス改革として進められるようになった。ここで重要な点は，学校運営協議会は学校運営に直接参加する協議組織であり，あえて言えば「市町村が設置し，民間団体が運営する新しいタイプの公立学校」で，「地域の，地域による，地域の子どもたちの学校」である。したがって，これは，「参画型」の協働性を意味した新しい組織体制を取っている。

さらに，基本的にこれは，上述の①～⑤の項目にあるように，機能的連関性に当たるPDCAサイクルが内包された協働システムでもある。東京都三鷹市教委は，中学校区を単位とした小中一貫体制をとっている。また，全体的にコーディネータを共通に位置づけた実践を展開しているが，負担と多忙感が強く，教務主任や研究主任等の兼務では困難なこともあり，かくして専任化（そのための代替講師等をコーディネータに位置づけている）する教委が見られるようになってきた。現在，学校運営協議会は全国38都道府県で18000校を越えるが，地域住民の自発的な協働の場が『新しい公共』であるというコンセプトにより，「コミュニティスクール新段階」へと進んできている。この点については次の③において，その具体を述べる。

③ 地域と学校との連携を深める総合的な学習と協働体制の確立 ―学校間を超えるコーディネータとしてのリーダーの役割

新しい協働体制は，これまでの学校と地域との関係を考慮すると，今すぐには取りにくいという学校も多い。しかし，総合の見直しによってこれまでの協働体制をうまく再編することにより，新しい協働体制への道を開くことも可能である(12)。

そこで，総合を協働体制において営んでいくための新たな戦略を考えてみたい。総合も実施後25年を経過したが，現在では，学校の組織文化・組織体制の違い（すなわち，隠れたカリキュラムの存在の大きさ）によって，学校間・地域間の温度差や教師による力量の違いまでが見えるようになってきた。特に，本章の主題でもある「小中連携，一貫校」における総合となると，まだ本格的な取り組みは全国的にも見られないと言った方が妥当である。それは，学校段階間の連携，一貫校の歴史が浅いこと，連携，一貫校の場合には学校全体でのカリキュラムの吟味までには至らず，せいぜい算数・数学・理科等の内容系列の比較的明確な教科目になりがちであること，さらに言えば，教科書もない総合では，児童・生徒の学習歴が見えにくいこともあり，連携したカリキュラムが編成しにくいことも事実であろう。

それだけではない。体験活動を伴う総合は，４間×５間の教室では動きにくく，地域を第２の教室にせざるを得ない。そのため，体験活動だけが地域で行われ，その「意味づくり」という学習本来の在り方が学校では押さえられず，学びの「効果」さえもが不透明になりやすく，年間指導計画が立てにくいというハンディもある。

以上のような問題を抱えているのが，連携，一貫校の総合で，また各教科間で協働ができにくい理由と考えられる。だが，こうしたハンディを逆手にとってでも，総合を蘇らせるにはどうしたらよいのか。

まず，総合の時間において，教育方法上の連関性にあたる「学習過程」の各段階（習得―活用―探究）における「往還」過程のなかに，小・中学校間の授業交流や共同授業等の研修機会を設けて，授業様式の相違に関わる共通理解を深めることである。

次に，学校と地域の連携で「知」と「体験」とを結び，新たな知を子どもたちが作りだすために，総合の時間をさらに活用することである。この点と関わって，今後，教委としては，これまでのスクールリーダーに加えて，新たな職位（名）として地域コーディネータの設置を積極的に支援することである。特に小中連携，一貫校化を進めていく場合には，単位学校の内部マネジメントに焦点をあててきたこれまでのスクールリーダーの在り方だけでは，学校間あるいは地域・保護者との新しい結びつきやより強い結びつきを求めるのは無理があり，制度的にも新しい協働体制を組み込む必要性がある。そういう時代になりつつある。

こうした動きはすでに芽吹いている。既述の学校運営協議会の動きもその一つである。先の三鷹市や京都市，沖縄県等にその例がある。[4]の事例において，市教委支援のもとでの京都市立御所南小学校のケースを取りあげるが，学校運営協議会によらずとも学校と地域との連携を新たに試みているケースもある[13]。

これらのケースに共通しているのが，教委の支援による小中連携，一貫校で，地域コーディネータを設置したことによる新たな協働体制の取り組みである。その具体については，[4]の事例で述べることにして，ここでは，学校と地域との連携において総合の時間を展開していくうえでのスクールリーダーとしての地域コーディネータの役割と，リーダーシップを発揮するうえで必要な力量に焦点をあてて整理する。

総合がうまく展開していかない切実な問題の一つは，地域（学校間を含め）との連携において，その活動の推進を支援してくれる人材がいないということである。総合が創設された頃，地域の人材バンクを設ける教委や学校が出てきたが，地域間・学校間に入ってバンクを作るだけで，その間を「橋渡し」する人材が欠如していた。バンクを作っただけではその利用は一時的にものとなり，短期のうちに形骸化して動かなくなったのである。いや，動きようがなかったといってもよい。学校間・地域間を，バンクを作り，動かし，更新していく人材が必要だったのである。バンクという「ハコ」だけでなく，人材をコーディネートするリーダーの存在が必要不可欠なのである。

地域コーディネータは，単位学校の校長・教頭・教職員と関わり，学校が地域の資源や人材を活用することを支援し，地域に根ざしたカリキュラムマネジメントを進めていくことを支援する役割を持つ。新しいリーダーの誕生である。総合の時間（教科も同様）を支援できるように，地域の人材を集めて，学校をはじめ当該地域と保護者との連携・協働体制を作ることによって，各学校が地域に根ざしたカリキュラムマネジメントを展開していくのを調整（橋渡し）することを主たる任務とする。この場合の「調整」には，リーダー行動として指導・助言活動が組み込まれることになるが，まずは細かなコミュニケーションの力量が問われてくる。

コーディネータとしての職務の態様は多様な方法が考えられるが，基本的には，関連の複数の学校の校長・教頭・教職員との協働で，主として総合のカリキュラム（教科とも結ぶ，多様な教育活動に対応できる「力量」が必要）を動かしていくことを支援する。また，地域の多様な団体等（ボランティア団体，企業，PTA，子ども会，町づくり団体等）を組織化し（部会等を作る「力量」が必要），単位学校でのカリキュラムマネジメントが困難な学校でも，人材・地域・団体等を通して多様な地域活動をプログラム（メニュー）として組むことができるように支援する（例えば，放課後ホームヘルパー，土曜学校，子どもの居場所づくり，生活体験通学合宿，職場体験学習，家庭教育学級等）力量が必要となる。また，保護者との「協働」では，人材バンクづくりのために，先のプログラムへの参画を促す（学校外活動のみではなく，カリキュラムづくりにつなげる），いわゆるカリキュラムメーカーとしての「力量」が必要となる。

こうした多面にわたる地域コーディネータの仕事は，例えば，教務主任との兼務ではとても勤まらない。従来，我が国では，教頭が「渉外」としてこうした仕事のいくつかを引き受けていたが，本務（補佐）をしながらでは十分なことができないという悩みがあった(14)。この点，授業も受け持つ教務主任にはより困難であるので，やはり独立した職務（教委の支援による決断が必須）の指導職として位置づけた方がよい。特に，今後も増加する学外（地域）での多くの課外活動を行うだけでなく，多様な活動内容をカリキュラムに組み込んで，そこに専門性を生かした力量を発揮することができるようにすることが重要である。

「協働」は，専門性を有する保護者や住民が参画することを通して「広がり」を持つものとなることにも留意したい。こうした視点からすれば，保護者・住民までをも巻き込んだ「協働文化形成者」としての力量を持った新たな「専門職性」[15]が，学校段階（校種）間，そして学校と地域とを結ぶ地域コーディネータとしてのスクールリーダーには特に要求されてこよう。

4 連携・協働の事例分析

以上のような連携・一貫校の連携・協働に関する総論を受けて，２つの典型的な事例を提示して，この分野でのカリキュラムマネジメントの可能性を引き出すことにする。

１　千葉県船橋市立若松小中学校の事例

船橋市立若松小中学校の小中一貫校の典型的とも言えるケース（平成21—23年度研究開発校）を吟味する。同校では，小学校・中学校の９年間を通じて，基礎的・基本的な内容の確実な定着を図るため，児童・生徒の心身の発達段階を踏まえ，学習内容の移行・統合を含めたカリキュラムの開発をめざして，「児童生徒のコミュニケーション能力の育成や人間としての『在り方，生き方』教育の視点からの教育課程の再編成」を一貫教育の教育目標として策定し，そのもとに小学校・中学校それぞれの教育目標とカリキュラム編成との整合性を担保すべく配慮がなされている[16]。

同校では，小中一貫教育を通して義務教育９年間の連続性を重視し，児童・生徒の発達段階を考慮した４—３—２の区切り（第Ⅰ期小１～小４：基礎・基本の習得及び定着期，第Ⅱ期小５～中１：活用力育成期，第Ⅲ期中２～中３：主体的な態度育成期）を策定した。指導法や学習方法の一貫性を保つとともに，スパイラルな学習の機会を保障するようにも努めた。さらに，一元的な学校運営体制を打破するため，「在り方，生き方」を中心に以下の３つを研究の柱としてカリキュラムを構築していった。①教科目標に沿った教科教育の開発，そのなかでも特にコミュニケー

図表１　船橋市立若松小中学校（生活・総合）「在り方，生き方カリキュラム一覧表」

		4月	5月	6月	7月
生活科	小１	ぼく，私たちの若松小		こどもまつり	なつとなかよし
	小２	２年生に なったよ	おおきく なあれ	生きものだいすき	
総合　在り方、生き方	小３	福祉とは？	やさしさいっぱい若松 バリアフリーたんけん		バリアフリー 発表会
	小４	おいしいお米を作り隊			
	小５	輝け，ぼくらの未来～若松環境探検隊			地域との 触れ合い
	小６	日本の文化を知る		みんなでつくるつながる心	
	中１	地域学習（房総地方） 情報モラル教育 ピアサポート キャリア教育		福祉体験・読み聞かせ	
	中２	地域学習（房総地方）ピアサポート キャリア教育		福祉体験・読み聞かせ	
	中３	地域学習（東北地方） ピアサポート キャリア教育		福祉体験・読み聞かせ	

ション能力と課題解決力の向上を目指すための「連関カリキュラム」の構築

②「在り方，生き方」に関する７つの内容（(ⅰ)キャリア教育，(ⅱ)「自分づくり」，(ⅲ)「健康・生命」，(ⅳ)課題の探究，(ⅴ)コミュニケーション，(ⅵ)地域社会，(ⅶ)国際理解）を各教科及び領域において具現化するカリキュラム編成の構築

③英語科の目標に沿った英語教育の推進（小１から継続的な文字指導を導入したり，役割を明確にしたドラマ活動を導入したりしている）

特に②に関しては，①と関わって，教育内容系列での連関性を担保している。これは，カリキュラムマネジメントの基軸の一つである「教育目標系列の連関性」の具体である。その態様は以下のとおりである（**図**

＝小中一貫教育における総合の各学年の年間指導計画

９月	10月	11月	12月	１月	２月	３月
若松のあきを見つけよう			いえの しごと	一年生をむかえよう		
若松の町のたんけん			年賀状 作り	私たちの 成長	今のわたし 今後のわたし	
手話教室	車椅子体験	ボランティア	ボランティア 発表会	施設訪問	6年生へ 感謝状	まとめ
若松で迎える二分の一成人式						
野外活動を通して友達のよさを認め合い思いやりの心を育てる		ぐっとふーず若松			輝け，ぼくらの未来 〜若松環境探検隊	
若松小発「わたしたちの未来2040」				伝えよう，若松の心		
課題学習 レポート	人権教育 情報モラル 読み聞かせ	若松給食サミット			キャリア教育（職場体験） 防災学習 地域学習	
課題学習 レポート	人権教育 情報モラル	若松郷土ネット			キャリア教育（職場体験） 防災学習 地域学習	
課題学習 レポート	人権教育 情報モラル 読み聞かせ	若松ネットワーク			自分史 防災学習	

表１：総合の各学年の年間指導計画→**図表２**：各教科及び領域とのいずれも連関性が担保された学習内容）。

図表１に見られるように，総合的な学習の時間において，「在り方，生き方」を中心に，言語活動を通し，キャリア教育と関わって「思考力，判断力，表現力」を育成している。しかし，これらの「潜在的能力」開発は，知識の習得・定着を担保しなければ「這い回る経験主義」になり，子ども・教師ともに徒労感で終わってしまうことになる。「潜在的能力」を顕在化させていく知識基盤として「確かな学力」が必須である。

その意味において，各教科と総合的な学習で身につける資質・能力の整合性に基づく機能的連関カリキュラムが必要となってくる。カリキュラムマネジメントの基軸の一つである教育系列の「連関性」に基づくマ

図表２　船橋市立若松小中学校第５学年における各教科及び領域との連関性を担保した学習内容

<table>
<tr><td colspan="3">第５学年
[社会] 私たちの生活と食料生産・私たちの生活と工業生産・生活と情報・国土と環境　[理科] 生命のつながり　[算数] 割合とグラフ　[総合] 将来の夢を持とう・伝えたいことを発信しよう</td></tr>
<tr>
<td>[社会]
○日本の歴史
○みんなの夢を実現する政治
○私たちのくらしと日本国憲法
・基本的人権・国民主権・平和な社会を築く
○租税教室
○日本と関係の深い国々
○世界の平和と日本の役割
・青年海外協力隊・国際連合・ユニセフ・国旗と国歌・戦争と紛争・地球の環境・NGO・ボランティア
[算数]―割合とグラフ
[図工]―環境ポスターをかこう
[音楽]―世界の民謡を歌おう
[家庭科]―近隣の人々との生活を考えよう
[保健]―病気の予防・薬物乱用防止教室</td>
<td>総合：「わたしたちの将来」
◆自分の将来
◆未来はこうなる
①国土開発　②地球環境
③科学技術　④相互扶助
⑤人間の寿命
◆アンケート調査
◆統計処理
◆調査のまとめ
◆未来のシミュレーション
◆未来の地球がどうあってほしいか
◆テーマ設定
（講話・VTR・調べ）
・平和・国際・環境・地域・福祉・健康…
◆今，私たちにできること
◆学年発表会
◆５年生や保護者へ
◆未来の自分に手紙を書く</td>
<td>[総合]
○環境問題について考えよう
○食育
[英語]
○異文化コミュニケーション
[理科]
・酸素と二酸化炭素・食物連鎖・電気の話・電磁石のはたらき・人と自然環境
[国語]
○社会問題について考えよう
○日本語の文字
○ボランティアをしよう
○卒業文集の作文を書こう
[道徳]
・人権って何だろう・道徳ノート
[現場学習]
・国会議事堂や科学技術館訪問</td>
</tr>
<tr><td colspan="3">資質・能力（学習スキル）・問題を見出す力・話す力・聞く力・メモする力・インタビューする力・情報を集める力・情報をまとめる力・表現する力・関係づける力・考える力</td></tr>
</table>

ネジメントサイクルの動態化が必要である。同校では，総合と社会科との連関においてカリキュラムを開発している。

各教科・領域の単元のなかに，７つの内容（(i)キャリア教育，(ii)「自分づくり」，(iii)「健康・生命」，(iv)課題の探究，(v)コミュニケーション，(vi)地域社会，(vii)国際理解）を機能的に連関させたカリキュラムになっている。この場合，マネジメントサイクルPDSのS＝評価の観点も，この７つの内容から作られている。すなわち，７つの内容を網羅する具体的教育内容が，児童・生徒にとっての学習成果に反映されるよう評価の観点が示されている。つまり，マネジメントサイクルPDSにおける「指導と評価の一体化」が，ＳからＰへと機能的につながったカリキュラムマネジメントの「連関性」として，これを担保しようとしている。

この点，同小中学校における一貫教育のカリキュラムは，各教科・領域が連関されており，総合的な学習における「在り方，生き方」にそれが踏襲されている。例えば,「意欲，態度の形成」としての『自己形成』の観点からは，㋐役割を果たしているか，㋑夢を具体的に描いているか，㋒視野を広げているか，㋓自主的に活動しているか，㋔生命を大切にしているか，といった評価項目となっている。『人間形成能力』の観点からは，㋐考えや思いを伝えあっているか，㋑よりよい関係を築きあっているか，また,『課題設定・解決力』の観点からは，㋐自ら課題を設定し，学び，思考し，よりよく解決しているか，となっている。

指導と評価の一体化の視点からは，授業づくりのポイントとして以下の点に留意している。ⓐ印象的な導入，ⓘ生き方に触れる課題の設定，ⓤコミュニケーション能力の向上，ⓔ自己の振り返りの時間の確保，ⓞ実生活や実社会での実践の推進，ⓚ自己有用感を高める指導と評価の一体化，ⓚICT活用能力の育成。

また，子どもたちが学習の見通しをもつことができるように，９年間の各教科の系統表を策定している。さらに，言語活動を通して「思考力，判断力，表現力」を育成するために,「対話」「交流」「討論」「説得・納得」という学習活動を上記の４―３―２の発達段階に応じて授業のなかに導入しているし,「コミュニケーション」を全教科指導に位置づけている。

２　京都市立御所南小学校の事例

京都市立御所南小学校のカリキュラムづくりは，学校・家庭・地域社会・行政（市教委）との連携・協働を進めながら小中一貫カリキュラムを構築して今日に至るが，カリキュラムマネジメントの基軸である「連関性」と「協働性」に沿って，どうPDCAサイクルを動態化させ，Ｓから Ｐへつないでいるのか，総合を中心にその態様を説明する。なお，学校全体のトータルシステムとしてのカリキュラムマネジメント（PDCA）に対して，総合をはじめ各教科等のカリキュラムマネジメントは「サブシステムとしてのカリキュラムマネジメント」であるので，以下，p' d' s'として表示する。

御所南小学校は平成７年に開校し，平成９年に文部省（当時）から研究開発校の指定を受け，総合的な学習を中心にしたカリキュラムを開発してきた。その際，300人を超える地域のコミュニティティーチャーが支援してくれた経緯がある。学校と地域との連関・協働のもと，平成14年度より，「新しいタイプの学校運営の在り方に関する実践研究」の文科省指定を受け，コミュニティスクールに関する研究を進めてきた。学校と地域・保護者をつなぐ組織としての「御所南コミュニティ」は発足から12年目を迎え，約100名の委員を擁し，学校を支える大きな組織となっている。平成16年には，「御所南コミュニティ」の理事会を「学校運営協議会」とし，将来の市民（町衆）の育成を目指している。

平成17年度からは，京都市小中一貫教育特区の認定を受け，義務教育９年間の一貫した確かな学びのために，読解力を中心にカリキュラムを作成している。平成19年からは，御所南小学校６年生が京都市立御池中学校の校舎で学び，中学校教員と小学校教員による連携授業を進めている。読解力を基礎として，生活科・総合を中心に活用力及び探究力を育んでいる全国屈指の小中連携校（一貫校）の一つである。

小中連携の視点からは，小１から小５までは「基盤期」として，小６から中３までは「伸長期」として，９年間を通して一貫したカリキュラムマインドを共通のビジョンとして掲げている。以下は，「伸長期」へとつなぐ御所南小学校の連関カリキュラムである。

まず，教育系列の「連関性」から見ると，以下の点がうかがえる。

現代的課題（国際理解，情報，環境，福祉，健康等に関する総合的及び教科横断的テーマ）は，「総合コミュニティ」のテーマとして位置づけ，学年別のテーマ（３年：京都市，４年：生活，５年：職，６年：共生）を「コミュニティかがやき」と名づけている（学校全体のトータルシステムＰの中のp' d'で，教科・総合・特活，その他の領域―コミュニティの部会との連関性を図っている）。さらに，全学年共通テーマとして，「いのち・みらい」「こころ」を「コミュニティふれあい」と名づけている。すなわち，前者は，地域や学校の特色に応じた「ふるさと」や「創生」につながる認識枠（エピステモロジー）を設定し，後者は，各テーマ学習のなかで，児童・生徒が人と人との触れ合いを通して「いのち」や「こころ」の問題に目覚め，自分の在り方や生き方を見つめ，地域の未来や自らのキャリア（「みらい」）とのつながりを模索する（学校全体のトータルシステムＰの中のp' d'で，総合と道徳と特活との連関性を図っている），児童・生徒の興味や関心に基づく課題学習のコンセプトを取り入れた，系統的な連関カリキュラムの構想になっている。

京都市は，「論理科」を「読解メソッド」として，言語活動を通して「思考力」「判断力」「表現力」の育成に力を入れている。御所南小学校ブロックでは，平成20年度に教育課程特例校，平成24年度からは通常の教育課程内で実施している。様々なテキストを読み解き，学習のプロセスを通して学び方や読み解き方をメタ認知する学習活動であるので，各教科のなかで習得し，道徳・特活・総合等において活用，探究する活動には必須な知識・技能である。この意味において「論理科」は，言語活動を通して「見えない資質・能力」である「思考力」「判断力」「表現力」を顕在化していくための重要な教育活動である（学校全体のトータルシステムＰの中のp' d'で，教科・総合・特活の連関性）。

具体的には，この「論理科」に関しては，各教科のみならず，日常の読書活動との連関性の態様が特記すべき点である。すなわち，「読書クラブ」の取り組み，御所南読書ノート，「家庭での20分読書」推進（学習予定表に位置づける），学校図書館のシステム化との関連のなかで，また，「御所南コミュニティ」の理事会でもある学校運営協議会のなかの教師・保護者・地域でつくる各部会（文化部会，福祉部会，国際部会，コンピュータ部会，図書館部会，野外スポーツ部会，地域歴史部会，芸術部会，健康・安全部会，環境部会）のなかの図書館部会の支援も受けている（学校全体のトータルシステムＰの中のp' d'で，教科・総合・特活―コミュニティの部会との連関性）。この10の部会は，教科・道徳・総合・特活との連関性を担保している。

例えば，２年生の授業単元「おばあちゃん，おじいちゃん，大好き」は福祉部会と，特活「ミニミニ運動会」は全学年と野外スポーツ部会と，５年生の体育「大文字山登山」は野外スポーツ部会と，各学年「お話を聴く会」は図書館部会と，各学年「花で表現しよう」は芸術部会と，それぞれ関連してカリキュラムをつくっている（学校全体のトータルシステムPの中のp' d'で，教科・総合・領域―コミュニティの部会との連関性）。

さらに，特活「サマーカレッジ」（全学年）では，体験型学習を推進している。福祉部会，国際部会，コンピュータ部会，図書館部会，芸術部会，健康・安全部会，環境部会がそれぞれにブースをつくり，児童・生徒は２～３のブースを回り体験型学習を体験する（学校全体のトータルシステムＰの中のp' d'で，教科・特活，その他の領域―コミュニティの部会との連関性）。「御所南子ども体験ランド」では，東日本大震災に関連する課題に即した体験的学習（復興支援の学習と防災）を部会及び９学区の諸団体，消防署，警察署等が参画して行った（学校全体のトータルシステムＰの中のp' d'で，教科・特活―コミュニティの部会との連関性）。

また，京都市は「学び支援コミュニティ委員会」を設置しており，３校１園で連携して取り組みを行っている。主な活動として「御池宝探しツアー」があり，幼・小・中それぞれの学校運営協議会の協働・連携のもと，毎年500名近い子どもたちの参加を得ている（学校全体のトータルシステムＰの中のp' d'で，教科・特活―コミュニティの部会との連関性）。

次に，総合を中心とした教育活動の「連関性」を支える地域社会及び行政の一貫教育推進の態様を，「評価」に焦点化して述べてみたい。

PDCAマネジメントサイクルのなかで，PDSのＳを短期で検証し，次のＰへつないでいくうえで，CAは教育目標の具現化には必須な要因である。京都市では，確実に「指導と評価の一体化」の充実を図るために，「指導」の部分は教科・道徳・総合・特活の連関性を支える学校運営協議会の取り組みを小中一貫推進のなかで行い，それぞれの取り組みにおいて「学校評価ガイドライン」を策定して，次のような観点で各学校に「評価」を実施するよう指導している。

①学校教育目標の具現化―年度始めに教育目標実現に向けた経営方針を策定し，公表する，②教職員の共通理解と計画的な評価―校内で評価項目を共有し，一人ひとりが評価者の視点をもって学校運営及び学級経営に取り組む，③アンケートによる評価の実施―仮説の検証が可能なアンケートの実施のために，「確かな学力」「豊かな心」「健やかな体」に関する評価と児童・生徒，保護者の声を反映した評価を実施する，④自己評価に対する学校関係者評価の実施―自己評価の結果を客観的に評価してもらうために，学校運営協議会や学校評議員会による評価委員会を設置する，⑤教育委員会が評価結果を活用する。

さらに，簡潔で分かりやすい公表と報告のために，学校評価表や報告書のフォーマットを統一したものにすることを奨励している点も，誰もが共有できる透明性の高い評価の開示という点で効果的な工夫である。

そこで，御所南小学校の「評価」を例示する。学校全体の評価の年間指導計画は以下のとおりである。①校長より教育方針を提示する（４月）〔P〕，②校長から教職員及び児童に対し「日常活動の日常評価」を要請する（５月～６月）〔D〕，③保護者及びコミュニティによる学校の教育方針及び目標，さらに具体的教育活動への理解を図る（４月）→家庭訪問，参観や懇談，コミュニティ活動等による理解（５月～７月）〔D〕，④全国学力・学習状況調査の結果を分析する〔C〕，⑤上記①～④を「中間評価」として総括し（７月）〔C〕，⑥自己評価分析，課題の整理，改善策の検討を行い（８月）〔C〕，⑦それを「中間報告」としてまとめ（９月）〔C〕，⑧具体的な「改善プラン」が出される〔A〕。一方，⑨家庭訪問，参観や懇談，及びコミュニティ活動等による理解（５月～７月）をもとに保護者及びコミュニティの評価の分析と整理がなされ〔C〕，⑩中間評価と手立ての公表に基づき（10月），⑪改善プランの実施となる（11月）〔A〕。⑫このサイクルが11月から翌年２月まで再度行われ，年度末評価へとなっていく流れになっている（評価におけるPDCAマネジメントサイクル)。

以上，カリキュラムマネジメントの連関性と評価に焦点をあてて連関カリキュラムの態様を見てきた。最後に，「連関性」を構築していくためには「協働性」が必要であることを，御所南小学校でのインタビュー（平成25年11月21～22日）から確認できた。

同校では，現在，教務主任が小中連携リーダーの役割を担い，主に2つの内容に関わっている。一つには，小・中学校乗り入れ授業のカリキュラム構築である。今一つは，コミュニティの各部会と教科との調整である。教師の多忙感をできるだけ削減しつつ，地域社会に応えていくためには，フットワークと小まめな連絡・調整を根気よく続けていくことが必須である，とA教諭は語ってくれた（京都市教委，御所南小学校には，平成25年11月21～22日にフィールドワークによって確認している)。

〈注〉

⑴例えば，平成21年度から教科担任制と少人数学習集団の編成を組み合わせた「兵庫型教科担任制」を導入して小中連携の取り組みを行ってきた県内市町組合教育委員会対象の連携についての実態調査（平成22年10月）の結果からは，①教員との人間関係の広がりや学習の深まりによる子どもたちの成長，②多面的な児童・生徒理解に基づく組織的・協力的な指導の充実，③発達や学びの連続性を確保するための小・中学校の円滑な接続などにおいて，教育効果が高いシステムであると教員，児童・生徒，保護者から評価されていること，④実施年度の経過につれ教員のチーム意識が高まり，組織的な学習指導や生活指導が充実することも明らかになったとされている。また，小学校側からの連携に向けた条件整備が整いつつある一方で，中学校側からは小学校の教育内容・方法の理解が必要であるなど，小・中学校双方からの連携を促進していく必要性なども明らかになったとされている（兵庫県教育委員会『小・中学校連携の取組例―小・中学校の「学び」のつながりを目指して』平成24年3月)。

⑵筆者（中留）は平成5～20年（15年間)，文科省の教育研究開発企画評価委員を務めてきた。管見の限りでは，小中連携，一貫を打ち出した学校の応募は多かったが，全教科・領域を対象にしたケースは皆無に近かった。

⑶ベネッセ教育総合研究所の調査では，区分けは6種類ほどある（『VIEW21［中学校版］』2007年4月号)。

⑷例えば，比較的早期（平成16年度）から，小中連携に取り組んできた京都市の義

務制学校の場合で見ると，小中連携の「重要性」は高く認識されていたが，「充実度」となると小・中共に１割程度と低い（教務・生徒指導・研究・連携の各主任対象に平成16年調査。京都市総合教育センター『小・中連携教育の在り方―アンケート調査を通して探る連携を充実させるための条件』報告書，平成16年）。なお，同調査では，同じ学校種でも「重要ではあるが充実した連携ではない」が多い。こうした傾向は，全国的調査こそないが，恐らく今日においても全体的な傾向であろう。

⑸大学を対象とした研究成果は，中留武昭『大学のカリキュラムマネジメント―理論と実際』東信堂，2012年，参照。

⑹例えば，熊本県八代市教委では，市としての教育目標のなかに「小中一貫，連携教育」を位置づけ，川崎市では，研究開発や特区の改革適用を受けることなく，「川崎市教育プラン」の重点施策の基本理念のなかにそれを位置づけている。

⑺前掲中教審作業部会「小中連携，一貫教育に関する主な意見等の整理」。

⑻例えば，千葉市加曽利中学校区の小中連携に関する教職員の意識調査（平成17年）では（10項目の必要性・共通理解等），「カリキュラムづくりが必要である」と認識している数値は最低（４点のうちの小・中共に2.7）であった。千葉市教育センター『研究紀要』第14号。

⑼この点，例えば，先の京都市の調査（注⑷）。

⑽北海道立教育研究所・北海道教育大学『小中一貫教育に関する研究―学びの連続性を踏まえた教育を目指して』平成18・19年度研究成果報告書。

⑾広島県立教育センター『総合的な学習の時間の教育効果を高める「評価」に関する研究―小中連携教育の視点によって』2001年。

⑿地域と学校との連携による協働体制への再編・構築は，中留武昭『学校と地域とを結ぶ総合的な学習―カリキュラムマネジメントのストラテジー』教育開発研究所，2002年，参照。

⒀筆者らは，京都市教委，御所南小の実践，及び堺市教委の実践について，いずれもフィールドワークによる確認を行ってきた（平成25年11月21～22日）。

⒁こうした教頭の職務の実態については，中留武昭監修『学校を改善する―教頭の指導助言実践事例集』（全国公立学校教頭会編，1988年）でも分析してきた。

⒂協働文化形成の専門職性については，中留武昭「学校経営における協働文化の形成と専門職性の再吟味」第６章，中留武昭教授退官記念論文集『21世紀の学校改善―ストラテジーの再構築』第一法規，2003年，参照。

⒃同校の成果報告である「文部科学省研究開発学校平成23年度研究開発実施報告書（第３次）千葉県船橋市立若松小中学校」をもとにしている。なお，同校には平成25年11月に，中留・曽我による訪問インタビュー（対校長）を行ってきた。

第10章　カリキュラムマネジメントのリーダーとしての役割

ここで，ぜひとも取り上げておく必要性のある事項が，総合的な学習のカリキュラムリーダーとしての固有な役割とそのリーダーシップ機能に関する知見である。

そこで，まず1において，学校組織の特異性を前提にして，スクールリーダーの一人としての総合的な学習のリーダー，特に「チームリーダー」としての位置づけと役割について基本的な知見を述べる。次いで2では，総合のリーダーとして，機能的連関性（第６章参照）の前提となる教育ビジョンの共有化と，それを専ら促すことになるリーダーシップのスキルを考察する。そして3では，総合のリーダーを対象にしたカリキュラムマネジメントへの意識調査を行った結果を，ごく一部であるが提示する。これはおそらく我が国で初めての調査研究であるが，これを通して今日までの総合の到達点を明らかにする。最後に4では，以上の1～3までを通して（特に3の調査結果の一部を活用），総合のリーダーのカリキュラムマネジメントの力量向上に必要な条件を提示する。

1 学校組織の特異性と総合のスクールリーダーとしての地位と役割

一般的にリーダーシップとは，当該組織のポジション（地位）に関係なく，当該問題やタスクを解決するために構成員や周囲の人々を巻き込み，協働によって引っ張っていくマネジメントの「スキル」である。つまり，すべての組織において，トップはトップなりに，ミドルはミドルなりに，フォロワー（follower）はファロワー（follower）なりに，リーダーシップが要求されるわけである。このように，リーダーシップは一般的に，地位上の役割遂行に応じて必要となる「スキル」なのである。ところが実際には，大方の組織において，トップをはじめ職位の高いものほど裁量と権限が大きいので，リーダーシップが発揮されないと，「ない」こと自体が目立つことになりやすい。逆に，職位が低くなればなるほど，リーダーシップを発揮するとそれが目立つものとなりやすい。

こうした一見矛盾しているかのように見えるリーダーシップの背景には，基本的にリーダー（職位と役割において固定化された指導者）がその地位・役割上においてリーダーシップを発揮する面と，職位とは関係なくフォロアーが個人として実質的にリーダーシップを発揮する面の両面があることが分かる。後者のように組織においてフォロアーが個人としてリーダーシップを発揮するということになると，リーダーシップとは，自分の担当する職務の範囲を超えて，関係者とのコミュニケーションによって「協働」する限りにおいて，問題解決に対応するスキルをいかに担保するかにあるものと言えよう。結果，リーダーシップは形式的には地位の上にある者が発揮して当然なのであるが，そのスキルによっては地位とは関係なく発揮される性質のものであると言えよう。

だが，このようなリーダーシップ論は，主に職位が固定されやすい企業や官庁などのピラミッド型の組織（職位に即したリーダーシップ）では難しいが，逆に学校組織の場合は妥当性が高いものと言えよう。なぜなら，教師は公・私立学校を問わず，実践的には教科や学年に位置づきながら，教務部や生徒指導部等の校務分掌を担当するなど複数の組織にまたがって位置づけられているのが普通で，さらに授業においては，教師個人としても複数の同僚や児童・生徒とフォーマルにもインフォーマルにもつながっているなど，蜘蛛の巣型ないしはネットワーク型の組織に位置づいているわけだから，リーダーシップの態様も複雑なものとなる。

このように，学校組織においての教師は，ある校務分掌ではリーダー的役割を担っていても，別の組織ではフォロワーであるというのが常態である[(1)]。リーダー行動を基準化（標準化）しにくいのである。学校では，このように一人の人間がリーダー（leader）とフォロワー（follower）との入れ替わりを恒常的にしているのであるが、それだけではなく，同一職においてさえ，例えば教頭職の役割などに典型のように，その仕事の標準化は不可能に近いくらい極めて多様なのも現実である[(2)]。

この点で総合のリーダーには，総合のカリキュラム自体に各教科・学年との内容・方法上の連関性が要請されると同時に，それらの連関性を学内・学外における多くの関係者との協働において担保しなければならない。そうしたことから，総合のリーダーにあっては，学校全体（カリキュラムをはじめ組織運営においても）を対象にマネジメントしていく際の組織体制や組織文化についての認識は，形式的には校長・教頭など管理職と類似（相似）した構造をもっていることが，3で述べる筆者らの調査結果からも分かってきた。

端的にいうと，総合のリーダーの職務の標準化は教頭に次いで複雑で（教務主任が兼務する場合が多い），リーダーとフォロワーとの関係性は極めて流動的である。即ち，こうした総合を含めた学校組織におけるリーダーとしての役割行動とリーダーシップのスキルは，専門職性の態様を含めて一般組織体とは大きく異なった様相を示すこととなる。

ところで，校長・教頭・主任（教務主任，または総合のリーダー）の職名と関わり，補足しておきたいことがある。それは近年，用いられることが多くなってきたスクールリーダーの名称と総合のリーダーとの関係性と位置づけ方の特異性である。

「スクールリーダー」の用語普及の背景には，OECD=CERIのISIP（学校改善に関する国際共同研究，1983－1986年，当時の文部省）がその幕開けとしてある。この共同研究には筆者（中留）も日本側委員として直接関わってきたが，その最終報告書[(3)]で使われていたのがこの用語である。当時，国際的にこの用語を使ってきた背景には，ISIP加盟国でも，学校の組織体制が異なることから，職位ではなく学校のリーダー（スクールリーダーの用語の登場）とすることにより，学校組織の特性でもある，リーダーとフォロワーとを兼務している実態に焦点を合わせる必要があったのである。実際には，管理職をはじめとしたミドルレベルのリーダーを包括した「スクールリーダー」がISIPでの各国共通の研究対象となっていた（この点では，日本の制度化された「主任＝syunin」が注目された）。

総合のリーダーの存在も，まさにこのスクールリーダーの一人なのである。それは，義務制学校では，教務主任（高校では教務部長名の所もある），研究主任，あるいは学校経営上特に総合に重点を置く学校では総合的な学習の主任が担い，スクールリーダーのなかでもミドルリーダーにあたる。この担当者のリーダーシップの重要性については，すでに総合が創設される直前の研究開発校での実証においても明らかにされていたが[4]，実践の背景には優れた中堅の主任の存在が明確にあった。

ここで，ミドルリーダーとしての総合のリーダーに特に重要な力量は「チーム力」にあることを明確にしておきたい。総合はその性格上，一人ではできない（教科横断的なクロスカリキュラムを想定すれば，学級担任制の小学校では可能でも中学校・高等学校では難しい）。また，すべきでもない。総合のチームリーダーとして教務主任がこれを兼務し，あるいは研究主任・総合主任として位置付いている場合にしても，総合担当のリーダーの力量として重要なのは，チーム力を発揮することである。

既述のように，学校組織の構成員（教職員）は，マトリックス型の組織のなかで横断的に動くところに大きな特色がある。特に総合は，横断的・総合的な学習をはじめ，現代的課題，児童・生徒の興味・関心，さらに特色ある教育等を対象としている典型的な時間であり，総合のリーダーは，基本的に自分の担当の職務範囲を超えて，関係者との密なコミュニケーションによってチームとして機能していくこと，即ち「協働性」を強く認識することが期待されている。総合のリーダーにこのチーム力としての「組織力」＝「協働力」が期待されていることは調査研究の結果にも表れているが，チーム力の内容を組織力・協働力と関わってさらに明確にしておきたい。

こうした組織においてとりわけ重要になるのがリーダーシップのスキルで，スキルがなければリーダーによる問題解決は不可能に近い。そこで必要なリーダー行動は「チーム力」としての「組織力」であり，その中核にあるのは「協働力」を創出し，これを維持・発展させていく「コーディネータ」(coordinator) としての力量であると言えよう。こうした「チーム組織」観から生じてくる教師の「学習観」は，チームが学習する（相互研修としての校内研修経営[5]が典型）ことによってカリキュラムと組織をめぐる諸問題に関する学習が行われることになるが，この学習を通してチームに所属する個々のメンバーの力量が向上し，ひいては組織全体の力が向上していくことになるわけで，ここに組織力＝協働力向上の原点がある。

この点を今少し別の視角において敷衍すると，学校教育の成果（パフォーマンス）は，総合をはじめとした個々のチームが独自に達した成果の総和というよりも，重層的に構成されたチーム間の協働によって総合的に達成されるという特色をもっている[6]。この点で，総合のリーダー担当に専門の研究主任が充当されているような場合，校内研修を通しての総合のリーダーに対する期待にはいっそう大きなものがある。

2 機能的連関性を促す総合のリーダー

総合のリーダーがリーダーシップを発揮する上で必要となるビジョンの共有化のスキルをここで取り上げるのには，大きく２つの理由がある。一つは，リーダー論研究（概念・定義）からの知見であり，今一つがここでの考察の中心であるが，カリキュラムマネジメントの基軸の一つでもある連関性のなかの「機能的連関性」（第６章）に関わって，それを総合のリーダーとして促す必要性からのものである。

1　リーダーシップ研究の成果からの吟味

リーダーシップの概念自体は，極めて多岐にわたっている（あるいは重なっている）ので，正解はないと言った方がよい。1900年以降の「特性論」，1940年代以降の「機能論」（行動論），そして1970年代以降，今日において実践的にも使われやすいという「条件適応理論」，2000年以降，今日までの多様な「コンセプト」を前提にした「変革型のリーダーシップ」としてこれを捉えることができる。こうした理論の軌跡にはほぼ合意があるようだが，概念に関する限りにおいては，今日でも研究者間に一致した見解があるようには思われない。例えば，3,000以上ものリーダーシップ文献を検討したストッグディル（Stogdill, R. M.）は，リーダーシップの概念を決定しようとしたのと同じぐらい多くの異なったリーダーシップの定義が存在しているとしている(7)。

各論的にはそれぞれの特色と同時に問題点も多くの論者から明らかにされてきている（教科書的な知見ともなっている）が，その吟味が目的ではないので，ここでは筆者らが，学校全体の，また総合のリーダーシップ論の理論的考察において妥当なものと考える第４の変革型リーダーシップ論を取り上げる。

この変革型リーダーシップ論にも多くのものが見受けられるが，基本的にはフォロワーへの指導・助言を通して組織全体を蘇らせ，変革していくことをねらいに置いている。そのための変革型リーダーの役割としては，①組織に強固なビジョンとミッションを提供する，②フォロワーが十分に行動しうるよう個別の配慮をする，③フォロワーが自分で問題解決できるよう支援する，④フォロワーが努力しやすいシンボルを作る等，フォロワーに内在する潜在的な努力を呼び起こすことにより高いパフォーマンスを引き出すことにねらいがある(8)。

学校組織における総合のリーダーを対象にした場合，①，④はビジョン構築のためにポジティブな組織文化＝協働文化の形成に向けたリーダーシップのスキルが求められ，②，③はそのためのフォロワーへの指導様式であり，これらを課題とするリーダーシップ論は文化的リーダーシップ（cultural leadership）(9)とも呼称されており，本書でもたびたび吟味してきている組織論（組織体制と組織文化との合成力）と呼応してのリーダーシップのスタイルでもある。なかでもビジョンの形成・共有化は，組織論から言えば，ネガティブな組織文化をポジティブな協働文化に変えていくための中心的な特性なのである。

2　機能的連関性の確保の再吟味

次に，総合のリーダーとして教育目標の具現化を図ることと関わって，コーディネータとして上の教育ビジョンの共有化を図ることは機能的連関性（第６章）と深い関係があることを説明する。それというのも，機能的連関性が直接吟味の対象としている内容は，教育目標―重点方針―学校全体のカリキュラム編成の基本方針―年間指導計画（各教科，道徳，特活，総合）である。なお，総合の年間指導計画は，総合のカリキュラム編成の基本方針に基づいて作成されるべきものである。教育ビジョンの形成・共有化は、上の各段階（レベル）を一貫してつながっている教育のフィロソフィ（理念）でもある。

また，「学校組織の中に強いビジョンを構築し，これを共有化する」ことは，学校改善（第２章）と関わりことさら重要である。このことは，学校全体のカリキュラムマネジメントの位置づけとも関わるが，第１章でも述べてきたように，変革を意図した学校改善の中心にこのビジョンを位置づけ，さらにビジョンと学校改善との境界線上に総合のカリキュラムを構造的に位置づけて，それを校長・教頭等管理職にあるスクールリーダーとミドルリーダーとしての総合のリーダーとの協働体制において，総合のカリキュラム開発を通して組織全体を蘇らせ，特色ある学校づくりを果たしていくことが学校経営の新しい戦略の一つともなろう。ただ，こうした視点からのビジョンの形成，共有化は，その必要性が叫ばれているわりには研究的にも実践的にもほとんど進んでいない。

ここで，ビジョンとはそもそも「何か」を明らかにしておく必要がある。ビジョンとは，およそ全ての組織においてあるべき未来像（将来像）を可視的（visible）に表現したものと言ってよい。そこには，組織の置かれた環境・条件等が踏まえられた形において，トップリーダーの夢やロマン，それらを支える意志（will）が反映されている。組織が目指しているものは何かを理解する全ての関係者にとっての共通の道標となるのがこのビジョンである。ビジョンを作る上で，一つの道標となるのが「生きる力」である。

そこで，近年の学校におけるビジョンの例をアットランダムにではあるが取り上げると，一般的にかなり多様な表現のあることが分かる。それでもほぼ共通しているのは，「未来像」として児童・生徒像，教師像，学校像を挙げてビジョンとしている点が共通している。しかし，こうした像を機能的連関性から見た場合の位置づけ方に，実は大きな問題がある。なぜなら，「像」は一般には教育理念のなかに無自覚に埋もれていたり，あるいは教育目標の中に組み込まれていたりと曖昧であり，従って，教育目標具現化の手続き過程の一要素として認識されてはいるのだが，ビジョンと目標との連関性が大方において欠けているなど，まさにこれらの点で多様だと言える。そこで最小限，ビジョンと教育目標・計画との間に内容上の「機能的連関性」をつくること自体が，特色あるカリキュラムマネジメントの前提として重要なのである。

即ち，ビジョンの具現化を図るという観点からは，ビジョンを教育目標―重点方針―学校全体のカリキュラム編成の基本方針―総合のカリキュラム編成の基本方針による年間指導計画の手続き過程にまで，そのフィロソフィを浸透させる必要性がある。さらに，アクション計画（実施に向けての年間指導計画―単元計画―授業―評価）にまで連関させて（つなげて）いく必要がある。ビジョンの共有化とは，これらの具現化の手続き過程において，ビジョンがもつフィロソフィを関係者の協働においてつなげることなのである。

総じて言えば，ビジョンの内容構成の範囲に関しては，少なくとも子ども・教師・学校の３分野の未来像（将来像）をそこに反映させる工夫が必要である。ことに教育目標との連関性を踏まえたビジュアルな表現によるビジョンを策定することがポイントであろう。

ここでは紙幅の関係から具体例を取り上げられないが，ビジョンの策定，具現化のための共有化においては，この手続き過程が透明であり，それが一人ひとりの教師にとっても「納得できる」「実践に結びついている」と受け止めることのできる手続き過程としては確保されていなければならない。そこで，以下にビジョンの手続き過程を透明性のあるものにしていくのに必要な総合のリーダーにつながる（スクールリーダー全体に必要となる）リーダーシップのスキルを整理する。

①ビジョンを具現化する教育の目標―重点方針，そしてそれらをさらにカリキュラムの内容へと肉付けしていくべく，学校全体のカリキュラ

ム編成の基本方針と総合的な学習のカリキュラム編成の基本方針の双方を年間指導計画と連関させ，それを実践（D）の機会があるたびに確認し，かつメンバー（フォロワー）に明確に語りかけること，②目標の実現度への期待について，その都度メンバーにオープンにしていること，③メンバーの力量，成長目標について率直に現状を評価し，レベルアップの支援に心がけていること，④自分の問題や不都合なことについて謙虚に聞く耳を持っていること，⑤自分の決断の過ちが明らかになったときは，直ちに修正するのを厭わないこと，⑥事態や現象に振り回されず，骨組みや構造をつかむようにすること，⑦考えやアイデアを「よい，悪い」「好き，嫌い」といった単純評価で切り捨てないこと，⑧物事を一面から見ないように，違う見方はないか，別の立場はないかなど，対比して考えるようにすること，⑨枝葉末節にとらわれず，中心点は何かを見極めるようにしていること，⑩物事を広い視野（perspective）のなかで置き直して考えること，等である。

こうしたスキルの特性を総括すると，結局，リーダーにおける組織力の属性には，同僚性（①，③），革新性（⑤），参画性（①），開放性（②）をはじめ，決断力・判断力（④，⑥，⑧），発想力（①，⑦）などのあることが理解されよう。

3 総合のカリキュラムリーダーに関する調査研究結果の吟味

筆者らは，「総合は一人の教師ではできない」を前提に，組織として行うことに対してのカリキュラムリーダーとしての認識，また，当該校の総合の実際に対するリーダーの認識を数量調査において明らかにすることにした。調査対象はＨ県立高校（全日制）〈92校，有効回答51校，回収率55.4％。郵送法：平成26年３月８日～３月24日〉の総合のリーダー（教務部長）である[10]。

調査は，数量調査（設問カテゴリー87，計1,637組のクロスのうち有意水準項目116，Cramer's V）によった。今回の調査は膨大な数のクロスがあるので，設問カテゴリー87の中から，本章と直接関わる５項目のみに限定して掲載する。

ここでは，カリキュラムの組織化に関わる結果のみ（設問項目の内容の一部，設問設定の理由・仮定は省く）を，12点に絞って示すこととする。また，この結果の一部を，総合のリーダーによるリーダーシップに必要な条件を考察していくための資料として4で取り上げる。

(1)　機能的連関性の態様について，「カリキュラム編成の基本方針の位置づけ」の所在に関しての回答を求めたところ，①学校の重点方針の中に他の方針と並列して位置づけられている…25.5%，②重点方針と関わりながらも，独自に位置づけられている…25.5%，③教務関係の役割の中に主として入っている…27.5%，④①〜③に適宜組み込まれている…17.6%，と①〜③のほぼ3つに分割されていることが分かった。総合のリーダーは，少なくとも総合のカリキュラム編成の基本方針が学校全体の教育目標具現化のどこに位置づけられているのか，当該校において「総合を作り，動かし，変えていく」ことを特色ある学校づくりの重要な視点として認識する必要がある。回答結果では，「独自な位置づけ」があるとしたのは，４分の１のみであった。この点，学校全体のカリキュラムにおける総合の位置づけの認識が「希薄」なことがうかがえる。

(2)　リーダーによる指導・助言の態様については，以下の機会（場面）において「助言をした」との回答を得た。①学校全体の総合の評価を新年度の総合の年間指導計画に反映させるために共通理解を促す，②教育目標—重点方針—カリキュラム編成の基本方針の間に連関性を持たせる，③編成の基本方針を年間指導計画につなげていく，④総合の年間指導計画に生徒の実態を反映させる，などである。回答の結果については，４項目において「強調してきた」と「あまり強調してこなかった」を合わせると８割前後であった。「あまり強調してこなかった」には控えめな助言が含まれることを考慮すると，何らかの形で「ほぼ助言してきている」ものと受け止められる。その内容が新たな研究上・実践上の課題ともなる。

(3)　我が校における「組織力」（組織体制と組織文化との合成力＝第６章）

の程度について，それぞれ10項目を設定して回答を求めた。結果，「低い」と「高い」の割合はおよそ２対８で，リーダーの認識として組織力は「高い」と回答している。うち「組織力が高い」理由（３項目を選択）の１位は「学年を中心にホームルーム担任が共通理解し，学年のまとまりがある」（43.1%）であった。一方，「組織力が低い」理由については同じ項目の逆を選択肢としたが，回答の多くは人間関係に代表される組織文化が選択された。関連の回答項目の相違を考慮した結果，「組織の合成力」としては協働文化をベース（前提）にした協働体制を志向しているものと受け止められる。

(4)　協働体制の合理的な在り方（例えば役割分担の明確化）は，総合のリーダーが教科間の内容・方法上の連関性を開発する際の指導・助言との間に相関が高かったことから，リーダーによる連関性レベルでの指導・助言の可能性のあることが示唆されたものとして受け止めることができる。このことから，総合に適した校務分掌の合理的な在り方を工夫することによって，教科・領域・学年を超えた総合のカリキュラム開発を促していく示唆を得ることができる。例えば次に示すように，教科主任会・学年主任会の在り方にまで配慮する必要がある。

(5)　教科主任会において，学習内容や方法について相互に共通の課題を議論するような時間や機会がない場合（70.6%），連関性をもった総合のカリキュラム開発が希薄となりやすい。

(6)　総合のリーダーは，総合と教科との間に内容上の連関性があることを肯定的に捉えているし，その連関性と課題解決的な組織体制との間に合理的な協働体制が介在していることをかなりの程度において認識している。このような認識のもとでは，総合での新しい試みや実践の可能性が多く見込まれる。

(7)　総合での連関性に関心のある学校，また，同僚性意識のもてる教師の多い学校は，課題解決的な取り組みのできる学校でもあり，そこでの学習環境が開かれている状況（例えば施設・設備のオープンな活用など）に置かれていることがわかった。

(8)　教育ビジョンの共有化は，合理的なマネジメントやフォーマルな組織・運営のもとで生かされてくる。また，ビジョンの共有化は学校種別を超えてのマネジメントにも可能なものと総合のリーダーは認識している。

(9)　学内で「悩み」を何でも打ち明けられる開かれた雰囲気は，合わせて学外の環境とも協働を通して開かれるものとリーダーには認識されている。すなわち，協働文化は学内・外において組織を超えた広がりを内包しているという認識がある。

(10)　「革新性」を内包した協働文化は，カリキュラムマネジメントのＤ段階（特に授業）との関係性が強いものと認識されている。その一方で，総合を媒介とした教師の変容に関する別の設問に対する回答では，総合の実践を通して確かに協働性はできており〈後掲(12)〉，その点での組織の活性化は見られるのであるが，PDSの機能的連関性に見られる協働は，Ｄレベルでの単元や教材の開発，さらには授業の見せ合いというような日常レベルでのきめ細やかな協働にまでは至っていないとリーダーは見ている。

(11)　「学校や地域との交流において，互いの異文化に対しての理解が必要」という認識は，「校種を超えたところでのカリキュラム上の連携にも関わる必要性がある」という認識との間に強い相関が見られた。これは，小中連携，一貫校をめぐる総合のリーダーからみた新しい知見である。

(12)　総合の導入から今日までおよそ25年が経過したが，総合による生徒・教師・学校各々のこれまでの変容（上位３位まで）は，生徒においては，①キャリア（広義）に対する興味・関心，②職業（狭義）に対する興味・関心，③表現力が高まってきたこと，教師においては，①授業実践に対する工夫の多様化，②仕事量の増加，③指導内容や方法における協働での工夫，④総合のカリキュラムへの共通理解の必要性の増加〈③と④は同率〉，学校全体としては，①学校の特色が出てきている，②授業が活性化し生徒とのコミュニケーションが増えてきている，③学校全体の雰囲気が活性化してきている，などと認識されている。なかでも，こうした変容と関連する設問項目と総合のリーダーによる実践に対しての自己認識とをクロスさせた結果からは，総合における協働体制と協働文化の創出が生徒・教師・学校の変容にも浸透しつつある。この点については，相関の有意水準が極めて高いことから分かってきた。

＊

この調査の中心は総合のリーダーの「組織力」＝「協働力」であり，この点で見えてきた新たな知見として，組織力が組織体制と組織文化との合成力であるということは明らかにされたが，では，それが意味するところは何か。

この点と関わって，同調査では，組織（勤務校）のなかで普段リーダーとして遭遇する「問題場面」，例えば「自分なりの仮説を作り，主体的に動きたい」「事務的業務の合理化を図りたい」「結果の見通しを立てたい」等（11問）の設問を作成して，総合のリーダー自身がこれらにどう対応しているのか回答を求めた。その際，選択肢として，「総合」における対応と「学校全体」における対応とを並置した上で，さらに，双方のいずれの場合にも，学校改善上，Ａ「組織体制」の「改革」を通してと，Ｂ「組織文化」の「活性化」を通しての，どちらによる対応に重点を置くのか計４つの局面を用意して答えてもらうようにした。

結果は，「総合」（Ａ組織体制，Ｂ組織文化）と「学校全体」（Ａ組織体制，Ｂ組織文化）の４つの組み合わせから判断したところ，総合と学校全体，組織体制と組織文化との間には，総合のリーダーとしてほとんど同様の対応傾向のあることが分かった。加えて，全体として，組織体制よりも組織文化の方を選択したのが７項目，逆に組織文化よりも組織体制の方を選択したのが３項目，組織文化と組織体制とをほぼ同程度に選択したのが１項目であったことから，問題場面の対応には，まず組織文化への対応を認識していることが分かった。

まとめて言えば，①リーダーは，学内での課題対応にあたり，総合と学校全体とにおいて，いずれも組織文化・組織体制に対しては，学校改善上同じような対応様式を取る傾向のあること，それを前提にしながら，②リーダーは，どちらかと言えば組織体制よりも組織文化に重点を置いて対応する傾向のあることが分かった。

以上から，総合のリーダーは，総合の組織文化と組織体制，学校全体の組織文化と組織体制との間においては「相似形」の対応認識の構造を持っていることが分かった。

すなわち，ミドルリーダーとしての総合のリーダーの組織認識は，学校全体を対象として動いているスクールリーダーのなかでも学校管理職と類似した組織認識を持っていることが明らかになったと言える。特に，教務主任（部長）も似た認識様式をもっている（この点で，学校規模等にもよるが，教務主任の兼務には一定の意味がある）。

総合のリーダーは，総合の「ねらい」に即した学校全体の固有の「カリキュラムマネジメント」方式を生み出すことにより，校長・教頭・教務主任（総合のリーダーを兼務する場合も含む）を補佐しながら，かつ彼らと「協働」で，総合のカリキュラムマネジメントにミドルリーダーとして専門的に関わることによって，学校改善や特色ある学校づくりに寄与すべく固有な任務を負っていることとなる。

4 カリキュラムリーダーに必要な力量

最後に，総合のカリキュラムリーダーとしての役割，特に調査研究の結果等から見えてきた総合のリーダーの力量を向上させるための必要条件について，若干の事例を取り上げながら整理する。

その際，第９章で取り上げたように，小中連携，一貫校の試みが急増してきた昨今，総合のカリキュラム開発の連携上の課題として，児童・生徒の「学習歴」の重要性が新たに浮上してきたと言える。併せて，連携を促す総合の新たなリーダーの存在もまた必須と認識される。そこで，総合のカリキュラムリーダーの力量向上の必要条件として，単位学校でのリーダーとしての力量に加え，連携における新たなリーダーとしての力量についても明らかにしておく必要がある。

幸い，3の調査結果からは，校種を超えて，総合のカリキュラムマネジメントのリーダーとしての必要条件を見いだすことができると思われる部分も浮き出てきているので，連携における新たなリーダーの役割という視点からの仮説的な知見も明らかにする。

総合のリーダーとしての力量向上に必要な条件の第1は，総合に組織的に取り組むにあたって，現行の組織体制を変えようとする場合も維持していこうとする場合もいずれにおいても，当該校の教職員が総合に対して持っている意識（組織文化）改革と合わせて総合のカリキュラムマネジメントをしていく必要があるという知見である。この点，実際にマネジメントを行う総合のリーダーとしては，まず校長・教頭等スクールリーダーとの協働のもと，総合の基本的な方向づけを積極的に企画していく力量が必須となる。そうすることによって，学校全体において総合が持つカリキュラム上の重要な位置づけ，そのための組織化などについて先験的な知見を共有化できることで，総合のカリキュラムをめぐる協働性は可能となる（率先型のリーダーシップ）。

この点，総合のリーダーによる組織認識は，総合と学校全体の組織体制と組織文化との間に，これを組織力としての「合成力」として位置付けながら，①双方（体制と文化）における相関は「相似形」にも似て極めて高いこと，②総合のリーダーとしては，比較的体制よりも文化の方に重点を置いて日頃の課題に取り組んでいこうとする意識（文化的リーダーシップ）を持っていることが調査結果からも検証されている。

また，総合を通して児童・生徒，教師・学校が変容してきており，その変容がリーダーによる組織文化と組織体制の組織力にあるという認識構造は，学校全体のリーダーである校長・教頭の管理職と総合のリーダー（教務主任兼務も含め）との協働において，総合のカリキュラム編成（基本方針の位置づけまで含め）を学校全体のカリキュラム編成のなかに位置づけることの重要性として，いかに共通理解するかが必須の課題となることを意味している。

第2に，総合には，現代的課題（横断的・総合的課題），児童・生徒の興味・関心に基づく課題，地域や学校の特色を生かした課題，課題探究・問題解決の資質・能力の向上を目指した課題などがあることから，単元計画や年間指導計画を学校全体のカリキュラム編成の基本方針と深く関連させて策定する必要がある。この点で，内容上の連関性が必須であり，総合のリーダー自身がそのための協働を教師間で計画的・組織的に生みだしていく必要がある。

この場合，総合のチームリーダーとしては，各教科等の単元計画を整理して一覧を作成し，学期ごとに各教科（主任），領域のリーダーに各単元の内容上において関連性があると思われる部分を担当者から抽出してもらい，教科間，教科―領域間において新たな学習内容・方法（少人数，習熟度，ＴＴや新しい学習方法，コンピュータのスキル，総合のゲスト等との方法上の新たな連関性を含む）を作成すべく連絡・調整を積極的に遂行していかなければならない（教科主任・学年主任が授業進度の調整にのみ追われることなく，カリキュラムの連関性により教科・学年を超えて多くの配慮ができるような時間とその機会の創出が必須ともなろう）。

実はこのコーディネータとしての連絡・調整役こそは，校種を超えた総合（他の教科間においても）の新しいリーダー役にも深く関係してくるものである。先の調査結果では，現行の総合リーダーは，地域との交流や校種を超えた異文化間の関係の存在に対しての認識力も高い。

こうしたことから，先進的に取り組まれている小・中学校の連携，一貫校においては，現在，総合を含めて教務主任による連絡・調整活動が精力的に見られるようになってきたことと関わって大きな課題も見えてきているが，それは最後のまとめで述べる。

筆者らが教務主任レベルを対象に行ってきた校種間連携に関する２つの調査研究の事例（実際のフィールドワーク＝面談〈2013年12月16日，17日〉と７日間〈2014年１月20日～１月30日〉の言説・行動の記録化）がある。双方とも，連携による総合のカリキュラム，あるいは教科（体育）開発のレベルまでに至っており，今後，発展する可能性を秘めていて，基本的には連携における新たなリーダーとしてのイメージを持つことのできる事例であるので，ここで以下に取り上げる。

まず，京都市立御所南小学校，同市立高倉小学校，同市立御池中学校の３校は１ブロックとして施設分離型の５・４制小中一貫教育を推進している。御所南小学校は，平成９年度に研究開発校として総合的な学習を中心にしたカリキュラム開発を行ってきた。平成14年度より学校と地域・保護者をつなぐ組織として学校運営協議会（コミュニティスクール）を充実させ，平成17年度には京都市小中一貫特区を受け，さらに平成19年度には御池中学校の校舎で小学６年生が学習し，中学校教師と小学校教師による連携授業を進め，読解力を育成するとともに，生活科・総合的な学習を中心に探究心を育成している。

ここでは，御所南小学校の教務主任が連携リーダーとしてどのように小中連携を推進しているか，その態様の一部を７日間の言説・行動の記録から簡明に述べる。

連携のための連絡・調整に費やした時間は，午前中は一日平均2.5時間で午後は1.5時間である。連携以外の学内の教務関係の仕事に費やした時間は，午前中は一日平均１時間で午後は3.2時間である。連携校との連絡手段は主に電話連絡で，その内容は特活や授業（中学校舎にいる小６のTT担当）及びコミュニティスクールにおける講師と授業担当とのカリキュラム上の連絡・調整である。中学校舎と行き来するフットワークの軽さと連携校との小まめな連絡・調整におけるコミュニケーションが連携リーダーの役割であることがうかがわれる。

特に京都市の場合は，学校と地域及び保護者との連携を主眼とする総合的な学習の充実のためにコミュニティスクールの活動に力を入れている。このソトとの連携並びに小学校と中学校の教職員の交流においても「異文化間理解」がベースとなる。この意味で連携リーダーのこまめな報告・連絡・相談にコミュニケーション力が必須なのは特記すべき事項である。

次に，大阪府堺市立美木多中学校の連携推進リーダー（首席：堺市独自の役職）から見た同市小中連携の態様を説明する。この推進リーダーは，京都市御所南コミュニティの推進リーダー（教務主任）の認識と重なる以下の感想を述べている。

「連携にはフットワークとコミュニケーション力がキーワードとなっているような気がします。授業参観や行事を通して，中学校の先生方は小学校の，小学校の先生方は中学校の授業の様子や文化の違い，また，

９年間のスパンで子どもたちの成長の変化を少しでも知ることができていると思います」

この首席の連携リーダーとしての役割は，特活と教科教育及び「小中一貫教育推進リーダー連絡協議会」「学校マネジメント研修」に関する連絡・調整である。先の京都市の連携推進リーダーと教務主任との兼務とは異なり，特に自身の中学校体育教師としての専門性を生かした小学校体育授業に対する指導・助言，すなわち教科教育における内容上・方法上の指導・助言に連携推進の役割を果たしてきている。

ここでは，美木多中学校の首席が連携リーダーとしてどのように小中連携を推進しているか，態様の一部を７日間の言説から簡明に述べる。

教科教育推進の連携のための連絡・調整に費やした時間は，午前中は一日平均1.2時間で，午後は2.0時間である。連携以外の仕事に費やした時間は，午後の0.3時間である。先に述べたように，特に教科教育（体育）における首席としては，美木多小学校での校内研修を主催しており，その中で単元づくりのために小学校の教師対象に実演講習会を開催したり，日々の小学校の授業にTTとして参加・指導したりしている。また，中学校生徒指導主事の経験を生かして，教科教育と生徒指導領域との連関カリキュラムを視野に入れた研修会を開催している。このように美木多中学校の首席は，教科教育を中心に領域（生活指導）も含め，小学校教師への指導・助言を通して小中連携を推進している。

以上２つの簡便な記録からもわかるように，連携校の場合は校舎が離れていることから，「フットワーク」の軽さや「コミュニケーション」の密度の濃さが，連携から生み出されるリーダーとしての役割に影響を及ぼしているものと想定される。これらは少なくとも，連携におけるリーダーとしての必要条件であると同時に，連携に関わって総合を進めていく場合にも共通する力量である。

「コミュニケーションの密度の濃さ」と述べたが，この点については，3の調査研究でも見てきたように（この調査は高校が対象であるが，小中連携の総合のリーダーの場合にもほぼ該当するものと想定される），総合のリーダーは校種間や地域との関わりを「異文化の関係」として捉えて理解する傾向があるが，この異文化関係の理解こそコミュニケーションの密度の濃さと言い換えることができると考察される。

最後に，これら連携，一貫校における先導的な実践的研究を含めて，総合のリーダー役には２つの大きな課題があることを明記しておく。

一つは，今日までの連携，一貫校の先導的な実践は，まず連携のしやすい部分，典型的には特別活動の学校行事に関わる部分をはじめとして，児童・生徒指導上の連携，地域・学校間の問題への対応，そして，カリキュラムでも教科の連携（授業レベルでの教師の交換等。中学校の教師が連携校との間でリーダーとなる場合は，美木多中学校の主席が典型であるが，小学校の専科を対象に体育授業でリーダーシップを発揮するようなケースが多い）という事例が圧倒的に多く見られる。

これは，連携開始後間もない時期においては，比較的自然な形での連携である。専科における中学校から小学校への指導・助言も，授業レベルでの「入り込み」も極めて現実的な教科連携である。ここから，教科の枠を超えた総合のカリキュラムマネジメントにまで拡大していくのも自然な流れではある。

しかし，今後，制度改革ではない状況で（あるいは制度化であっても）学校種別間の区切りを前提とした取り組みを行っていくような場合にぜひとも必要となるのが，校種間の総合のカリキュラム開発における協働である。そのためにも，単位学校での総合のカリキュラム開発のいっそうの充実が期待されるとともに（単位学校での総合のカリキュラムマネジメントが稚拙であれば，連携校間でのカリキュラム開発がうまく機能するとは思われない），カリキュラムの「広がりと充実」（enlargement & enrichment）に向けての実践的研究が関係者間（単位学校と連携，一貫校）における大きな課題となろう。

今一つは，総合の場合は学習者の学習歴が極めて重要であることから，小・中学校を通した一貫した総合のリーダーの専任化を図る必要がある。ただ，上に掲げた２人の連携リーダーの仕事の持ち時間が極めて多くなっていることから，リーダーとしての役割において総合を組み込んだ連携によるカリキュラム開発には限界があるものと言えよう。こうした点からも，総合の連携リーダーの専任化は行政上の大きな課題となろう。もっとも，小・中学校の区切りが今後とも大きな課題となり続けることは必須であることからも，総合のリーダーに限らず，そもそも連携リーダーの専任化は避けては通れない新しい課題となろう。

〈注〉

⑴リーダーとフォロワーの役割交代についての理論的な研究は，Peter G, Northouse,“Leadership—Theory and Practice”6ed（Free Press, 2012）の第8章に詳しい（pp. 161—181）。

⑵教頭職の標準化の困難な実態についての調査は全国公立学校教頭会『教頭の職務』1984年，参照。

⑶OECD=CERI, ISIP, ACCO,“ISIP—Technical Report－The School Leader and School Improvement—Case Studies From Ten Countries”1986年で，初めてスクールリーダーが使われた。この後，日本で最初に使われたのは，中留武昭（責任編集）『スクール・リーダー　学校指導者』季刊教育法第115号，1998年，同『学校指導者の役割と力量形成の改革—日米学校管理職の養成・選考・研修の比較的考察』東洋館出版社，1995年，である。

⑷総合の創設段階での取り組みにおけるミドルリーダーとしての主任層の活躍については，中留武昭編著『総合的な学習の時間—カリキュラムマネジメントの創造』日本教育綜合研究所，1999年。ミドルリーダーの活躍については，第Ⅲ部の事例分析（14校）。なお，この研究は文部省科学研究費による成果の一部である。

⑸この学習＝研修については，校内研修のマネジメントとして，中留武昭『校内研修を創る—日本の校内研修経営の総合的研究』エイデル研究所，1984年，参照。この研究は，仮説「校内研修の経営とは，校内の全教職員が自校の教育目標に対応した学校全体の教育課題を達成するために，共通のテーマを解決課題として設定し，それを外部の関係者との連携を踏まえながらも学校全体として計画的，組織的，科学的に解決していく過程を創造する営みである。そして，この創造過程を通して教職員一人ひとりの専門職としての教育的力量を高めることである」を検証したものである。ここでは，チームが学習＝研修することを通して個々の教師の知識・技能・経験を他の教職員も共有することが可能となり，個人の成長と組織の成長とを同時的に実現できることを組織力として考察した。

⑹このチーム力を向上させるための一つの方法として生み出したのがＫＪ法を学校組織用に組み立てたチーム発想法であった。詳しくは中留武昭『変革を生み出す教育経営—参画意識を高める学年・学級経営』学事出版，1973年，参照。

⑺Bass, B. M.,“Bass & Stogdill's Handbook of Leadership: Theory, Research and

Manegerial Applications”(third edition), FreePress, 1990, p. 7. また，リーダーシップ理論を類型化した典型著としては，先のPeter G.Northouse “Leadership—Theory and Practice” Sixed,2013がある。

(8)この典型は，Bass, B. M.,“Transformational Leadership: Industrial,Military,and Educatinonal Impact”, Lawrence Erlbaum Associates,1998.

(9)文化的リーダーシップについては，T. E. デール，K. D. ピターソン著，中留武昭監訳『学校文化を創るスクールリーダー』風間書房，2002年。また，我が国での実践においては，中留武昭編著『学校文化を創る校長のリーダーシップ—学校改善への道』エイデル研究所，1998年，参照（文部省科学研究補助金研究，代表：中留武昭）。

(10)以下に，この調査で使ったキーワードの意味を簡明に記す。また，この研究発表の詳細は，中留武昭・曽我悦子「総合的な学習のリーダーに焦点をあてたカリキュラムマネジメントを規定する要素の分析に関する調査研究」日本カリキュラム学会，第25回口頭発表資料，2014年６月29日，於：関西大学に初出。

①「連関性」→関係・つながりを意味している。その典型は「教科の枠を超えた横断的，総合的な学習」である。内容上・方法上の連関性とは，カリキュラムの教育活動における内容・方法である。方法は学習方法である。

②「協働性」→各学校における教職員２人以上の同僚による組織的な関わり（相互作用による営み）である。その属性としては，同僚性，開放性，革新性等を内包している。また，学外者との組織的な関わりについては「連携・支援」を使っている。

③「連関性」と「協働性」とは相補関係にある。

④「組織体制」と「組織文化」→「組織体制」とは，組織の構造・運営（校務分掌）を意味し，組織づくりやそれを維持していくこと，「組織文化」とは，「各学校において，大方の教職員が当然と見なしているものの見方・考え方」のことで，それは時間をかけて自ずから雰囲気・風土となっていく概念である。

⑤「協働体制」と「協働文化」とは，先の「協働性」を進めていく場合の具体的な組織のあり方（態様）を意味し，組織が協働の状況に置かれている組織・運営の状況を「協働体制」といい，組織がポジティブな（健康で，積極的な）状態にある場合に「協働文化」という用語を用いている。

⑥「組織力」→協働体制と協働文化との「合成」を意味し，それは組織におけるリーダーシップの「協働力」の形成にかかっている。

⑦「リーダーシップ」→ここでの「リーダーシップ」とは，総合を進めていく上での「統率力」のスキルで，具体的には，教務部長（主任）ないしは総合に直接関係している主任及び教員が担当者として機能していることである。

索 引

あ

か

さ

た

わ

カリキュラムマネジメントの新たな挑戦
—総合的な学習における連関性と協働性に焦点をあてて—
〈改訂版〉

平成27年４月１日　初版発行
令和２年４月１日　２刷発行
令和６年４月１日　改訂版発行

著　者　中 留 武 昭／曽 我 悦 子

発行者　福 山 孝 弘
発行所　株式会社 教育開発研究所
〒113-0033　東京都文京区本郷2-15-13
電　話　03-3815-7041（代）
ＦＡＸ　0120-462-488
ＵＲＬ　http://www.kyouiku-kaihatu.co.jp
E-mail　sales@kyouiku-kaihatu.co.jp
印刷所　シナノ印刷株式会社

ISBN978-4-86560-594-5 C3037

小説 しろひげ在宅診療所

Yamanaka Mitsushige

山中光茂

角川春樹事務所

目次

装画◎新倉サチヨ
装幀◎藤田知子

小説　しろひげ在宅診療所

プロローグ

「穏やかなお顔で、最期《さいご》の時間を迎えられましたね。午後11時23分です。高秀《たかひで》さん、御愁傷様です。本当にお疲れ様でした……」

悲しみの現場のはずなのに、なぜか笑顔が広がっている。私も、発している言葉とは相反するような微笑《ほほえ》みを浮かべているに違いない。

雨音が室内に響きわたる長屋の一角にある家で、可能な限り静かに、そして柔らかい厳かさでお悔やみの言葉を伝えた。

「ひろしげ先生……いやあ、よかったよかった。ひあわせだったよ」

江戸なまりで話すのは、１０６歳で大往生を迎えた山口康子《やまぐちやすこ》の息子高秀だ。数ヶ月前と比べて、深くなった顔のほうれい線からたまりきった疲労は隠せないが、その口調にはお祭りを終えたような高揚感すら漂わせている。高秀の笑顔の先には、すでにモノを言えなくなった康子が横たわっていた。

「綺麗《きれい》な顔をしてますね」

　私は素直に康子の姿を美しいと感じ、自然とその言葉がこぼれた。１００歳を超えているとは思えない弾力のある頬《ほお》に、まだ少し赤みと温かさが残っている。

「昔は江戸川小町って呼ばれてたらしいけど、ひろしげ先生にはやんちゃな小町の姿ばかり見せてたなあ」

　高秀はベッドの周りをごそごそ探りながら、明るい口調で昔の母の美しさを誇らしげに話した。

「ひろしげ先生も、こんなの得意じゃないでしょ」

　高秀がベッドサイドから出してきたのは、古ぼけた化粧ポーチだった。

「いつも看護師さんにやってもらってましたもんね。高秀さん、一緒に綺麗にしてあげましょうか」

「服も着替えさせてあげたいんだよ。今日に限って看護師さん、いないんだよねえ。ひょうがないから、女っ気がないふたりでやるかな」

　通常の手続きである死亡診断書を書くでもなく、葬儀屋さんに電話をするでもなく、男ふたりでいそいそと着替えと化粧の話を進めていった。

　最初に尿道につながっていたカテーテルを抜いてオムツの交換をし、体を綺麗に拭《ふ》いてあげた。

　高秀がタンスの奥から出してきたワンピースは、小さい白い襟が可愛《かわい》く、藤色が素敵だった。

「この服を着て食事に行ったのは、いつだったかな。ずっと食べるのは大好きだったなあ」

いつも自宅でスーパーの寿司《すし》やカップラーメンを頬張る姿ばかり見ていたが、そのワンピースを見ながら、これまで想像できなかった高秀と康子のおしゃれなお出かけを思い浮かべた。

「チークや口紅なんて、塗ったことないですよ」

「まだ、ひろしげ先生の方が慣れてるんじゃないの。別れた奥さんがやってるとこ、見たことあるでしょ」

子どものようにはやし立てる高秀の姿からは、今しがた母を亡くした息子であることを忘れそうになる。

徐々に関節が固くなっていく康子をふたりでゆっくりと動かしながら、まずはワンピースを着てもらうことにした。身体《からだ》全体をくぐらせた後に最後に愛らしい襟に頭を通すと、見慣れた白いベッドの上に爽《さわ》やかな藤色が広がった。

私が慣れない手つきでファンデーションとチークを塗り、高秀が、このときだけは神妙な顔つきで乾いた唇《くちびる》に鮮烈な赤の口紅を付けた。はみ出た赤色を丁寧にティッシュペーパーで拭き取ると、大きな深呼吸をした。

「あれ……」

それまで笑みにあふれていた高秀の目から、初めて涙がこぼれ落ちた。少しホッとしたのだろう。

「頑張りましたね」

「うん、頑張ったと思う。俺《おれ》もおふくろも」

第一話

にこにこクリニック狂騒曲

作者不明の高額そうな絵画に囲まれた会議室に、深夜突然呼び出された。部屋には、絵画とは対照的な薄汚れた量販品の机と椅子《いす》。派手な原色のワンピースと白いハイヒールに身を包んだ東《とう》堂美加子《どうみかこ》が、中心に座っていた。60歳を超えているが、いつもと変わらず80年代のアイドルのようなふんわりした髪型をしている。夜になってもそのスタイルが無駄にしっかりと保たれており、崩れていない。

「坂東《ばんどう》先生。まあ、座ってくださいね」

いつもの心ない高音の猫なで声を聞いただけで、背中に虫が這《は》い回るような嫌悪感を身体《からだ》に感じていた。30代前半と思われる能面のような顔の男性も同席しており、その場の空気の異様さを増していた。不穏な空気に飲まれないように、わざと時間をかけてゆっくりと椅子を引いてみた。その些細《ささい》な抵抗のひとときすらも遮《さえぎ》るように、不快な高い声が部屋に響いた。

「先生、これまでありがとう。今日でもう来なくていいから……。素晴らしいお医者さんも新しく雇ったから。クリニックはこれから発展すると思うから」

美加子にとって発展とはなんなんだろう、と頭のなかでぼんやりと思いながら、特段の感慨もなく、人生の大きな変化を受け入れた。

20件の訪問をノルマとして課された1日が終わり、事務所でカルテ整理をした後、夜の10時にやっと自宅に帰った。

「お風呂《ふろ》が沸きました」という優しいデジタル音声が聞こえた直後に携帯が鳴り響き、呼び出されたのである。

弁護士を名乗る無表情な男性からは抑揚のない口調で、私には微塵《みじん》も反論の隙《すき》を与えずに、解雇の理由が述べられていった。診療そのものや事務所の運営には何も触れられず、フェイスブックに勝手にクリニックのことを載せていたとか、了解を得ずに講演会をしたとか、入職時にしっかりと許可を得ていたことを、もっともらしくあげつらわれただけであった。

能面弁護士のあらかじめ決められていたと思われる淡々とした言葉の羅列に続き、美加子の嬉《うれ》しそうな声が、聞きたくなくても耳に届けられる。

「もう明日から来なくていいですからね」

「重症の患者さんもいるので、月末までの2日間、ほかのお医者さんに引き継ぎだけでも……」

無駄とわかりながらも、私にとって最低限言うべき抵抗の言葉が口から漏れ出た。

美加子との最近の険悪な関係を考えたときに、解雇されることそのものは「想定内」であったため、素直に受け入れることができた。ただ、これまで私が関《かか》わってきた患者にとっては、私たちの人間関係なんてどうでもいいことである。

緊張感漂うこの場の空気にはそぐわない眩《まぶ》しいショッキングピンクのワンピースに身を包んだ美加子の気持ちを、逆撫《さかな》でするつもりは毛頭なかった。美加子にとってみれば、私の顔も言葉もすべてが不愉快であったのだろう。理屈ではなく、嫌いなのだと思われた。

形式的な儀式の最後に、美加子がやっと素直な気持ちを吐き出した。

「あなたの下品な髭面《ひげづら》はもう見たくないの。患者のことなんてどうでもいいでしょ」

それ以上、彼女と戦うための言葉はなく、それを探すつもりもなかった。本当ならば診察で疲れ切った身体を湯船に浸していた頃《ころ》かなと呑気《のんき》に思っていた。とにかく少しでも早くその場から離れ、マンションに戻ってゆっくりとお風呂に入りたかった。


翌日、予定していた患者の往診に行くことも許されず、患者や家族への言い訳の連絡も一切できなかった。

とりあえず、クリニックにおいてある私物だけは取りにいかなくてはいけない。美加子に見つからないうちにさっと帰ろうかとも思ったが、患者を担当する相談員に、できる限りの引き継ぎだけはしたかった。その引き継ぎを始めて数分で、ひまわりのような黄色が強調されたワンピース姿の美加子が現れた。

「あら、もういいわよ。先生は今日からは担当じゃないんだから。あなたがいないとできない仕事なんて何もないんだから」

あとは追い立てられるように玄関口に移動させられると、美加子の口角を上げたわざとらしい笑顔から、「お疲れ様でした」の一言が発せられた。

「退職の書類は、また郵送で送るから。何か忘れものがあったら、そのときに一緒に送ってあげるわよ」

２年間の「にこにこクリニック」での生活は、あっけなく終わった。まだ状況が完全には飲み込めていない職員たちが、訳がわからないなりに、ぞろぞろと玄関口に見送りに来ようとした。

「はいはい！　仕事仕事！　あんなやつ送らなくていいから」

いつもの心ない猫なで声ではなく、美加子の本性そのものを表すような荒々しい高音が、背中に浴びせられた。まぶたの裏に不愉快な黄色い残像を残しながら、クリニックを出ることになった。

「通販で８０００円もした、買ったばかりのクッションを車の助手席に忘れてきたな……」

頭がうまく整理できない帰り道、そんなつまらないことを思いながらも、美加子にわざわざ郵送してもらう気には、到底ならなかった。

さあ、今日からはフリーターだ……不安定な生活は初めてではない。というよりは、ある意味ずっと安定していたことがない気がする。歌舞伎町《かぶきちょう》の住人だったあの頃から、もう20年近くも経《た》つんだな。

マンションに帰る途中の車のラジオからは、当時よく聞いたB'zの「いつかのメリークリスマス」が流れていた。歌舞伎町の街のにおいが思い出された。

*

「なぜ、私のことを抱いてくれないの？」

深夜の2時半。業務後、送迎コースで最後になる綾子《あやこ》のアパートの前だった。

「しげちゃんって、そんな雑な顔をしてるのに結構固いよね。25歳の男子って、頭のなかがセックスとおっぱいしかないんじゃないの」

キャバクラに勤める3歳年下の綾子に、いじられることも日常である。仕事が終わった後に、スタッフを家まで送り届けるのも声をかけたスカウトの役割なのだ。新宿コマ劇場の周辺でキャバクラのスカウトを始めてから、もう5年になる。

「まあ、頭は綾子のおっぱいでいっぱいなんだけどさ」

「私のことは好きじゃないの？　まあ、好きじゃなくても抱いちゃえばいいのに。私が男だったら抱くけどな。据《す》え膳《ぜん》になんちゃらだっけ」

「素敵な人だとは思ってるよ。綾子はお客さんにも大人気じゃない。好きとかは、たぶん未来永《えい》劫《ごう》よくわからない男なんですよ」

ほとんどの女の子が動きやすいジーンズなどに店で着替えて帰るのだが、この日の綾子は、ヒラヒラした水色の仕事着のまま後部座席に座っていた。

アパートの前に着いたので後ろのドアを一度開けたのだが、降りようとする気配がまるでない。それどころか運転席の横に顔を近づけて、まだまだ話したそうな雰囲気である。車は暖房を効かせているが、11月も半ばを過ぎており、少しドアを開けただけで、冬と深夜を感じさせる冷たい風が肌を打つ。ドアを閉めると綾子の話が長くなりそうだったが、仕方なくハンドルの右にある「閉」ボタンを押した。

「しげちゃん、ちょっと部屋に来てくれないかな」

軽い口調は変わらないが、バックミラーから見える表情に真剣さを感じた。

「そんなことばかり言ってると、安パイな私でもいつか襲っちゃうかもしれないよ」

綾子のもっと話したそうな雰囲気をわざと無視して、おちゃらけた対応をした。

「襲っても欲しいんだけどさ。違うの……今日はほんとに相談したいの。言ってもどうしようもないことなんだけど」

スカウトをした女性たちからは、日頃より様々な相談を受けている。職場での悩みもあれば、恋愛相談、金銭的なことなど、キャバクラ嬢という過酷な仕事を続けていただくうえでの精神的なサポートも、大切な仕事である。20代前半までの女性が多く、スカウトの選別を経ているだけに、顔立ちやスタイルが整っていることは言うまでもない。

「なんでも聞くけどさ。スタッフの家には入っちゃいけないルールになってるのは、知ってるよね。もちろん、恋愛禁止だし。まあ、破ってるヤツはたくさんいるけどさ」

普段は社会的ルールなど大して守らないくせに、こんなときには「ルール」を盾に面倒ごとを避けようとする。

「私のママが死にそうなの」

さっきまでセックスとおっぱいの話をしていたのに、急に内容が重くなった。

「お母さんって、まだ若いよね。一緒に住んでるの?」

軽いトーンで関われる話ではなくなってきた。

「このアパートでずっとふたりで住んでるの。10年以上前にパパは出ていったきりで、会ったこともないんだ。ほんとはしげちゃんを連れ込んでも、襲ってもらえないんだよ」

「死にそうってどういうこと?」

まず、そこから聞かなくてはならない。

「疲れてるのはわかってるんだけど、ちょっと家によってくれないかな。しげちゃん、腐ってもお医者さんの卵なんだよね」

　まだ、腐るほどに成熟もしていないのだが、頼まれると性格的に断ることはできない。

　近くのコインパーキングに車を動かすことにした。この駐車料金は経費で落ちないよな……などとセコイことを考えながら。


「こんな夜分にすいません……」

　綾子に呼ばれて来たのではあるが、深夜の3時に初めての人の家にあがるのは、どうも気まずくてこちらが謝ってしまった。

「いえいえ、いつも綾子がお世話になってます。こちらこそ、申し訳ありません。わがままな娘でしょ」

　アパートの玄関口から直接つながっている6畳ぐらいの部屋。綾子の母みどりが寝巻きにカーディガンを羽織って、立ち上がって挨拶《あいさつ》をした後、布団のうえに正座する。頭には黄緑色のバンダナが巻かれていた。

「わがままなのは遺伝だからしょうがないでしょ。しげちゃん、狭くてごめんね。寝るときにはコタツを片付けなくちゃいけなくてさ。寒いよね。エアコンもついてない部屋なんだ。布団でもかぶる？」

　テレビや洗濯機などの家電も見当たらず、無駄なものは何もないスッキリとした部屋だった。小さな電気ストーブのスイッチを入れ、布団の横にサンリオのキャラクターがデザインされた座布団を敷いてくれた。

「綾子さんに似て、お母さんも美人ですね。綾子さんよりも品がある感じがしますし」

　寝起きで化粧っ気もないが、鼻筋が通ったはっきりとした顔立ちだ。ただ、部屋の照明を反射する頬《ほお》の色には赤みはなく、蒼白《あおじろ》さが目立っていた。

「あらあら、何も出してあげるものがないんですけど……」

「ママ、大丈夫。この人はこんなことばかり言う仕事してるんだから」

　吉祥寺《きちじようじ》駅の近くにある大学のキャンパスで、「こんなことばかり」言って綾子をスカウトしたのが、１年ほど前になる。

　日中は大学のキャンパスのベンチに座って、人間観察しながら仕事をすることが多い。綾子も今でこそ馬鹿なことばかり言っているが、当時は他の学生と比べて、凛《りん》とした雰囲気の立ち姿が目を引いていた。決して派手な服装をしていなかったが、群れから孤立し、羽を開くのを我慢している孔雀《くじやく》のような印象を持った。

「孔雀のような仕事をしてみない？」という、後で思うとあまりにも怪しげな声かけに、よく引っかかってくれたものだ。

「綾子からは、相談しやすいマネージャーさんがいるって聞いてたんですよ。しげちゃん、しげちゃん、っていつも帰ってくると話題に出てたんです。でも、こんな若い人だとは思ってなかった。この子が水商売で働くって聞いて心配してたんですけど」

「この世界に巻き込まれたのはこの人のせいだからね。でも、ほんとによくしてくれてるんだ。私がいま、一番信頼している人なの。ママのことも相談したくて。こう見えて医学部の学生さんなんだよ。全然、見えないけど」

金髪でロン毛で、髭面の胡散《うさん》くさい水商売の男に深夜3時に会って、信用して相談できるものだろうか。自分なら絶対しない。

綾子が言葉を続ける。

「ママね、がんなんだ。肺がんがいろんなところに転移しているみたいで。手術はできないらしいんだけど、放射線とか抗がん剤とかやっててさ」

昨年、私の母が乳がんになり、入院をして手術をした。医学部の臨床研修を中断して1年休学したのは、学費や母の治療費を夜の世界でしっかりと稼ぐためだった。話の内容自体は決して人ごとではないのだが、未熟な医学生がどこまで相談にのることができるだろうか。

「綾子には、子どもの頃からずっと苦労をかけ続けてるんですよ。この子はこう見えて、根っこは真面目《まじめ》な子で。いつも病院にも付き添ってくれるし、私がほとんど働けなくなってから、こんな時間まで働いてくれて。本当はもっと遊んだり、いろんなやりたいことがあるんじゃないかな、って思っていて」

みどりは涙をぬぐいながら、ほどけそうになった頭のバンダナを締め直した。

「月に1回は、病院に行ってるんだ。時々数日入院させられて、抗がん剤とか放射線とかするんだけど、その度ごとにママの体調はなんか悪くなってる気がして」

綾子はいつになく、まっすぐな眼差《まなざ》しで私を見つめてくる。

「私の母も、がんで今闘病中なんですよ。なんかこの前、もう抗がん剤は面倒だからやらないとか言ってました。治療をがっつりとやってたときは、髪の毛も抜けて、やっぱりかなり辛《つら》かったらしいです」

私の話を頷《うなず》きながら聞いていたみどりは、先ほど締め直したバンダナを外して、髪が薄くなった頭部を指差した。

「私もこんな感じなんです。1年前から順風会《じゅんぷうかい》大学病院を受診し、薬とかも真面目に飲んでるんだけど、全然良くなる感じはしなくて。3ヶ月に1回ぐらい担当の先生も変わったりして、その度ごとに体の辛さとか、治療した後の苦痛についても同じように話すんだけどね。ずっとパソコンの画面ばっかり見ていて、しげちゃんさんみたいに話を聞いてくれたことはないんですよ」

「病気については、お医者さんがあまり説明してくれないんですか？」

綾子が電磁調理器でお湯を沸かして、インスタントコーヒーを淹《い》れてくれた。冷えていた体に温かさが染みわたる。

「私も一緒に行ってるんだけど、お医者さんって、しげちゃんみたいに話がうまい人ばかりじゃないんだよね。パソコン見ながら、難しいこと言われてもわからないことばかりで。そこで質問できる空気でもなくてさ。がんだとか転移してるとか、めっちゃ重いことを言われてるのに、5分ぐらいで、はい、持ち時間終わり、みたいな感じでさ」

病気が治せないときの医者の役割って何なのだろうか。医者の「卵」だからわからないのだろうか。

適切な言葉が思い浮かばず、質問するだけになってしまう。

「お母さんはこれからどうしたいですか？　がんは治りそうなんですか？」

雑な質問をしたことを、少し後悔した。簡単に答えられるものではない。

「正直言うと、私のことはどうでもいいんですよ。綾子が幸せになって欲しいかな。贅沢《ぜいたく》言うなら、もうちょっと綾子と穏やかな毎日を過ごしていきたいかな」

綾子は、大粒の涙をまだ着替えていない水色のドレスに落としながら、みどりに寄りかかっていた。

「一度、私も一緒に病院へ話を聞きに行きましょうか？　大して役に立たないかもしれないけど」

「ありがとう、ごめんね。他に誰《だれ》も頼る人がいなくて。私、バカだからどうすればいいかわからなくて……でも、ママにはできる限りのことをしてあげたくて。私も、ママとふたりの時間をこれからも、もっと過ごしたいの」

深夜に訪れてから2週間後、順風会大学病院でのみどりの定期診察に同行した。休学している今は、自分で予定を調整すれば日中に比較的時間をつくることができる。

病院の受付の前で待ち合わせをしたのだが、この前会ったときよりも少し痩《や》せて、足元もおぼつかなくなっていた。食欲も落ちてきているという。これまでは電車で通院していたのだが、それも難しく、この日はアパートからタクシーで来たとのことだった。

診察室に入ると、40歳前後と思われる、だらしなく白衣を着た医師がこちらに一瞥《いちべつ》もくれず、パソコン画面を見続けている。

「はいはい、木下《きのした》さんね。どうですか、具合は」

担当の村上《むらかみ》という医師の対応は、極めて事務的であり、人や病気の種類が変わっても、常に同じような態度で話をしているように思われた。

「ひと月前に入院して抗がん剤の点滴をしてもらってから、あまり調子が良くなくて、最近は食欲も全然ないんです」

診察室独特の緊張感のなかで、みどりは懸命に自分の状態を話した。

「まあね、病気が病気だから。だるさとか痛みとかは出るよね。がんのマーカーは前よりは少し下がってるよ。もう一回、抗がん剤やってみる？」

年上の患者に対して、横柄にタメ口で話す村上の態度そのものに不快感を感じたが、その感情を押し殺して、できるだけ丁寧に質問を投げかけた。

「今のみどりさんの状態で、抗がん剤はやっぱりした方がいいんでしょうか？　いつも治療をした後がかなり辛いみたいで。みどりさんも娘さんも、どうすればいいかわからないようで」

少し不快な顔をした村上が、目線と指で綾子に対してこの人は誰、という仕草をした。

「バイト先の大学生で、医学部の人なんです。私たちが病気のことよくわからないから、今日、一緒に来てもらったんです」

綾子の説明を最後まで聞き終える前に鼻で笑いながら、

「学生が来ても、あなたたちと一緒でしょ。まあ、いいけどさ。前も説明したと思うけど、僕たちも、やれることはやってあげたいんだけどさ。少しでもがんを抑えたかったら、抗がん剤やった方がいいと思うよ。実際、数字は良くなってるわけだしさ」

「でも、治療が辛いって言ってるんですよ。それってこれからも続くんですか」

威圧的な態度に負けないように言葉を振り絞って話した。

「君はまだ、がんのことも何もわからないだろうけどね。抗がん剤って辛いもんなんだよ。でも、病気を少しでもよくするのが医師の仕事じゃないの」

初対面で、威圧的な「君」という呼び方があまりにも不快だった。

すべての話が解決しないままに、同席していた看護師に促されるように診察室の外に出される。しばしの間、カーテンの外で立ち尽くしていた。それでもやはり納得できなかったため、すでに次の患者が呼ばれていたが、私一人でカーテンを乱暴に開けて診察室に戻って、村上に話しかけた。

「結局、抗がん剤は続けた方がいいんでしょうか？」

「君は馬鹿なのか？　あの状態でがんが治るはずないって、学生でもわかるんじゃないの？　本人や家族には、なかなかそうは言えないけどね。治療をやめるって言うことで、気持ちを落としてしまう人もいるしね。ガンマーカーも下がっているから、治療効果が出ているとも言えるんだけどね。数字上は」

普段は穏やかな性格を自称しているのだが、このときばかりは村上に対して手を出しそうになった。横にいた看護師の声がけで少し我にかえりながら、自分自身を落ち着かせるためにも、ゆっくりと言葉を発した。

「みどりさんは、もう長くないってことですか？」

「まあ、そうだね。そんな睨《にら》みつけるような目つきをされてもね。君も医者になるんだったら、患者にあんまり感情移入しても続かないよ。ごめんね、僕も一人の患者だけを診てるわけじゃないから」

カーテンを開けて診察室から外に出ると、親子ふたりは立ったまま待っていた。中の会話も聞こえていたようだった。

「すいません、勝手なことをして」

「いいんです。私もこれまでは頼るのがあの先生しかいなかったから。でも、なんか気持ちがかえって落ち着きました。これから私が頼っていくのは、お医者さんじゃないのかもしれない。これからのこと、綾子ともいろいろと話してみます」

みどりは疲れた顔を見せ、待合のソファーにゆっくりと座った。

「ママ、もうこの病院にはこないでおこうか。今日はしげちゃん先生に来てもらってよかったね。タクシー代も馬鹿にならないしさ」

その数週間後、綾子はキャバクラの仕事を辞めた。最後の時間を母とともに過ごしたいとのことだった。綾子と電話で連絡を取り、吉祥寺駅前の喫茶《きっさ》店《てん》で会うことになった。商店街は冬の飾り付けがされ、クリスマスソングが繰り返し流れていた。

「本当は前みたいに家に来てもらえばいいんだけどさ。ママが、あんまり弱った姿を人に見せたくないみたいで」

「やっぱり、あんまり調子は良くないの？」

「まあね。でもね、この前しげちゃんと病院に行った後からママと一緒に外食したり、箱根《はこね》まで車で一泊二日で旅行したり、なんかいろんなことができてよかったよ」

「自分がいらんことをしたから、病院に行きづらくなったんじゃないかと思って……あれでよかったのかな」

決して深謀遠慮の行動だったわけではなく、感情だけで動いてしまった、そのことが気になっていた。

「ママも感謝してたよ。あんな若者がいるんだなって。ちゃんとああいう男を捕まえなさいって言われちゃった」

初めて出会ったときのような凛とした表情で、サバサバと明るさを装っていた。

「これからどうするの？」

「今は、近くのお医者さんに往診に来てもらって、痛みとかだるさとかをとる薬を出してもらっているんだ。でも、そのお医者さんからも、これから何かあったら心配だから、ホスピスとかに入った方がいいかも、って言われてる」

「お金は大丈夫？　仕事も辞めちゃったわけだしさ」

休学している学生ごときが、他人のお金の心配をするのもどうかと思ったが。

「しげちゃんも、私が辞めたせいで歩合が減っちゃったね。おかげさまで、これまでしっかり貯《た》めこませていただいたから。それはなんとかなりそう」

「ホスピスか。お母さんはそれでいいって言ってるの？」

綾子はコーヒーのおかわりを注文しながら、空になったカップを右手でくるくる回していた。

「ほんとはね、家で最後までふたりで過ごせたら、それがいいんだろうけど。でも、何かあったときに、救急車で運ぶのもかわいそうだし。ママはこれから体がどんどん変わっていくのもわかっているみたい。私に迷惑をかけたくないとも思ってるんだろうね」

「スカウトとしても、医者の卵としても、なんかあんまり役に立たなくてごめんね」

「めっちゃ感謝してるんだから。ママはね、あの人たぶん偉くなると思うよ、って言ってた」

「あんまり偉くはなりたくないけどね」

「私はしげちゃんは、あんまり偉くならないと思うんだ。ごめんね。でも、ずっと優しい人じゃないかな。お医者さんになっても、私たちみたいな人を大事にする人になって欲しいな」

喫茶店を出て、駅まで綾子と並んで歩いていた。先ほどまでは明るいマライア・キャリーの歌が流れていたのだが、やや寂しげなB'zのクリスマスソングに変わっていた。

*

13年ぶりに、お江戸の地《つち》を踏むことになった。新宿の街中で暮らしていた20代から、いつの間にか時が経ったものだ。

今回は、4つの河川に囲まれた、縁もゆかりもない街に来ていた。にこにこクリニックを辞めるときには、「あんなやつ」になっていたが、初めて美加子に出会ったときには、彼女から「この街を在宅診療のモデル地域にしたいの！　これまでのクリニックの体制はどう変えてもいいから、何もかも任せるから。あなたのような人に来てもらいたかったのよ」

と、一方的に思いをぶつけられたのだ。その勢いに負け、条件交渉もおざなりなままに住みなれた故郷を離れて、足立区にある、にこにこクリニックの院長になったのである。

誘われたのが、クリスマスの時期だった。学生時代に、自宅で最期《さいご》を看取《みと》れなかった綾子の母のことを思い出していた。そのことも早々に決断をした一つの理由だった気がする。

足立区で一番歴史が深く、最も患者数が多い在宅診療所が、にこにこクリニックだった。

そこで10年以上にわたって診療所の歴史を積み重ねてきた蛭田《ひるた》院長が、３年前にオーナーである美加子と大げんかをして解雇されたということは、地元でも有名な話らしい。その後、３年間で５人の院長が同様に美加子のお気に召さなかったようで、私にお鉢が回ってきた。

「坂東先生、だっけ。なんでこんなところに来るかなあ」

入職前に契約のために訪れたにこにこクリニックの靴箱の前で、くたびれた茶色いジャケットを気だるそうに肩からかけた男性から、突然声をかけられた。

「すぐにわかるよ。とにかくめちゃくちゃだから」

初対面にもかかわらず自己紹介の時間すらも与えられず、一方的に世のすべてを憎むかのような口調で、愚痴を言われた。

事務所の片隅で、棚橋《たなはし》と契約のための手続きをしていると、所内に大声が響きわたる。先ほど愚痴を言っていた男の声だった。

「俺《おれ》はこれから新規の患者の診察があるから、往診には行けないからな」

私一人がビクッとしただけで、周りの職員たちは特に反応もせず、あからさまに「またか」という表情を浮かべながら、淡々と仕事を続けている。

別に私がコソコソする必要もないのだが、その場の微妙な空気を気にしながら、小声で入職手続きを粛々と進めてくれている棚橋に状況を確認してみた。

「いつもなんですよ」

「何がいつもなの？　あの人が大声で怒るのが？」

「怒られるのはいいんです。このクリニック、最近新規の患者の紹介もほとんどないんですけど、新しい患者を引き受けるときは、それだけで院長は半日使いたいって言うんですよ」

「あの人、院長さんなんだね。新しい患者をしっかり診察したいってことじゃないの？」

「いや……実際には患者のところには30分もいないんですけど、診察までの準備に時間かかるからって。午後4時の初診の約束なのに、昼からはずっと往診にも行ってくれないし、定期訪問も午後からは行かないって言うんです」

「確かに、さっきからずっとスマホを見ていて暇そうだなとは思っていたけど。でも、他にも先生は何人かいるんでしょ？　役割分担とかできないの」

「他の先生は、みんな同じ大学からの週1回のバイトのお医者さんばかりで。そのメンバーが、いかに早く診察をして帰るのかをお互いに競い合っているんです。今日も先ほど、みんな帰っちゃいました」

「まだ、2時半だよね……」

御園生《みそのお》院長が言う「めちゃくちゃだから」の一端を、その本人から早速垣間見《かいまみ》ることができた。

「24時間３６５日対応します」が前提の在宅診療機関で、今の院長やオーナーがどのようにマネジメントしているのかが、全くわからなかった。

「さっきの患者さん、どんな感じなんですか。大丈夫ですか」

あまりにも気になりすぎて、手続きのための書類記載を進めることができなくなった。契約前の立場としてお節介とは思いながらも、御園生院長と職員が話しているところに首を突っ込んでしまった。

「新しい院長先生ですか。患者さんがトイレで転んでしまったみたいで。そもそもそんなの医者がやる仕事じゃないんですよ。行っても何もできないし。そういうときは救急車呼べばいいんです。事務の方でそれぐらいさっさと判断しろよって思いません？」

「院長、でも熱もあるみたいで、現場にいるヘルパーさんが一人では起こせないし、来て欲しいって言ってるんですけど……」

現場からの電話を受けた職員は、やや諦《あきら》めた表情を浮かべながらも、職務として言わなくてはいけない情報だけは、精一杯伝えようとしていた。

御園生はため息をつき、もうその職員の顔を見ようともせず、世を拗《す》ねたような表情でスマホを見ながら、上履き用の健康サンダルを脱いで、椅子の上にあぐらをかき出した。

「先生、面倒くさいと思いませんか？　僕が行っても何もできないでしょ。さっさと救急車呼んだ方が、患者のためになるでしょ。それぐらい僕が言わなくても、わかると思うんだけど」

御園生の声のトーンが、次第に険しさを増してきたので、職員としてはそろそろ引き時と感じているに違いない頃合に、わざわざ場の空気を壊すように、私が再度口を出した。

「すいません。よくわからないんですけど、後学のために私が行かせていただいてもいいですか？」

あまり得意ではないのだが、できる限りの媚《こ》びるような表情と声の調子で話しかけた。

「まあ、これから院長になる人だから、好きにすればいいけど。このクリニックでは、そのスタンスでは絶対にもたないから」

「ありがとうございます。緊急時に往診に行ってくれるお医者さんが、これまでいなかったんです」

棚橋がドライバーを引き受けて、患者宅に向かうこととなった。

「夜間とか土日はどうしてるの？　院長が行かなきゃ誰が対応をするの？」

スコールのような雨が急に降り出してきた。あっという間に、フロントガラスが大きな雨粒に包まれた。棚橋はワイパーを動かし、小さなライトをつけた。元気に動くワイパーとは対照的に、静かにまっすぐ前を見て運転を続ける棚橋は、しばらく言葉を発しなかった。

　私の声が聞こえなかったのかな、と思い始めた頃にポツポツと話し始めた。

「誰も今のままでいいと思ってないんですよね。でもね、私たちみんな正直、坂東先生にも申し訳ないけどお医者さんたちには期待してないんですよ。これまでこのクリニック、何度も同じことが繰り返されてるんです」

　棚橋の話をもう少し聞き出したいなと思い始めたとき、古ぼけた集合住宅の前に車が停《と》まった。往診依頼があった高崎《たかさき》という患者は、その5階に住んでいると棚橋が私に教える。

　住宅の敷地には車を入れられず、一番近い道路の端に車を停めた。診療バッグを持ち、屋外にむき出しのエレベーターに向かって、私一人雨のなか傘もささずに走った。

　部屋の外にあるインターホンは押しボタンのところに穴が空いており、明らかに壊れていた。ノックもせず、ドアを開けてそのまま中に入る。入り口近くのトイレには、便器を抱くようにうつ伏せに倒れ込んだ体の大きな男性がいた。その横でヘルパーと思われる初老の真面目そうな女性が雑巾《ぞうきん》を持ち、トイレの床に膝《ひざ》をついていた。化粧っ気のない頬がやや紅潮して、必死ですがるような表情をしながら、やっと聞き取れるような早口で訴えてきた。

「私一人ではどうしたらいいかわからなくて……。高崎さん、数日前からフラフラしていて、ずっと微熱があって食欲がなかったんですけど。さっき、私が来たときにはトイレで倒れていて、動かすこともできなくて。とりあえず、一緒に起こしてもらってもいいですか。そんなの頼んでいいのかな……」

ヘルパーとふたりで高崎の大きな体をなんとか起こすと、「ありがとうな……大丈夫……」と、小さく掠《かす》れた声をぎりぎり聞き取ることはできた。体全体に熱感は強いものの、意識状態は、はっきりとしていた。どちらにしても起こしただけでは、その場で診察することもままならず、一《いっ》旦《たん》ベッドまで体を移動させてあげたかった。

女性と非力な私の力で、ベッドまで動かすことは到底できそうにない。車で待機している棚橋を、雨のなか走って呼びに行くことにした。彼の携帯番号を聞いておけばよかった、と後悔しながら。

重い体を３人でようようベッドに移動させると、高崎は少し落ち着いた表情になったが、どこか視点が定まらない様子だった。

「さっきトイレに行ったときに、急に体に力が入らなくなって……。なんかおかしいんだよ」

汗ばんだシャツをめくって体温計を入れると、38度９分の発熱があることがわかった。関節痛もある、力が入らなくなったという症状から、インフルエンザの検査をしてみる。陽性だった。ヘルパーにもマスクを渡して、すでに遅いと思いながらもみんなでマスクをつけた。

その場で解熱剤を飲んでもらい、薬局に電話をして、タミフルというインフルエンザ治療薬を高崎の部屋まで配達してもらう段取りをした。介護の調整を担当しているケアマネジャーの連絡先を聞いて、状況を報告した。

「お医者さんって仕事するんだな、って久しぶりに思いましたよ」

患者の全身がかなり汚れていたため、ドロドロになってしまった手を近くのコンビニで洗っていると、その後ろから手洗いの順番を待つ棚橋が、笑いながら声をかけてきた。

「こういうときはどうしてたの？　だって、このクリニックも当然24時間対応なんだよね」

「蛭田院長は、昼も夜もずっと緊急用の携帯を持っていて、どんな忙しくても、お盆もお正月も往診に行ってくれてたんです。それも自分で運転して」

「でも、3年前だっけ。辞めちゃったんだよね」

「辞めさせられたんですよ。とにかくオーナーが怒ってブチ切れたらしくて……。職員にも全く理由を教えてもらえないんですよ。まあ、理由も何もないと思いますけど。蛭田先生は10年以上も24時間体制で働いて、オーナーの一時の気分だけで、すぐにクビ。当時は、蛭田クリニックって呼ばれていたぐらいだったのに」

「あれ、あの東堂オーナーってお医者さん……じゃないよね」

診療所では法的には医師しか代表になれないが、多くのクリニックでは、別にオーナーが存在して、「名目理事長」や「雇われ院長」を雇っている。医師の資格がない美加子は、にこにこクリニックの実質的オーナーとしてその体制をずっと続けてきたようだ。本来、現場のことや職員の気持ちが一番よくわかるはずの「雇われ院長」は、いつも抑えつけられてきたんですよ、という話をクリニックに戻る車のなかで、棚橋から聞かされた。

「今の御園生院長は、まあともかくって感じなんですが、これまでいい院長や真面目なお医者さんが、いなかったわけではないんですよ。そういう人ほどオーナーといつもぶつかっては辞めたり、辞めさせられたり」

「どこの組織でも、それなりの摩擦はある気はするけどね」

　私の反応が事態を重く見ていないように伝わったのか、棚橋の言葉にだんだんと遠慮のない不満が、滲《にじ》み出るようになってきた。

「オーナーは、いつも『みんな家族』とか綺《き》麗《れい》ごとは言うんですけど、基本的に現場から何かを言われるのを嫌うんですよ。それなりに年齢はいってますけど、もともとお嬢様育ちなんですよ、ああ見えて。院長や管理職の職員がクリニックで人望が出てくると、嫉妬《しっと》しちゃうんです」

　そんな話を聞きながら、どこかまだ人ごとのように感じていた。後で思えば、おそらく棚橋をいらだたせるような気楽さが、終始あったように思う。現場ではどれだけ切迫していたかということに、まだ気づいていなかった。

「患者も従業員も一つの家族として、敬い合う気持ちを大切にすること」

この文言から始まるにこにこクリニックのどこか空々しい10項目の社訓を、朝礼においてみんなで読み上げることになっていた。朝だけは美加子が登場し、運営のことや患者のことではなく、やや宗教がかった訓示を述べていく。職員のなかには、その時間をありがたく感じている信者もいたのかもしれないが、約20分の朝の貴重な時間が、それだけで終わってしまっていた。

「今後、朝の時間に職員全員で患者の情報共有とかしたらどうですかね」

それほど画期的とはいえない、ごく普通の提案をさらっとしたつもりだった。

なぜか美加子は、困った表情で言葉を濁しながら、

「また、検討しておきますね。朝はみんな忙しいですから」

「はい……」

入職して間もない日でもあったので、あまり深く考えず素直に引き下がった。

「院長、あの人はああいうのを一番嫌がるんですよ」

まだ、院長という響きに慣れず、自分が呼ばれたことに一瞬気づかなかった。玄関近くのトイレから診察に向かうためにスリッパを靴箱に入れていたとき、棚橋が苦笑いをしながら声をかけてきた。

「ああいうのって？」

「みんなの前で、オーナー以外がクリニックのことを提案すること。これまでの院長も、現場を思って言うことがないわけじゃなかったんですけど、いつも大きな混乱の前兆になってしまって……」

　私はまだクリニックのことがよくわかっておらず、棚橋の言い回しに、ちょっと笑ってしまった。

「院長、笑いごとじゃないんですよ。そんな程度のことで、みんな辞めてるんですよ。坂東先生は、まだ短い付き合いですけど、いい先生だと思ってるんですから。早くに辞めて欲しくないんです」

「はいはい、気をつけるけど、言わなきゃ変わんないしねえ。自分は嫌われてもいいんだけどね」

「院長が嫌われるっていうよりも、排除されちゃうんですよ。どちらにしても、真剣に話したとしても、絶対聞いてくれないですから。まずは患者のために、いい先生に長くいて欲しいっていうのが現場の思いなんです」

　褒《ほ》められたのか怒られたのかよくわからないが、現場での切迫感のある悩みが深いものであることは、伝わってきた。美加子の権力に対して、逆らえない怯《おび》えが職員たちにあることも、間違いなかった。

新しい環境での1ヶ月はあっという間に過ぎた。気にしたくなくとも、朝礼のこと以外でもいろんなことが気になるようになっていた。

まずは、私以外誰も常勤医師がいないということ。朝礼は8時半からだが、私以外の医師は9時に来て、何の話し合いもないままにすぐに現場に出動して、午後2時ぐらいに勤務を終了して帰っていく。「院長」というのは肩書きだけで、他の医師からすれば「いつもいるお医者さん」でしかなかった。こちらが挨拶しても、会釈《えしゃく》すら返されないことも度々あった。

「この前、臨時で往診に行った人のことなんですけど」

順風会大学から週1回来ている柴田《しばた》という20代後半の医師に、入職前に訪問した高崎のことを報告しようとした。非常勤医師にはタイムカードもない。柴田は、9時15分ぐらいに気だるそうな顔でクリニックに来て、カルテの確認や情報共有もせず、そそくさと診察に出ていくところだった。

私が声をかけたことに対して、ため息交じりにではあるが、一応反応はしてくれた。一度持ち上げた診療バッグを面倒くさそうに床に置きながら、

「ドライバーさん、先にバッグ持って車に行ってください。で、なんですか?」

柴田は1年以上非常勤で働いているらしいが、ドライバーへの敬意も感じられず、名前すら満足に覚えていないようだった。

このクリニックに来てから、媚びるような笑いという技術を無駄に覚えた気がする。雰囲気を和《やわ》らげようとその技術を使いながら柴田に話を続けた。

「この前さ、往診に行った高崎さんのこと話していいかな。インフルエンザはもう良くなってると思うんだけど、一人で生活するのが大変そうでさ」

「院長先生でしたっけ。そういうのは、あとでカルテ見たらわかりますから」

こちらの慣れない引きつった笑みを無視するかのように、柴田は話を少しでも早く切り上げたそうに、足を玄関口に運びかける。

「介護環境があまりにも悪いのが気になって。今日、診察に行った後で、ケアマネとか関係職種に電話で状況を話してくれないかな」

院長という責任を感じながら、少し頑張ってみたが、これ以上話すことが無駄なこともわかってきていた。

「僕の仕事じゃないでしょ。バイトで来てるだけなんだから。ちゃんと診察はしますから。それって、そもそも医者の仕事なんですか」

言葉のすべてが終わる前に、すでに私の前から大きく離れていた。

「彼らは少しでも早く帰りたいんですよ」

棚橋が話しかけてきた。

「みんな昼ご飯も食べずに、2時ぐらいには20件ぐらいの患者すべてを診察し終えるんですよ。ケアマネへの連絡なんて、絶対しないですよ。困ったら、いつもさらっと救急車を呼ぶぐらいです」

前院長からも柴田からも、「それって医師の仕事なんですか」というフレーズを短期間に続けて聞かされた。

今、医療界でその言葉が流行《はや》っているのだろうか。私は10年近く医療の世界を離れていたため、「それが医師の仕事かどうか」に疎《うと》くなっているのだろうか。医師じゃなく、「人としてどうか」と聞きたいのが本音だった。

「患者のための介護環境の整備って、いつもどうしてるの」

「ヘルパーとか家族から相談があったときは、事務所の相談員ができるだけ対応してますね。本当は『主治医』がいればいろいろと話したいんですけど、ほとんどの医師が昼過ぎに仕事を終えて帰っちゃうし。御園生院長はいつもやる気がなくイライラしてたので、みんな話しかけることすら遠慮してたんです。自分が診ている患者以外には、全く興味はなかったんですよ」

「でも、クリニックに毎日いるのは院長だけだもんね」

私も、優しい人だよというオーラを出していたつもりだったが、職員からは「お医者様に本当に話しかけていいの」という空気を感じてもいた。「お医者様」には近寄りがたいという雰囲気が、これまでのクリニックにおける伝統であったようだ。

　にこにこクリニックでは、日替わりで研修医明けの若い医師が順風会大学から派遣されていた。日頃訪問している主治医は、たまたま出勤している曜日以外は必ず不在となるため、誰にも患者のこれまでの経緯についての相談ができない。院長でありながら、患者の情報が完全にないままで、緊急時の往診に「初めまして」で伺わなくてはならなかった。


「院長、柴田先生の患者なんですけど、今から往診に行ってもらうわけにいきませんか」

　事務所から、私の往診車に連絡が入った。柴田が2週間に1度、訪問している患者の家族から4日間便が出ていなくて、お腹《なか》も痛そうにしているので診て欲しいとのこと。今日は柴田の出勤日でもあり、カルテによると、先週もその患者の状態を柴田が確認しているはずだった。

「柴田先生には連絡したの？」

　電話を受けたドライバーの丸下《まるした》は、運転しながら困った顔で、

「今、診察が全部終わって事務所に帰る途中らしいんですけど……」

「柴田先生に私から連絡しようか？　だって、本来契約している勤務時間は5時半までだと、この前聞いたよ」

　先日から、柴田以外の医師もこぞって早く帰ってしまうことに、ストレスを感じていた。罪の

ないドライバーの丸下に、かなり強めの口調になってしまっていた。

「無理だとは思いますが……」

次の患者の家に向かう車の助手席から、柴田が乗っている車のドライバーに電話をしてみた。カーナビのスピーカーを通じて、話しかける。

「柴田先生、1件往診に行ってくれないかな。先生がいつも診ている患者さんなんだけど。便が出てなくて、お腹が痛いんだってさ」

半笑いのような声が聞こえた後で、

「さっき、事務所からも電話がきて断ったはずですけど。もう全部診察終わって、事務所に戻ってるんですよ。先生が行ってくれるって聞きましたけど」

ここではさすがに優しい声を出す気にもなれず、

「5時半までの契約って聞いてるけど。あと、その患者のこと一番よくわかってるの柴田先生だよね」

さすがに私も、やや強めの口調になってきた。

「先生、すぐに行けないなら、救急車呼んだらどうですか。便が詰まってお腹が痛いぐらいで呼ばれるのもね。訪問看護とかが対応するようなことでしょ。あと、僕しょせんバイトですし、ノルマが終わったら早く帰るのも、代表から認めてもらってるんで」

予想を超えた柴田の乱暴な言い草に呆然《ぼうぜん》となって、相手に投げかける言葉を見つけることはできなかった。

診療所の管理者であるべき院長の権限が、いかに弱いかを感じた。曲がりなりにも柴田は担当医にもかかわらず、往診に呼ばれた患者に対して、まずどうしようかという話すらしない。その悪びれない態度には、怒りを通り越して悲しくなってきた。

とりあえず、その患者のこれまでの情報を聞こうとしたが、それすらもだるそうに「カルテ見ればわかりますよね」の一言で終わってしまった。医師にも職員にも「代表」という肩書きで呼ばせている美加子から、堂々と許されてきたということもその態度に輪をかけているようだった。

美加子はバイト医師にも私にも、1日20人診察のノルマを課していた。バイト医師が2時半にその人数の診察を終えるのに対し、私が最後の患者の診察に伺うのは、いつも夜の8時近くになっていた。私も柴田と同じく5時半までの契約だが、特に時間外の報酬をもらうことはなかった。

急遽《きゅうきょ》、ドライバーの丸下と訪問するルートを変更し、柴田のかわりに往診を求められた家に向かいながら、今から訪問しようとしていた患者やその家族に、遅くなるお詫《わ》びをしなければということが気になっていた。

「半年以内に、常勤のお医者さんを3人は雇ってもらえないなら、私辞めますよ」

柴田とのやりとりがあった翌日、朝礼の後に美加子を職員の休憩室に呼んで、自分なりに真剣な顔で思いを伝えた。そのときは、正直なところすぐに辞めるつもりは全くなかった。これから半年以上この体制を続けることは「院長職」の責任としてできない、それだけを伝えたい、という思いだった。この状態では、自分の限られたいのちのひとときをこの場所にかけ続けることはできない。

「わかったわよ、先生の好きなようにしたらいいから」

そうはできないということは、２ヶ月の付き合いでわかってはいた。が、今、私をこのクリニックから排除することもできない状態でもあった。体制を変えるための戦う材料として、可愛《かわい》い脅迫ぐらいにはなるかな、と計算していた。

「でもね、なかなか常勤のお医者さんって来てはくれないんだから。それだけはわかってね」

常勤医師の応募がホームページを通じて何件も来ていたことは、棚橋から聞いていた。これまでどれだけ患者数が増えても、院長一人とバイト医師という体制を崩さない美加子の方針は、長年徹底されてきていた。聞いてもらえるかどうかは別として、この機会に言うべきことは言いたかった。

「夜間とか土日とかの待機を新宿にあるコールセンターにお願いしてますよね。あれはさすがにケアマネジャーたちから評判悪いですよ」

働き始めてから2ヶ月の間、この地域のケアマネジャーから新しい患者の紹介を受けたのは、たったの8件だった。いくつかの事業所に就任挨拶に行くと、苦笑されながら、「また、新しい院長先生なのね」と皮肉交じりに言われ続けた。

「代表、蛭田先生のときは昼も夜も往診に行ってたみたいですよね。私も夜勤でもなんでも頑張るので、今の体制なんとか変えることはできないですかねえ」

「あの人は独身で趣味もなかったみたいだったから。今は、そんなにお医者さんが頑張りすぎる時代じゃないでしょ。私は坂東先生の体も心配してるのよ。ワークライフバランスよ、ワークライフバランス」

最近、覚えた言葉なのか、ちょっと誇らしげに都合のいい横文字を使い出した。

「夜間と土日、私が全部引き受けてもいいですよ」

ああ、言ってしまった。勢いだけでカッコをつけてしまった。夜間の待機料金1万円をもらっても、割に合わないのはわかっていた。もうお酒を飲みにもスポーツジムにも行けなくなる。だって、私以外に夜勤をする人は誰もいないのだから。

「じゃあ、坂東先生、本当にコールセンターの契約切ってもいいの？」

さっき話していたワークライフバランスはどうしたと思うが、美加子は急に話に興味を持ち出した。まあそうだろう。毎月１５０万円支払っているコールセンターの代わりをすべて私がやれば、毎月の費用は30万円程度で済む。しっかりと往診にも行けば、診療報酬もさらにがっつり入ってくる。経営者である美加子からすれば、なんのマイナスもないどころか良いことずくめなのである。

少し前に話していたことを不意に思い出したように、

「でも、毎日夜勤をするなんて、先生の体がやっぱり心配よねえ」

美加子の言葉のおざなり感が半端なかった。

「ありがとうございます。でも、今のままじゃ、患者からも地域の介護職からもクリニックへの信頼がなくなるので、当面私が頑張りますので。その代わり、私と一緒に夜勤をやってくれる常勤のお医者さんを早く採用してください」

「わかってるわよ。じゃあ、来月から先生に頼もうかな。私もこのクリニックをこの地域で一番温かいクリニックにしたい、って思いは先生と同じだから。大変だけど、先生一緒に頑張りましょうね」

医師のワークライフバランス理論は、この15分程度の話し合いのなかで、美加子の頭からは、すっかり消え去ってしまったようだ。

それから半年、にこにこクリニックの患者数は１００名以上増加した。在宅でお看取りをする患者も以前はほとんどいなかったのが、毎月10人ほどは最期の時間まで私自身が責任を持てるようにもなった。平日の昼間も夜間も、土日も往診は私が必ず行くようになり、家でのお看取りを望まれる患者を不必要に救急搬送することが劇的に減ってきたのだ。

現場においてケアマネジャーや訪問看護師と話し合って、情報共有を日頃からできるようになり、少しずつクリニックへの信頼がつくられてきたことを肌で感じるようにもなった。ただ、常勤医師は相変わらず私だけだ。にこにこクリニックの本質的な問題が解決されたわけではなかった。

半年前に、私が毎日の夜勤とすべての土日勤務をするための条件として、非常勤のバイト医師を5時半まではしっかり働かせることをルール化するよう、美加子に求めていた。そもそもがそういう契約のはずなのだが、美加子の方から改めて、「院長からの指示」ということで徹底してもらった。

その頃から柴田をはじめとする大学からのバイト医師は、目に見えて私の言うことをきかなくなっていった。態度や言葉遣いもますます悪くなった。

職員に対しては傲慢《ごうまん》な態度で接する美加子も、なぜかバイトの若い医師には優しい声で低姿勢な対応をしていた。自由奔放なバイト医師の態度や言動に対して、美加子は指導する気がまったくないようだった。患者への対応や診察のあり方に、ただひとり口うるさい私に対して、若手医師からの風当たりは日に日に強くなっていた。

それでも、バイト医師にこれまでより長い時間、クリニックに待機をしてもらえるようになったため、午後3時から5時半までに緊急の往診があったときには、強引にでも彼らを患者宅に行かせることが可能となった。

「お医者さんだけじゃなくて、いまの子たちってどこの世界でもそんなもんじゃないの。先生大変だったら、時々、彼らに夜勤をさせることもできるわよ。バイト料は欲しいみたいだから」

「いまの子たち」「そんなもん」、そんな言葉で片付けて欲しくない。美加子は面倒くさいことを言い続ける私の気持ちを、その場だけでもとりあえず収めたいのである。

半年以上も、夜間や土日に他の誰にも患者のことを任せることができない異様な緊張感が続いていた。いつ携帯が鳴るかわからない、まったく休みのない状態で、さすがに疲れと苛立《いらだ》ちが出ていた。美加子の言うワークライフバランスの意味も少し理解し始めていた。

「私の代わりに、誰か夜勤をやってくれる人っていますか？」

心と体の疲れの蓄積が、これまで自分に許さなかった言葉を発することを認めてしまった。

「だから、前に言ったのに。私はいつも坂東先生の体を心配してるんだから」

約束をした常勤医師の話にうまく戻すこともできない。美加子のやや誇らしげな声が、身も心もさらにぐったりさせた。

秋も深まり、柔らかい光が街路樹を包み込み、落ち着いた赤い色あいが、久しぶりに心も優しく染めてくれていた。いつもよりも穏やかな気持ちで患者宅に向かっていた。

「棚橋さん、辞めるみたいですよ」

ドライバーをしていた丸下の唐突な抑揚のない一言は、一瞬で先程までの安らぎを壊してくれた。

「えっ……なんて」

前置きもなく、重い内容をあまりにも軽い調子で話されたため、聞きなおした。

「やっぱり、院長聞いてないですか。棚橋さん、年末で辞めるみたいです」

棚橋は事務職員の中心であり、職員の誰からも人望があった。私がにこにこクリニックのこれまでの経緯を率直に聞かせてもらったのも棚橋であり、オーナーと喧嘩《けんか》するときにいつも間に入ってくれていたのも彼であった。ただ、棚橋の決断には、思いあたるところがないわけではなかった。

「彼だけが代表にちゃんと話をしていたから、なんだろうね」

「これまでもずっとそうなんです。事務の中心になって、クリニックのためを思って代表にものを言う人がみんな辞めていくんです。辞めさせられていくっていうんですかね。それがわかっているから、みんなだんだん萎縮《いしゅく》してものが言えなくなるんですよ」

丸下も10年近くこのクリニックに勤めており、その歴史を見てきたのである。普段は寡黙《かもく》な丸下が移動の車内において、このときばかりは溜《た》まっていた思いを淡々とぶつけ続けた。

「院長も棚橋さんも、現場のことを思っていろいろと代表に言ってくれるのは本当に嬉しいんです。でも、これまでもそんな後には、ますますクリニックの体制が悪くなっていったんです。まともな人が辞めさせられていくので。患者のためを思って言えば言うほど、代表には間違いなく嫌われるんです。蛭田院長もそうでした」

「私もかなり嫌われてるもんね」

「いつも院長が代わると、それなりにみんな期待するんです。でも、どこか諦めもあるんですよ。坂東院長は、これまでの誰よりも代表に対しても強引だから、いつもハラハラしてました。それでも、実際に患者も増えて、クリニックの雰囲気も少しずつ良くなってきたな、って思っていたんですけど」

　常勤医師を3人以上という美加子との約束の期限からは、1年以上オーバーしていた。この月の新規の患者数は、初めて30人を超えていた。美加子に怯えることなく、ずっとものを言い続け、体制を変えるところは変えてもらっていた。その中心に棚橋と私がいた。職場内の空気が美加子と関わりなく良くなっている状況に対して、どこか彼女の嫉妬心が見え隠れしていることにも気づいていた。

数ヶ月前から、棚橋が人事や会計などの責任ある仕事から外され、外回りのドライバーをさせられることが増えてきた。そして、美加子の指示で、夜間や土日勤務を強引にバイト医師に任せる体制になってきた。表向きの理由は、坂東院長の体調を思っての「ワークライフバランス」だったが、クリニックの「実質的権限」から少しでも排除をしていきたい、という雰囲気が出始めていたのである。

「棚橋さんのことは誰から聞いたの？　代表からじゃないだろうし」

「昨日、王将に棚橋さんと飲みにいったんですよ。なんか疲れ果ててましたよ。でも、棚橋さんいなくなったら、このクリニック終わりですよ。僕も本当に辞めたくなりますよ」

私も全く同感であったが、院長という立場も考え、安易な同調もできずに、なるべく感情を抑えながら話を続けた。

「年末って、もう数ヶ月もないよね。彼、新しい仕事とか決まってるのかな」

「お父さんが介護が必要な状態みたいで。それでも、棚橋さん、今自分が抜けたらみんなが大変になるってことをわかっていたから、なかなか言えなかったみたいで。でも、最近の代表からの仕打ちに心が折れたみたいです」

「数ヶ月前に管理職から外されて、給料も下げられたとは聞いてたけどさ。あれだけクリニックのこと思っていた人が辞めるのは辛いね。自分が代表にいろいろ言う間に入ってくれて、代わりに泥をかぶってくれたことも多かったからね。責任感じるなあ……」

まだ1軒目の訪問前にもかかわらず、この話を聞いてから1日を集中して診察する自信がなくなっていた。これまで休めずに溜まっている有給休暇をとって、すべての仕事をバイト医師に放《ほう》り投げたいような気持ちにすらなった。そんなことは、できるはずもないのだが。

その日の診察が終わったあと、棚橋を誘って王将で話をすることにした。この日はバイト医師が夜勤を担当することになっていた。

騒がしい店内に入ると、棚橋がそそくさと生ビールを、私は紹興酒《しょうこうしゅ》をデカンタで頼んだ。ゆっくりと飲みながら話を聞かせてもらおうと決めていた。

「先生と飲みに来るの、初めてですね」

「おかげさまで、しっかりと夜勤させてもらっていたからね」

「先生がこのクリニックに来てくれたことは嬉しかったんですよ。最初は期待してないって言ってたので、嘘《うそ》っぽく聞こえるかもしれませんけど。本当は来てもらう前から、先生のことネットでがっつり調べていて」

「ろくなこと載ってなかったでしょ」

「いろんな記事とかウィキペディアとか見て、絶対馬鹿な人なんだろうな、とは思ってました。

いい意味ですよ。だから、期待してたんです」

「棚橋さんがいたから私もあの代表にいろいろと言えたし、一緒にクリニック変えようと戦ってこれたんだよ。ほんとに辞めるの？」

「いやあ、本当は辞めたくないんですよ。丸下とも昨日話しましたけど、みんな職員は真面目なやつばっかりだし、自分がいなくなればあの代表、もっと好き勝手するでしょうし」

「でも、この1年でさ、患者も増えてクリニックの雰囲気も変わるには変わったよね」

通りかかった店員に、餃子《ギョーザ》2枚と回鍋肉《ホイコーロー》を頼んだ。

「でも、代表は変わらなかった、ですよね」

表情に悲愴《ひそう》感はなく、どこか吹っ切れた表情をしていた。棚橋はビールのおかわりをオーダーした。

「いうも地獄、いわぬも地獄、だよね」

「言わないと変わらないと思ったし。先生が来る前も、代表にものを言う人はみんなクビになってたんです。僕も実際はクビなんですよね。給料も半分に下げられ、仕事もわざとできないようにされたし」

普段は、愚痴っぽいことを一切言わない棚橋の本音が続いていた。いろんな葛藤《かっとう》を表すように、ジョッキを何度も持ち上げては下に降ろす、という動作を繰り返し、なかなか口にビールが届いていなかった。

「私も最近はずっと夜勤をさせてもらえないんだよ。代表の方針でね。楽になったのはいいんだけど、夜間の往診の数も看取りの数も減ってきてるよね」

「今月は、初めて新規の患者が30人超えたけど、絶対これからまた患者数減りますよ。代表は、院長が入る前の体制に戻そうとしている感じがします。院長が成果を出してることも、単純に気に入らないんですよね。クリニックも儲《もう》かっているはずなんですけど。だって、あの代表、院長のこと嫌いですもん。もともとお金があるお嬢様だから、クリニックが儲かるどうこうより、あの人のプライドの方が大事なんですよ。あの人からすると僕が院長の味方をしているようにも思えたんでしょうね」

　棚橋は決して、私の味方ばかりしていたわけではなく、客観的に見れば、誰よりも「美加子の味方」であるように私には思えていた。他の職員が腫《は》れ物に触るように接するなか、棚橋だけはクリニックや患者のことだけでなく、経営者としての美加子のことに配慮して寄り添っていたからこそ、諫言《かんげん》もしていた。

「みんなの心が離れるなか、棚橋さんだけが唯一あの代表の支えだったのにね」

「院長よく見てますね。正直、院長を裏切っていたこともあるぐらい、代表を支えていたつもりだったんですけどねえ」

運ばれてきた餃子に、ふたりともほとんど手をつけないままに、お酒ばかりが進んでいた。ストレートで飲んでいたデカンタの紹興酒も、もうすぐなくなりそうだった。体の芯《しん》に残るようなどんよりとした気持ちは、アルコールではとても拭《ぬぐ》いきれそうになかった。

「でも、辞めるんだよね。棚橋さんがいなくなった後、私もやっていける自信はないよ。職員はみんな棚橋さんを慕っていたからね」

「院長は辞めたらダメですよ。すいません、無責任なこと言ってますね。でも、私もこの最後の1年半は院長と仕事ができてよかったです。患者のことも職員のことも、院長が守ってあげてください。患者は変わらずにいますからね」

「あ〜あ、ずるいなあ……」

「そうなんです、ずるいんです。ちょうどね、茨城の親父《おやじ》も最近調子が悪くて、親孝行したいっていうのも言い訳にさせてください」

冷めた餃子を続けて頬張りながら、棚橋はちょっとやんちゃな表情を見せた。

棚橋が辞めた後、美加子の矛先《ほこさき》はあからさまに私に向いてきた。改善案を美加子に出しても無駄だと気づいていながらも、言うべきこと、動くべきことに妥協はできなかった。

ただ、私が美加子と揉《も》めたり、辞めたりしたら、職員への防波堤もなくなるし、今いる300人を超える患者への責任も放棄せざるを得なくなってしまう。辞める直前の棚橋から、責任を委ねられたという思いも強かった。それでもしばらくは、美加子とも現場とも自分なりに闘いながら、精一杯頑張ってきた。そんな葛藤を無視するかのように、一瞬にして美加子から躊躇《ちゅうちょ》のない「解雇」の通達があったのである。

私がにこにこクリニックをクビになって、２週間が過ぎた。いくつかの自治体から在宅診療のモデル地域をつくるのに協力してくれないか、などと誘われたが、疲れ果てた心身を休めたかったので、数ヶ月はのんびりと過ごそうと思っていた。

しかし、暇を持て余していると結局動きたくなる性分でもあり、声をかけてくれた自治体の現場に泊りがけで行き、市長や行政職員、医療関係者と話し合いの場を持ってもいた。熱心に「求められた」ところもあったので、そろそろどこかでお世話になろうかな、と新しい人生の賭《か》けどころを決めようとしていた。

一方で、残してきた患者のことも気になっていた。幾人かの患者のところには、ふらっと自宅を訪れて状態を確認するついでに「解雇」されたことも伝えた。

「にこにこクリニックからは、病気になって急遽辞められたって聞かされていたんですよ。びっくりして。今日先生に会えてホッとしました。でも、先生のあとで主治医になった柴田っていう先生、聴診器も当てずに帰ろうとするから、びっくりして。ねえ、先生に診てもらうことはもうできないの？」

久しぶりに会った患者の奥さんからの、ありがたい言葉だった。ただ、医師という資格を持っていても、職場のない今の身には厳しい言葉でもあった。「解雇」か「自主退職」なのかは患者からすればクリニックの内部事情であり、関係のない話である。主治医から「急に裏切られた」という現実だけが残る。

患者に対して、何もできない自分自身がもどかしかった。脳梗塞《のうこうそく》で、ほとんど反応をしない夫の介護をこれまでと変わらず献身的に続けている彼女に対して、その場でかける言葉を失っている私を気遣うような、「先生も大変だったんだろうね」という優しい言葉が、かえって辛かった。

ぼんやりとテレビを観《み》ていた夜7時過ぎに、マンションのインターホンが鳴った。

「ふるさと納税で何か頼んだっけな、はいはい」と独り言を言いながら、インターホンの画面に向かった。見たことのある坊主頭が笑いながら手を振っている。クリニックではあまり笑顔を見せない丸下だった。車に置き忘れたクッションでも届けに来てくれたのかな、と、それほど日が経っていないのにその坊主頭が無性に懐かしかった。

「ふたりで辞めてきたんですよ！」

暇をつぶすためにツタヤで借りてきた漫画が散らかる部屋に、普段使わない座布団を出し、ふたりを座らせた。にこにこクリニックで訪問看護の師長をしていた水口《みずぐち》も一緒に来ていた。

「院長、意外に狭いところに住んでるんですね」

余計なお世話である。にこにこクリニックのときからずっと同じところに住んでいる。休みの往診時に迎えに来てもらったことがあったため、丸下も私がどこに住んでいるのかを知っていたのだ。

「もう、院長じゃないけどね。プータローはそんないいとこに住めないでしょ」

クリニック時代には、生真面目で大人しいイメージだった丸下の初めて聞く軽口に調子をあわせた。

「僕たちもプータローになりましたから。頭も丸めて出直しです」

もともと坊主頭の丸下は、終始軽いトーンで話し続けている。

私が台所でインスタントのコーヒーをつくっている間、ふたりとも手伝うために腰を浮かす気配すらまったくなく、ケラケラとしている。

失業が決まったことの何が嬉しいのだろうか。この数週間のことを明るい調子で教えてくれた。私が辞めて2週間余りで、半分以上の職員がにこにこクリニックに辞表を出したとのことだった。

「院長、クリニック始めましょうよ！」

「私、院長に雇ってもらえないなら、熟女バーでも開かなきゃいけなくなりますよ。この美貌《びぼう》を生かして。クリニックやらないなら、院長も手慣れた水商売に戻りますか」

普段は生真面目さが過ぎるタイプの水口にも、丸下の軽い口調が移ってきている。

「じゃあ、熟女バーの経営者にでもなろうかな。丸下黒服リーダーと水口ママだ。流行りそうだね」

軽い内容の会話が続く。ただ、彼らが自分たちの人生に覚悟を持ってこの場に来ていることは、ひしひしと伝わってきていた。その緊張感を自分たちなりに緩めようと、わざと明るく振る舞っているのだろう。

「私たち、院長とだったら、熟女バーでもクリニックでも、楽しく仕事ができると思うんです。患者の方向を見て仕事がしたい、それだけなんですけどね。患者さんも他の辞めた職員もみんな院長のことを待ってますよ」

なんの先の保証もないままに、安易に辞表を書いたバカなふたり。

「とりあえず、八海山《はっかいさん》でも飲もうか」

3人で、まるで見えない未来に対して乾杯をすることにした。辛口の酒が久しぶりに体全体に心地よく染みわたっていった。

ほろ酔いになってきた水口は、顔を赤らめながら、患者の一人、康子のことが心配なんです、と言い出した。

「坂東院長のあとの院長が康子さんの担当になって、親子ともどもあまり相性が良くないみたいで……。高秀さんが私にいつも愚痴交じりに相談するんですよ。新しい院長から、１００歳超えて認知症なんてしょうがないでしょ、ってはっきり言われたことも高秀さんを落ち込ませたようですよ。坂東院長とは違う意味で、無神経な人なので……」

　さらっと私への批判も入っていた。

「確かに、認知症が進んでいくのは年齢的には仕方ないんだけどね……言い方だよね、言い方。特に高秀さんはお母さんのことを愛しに愛してるから、しょうがないでは済まないよね。いつまでもなんとかしてあげたい、それだけなんだろうね」

「院長、あっもう院長じゃないのか。一度高秀さんに逢《あ》いに行ってもらえませんか」

　水口は、渡した湯のみ茶碗《ぢゃわん》に自分で八海山を注《つ》ぎながら話を続けた。

「院長はどの家でも口癖のように、困ったことがあれば昼でも夜でもいつでも連絡してくださいね、って言ってたじゃないですか。家族はそこを信用してきたんですよ。責任あると思いません？」

「でも、今の自分じゃどうにも責任とれないでしょ？」

「だから、早くクリニック開けばいいじゃないですか、って言ってるんです」

　水口の口調は、一升瓶の八海山が順調に減っていく勢いと連動していた。私はミネラルウォーターをゆっくりと口に含みながら、すぐには言葉を返せなかった。

康子の無邪気な表情を思い出しながら、水口の言う責任をもう一度持たせてもらえれば幸せなことだろうな、とぼんやりと考え始めていたのだった。

第二話

106歳の大往生と息子の葛藤

「人増えすぎですよね。みんなの家をつないで、スカイプとかで朝礼できないですかねえ。クラスター起きたら大変ですよ。今更ですけど」

頭は綺麗《きれい》に剃《そ》り上げているが、ヒゲは中途半端に伸びている丸下が、机を運びながら話しかけてきた。

25坪のスケルトン物件に、壁と床を最小限に整えた。丸下と水口の他ににこにこクリニックを辞めた3人を加えて、たった6人で診療所を始めた。そんな2年前が懐かしく思える。

患者の情報共有をするために、毎朝必ず30分間のミーティングをする。50人を超える職員をなんとか部屋に収めるために、一旦《いったん》すべての机を玄関口のスペースに移動させて、色違いのパイプ椅子《いす》だけを並べ、混み合った空間で1日がスタートする。

狭い裏口と玄関の自動ドアを完全に開放することで、精一杯の換気をしているが、座れない職員がいるほどの密集状態のなか、空気が綺麗になるような効果は感じられない。

「おはようございます。東京の新しいコロナ感染が１００人以下の状態が1週間続きましたね。都内に１４００万人の人口がいて、たったの１００人の感染者。安心はできないけど、少しずつ収束に向かっていけばいいんですけどねえ」

決して明るくないニュースだが、敢《あ》えて少しでも場を沈ませないように話をする。統計上は「たった１００人」でもかかった人やその家族にとっては、かけがえのない「１人」であり、決してその数字を軽視しているわけではない。ただ、毎日の現場での緊張を少しでも緩めるために、いつもわざとらしく「コロナなんて大したことないよ」、という空気をつくることに苦心せざるを得なかった。

「その数字だったら、感染するのって宝くじに当たるようなもんですよね。これから暑くなってくるからもうマスクもつけたくないし。化粧が落ちるのも嫌だし。どうせマスクって大して効果ないって言われてますよね」

50人以上が集まる朝礼でも物怖《ものお》じせず、明るくカラッと話すのが数ヶ月前に入職したばかりの看護師の中鉢《ちゅうばち》であった。おととい彼女の30歳の誕生日祝いを朝礼でしたばかりだが、天然系のおおらかさのある彼女がひとこと話すと、世間の自粛ムードや医療機関独特の緊張感もしばし忘れさせてくれる。メディアでは連日、自粛ムードや緊張感を過剰に煽《あお》り立てるような空気が続いていた。だからこそ、彼女のような少しとぼけた感じが、常にいのちに向き合う緊張感から逃れられないクリニックにとっては、ありがたいのである。

「院長、化粧下手すぎるでしょ。オムツ交換も不器用ですよね」

いつもながらのざわざわした朝礼のなか、中鉢の遠慮のないコメントに大きな笑いが起こった。

人が亡くなった直後の映像を見ているとは、とても思えない。朝礼で、昨晩亡くなった山口康子の看取《みと》りの現場を撮影した動画をプロジェクターで映していた。息子の高秀の許可を得て、スマホを固定して撮影していたのである。

　担当していた患者が亡くなったあとは、普段ならば訪問看護師に体を綺麗にしてもらうか、葬儀屋に今後のことも含めてそのまま委ねる。昨晩は深夜に私がひとりで訪問したので、私と高秀のふたりで、できる限りのことをやってみようと試みた。そんな機会も滅多にないため、動画を撮影した。高秀と康子の最期《さいご》のひとときを残してあげることが、高秀にとっていい記念にもなるかな、という思いもあった。中鉢が言うとおり、あとで見ると恥ずかしいぐらい不器用な手つきでオムツ交換をしており、普段からいかに介護的なサポートを看護師に依存しているのか、を反省を込めて感じることができた。

「最期は家でお看取りできてよかったですよね。あの息子さんが、お母さんを亡くしてすぐにこんな明るい表情だなんて信じられないですよ」

　にこにこクリニックから山口家の経過をずっと見てきた丸下が、神妙な表情で話をする。高秀がこの数年間、悩みに悩んで事務所にかけてきた電話を丸下が受け、長時間の相談に乗っていたことが何度もあった。

「私も昨夜、行きたかったな。呼んでくれたらよかったのに。院長よりは上手《うま》く化粧してあげられたのになあ」

　前のクリニックのときからずっと康子に関《かか》わってきた看護師の水口は、深夜に自分が呼ばれなかったことに、少しむくれている。

「ごめんごめん、夜も遅かったしさ。今日、一緒にお参りに行こうよ。そのときもう一度化粧しなおしてあげて。もう葬儀屋さんに綺麗にしてもらったかもしれないけどね。でも、行ってあげると高秀さんも喜ぶと思うよ。昨日も看護師さんにお礼を伝えてって何度も言われたから」

「そっか、院長や水口さんは、前のクリニックからずっと見てたんですよね。私は、もうとにかく可愛《かわい》いおばあちゃんとマザコンとしか言えないぐらいお母さんを大好きな息子さん、ってイメージですけど。院長たちは付き合い長いから、いろいろ感慨深いですよねえ」

　入職して数ヶ月という短い期間、康子と関わってきた中鉢が率直に話す感想はかなり的確だった。ただ、最期の瞬間に笑顔でいられた高秀のそれまでの葛藤《かっとう》については、その場だけで中鉢や他の職員に伝えることができるものではなかった。

「いいお看取りができたと思います」

　約3年に及ぶ付き合いの康子と高秀へのお看取りの感想を、ひとこと職員に伝えることができてよかった。みんなの笑顔のなかで、その日の朝礼は終わった。

初めて康子の家を訪れたのは、体の奥まで凍りそうな季節だった。

高秀からの第一声は、

「最近、お袋が認知症みたいなんだけど、先生治せるかね」

少し難聴のある康子は、高秀が深刻そうな話をする横で、表情をほぼ変えることなくカップラーメンのスープを飲み干したところだった。

「膝《ひざ》が痛いやら腰が痛いやら、いつも同じことを何度も言われるから、僕が辛《つら》くてさあ。先生が来たときにはそんなことは全然言わないんだけど。なんか言うこともわけわからないときがあって。やっぱりボケてきたのかなあ、とも思ってさ」

体の痛みや物忘れの訴えを本人以上にさも深刻そうに訴える高秀の話を、２週間に１度聞きに行くことが主な仕事だった。外れそうな入れ歯をうまく使いながら、寿司《すし》やらピザやらを食べる１００歳を超えた康子の明るい表情を見ることを、私も随行の看護師もいつも楽しみにしていた。

「どこか痛いとか辛いとかあるの？」

ダイニングテーブルの横に車椅子《くるまいす》をつけ、康子の横にしゃがみこんで、耳の横に口を近づけて大きな声で話をした。

「大丈夫。やっぱりお寿司は美味《おい》しいよ」

会話は噛《か》み合わないが、言葉ははっきりとしており、口の周りに米粒をつけながら、つぶらな瞳《ひとみ》でまっすぐこちらを見つめてくる。

「いつもこんな感じで、食べてるときは機嫌いいんだけど。真夜中にもオムツをしていることを忘れて、トイレに行きたいとか、何か食べたいとか起こされちゃうんだ。まあ、いろいろと言うだけ言ってまた寝ちゃうんだけどね」

康子にとって遅くにできた子どもとはいえ、高秀も60代後半とそれなりの年齢である。夜間の介護はかなりの負担になっていると思われた。

「全部自分でやろうとせず、ヘルパーとか訪問看護とか、もう少しうまく使うと楽になるかもしれないですよ」

「母ひとり、子ひとりで長年過ごしてきたからさ。自分でできることは、なるべくなんでもやってあげたいんだよね。僕もずっと結婚もせず、お袋には心配ばかりかけてきたからさ」

「お母さんに何かあったら、いつでも飛んできますからね。気軽になんでも相談してくださいよ」

最初出逢《であ》ったときには、夜間も土日もずっと往診の待機をしていたので、そんな発言を軽率にしてしまっていた。

もともと通院していた病院から、何か起こったときの安心のためにと、にこにこクリニックが紹介されたのである。私もその縁で、康子と高秀と出逢った。その後、私はクリニックで夜間や土日の待機当番をさせてもらえなくなっていったが、幸いなことに、康子の病状が悪くなることは少なく、ほとんど往診に呼ばれてはいなかった。

にこにこクリニックを突然解雇されたときには、往診に行けなくなりますという挨拶《あいさつ》すらもできないままに、康子の目の前から急に姿を消してしまったのである。

「ひろしげ先生のところをさ、信頼していないわけじゃないんだよ。もう一度逢えて本当に嬉《うれ》しかったんだよ、先生、優しいし。でもさ、これまで行っていた認知症の先生や整形の先生にも義理があるわけさ。向こうもちゃんと来い、って言ってくれてるしさ」

こちらが責めてもいないのに、高秀は申し訳なさそうに他の病院に通っている言い訳を延々と呟《つぶや》き続ける。

「しろひげ在宅診療所」を開院すると、すぐに康子を担当していたケアマネジャーを通じて、もう一度診察をして欲しいという依頼があった。

在宅診療所が患者を引き受けるときには、地域で介護の調整をするケアマネジャーや訪問看護ステーションから依頼を受けて、診察をスタートすることがほとんどである。開院を決めたあとは、相談員の北川《きたがわ》と事務統括の丸下を伴って、以前から付き合いのあったケアマネ事業所を中心に20箇所ほど挨拶に伺った。それぞれのケアマネジャーが患者に「坂東先生が開院したよ」と伝えてくれることにより、にこにこクリニック時代に担当していた患者の多くから、診察の引き継ぎを依頼されることになったのである。

「いつもさ、タクシー呼んで朝から病院に行くんだけど、何時間も待たされて、診察室にやっと入ることができてもほとんど体に触りもせず、変わりないですねって。診察は5分もかからないし、聴診器も当てないのよ。でも、なんかあったときさ、心配だから、病院とは縁を切るわけにもいかないでしょ」

　国が定めている在宅診療のルールとしては「病院に通えない人を診察する」ということになっている。１００歳を超えてもなんとか歩いて病院がよいができる人は「在宅診療の適応」ではない。

　そもそも「忘れっぽくなった」とか「膝や腰が痛い」とか必ずしも専門の病院に行かなくてはいけない理由もないのだが、高秀は江戸っ子らしい「義理人情」のために通院させている。一度、外来診察を止《や》めると、何かあったときに診てもらえなくなるという心配をしているのだ。

「診療所の場所も康子さんと同じ江戸川区になったから、前よりも近くもなったんですよ。何かあったら私がすぐに飛んで来ますから。どの薬も今度からしろひげで出すことができますよ。病院へ行くのが大変なら、こちらに任せてくれないですかねえ。採血もするし、これからは本当にずっと責任もって対応できますから」

　という提案をしたところ、「信頼してないわけではない」という高秀の話につながったのである。

私は自称穏やかな人間だからこそ、患者やその家族の「思い」と争うつもりは毛頭ない。とにかく家族が思うようにさせてあげたいということは、在宅診療を行ううえで何より大切にしていることでもある。特に、１００歳まで生きてきた康子の生活スタイルや、それを支えてきた高秀の思いを、今さら否定することができるはずもない。高秀のしたいようにすることを見守ることにした。

高秀は、病院の医師とは康子の状態について十分に話をすることができないようだった。認知症状のことも膝や腰の痛みのことも、不満そうに私に話をしてきた。

「前も話したと思うんだけど、最近、お袋がさ、ちょっと忘れっぽさが進んでる気がするんだよね。薬はずっと飲んでるんだけど、全然治ってる気がしないんだよ。なんとかならないもんかね」

若い頃《ころ》の康子と変わってしまったことへの高秀の寂しさは理解できる。ただ、世の中に「忘れっぽさを治す薬」は未《いま》だ開発されていない。

「認知症って言葉は、人が勝手につくった言葉ですから、あんまり気にしない方がいいですよ。どこからが認知症とか、いくら検査をしてもちゃんとしたものは出ないんです。私も高秀さんも20歳のときに比べたら、認知症なんです」

「でもなあ……」

やっぱり腑《ふ》に落ちないようである。

「お母さん、昔のことはたくさん覚えていますよね。高秀さんの子どもの頃の話もこの前聞きましたよ。最近のことは、頭では忘れてしまっても、身体《からだ》全体や心でいろんなことを今でも感じてるんですよ。高秀さんが毎日介護をしてくれていることに対する感謝とか。ちょっとしたことを忘れてしまったり、会話が噛み合わなかったり、それでも、なんとなくいつも幸せそうだと思いませんか?」

自分なりに丁寧に、高秀に「当たり前の加齢」という現実を伝えたつもりなのだが、納得させることはできず、

「お袋、昔はもっとしっかりしてたんだけどなあ……」

などとずっと呟き続けていた。

薄い壁に包まれた狭い診療所全体に蟬《せみ》の声が響く季節となり、事務員は電話を受けるときに片耳を押さえながら対応していた。

康子が週3回通っているデイサービスの職員から、急いで往診に来て欲しいとの連絡が入る。

康子が施設で昼ご飯を食べ始めるや否や、突然夜叉《やしゃ》のような表情になり、食事が載っているトレ

イを他の利用者に躊躇《ちゅうちょ》なく投げつけたとのことだった。その場で尿失禁をしながら、「なんでクソババアばかりいるんだよ！」などと叫んでいて、誰もその大立ち回りを止めることができなかったという。

連絡を受けて1時間後に高秀と施設に入ると、隅っこの広いテーブルの前に、康子がひとりぽつんと車椅子で大人しく座っていた。

「お腹空《なかす》いたの！」と、いつものように可愛く明るく話す康子に対して、その場で返す言葉を生み出せるものはいなかった。

施設の職員が、康子を車椅子ごと自宅まで送り届けてくれた。高秀と一緒に家に行き、少し疲れた表情を見せる康子を男ふたりで汗だくになって不器用に抱えベッドに連れていった。

「ひろしげ先生と一緒で、お袋以外の女性には縁がなかったんだよね。若いときは先生よりはモテた気もするんだけど……」

高秀は若いときに父を亡くした後、親戚《しんせき》付き合いもほとんどなかったようで、長い間康子とふたりでの生活を送ってきていた。康子がデイサービスに通うことになったのも、高秀が介護や通院の負担で疲れ果てたというよりは、ケアマネジャーが、先日70歳を迎えた高秀の生活を心配して無理矢理に勧めたのである。

日頃からいろいろと悩み、介護の大変さについても訪問した医師や看護師にその苦労に対する

共感を求め続けているのだが、いざ愛する康子が少しでも自分の手から離れそうになると、
「いやあ、介護の負担なんて感じたことないんだけどなあ」
と最後には言ってしまうのであった。だからこそ、自分の手から離れたデイサービス先でトラブルが起こってしまったことは、高秀にとってはかなりショックであったようだ。

9月も半ばになると、少し前までは鮮烈な緑に包まれていた街が徐々に落ち着いた色合いに変化をしてきた。が、高秀の心は相変わらず落ち着かないままだった。
「この前、病院で10年前から飲んでいる認知症薬の量を増やしてもらったんだけどさ。それからなんか変なんだよね。ぼーっとしている時間が長いのは変わらないんだけど、家でもちょっと怒りっぽくなったり、急に変なことを言い出すんだよ」

アリセプトという薬は、フランスでは認知症には「効果不十分」とのことで保険適用から外されるというニュースが先日流れていたばかり。これまでもこの薬の服用者に「性格変化」や「攻撃性」が急に生まれることは現場で見てきており、医学的根拠の明確性というよりは在宅医としての感覚的な経験から、薬の影響を確信していた。

病院の精神科医も、アリセプトが康子にとって必ず効果があると信じて増やしたというよりは、高秀の安心感を高めてあげたいという「善意」からであったと思われる。私自身、医学的な正し

さに説得力を持たせるほどの、知識も経験もないからこそ、まずは人として精一杯高秀に接しようと思った。もちろん、そんな綺麗ごとは未熟さゆえの言い訳でもあったのかもしれない。

「いったん、その薬止めてみませんか？　そのあとの変化を私もしっかり康子さんに寄り添いながら診ていきますから」

「認知症進まないかなぁ。ずっと飲んでいた薬だしさ。最初に飲み始めたときの先生は、一生飲まなきゃいけない薬だよって言ってたけど」

認知症という名前がつけられた康子を愛する高秀の「正しさ」は、私たち医師が計れるものではない。ましてや、私は「正しさ」を主張することが昔から好きでも得意でもなかった。「緩やかな正しさ」を高秀と共有するためには、どんな言葉を選べばいいだろう。

診療所に帰るや否や、水口に泣きついた。私には思いつかないような前向きな提案と行動につながるきっかけをもらえることを期待していた。患者宅からもらったぬるい缶コーヒーを飲みながら、看護部門の管理者であり、高秀からの信頼も厚い水口に相談したのである。数ヶ月前から康子への介護的なサポートと高秀の精神的なケアをするために、しろひげ在宅診療所から週に1回だけ訪問看護を派遣していた。

「高秀さんにわかりやすく伝えるために、私の方で絵を描《か》いてみましょうか」

患者や職員の誕生日になるとそれぞれの名前でつくった「あいうえお作文」を色紙に書くのだ

が、そのときに水口は、色鉛筆やマジックでその周囲を綺麗にデザインしてくれる。独特のキャラクターも生み出す水口デザインの素敵な色紙は各家庭で評判になっている。

　時にハーフと間違えられる目鼻立ちがくっきりした外見の水口は、その躊躇のない話し方から最初はキツそうに思われる。しかし、顔立ちからは想像できないような柔らかさと優しさをいつも患者にも私たちにも発揮してくれる。

「どこからどう伝えようか、悩んでるんだけど、少しでも高秀さんと思いを共有できる材料を提供したくてさ」

　これから康子にどのような変化が起こりうるのか、薬を変えてみることの意味、病院でできることと在宅診療でできること、高秀が混乱しないように話ができれば、そんな思いを水口に伝えた。

「大きな模造紙がいいかな。今の康子さんの状態とこれからのこと、薬や病院との関わり方について、院長よりもゆっくりと話ができる私たち看護師が説明してきますよ。院長も一緒に来てくれると嬉しいけど」

　おまけのように言われてしまっても仕方がない。悔しいが、私たち医師よりも看護師の方がそれだけの時間を現場でかけており、患者の生活や心に寄り添っているのは間違いない。

　開業したときには私への信頼ではなくて、一緒についてきた水口の看護を受けたいから、という患者が大勢いた。診療所の経営よりも、まず現場の患者の思いに寄り添おうとする水口の真摯《しんし》な姿勢にはいつも頭が下がっていた。

「今日は美人看護師と一緒に来たんだね」

前回訪問したその週末に、水口とふたりで康子の家を訪れた。平日は、訪問診療も看護も1日の予定がぎっしりと詰まっており、臨時の往診もいつ入るのかわからない。そのため、土曜日の昼に高秀と約束をして、今後のことについて話し合う時間を取ることにしたのである。

「水口さん、お休みなのに悪いなあ。子どもさんとの時間大丈夫だった？　さおりちゃんの受験が近づいたら、家族でどこかにいくこともできなくなるんじゃないの。お袋のために申し訳ないなあ」

私の診察時には見せてくれない笑顔と配慮を水口には向けていた。

「さおりちゃんってもうすぐ受験だっけ？」

開業当初、水口は診療所にも娘のさおりをよく連れてきていた。

「ひろしげ先生より、僕の方が水口さんのことをよく知ってるかもね」

高秀のリラックスしている雰囲気を見ると、今日は水口と一緒に来てよかったな、と思った。

「なんかさ、今日こうやって先生と水口さんが来てくれただけで嬉しいんだよね。いつもお袋とふたりで生活して、同じように毎日が進んでいくことが当たり前だと思ってたんだ。でも、その当たり前が少しずつ変わってきてさ。お袋がお袋じゃなくなっていくような気がしたときに、初めて寂しくなってきて。そんなときに、病院でもさ、歳《とし》だから仕方ないって言われちゃうとさ。わかっていてもやっぱり寂しいんだよ」

高秀は私たちが持ってきた模造紙を眺めながら話をしていた。

「水口さんがこれ一生懸命に描いてくれたから、少し話させてもらっていいかな？　この汚い字は僕が書いたんだけど……」

高秀が冷蔵庫から出してくれたペットボトルのお茶を飲んで息を少し整えて、私の方から説明を始めようとした。

「ひろしげ先生、もういいよ。十分わかった」

高秀は説明の言葉を遮るように、微笑《ほほえ》みを浮かべた。

「えっ、まあせっかくつくったから少し説明させてくださいよ」

「違うんだよ、先生。先生と水口さんがどれだけお袋のこと思ってくれてるか、よくわかった、ってこと。もう病院には行かない。薬も先生が言うように飲むから」

高秀は車椅子の横の床に膝をついて、退屈そうに湯飲み茶碗《ちゃわん》をいじっていた康子の顔を下からのぞきこんだ。私と水口も康子の方をじっと見つめた。

「もういいよお。どうしたの？　ご飯食べよ。お腹空いた」

急にみんなの注目を浴びた康子は、何か言わないと申し訳ないかのようにボソッと声を出した。

「そうですね。ご飯食べましょうね。難しい話をするよりは、お母さんが機嫌よく食べるところを見せてもらう方がいいですね。ゆっくりお互いに話し合いながらどうするか決めていきましょう。薬のことも、いま全部決めなくてもいいし、何が正しいってことはないから。ずっとこれからも私も水口さんも来るから」

「先生は2週に1回だけど、私は毎週来るからね」

水口は康子の近くに腰を落として話しかけていた。康子は、机に置いてあったスーパーのいなり寿司をすでに頬張りはじめていた。彼女なりにその場の空気が和らいできたことを感じていたようだった。

次の定期訪問をしたときに、開口一番、高秀は嬉しそうな声を響かせた。

「あのアリセプトっていう薬を止めて、先生が違う薬に変えてから、なんかよくなった気がするよ。相変わらずのところもあるんだけどさ。デイサービスでも前より穏やかになったんだって」

土曜日の訪問から2週間経《た》って、康子の状態が良くなったことは、確かに薬の変化による効果もあったのかもしれない。だが、それ以上に高秀が私たちの診療所に心を許してまっすぐに向き合ってくれるようになり、山口家としっかり寄り添い合えている、その雰囲気を康子も感じて安心してくれたんじゃないか、と思えてしようがなかった。

「これからは病院にはもう行かないから。何があっても最期までお袋をひろしげ先生のところで見てもらおうと思うから、よろしくお願いします」

と高秀は迷いのない表情で力強く話した。その横で康子は人ごとのような顔で、がんもどきにむしゃぶりついていた。


「先生、やっぱり病院でちゃんと検査した方がいいよね」

病院には行かないというかつての力強い決意は、高秀からすっきりと忘れ去られたようであった。毎年区から通知が送られてくる無料の長寿検診を受けて、肺に影が見つかったという。そもそも長寿検診の目的は、日頃から医療を受けていない人が年に1回は受診することを行政が勧奨するためのものである。康子のように医療者の目がいつも入っている人は、あまり受ける必要がないものであることは丁寧に伝えてはいた。

「先生に何も言わずに受けたことは悪かったけどさ、心配だったんだよね。あと無料って言われると受けさせてもいいかなと思ってさ」

なかなか根っこから信頼してもらうことは難しいものだと強く感じながらも、高秀の愛情に満ちた行為を当然否定する気もなかった。

「お母さんの年齢を考えたら、これ以上病院に行っていろいろ検査しなくていいと思いますよ。

お母さんが成長期の小学生のように身長が伸びないのと同じで、仮にがんだとしてもほとんど成長しませんから」

　１００歳を超える人に、長寿検診の無料クーポンを漫然と送る紋切り型のお役所仕事を責めるつもりはない。しかし、かつて私も所属した行政の無神経な罪深さを感じざるを得なかった。

「でもさあ、検査して何かわかれば、できることもある気がしてさ」

　認知症にしても、がんにしても、大切な親にいつまでも変わらず元気でいてもらうために「治したい」という思いになることを、主治医である私が安易に否定できるはずもない。

「高秀さん、がんであってもなくてもいつかは誰もが最期を迎えますよね。私も高秀さんも他の誰もが最期の時間に向かって少しずつ進んでいます。白髪がもう一度黒くなることはないし、膝や腰が痛くなったのもなかなか治らなくなるし。お母さんのがんも白髪と同じ、年齢による体の変化の一部と思った方がいいですよ。治そうとすることで、かえって体を悪くすることになるかもしれないですよ」

　検査をしないことによる子どもとしての不安感は、理屈ではないだろうなとわかっていた。それでも、検査を無理して受けさせることによる康子の身体への負担も心配であった。

「わかってはいるんだけどさ。やっぱりやれることはなんでもやってあげたいと思うんだよ。どうしようかな」

質問のようでありながら、高秀としてはやっぱり病院に行くことはどこかで決めているようでもあった。

「わかりました。私の方からちゃんと検査ができる病院の方にお手紙を書いておくので、一度行ってみますか」

「ごめんね、ひろしげ先生を信用するって言ったばかりでこんなことで、なんかすまないねえ」

恥ずかしそうに高秀の声が、少しずつ小さくなっていった。

「いやあ、高秀さんが納得するのが何より大事だから、全然いいんですけど。病院に康子さんを連れていくのが大変だと思って。疲れないようにしなきゃね。悩んで当たり前、気持ちは揺れて当たり前。相田みつを風に言えば、だって人間だもの」

家族の揺れる気持ちを支えるのが私たちの役割だ。医療者がこうあるべきだと思う価値観を押し付けることが、決して家族の幸せではない。

「実は、水口さんからも病院に行ってもしょうがないかもって言われてたんだよ。でもね、結局、行っちゃうのはさ、親だからっていう理由しかないんだよ。自分でもどうしても説明できない気持ちなんだ。でも、ありがとう、先生」

紹介状を出した病院で一泊二日の検査入院をして、介護タクシーを使ってふたりで帰ってきた、という連絡を高秀から受けて、すぐに康子の家に向かった。

「やっぱり、がんだって。先生が言ってたとおりだった。もう手術もできないし、抗がん剤とかもやらない方がいいってさ。ひろしげ先生に任せたらいいよって言われたよ」

がんとはっきり宣告されて帰ってきたのだが、高秀はどこか吹っ切れた表情で満足げですらあった。康子は車椅子でうとうとしており、明らかに疲れた様子だった。

「よし、先生に任せた。わかってはいたんだけどなあ。今度こそ本当に任せるよ。お袋も僕も病院に行くの、やっぱり疲れるよなあ」


　街中にイルミネーションが輝き出し、肌寒さからも年の瀬を感じるようになってきた。この日は診療所近くの小さな居酒屋を借り切って、スタッフみんなで忘年会を行っていた。

「皆さんの日々の緊張感ある仕事っぷりは、患者さんのたくさんの笑顔や幸せを創ってくれました！　今夜だけはその緊張感を解き放って、食べて、飲んで、騒ぎ倒してください！　1年間、お疲れ様でした」と、ありきたりの乾杯の音頭《おんど》を取って宴会は始まった。

　事前に焼き鳥や揚げ物中心の安いコース料理を頼んでおいたのだが、経営者の意向を無視した職員たちが勝手にコース外のステーキや寄せ鍋《なべ》を遠慮なく注文していた。こんな日でも私は患者からの電話に対応する役目があるため、ビールではなく烏龍茶《ウーロンちゃ》を片手に持たざるを得なかった。

自分が飲めない分まで職員たちにお酒をしっかりとついで回り、彼らの日頃は見られない緩んだ表情を楽しむことができた。ここでも中鉢の明るさは大活躍しており、生真面目な水口や丸下も、彼女の雰囲気に自然と巻き込まれていつもよりもお酒が進み、饒舌《じょうぜつ》になっていた。私はアルコールを体に入れることはできなかったが、頼もしい職員たちに囲まれてその空気に酔わされたまま、大いに盛り上がり、マンションのソファーに横たわることができたときには、すでに日が変わっていた。

着の身着のままでうとうとし出した頃に、高秀から電話がかかってきた。散らかった机の上にある小さなデジタルの置き時計には、1時12分と表示されていた。

「ひろしげ先生、ごめん……今病院にいるんだ……救急車呼んじゃって……もうすぐ家に戻るから。うん、大丈夫なんだけどさ。今日は遅いから、明日先生来てくれるかな」

申し訳なさそうな気持ちが声からも伝わってくる。前日の昼から夜までおしっこが全く出なくて、珍しく夕ご飯も食べなかったらしい。夜になってもオムツが全く濡《ぬ》れておらずお腹を痛がっていたため、高秀が心配になって体を触ろうとしたら、大騒ぎをして手がつけられなくなった。あまりにも焦ってしまい、診療所には連絡をせず、すぐに救急車を呼んでしまったとのことだった。

「それで、病院でバルーンを入れてもらって、たくさんおしっこが出たんですね」

翌日、水口と一緒に訪れると、康子は昨日の夜のことは忘れたかのようにけろっとしてパック寿司を美味しそうに食べているところだった。一睡もしていない高秀のくたびれた表情とは対照的であった。

バルーンとは、尿が出にくくなった場合に強制的に出すために尿道から入れる医療物品のことである。それを体に固定するために尿道から膀胱《ぼうこう》のなかに管を入れ、先っぽを風船のように膨らませるためにそのように呼ばれる。男性は年をとるとほとんどの人は前立腺《ぜんりつせん》が肥大して尿道を圧迫するので尿が出にくくなる。バルーンを入れる患者の多くが男性なのだが、康子のように年をとって尿道周りの筋肉が弱って自分の力で尿を出せなくなったり、ストレスなど精神的な理由で尿が出なくなる女性に対しても使うことがある。康子の場合は、バルーンを入れたことで半日以上溜《た》まった尿が1リットル以上も出てきたとのことだった。帰ってきた康子は、見事にスッキリした顔をしていた。

「これからもバルーンはずっと付けていた方が、高秀さんにとっては楽かもしれないですよ」

水口は車椅子の横に座りながら、キッチンに歩きかける高秀に話しかける。康子の真っ赤な半《はん》纏《てん》をゆっくり脱がせて血圧計を腕に巻いていく。

「病院の先生は、ちょっと落ち着いたらこの管は抜けるかもしれないと言ってたけど。お袋もずっと体にくっついてるのは気持ち悪くないのかな」

遠目に見ても洗い残しが大量にあるキッチンのシンクの前で、高秀は気だるそうにインスタントコーヒーをつくろうとしていた。

「高秀さん、そんなのいいから。まあ座ってください」

血圧を測り終えた水口は、聴診器を耳から外してゆっくりと高秀に説明をし始める。

「私たちの患者さんで、バルーンを入れてる人って多いんですよ。康子さんはおしっこが出なくなったから入れたけど、実際にはおしっこは出るのに、それでも入れてる人もいるんですよ」

「なんで？　あんなの入れられるのなんて絶対嫌じゃない？　僕だったら嫌だよ。体の中に入ってくると思うだけで気持ち悪いよ……」

朝から何も食べていなかったという高秀は、康子が食べ残したガリを手でつまみながら、水口の話を聞いている。

「今は自分の力でベッドの横にあるポータブルトイレにギリギリ移ったりできるけど、リハビリパンツにおしっこを漏らすことも多いでしょ。夜間はずっとオムツにしてますしね。高秀さんは優しいからなんでもやってあげたいと思うんだろうけど、バルーンを付けていた方がこれから長く介護していくためにも楽だと思いますよ」

美人で一見きつそうに見える水口だが、こういうときの患者やその家族への表情はいつも柔らかく、横で聞いている私の心にもその声がしみてくる。

すべての説明を水口に任そうと思っていたのだが、彼女が「あとは先生で」と目配せをしてきたので話を補うことにした。

「高秀さん、それにね。パンツにおしっこした後、いつもすぐには替えることができないですよね。それが積み重なると、お尻《しり》がかぶれたりとか、皮がむけて床ずれみたいになったりすることもあるんですよ。あと、バルーンを入れるとおしっこの量とか色とかで体の状態もいつも確認することができるようになるから。お母さんにとっても、管をつけてあげた方が幸せかもしれないですね」

　高秀が介護疲れをしているからとか、少しでも楽をするためにとか、そういう理由では高秀を説得できない。だからこそ、バルーンを付けることが間違いなく、康子のためになるということを丁寧に伝えたかった。

「水口さんとひろしげ先生が言うならそうなのかもしれないな。いつもありがとう、僕も面倒くさいことばかり言って。迷ってばかりだね」

　康子の横にしゃがみ込んでいた水口が立ち上がって、申し訳なさそうな表情で話す高秀の側《そば》に動いた。切れ長の目と口元を存分に緩ませて、高秀の手をとりながら穏やかに寄り添っていった。そんな水口の姿は、彼女の看護姿勢の真骨頂だ。「キャバクラ嬢のような対応」と他の看護師からはよく揶揄《やゆ》されているが。

「今日から2週間は私も毎日訪問させてもらって、おしっこの処分の仕方とかこれからの介護のことも少しゆっくり話していければと思います。管の交換も私がするから、病院にはもう行かなくて大丈夫だから」

水口がそう話すと、高秀は握ってくれていた彼女の手をゆっくりと放し、流れる涙を拭《ぬぐ》った。

「ひろしげ先生のところに全部任せるからね。ありがとう……」

康子の家を出て、車を運転してくれている水口へからかうように話しかけた。

「水口さんをママにした熟女バーを経営したら、めっちゃ人気が出るだろうなあ」

水口の先ほどの高秀への接し方は見事であり、その言葉や関わり方でこれまで救われた方がたくさんいただろうな、と感じざるを得なかった。

「院長の、女性患者や介護職種へアプローチする言葉の選び方も、すごいですけどね。さすが、本家本元の水商売仕込み、っていつも思ってますよ。なんでプライベートではまったくモテないんだろうと思うぐらい」

若い頃に歌舞伎町でスカウトをやっていた私の過去を知っている水口が、からかい返してきた。

「これから康子さんにはいろんなことが起こるだろうね。がんによる身体の変化もあるだろうけど、やっぱりいくら元気でも年齢が年齢だけに、最期に向かって少しずつ進んでるよね。高秀さんにもゆっくりとその感覚が伝わっていくといいんだけど」

水口とも普段はなかなかゆっくりとは話せなかったので、このような時間はとても貴重に思えた。

「多分、高秀さんもどこかでは受け入れていて、どこかでは認められないんですよね。理屈ではわかっているんでしょうけど」

私も、水口も同じような葛藤を背負った患者をこれまでもたくさん見てきた。「もう歳だからしょうがない」と割り切ってしまえば楽に決まっているのだが、それは他人だから言えることであり、愛する家族になると当然割り切れない。

「病院で働いていたときには病気そのものの検査をして、もっとデータとかは細かくみれたけど、患者さんの生活やそのなかでの悩みや苦しみはなかなか感じられなかった。今はそういう患者さんの人間らしいところにゆっくりと関われる幸せってあるよね」

しろひげ在宅診療所を開設してから、休みのない忙しさはあるものの、スタッフともども一人ひとりの患者の生活まで落ち着いて関わることができるという充実感があった。

「このクリニックで働けて、私も幸せですよ。院長のそういうところ好きですし。ラブはまったくないですけど。病院に行くとなかなかいろんなことを話せないっていう患者さんは多いですね。先生の随行や訪問看護をしていると、病気を治すっていうことと患者さんや家族に幸せを感じてもらう、ってまったく違うことなんだなって思いますね」

水口は、しろひげ在宅診療所に入る前から10年以上地域において訪問看護に従事していた。彼女は、1日3～5人の患者をゆっくりと訪問して、患者との時間を大切にする。病院受診などがある患者には半日かけてついて行ったりもする。経営者にとっては困ったものだが、患者にとっては女神そのものだ。

「水口さんの患者さんに対する姿勢は、他の新しい看護師にとっても勉強になってるよね。しろひげらしい訪問看護がこれからも育てられていく気がするんだ」

「次の患者さんの家に行くのが遅れたり、夕方のミーティングに参加できなかったり、管理者なのに、一番みんなに怒られてますけどね」

時間にルーズな水口が、若い看護師に本気で怒られている姿を見ることもあるが、誰もがそんな水口の姿勢を愛し尊敬している。

「そうだ、中鉢さんに先生の随行を替わってもらう連絡しなきゃ。私が担当している患者で、浣腸して欲しいって、いま急に呼ばれたところがあって。ここからの先生の随行は元気印の若者に代わりますよ」

「久しぶりに、美人キャバクラ嬢に1日接待してもらうつもりだったのになあ……」

もうすぐ年も変わろうとしている。車の窓を開けると肌を刺すような空気が入り込むが、水口との久しぶりのゆったりとした会話で、心がじんわりと温められていた。

高秀から電話がかかってくることが圧倒的に少なくなってきた。看護師の訪問回数を増やしたこともあるが、以前は少し熱が出たとか、いつもより食欲がないなどでも心配をして、毎日のように電話がかかってきていたのである。

「夜中に急に昔のことを話し出したり、食事をしているときに僕のことがわからなくなったり、いろんなことはあるけど。なんか全部含めてお袋との今の時間をとにかく大事にしたいなって思って」

　年も明け、この年初めての定期診療に伺ったときに高秀はどこかさっぱりした表情で話をしていた。

「デイサービスでも最近は落ち着いているみたいですね。おしっこも綺麗に出てますよ。高秀さんも最近疲れが取れたいいお顔になって安心しました」

「いいお顔ですか。僕はもともとイケメンなんだけどね。水口さんとか、あの最近来てくれる元気な中鉢さんだっけ、看護師さんたちの明るさには救われてるよ、ほんとに。この前はふたりでお袋の散髪もしてくれたんだよ」

　康子は私たちには目もくれずに、カップラーメンを一心にすすり続けている。お腹周りに肉がつき糖質制限ダイエットをしている私には、羨《うらや》ましいぐらいにしっかり食べていた。高秀が楽しそうに話す表情をなんとなく感じとっているようにも思える。これまでは高秀が不安そうな表情をしていると、康子もそれを察して落ち着かない動きをしたり、ボソボソと同じ言葉を繰り返したりしていた。

「お袋がデイサービスに行っているときに前からやりたかった民謡の教室に行ったり、区の運動施設でちょっとしたトレーニングとかするようになったんだ。僕もそれなりの年齢だから体動かさなきゃなって思って。じいさん、ばあさんばかりだけど、それなりに仲良くなったりして楽しいよ」

これまでは明らかに「康子ひとすじ」だったが、程よく自分の時間も持てるようになってきたようだ。

その後、康子は誤嚥性《ごえんせい》肺炎になって連日点滴をしたり、呼吸が苦しくなって一時的に在宅酸素を入れたり、そのときはそのときで高秀も大騒ぎだったのだが、一度として救急車が呼ばれることはなかった。「しろひげファミリー」を信じてくれながら、康子との最期に向かう時間を大切にしているようだった。

節分過ぎに訪問したときには、康子が大好きな食事を頑張る姿は見られなくなっていた。どこかが痛いとか苦しいとかの訴えはなかった。ベッドをリクライニングさせて体を起こし、とろみをつけた栄養補助食品を高秀がスプーンで口に運ぶが、首を振って食べようとはしない。少し前まではほっておいても、机の上にある食事を食べ尽くすぐらいだったのに。

この数週間は食べた後にむせこむことも多くなっていて、誤嚥性の肺炎にもなった。肺炎が治った後も、明らかに食欲がなくなってきていた。むせこみを避けるため、食べものや飲みものにとろみをつけてもらうように、看護師や訪問栄養士にも指導をしてもらっていた。高カロリーのゼリーとか栄養補助食品とかを買ってもらったが、康子の口には合わないようだった。

「ひろしげ先生、点滴とかどうなんかねえ。あんまりにも食べなくなってきたからさ」

食べることが趣味のような康子が食べられなくなる姿を見ることは、高秀にとってあまりにも辛いことだった。

「点滴をね、家でしてあげることもできるんですよ。でも、康子さんはいま、何も体に入れたくないのかもしれないですね。寂しいかもしれないけど、最期の時間が間違いなく少しずつ近づいてきていると思います」

なるべく神妙になりすぎない声で高秀に話をし始めた。

「点滴とか何も体に入れない方がいいってこと？」

家族への説明を「ムンテラ」という。「ムント・テラピー」の略であり、ドイツ語では「口による治療」という意味である。患者に対しての医療的な関わりも大切だが、看取りが近い場面での言葉ひとつの選択は、家族に対する「心の治療」として、私たちがもっとも緊張を持って行わなくてはいけない瞬間である。

「私たちも、これまでいろんな方の最期をみてきました。病院だと亡くなるギリギリまで血管に針を刺して、体がムクムクになっても点滴をしたりするんですよ。でも、水分が体に増えすぎて痰《たん》が絡んで苦しんだり、余分な水分が心臓や肺に負担をかけて息苦しくなったりすることもあるんです。本当は、枯れるように最期を迎えていくのが自然なかたちで、結果としては一番幸せな最期になるかとは思います」

なにが一番幸せな最期かなんて、わかってはいないし、わかるはずもないが敢えて言い切った。

「そうだよね。お袋もずいぶん頑張ったもんね」

少し緊張感が緩んだ表情で高秀は康子の顔に手を触れた。

「高秀さんもずいぶん頑張りましたよ」

医師や看護師が、この時期から患者に対してできることは限られている。看取りが近づいていることをしっかりと伝えることで、家族としての最期の時間を悔いなく過ごしてもらうようにすることが、私たちの残された大事な仕事である。

「でも、ちょっとお腹から体に負担がない程度に点滴してあげましょうか」

血管から入れる点滴ではなく、腹部からゆっくりと体に吸収させる皮下点滴を提案した。延命措置や緩和ケアには決してならないが、少しでも家族の思いに添ってあげたかった。

「これがお袋にとっての最期の晩餐《ばんさん》かな。口からじゃなくて残念だろうけど。でも、これまで100年間悔いなく食べに食べ尽くしてきたから、もう満足かな」

看取りについての話を受けた高秀は寂しそうではありながらも、笑みを浮かべながら残された最期の時間への覚悟も持てたようだった。

それから1週間は康子には点滴をすることもなく、苦しんでいるという連絡もなかった。看護師が訪問したときに康子の髪を黒く染めてあげるとともに、綺麗にお化粧もしてあげたということも聞いていた。

高秀からの電話がそろそろ来るかもな、と思いながら強くなってきた雨のなか、住んでいるマンションの駐車場に車を停めていた。亡くなりそうな方がいると思うと、部屋に戻ってもベッドで寝ることはとてもできない。この日も駐車場とマンションの間にあるコンビニで惣菜《そうざい》と野菜ジュースを買って部屋に戻る。しみやほつれでボロボロのソファーの上に、着替えることもなくそのまま寝転がっていた。

コンビニの惣菜は散らかった机の上に置きっ放しだった。せっかくレジでレンジにかけてもらってもいつも何の意味もない。録画された夜9時からのドラマを見ながらウトウトしていたところで、携帯電話に起こされた。連日、呼び出し音が鳴るその緊張感を少しでも和らげるために、可能な限り柔らかいトーンのものを選ぶようにしていた。

呼び出し音は柔らかくても、向き合わなくてはいけない現実は、いつも決して柔らかくはない。

「先生、お袋の呼吸が止まったみたいなんだ。夜遅くにごめんね。今度はほんとにダメみたい」

この数年間の高秀を思うと、最期の瞬間の声としてはとても落ち着いていた。

「高秀さん、お母さんとの最期の時間を過ごしてください。まだ、身体は温かいと思うし、ゆっくりとお母さんのそばにいてあげてください。すぐに向かいますから」

「よろしくお願いします」

着替えなかったからすぐに出られるな。雨も先ほどよりは少し弱まってきているようだった。マンションから駐車場まで雨のなか走りながら、待機当番ではない水口に電話しようかどうか迷っていた。するのも悪いけど、しなかったら後で怒られるだろうなと思いながら、一人で康子の家に車を走らせていった。

高秀に「よかった」と言ってもらえた。マンションに夜の2時過ぎに帰ってきて、再びソファーの上に寝転がった。冷めきったコンビニの惣菜をつまみながら、この仕事をやっていて「よかった」と私も心から思った。

どの仕事をしていても、この「よかった」によって私自身が自分の人生を生かしてもらっているなあ、と感じながら、いつの間にか心地よい疲れのなかで眠りについていた。

第三話

ケニアの島で出会った笑顔

「ドクターシーゲイ！　シーゲイ！」

出逢《であ》ったときに英語で「プリーズ　コールミー　シゲ」と言ったのが運のつきで、それ以降、私への呼び方は固まってしまった。地元住民はほとんどルオ語で会話をするのだが、私の名前はなぜか英語で定着し、「She gay!（お前ゲイだろ！）」というニュアンスがこもっていたことは、帰国間際に教えてもらった。ヒゲを生やしながらもどこか中性的な私の風貌《ふうぼう》にあわせたニックネームとなったらしい。

医学部を卒業した翌年に、病院での研修を十分に受けないまま、ビクトリア湖沿岸のケニア西端の地に立っていた。

飼い主のわからない牛やヤギが、いつの間にか道に現れてはどこかへ消えていく。これまで見たこともない大きな花弁の鮮烈な赤色が、古ぼけたトタンや藁葺《わらぶ》きでできた素朴な家の周りを奇妙に彩っている。砂地が広がる湖畔《こはん》からは、対岸のない水平線に沈む夕日が恐ろしく綺麗《きれい》に眺められ、この世界に初めて生まれ落ちた人類になったような錯覚すら覚えた。

「地球の裏側の幸せに寄り添う」という大きな「綺麗ごと」は、それまでずっと言い続けていた。小学4年生のときにエチオピア難民のビデオを学校で見る機会があったことが、大きな転機だった。当時、他の家庭に比べて貧しい家庭環境に生まれ育ったことに拗《す》ねていた。そして、友人たちと子どもらしく素直にコミュニケーションが取れない自分に深く落ち込んでいた。

そんなときに、「自分はギリギリで生きている」という子どもながらの傲慢《ごうまん》な考えを一気に吹き飛ばしてくれたのがエチオピア難民の姿だった。栄養失調で目の周りの筋肉が保てず、眼球がこぼれ落ちている少年。橋の欄干に置き去りにされた痩《や》せこけた裸の乳幼児に野鳥が集まってきている状態。自分自身の感じていた「ギリギリの環境」がいかに思い上がりだったかに気づかされた。

それでも、自らが今置かれた環境のなかで悩んでいるという現実は、何も変わっていなかった。悩みの解決を自分のなかに求めても、あまりにも「空っぽ」であった。だからこそ、アフリカなどの途上国という外の世界に自分が「何かできること」を求めることで、そして「自分が求められているかもしれない」と思い込むことで、自分が生きていてもいいという理由をつくってきた。「永遠の偽善者」でいたい、とも言い続けてきた。「善人でありたい」と言えるほどに自分に自信がなかったからこそ、少なくとも他者に向けた「綺麗ごと」を言い続けたかった。それに向かって挑む自分自身をかっこよく見せながら生きていきたいと思っていた。

医学部を卒業した後、国家試験には合格したものの、誰《だれ》もが受けるはずの臨床研修を受ける気になれず、歌舞伎町でのスカウト生活に戻っていた。前年の日韓ワールドカップで世間が盛り上がっているときも、どこか冷めた気持ちで完全な他人事《ひとごと》としか感じられなかった。流されるように医師免許を持ってしまった自分自身すらも、どこか他人の人生のようだった。

神楽坂《かぐらざか》でぶらぶらしながら、スカウトをするために気まぐれで女の子に声をかけても全く収穫がない日だった。梅雨《つゆ》の合間の蒸し暑い1日であり、水商売であることを宣伝するようなスーツが汗だくになっていた。一休みするために喫茶店に入ると、たまたま隣の席でサンドイッチを食べていた派手な服装の60代ぐらいと思われるおばさまに、唐突に声をかけられた。

「私の残ったたまごサンド食べない？」という不思議なナンパのされ方だった。その岸田袈裟《きしだけさ》という名前のおばさまは、30年間ケニアで孤児支援をしているという情報を「いつもスポーツジムに通ってるの」というような軽い調子で聞かせてくれた。

キャバクラのスカウトを長くしているからだろうか、「綺麗ごと」を言うことには慣れていたため、「私もアフリカへの思いが人生の原点なんです」と、実際には人生も何も始まっていない薄っぺらい人間が、子どもの頃《ころ》からの思いだけを頼りに語ってみた。後で思えば、岸田には私の未熟さそのものを見透かされていた気がする。

「じゃあ、来月、私はケニアに帰るからついてきなさい！」

その瞬間には親の顔も恋人との関係も、人生の先行きもまったく頭に浮かんでこなかった。岸田の一方的で高圧的な話し口調は私に不安を感じさせる余裕も与えず、ただただ、自分の一つの大きな道を指し示してくれたように思えた。スカウトをしていたら、いつの間にかスカウトされていた。

言われた通り、１ヶ月後にはその初対面のおばさまに躊躇《ちゅうちょ》なくついていったのである。岸田からは給料を貰《もら》えるわけでもなければ、旅費を出してもらうわけでもなかった。その先の仕事の世話を何かしらしてもらう保証があるわけでもない。たかだかたまごサンドのご縁にしては、大きな人生の一部がいつの間にか決定されてしまった。それは、弱いものではあったがやはり「求められた」からであった。

ケニアに行く直前まで、歌舞伎町でのキャバクラのスカウトは続けていた。私にとってはそれなりに誇らしい、学生時代から長く続けてきた仕事もついに辞めなくてはならない。歌舞伎町から稼いだ少々の浄財をケニアでの先の見えない生活につぎ込むことになるとは、数ヶ月前の自分には全く想像もできていなかった。

ケニアのナイロビにある岸田の豪邸で過ごしたのは、たったの２週間だった。

「私もほとんど行ったことがないんだけど、ビクトリア湖周辺の地域はＨＩＶが蔓延《まんえん》しているみたいなの。あなた、そういえば医者だったよね」

ケニアまで連れてきておいて、私が医者であることをようやく思い出してくれたらしい。

「ドライバーをつけてあげるから、一度行ってきたらどう？　興味あるでしょ？」

ケニアに来てたったの２週間、言葉も価値観も何もわからない状態で、何に興味を持てばいいのかすらわからなかった。岸田のその一言は間違いなく「空っぽの自分」に対して何かを求めてくれていた。若かったからか、ちっぽけであってもその期待が嬉《うれ》しかったのか、とにかく岸田の言葉だけで行動することができた。

私の答えは見事にシンプルだった。

「楽しみです。行ってきます！」

ナイロビ近辺では道路は舗装されていたが、ビクトリア湖へ向かう道は剝《は》がれた舗装が整備されないままに、どこもかしこも穴ボコだらけになっていた。

ダンという名のケニア人ドライバーは、

「道路をつくった後、何年も直されないから土の道よりもすぐにタイヤがパンクしちゃうんだよ。日本の業者が来て舗装はされるんだけど、かえって迷惑なんだよね」

と笑いながら話しかけてきた。

ダンが話すように、田舎《いなか》に向かうにつれて土煙と石が舞う舗装されていない道路が増えてきた。綺麗に整えられてはいないが、凸凹《でこぼこ》さが道路になくなってきた。

「さっきより、お尻《しり》が楽になったかもしれない……」

私の率直な感想にダンはただただ笑っていた。古いジープの窓からは小石が跳ね飛んでくるだけではなく、蜂《はち》とカブトムシを混ぜ合わせたような不思議な昆虫が何度も入り込んできた。冷房が効かない車内には、乾いた空気に独特の土と獣が溶け込んだような匂《にお》いがずっと続いていた。

「街に近いところには、日本から道路や橋をつくる人たちがたくさん来るんだけど、いつも最後までつくらなかったり、そのあとほったらかしになるんだよ」

ダンが言うには、いろんな工事が完成した後もケニア政府がメンテナンスを全くしないから、かえって地元には評判の悪い、薄いコンクリートが剝がれたガタガタ道路だけが残っていったとのことだった。

ケニアに来てから、いろんなところで「JAPAN ODA」というシールが貼《は》られているのを見る。電気が通っていない施設に電子顕微鏡やテレビ、ビデオなどの寄贈がされていた。そこに、大きなシールが貼られているのである。医師や看護師が誰もいない地域に、鉄筋コンクリートでつくられた病院という名前の立派な廃墟《はいきょ》が建っていた。

ナイロビから2日かけてケニア西端のビクトリア湖沿岸地域に着くまでには、「ムネオダム」と呼ばれる、工事が止まった大型ダム建設についても、ダンが嘲笑《ちょうしょう》を交えて説明してくれた。

「シゲと一緒でさ、日本の人たちが僕たちに一生懸命何かをしようとする気持ちがあるのはわかってるんだよ」

ダンの日本をフォローするような言葉を聞きながら、それでも結果として日本の事業が「嘲笑」の対象になっていることは寂しかった。善意によるサポートのはずなのに、現場に寄り添わない無神経さでこうなっちゃうんだなあ、と、まだ税金すらも払っていない無責任な立場から感じていた。

ダンは、移動しながらずっとケニアうんちくを話し続けた。残念ながらその言葉の数々は、世界を置き去りにするような美しい光が地平線へ溶け込んでいくなかで、半分ぐらいしか聞こえてこなかった。

数万年前から続いてきたと思われる静かで神々しい光景に、目も気持ちも奪われていた。標高が高い地域を通ると緑色が美しい紅茶畑が眼前全体に広がるが、その数分後には岩と茶色い樹木だけの乾いた大地が現れてくる。赤道直下の遠慮のない太陽がその緑や茶色の光景にまっすぐに差し込んできて、人では決してつくり出せない穏やかな眩《まぶ》しさに包まれていた。揺れながら間違いなく前には進んでいるのだろうが、いつまでもアフリカらしいアフリカがただただ続いていく。牛が歩き、人が寝そべり、ときどきどこからか大きな声が聞こえてくる。時代も時間もよくわからない、そんな景色が通り過ぎていった。

ダンのうんちくも体に染み込んでくる神秘的な光景も、何もかもが新鮮で、神が与えてくれたとしか思えない時間と空間を満喫し続けた。そんな感慨に耽《ふけ》りながら、ビクトリア湖周辺に到着

すると、

「僕はナイロビに戻るから、あとは頑張ってね！　ママには無事に着いたことを報告しとくから」

　ダンのあっけらかんとした一言によって、現実に引き戻され、この未知なる世界での自分にとってただ一人の知り合いがいなくなってしまった。いまの瞬間の無事を岸田に報告されても、これからの無事はまったく保証されないだろう。誰のことも知らない、何があるのかもわからない、そんな地になんともひ弱な青年が一人取り残された。

　地元民から「ママ」と呼ばれるたまごサンドのおばさまとはまだ短い付き合いでしかないのに、私の未知数な適応力と生存力をたいそう信頼してもらったものだ。


「ドクターシーゲイ！」

　日本でもまだ「先生」と呼ばれたことがない弱く頼りないドクターは、数ヶ月で地元にそれなりに馴染《なじ》んでいた。寝袋とトイレットペーパーだけを頼りに、野宿や、屋根のない地元民の家での宿泊を繰り返していた。「人懐っこい変な白人」として受け入れられたようだった。片言のルオ語と下手くそな英語でも、意外に生活に困らないものだと思い始めていた。

「求められている」という思い上がりで安易に来たアフリカの地であったが、まるで求められていなかった。水も電気もない地域での生活において、自分が日々生きていくために地元住民の善意を「求める」ことばかりだった。

そこで生活していると、貧困もHＩＶの蔓延も決して不幸せそうに感じなかった。というよりはみんな毎日が幸せそうだった。音楽がなくても踊っていた。数日後に死ぬかもしれなくても笑っていた。島の沿岸部では10歳前後の女の子たちが笑顔で売春をしていた。

医師として、人として、できることはたくさんあるなと思ったけど、私が何かすることが、その地域の「当たり前の日常」にとって必ずしもプラスになるとは思えなかった。だからまずは、一人の住民として馴染もうとした。

トウモロコシの粉をお湯で練っただけのウガリという味気ないものを毎日食べ続けた。ラジカセもないのに、自分で歌いながら腰をクネクネする踊りをどこでも一緒にやってみた。みんなと同じようにゆっくりと道端で1日中寝転がってみた。日本で感じるものとはまた違う、なんとも言えない不思議な幸せが、日本の価値観に汚染されていた私にもわかってきた。

JAPAN ODAと書かれていた病院を地域のみんなで掃除して、HＩＶの検査ができる施設にしていった。最初は長年開かれていなかった部屋に入ると、ゴキブリやコウモリが大量に飛び出してきた。勢いよく私の口のなかに入り込んだゴキブリが羽を広げて再び飛んでいくのを見た女性たちは、箒《ほうき》でコウモリを追い払いながら大笑いをしていた。

岸田から教わったかまどづくりを見様見真似《みようみまね》でやってみた。レンガで土台をつくって、粘土質の土を塗って乾かすとまでは教わっていた。ただ、何度やっても数日経《た》つとボロボロと壊れていった。地元のおじさんたちと話し合って、土に牛の糞《ふん》を混ぜてみたり、土が乾ききる前に適度な水をまめに加えたり、どの工夫がうまくいったのか、みんなで試行錯誤を繰り返すなかで「手作りかまど」が完成したのである。

地域の未亡人たちには、燃やす薪《まき》をかなり減らすことができたと大喜びされた。遠い森まで薪にする枝木を取りにいくのは彼女たちの役割だった。ＨＩＶで夫を亡くした彼女たちの楽しみである踊る時間も、増やしてあげられたかもしれない。一緒に踊りながら、その明るさからは想像できないような暗い過去についても、話を聞かせてもらえるようになっていった。

離島での巡回医療をするために、地元の人たちが手作りでボートをつくってくれた。お金もないはずなのに、少しずつみんなから集めた貴重なお金で高級なエンジンもガソリンもプレゼントしてくれた。医療といっても、結局は治すというよりは、「ドクター」という名の者が体調の悪そうな人に声をかけに行くという程度だった。

でも、喜ばれた。涙を流された。地元にはお医者さんも看護師さんもいなかったから。

初めてアフリカの地で「求められた」と感じた。自分がいなくとも、その人たちは「当たり前の幸せ」を感じていた人たちだった。それでも、自分が一緒になってその「当たり前の幸せ」を創ることの一部に関《かか》われた、という生きている実感がこみ上げてきた。

「シーゲイ。あなたって絶対変わってるわよね。白人がここでこんなに長く生活するなんて初めてよ、それにお医者さんなんでしょ。何か笑えるわ」

離島で過ごすようになって、半年以上が経っていた。日本だけでなく、ケニアに来てまで「変人」と言われるとは思っていなかった。ルオ民族らしい褐色が強い肌とはっきりした顔立ちのアチエンという女性が、やや癖の強い英語で私をしっかりと嘲笑してくれた。6歳の娘であるアモンディが私のデジカメに興味を持ち、私の撮影係兼遊び相手になっていた。母のアチエンともその縁で一緒にいることが多くなっている。

「こんな町にいて退屈じゃない？　私たちはここしか知らないけど、あなたの国の方がもっと楽しそうじゃない」

いつもは道端の屋台で食事を取ることが多いのだが、この日はブラブラと目的もなく歩いているところをアモンディに捕まった。笑顔で近寄ってきて、藁葺きとトタンで囲まれた彼女たちの家に引っ張り込まれたのだった。アフリカでは、人の家に行くとそれが突然であったとしても、できる限りのおもてなしをしてくれる。トウモロコシの粉をすりつぶしたり、外で薪を燃やすところから接待がスタートするのである。

「なんかこの町が好きなんだよね。何があるってわけでもないけど、料理も人も景色もいいんだよ。アチエンのウガリとスクマの味付けも最高だしね」

　私は薪を燃やすアチエンの横に座りながら、手伝っているふりをして何もしていなかった。アモンディはトタンに囲まれた狭い家を走り回りながら、時々私に飛びついてくる。

「危ないわよ。静かに待ってなさい」

　火を使っている横で大騒ぎをしているアモンディにアチエンが注意をするものの、彼女はケラケラ笑うだけで反省の色はまるでない。出来上がったウガリが入っている大きな鍋を、私がかまどから近くの石の上に置き直した。走るのに疲れた様子のアモンディが近寄って、大きな皿への盛り付けを手伝い始めた。トウモロコシの粉を固めて茹《ゆ》でたウガリを主食にして、スクマという野菜と肉や魚をトマトソースの粉で煮て食べる、というようなシンプルな料理がほとんどだった。ビクトリア湖で捕れるナイルパーチやティラピアという魚や、その辺を走り回っている鶏がその横におかずとして付いてくる。それ以外のバリエーションの食事を食べることはまずなかった。この日はナイルパーチがスクマと一緒に煮込まれていた。

「味付けなんて、だいたいどこでも一緒でしょ。あなた白人だけど面白いわよね。本当にお医者さんなの？」

何が面白いのかはわからないが、お医者さんであることを疑われるのは、日本でもケニアでも同じである。地域の人から見ればお医者さんというよりは、暇そうな髭面《ひげづら》の「変な白人」以外の何者でもない。黒人以外は全部「ムスング（白人）」という一括《ひとくく》りになるようだ。特に住んでいるファンガノ島には私以外のムスングは誰もおらず、それまでもほとんど訪れることはなかったようだ。

夜に飲もうと通り沿いのキオスクで2本買っておいたスミノフアイスを、アチエンに1本渡した。アモンディはもうすでにナイルパーチを手でつかんで食べ始めている。

「今日もご馳走《ちそう》になります。とりあえず、乾杯！」

私もアチエンも歯で栓を開けて、その液体を喉《のど》に流し込む。栓抜きなどないケニアでこの開け方にも慣れてきた。電気も水道もない島なので、当然冷蔵設備はない。飲み物は日本と違っていつも常温であるが、その温度感も心地よく思えるようになってきた。

「アチエンさ、今度一度みんなの前で自分自身のこれまでの話をしてくれないかな？　もしよかったら、アモンディも連れてきて欲しいんだ」

私はウガリを手で丸めながら、アチエンに話しかけていた。アチエンはスミノフを一気に飲み干して、地面にその瓶を置いた。いつも通りの笑顔を残しながらも、少し考え込んだ表情をした。

アチエンはＨＩＶに感染をしている。17歳のときにふたりの男性にレイプをされ、そのときに感染をしたのだ。同時にアモンディを妊娠することにもなったのである。アチエンは15歳のときから地元の小学校に通い始めていたが、普通に勉強をするということすらもそのときから奪われた。

この地域に来て数ヶ月で、住民の人たちのＨＩＶの検査を少しずつすることができた。調査によると、島の住民の43％が陽性という数字が出ていた。娘のアモンディも母子感染していることがわかった。

「シゲ、ありがとう。やってみようかな。私ね。ＨＩＶっていう病気になってなんか幸せだと思うんだ」

ひとつの大きな皿に載ったウガリをそれぞれが手でつかんで、ナイルパーチが煮込まれたスープにたっぷり浸して食べていた。アモンディは口の周りに可愛《かわい》くトウモロコシの粉をつけて笑顔を見せている。私の何事にも無頓着《むとんちゃく》な性格は手で食べる習慣とあっていたようで、ケニアに来た当初より、同じ皿から「みんなで手づかみ」というスタイルには全く違和感を感じていなかった。

「アチエンはいつもそう言うよね。アチエンだけじゃなくて、ケニアの人たちってなんかどんなときでも明るいのはすごいよ。とにかく前向きだよね」

ケニア政府も形式的には、ＨＩＶの検査をする前後においてはしっかりと「カウンセリング」をすることと通達している。コウモリ屋敷を整備してつくった施設も「ボランティアカウンセリング&テスティングセンター(自発的にカウンセリングと検査を受けるセンター)」と名前をつけたのだが、実際にはケニアの人たちはそのテストの結果に対して、大したカウンセリングへの気遣いをしなくともカラッとした反応をすることが多かった。もちろん、その結果に驚き、悩み、いろんな相談をされることもないわけではない。ただ、その悩みの方向もおおむね前向きだ。平均寿命が30歳台のその地域においては、先のいのちに対する不安よりは、「今どのように生きるのか」という現実を大切にしているように思えた。

「あのね。もし、レイプされて、HIVに感染してなかったら、私何やってたかなっていつも思うんだよね。まあ、学校に通い続けてたかもしれないし、なんか仕事をしてたのかもしれないけど……」

私とアモンディが夢中で食べている間、アチエンはかまどの中の薪を片付けながら話をしていた。ケニアに来てから、女性が本当によく働くなといつも感じていた。歩いて1時間ぐらいかかる森に薪を取りにいくのも、たいがい女性の仕事だ。だからこそ、岸田が考案したかまどは少ない薪で料理ができる、女性の仕事を減らすための工夫であった。この家のかまどもアチエンと私が一緒につくったものだった。

「でも、病気にはならないに越したことはないよね。僕もこの地域でなるべくHIVに感染する人を減らしたいと思って頑張ってるわけだしさ」

もちろん、アチエンも私のことを単なる暇な旅人と思っているわけではなく、それなりに活動していることを認めてくれていた。

「シゲにはこれでも感謝してるんだよ。だから、いつも食事つくってあげてるでしょ。私はね、レイプされたことで、結果としてシゲとも出逢えたんだよ。何よりね、このアモンディと自分の子どもとして出逢えたことは、とても幸せなことなの。これまでいろんなことがあったことで私のところにこの子がいるんだ」

アモンディは、ずっとつぶらな瞳《ひとみ》でニコニコしている。英語で話している内容のすべては理解していないだろうが、母の娘への愛情は感覚的にわかっているようだ。

「シゲがね。最初に未亡人の会に来てくれたのを覚えてる？」

ファンガノ島に来てまもない頃、島内のいろんな会合にむやみやたらと参加をしていた。未亡人の会はそのひとつで、子どもを抱えながら夫をエイズで亡くした若い女性たちの集まりだった。検査をすると彼女たちの多くもＨＩＶに感染していた。その地域では、住人の多くがＨＩＶがどんな病気かすらもわかっていないという現実もあった。

「下手な英語でいろいろ話したよね。その頃はさ、結構真面目《まじめ》なことを話してるのに目の前で腰をくねくね振って踊られたりしてさ。でも、そんなこんながこの地域に馴染むきっかけになったんだよね」

そんなに昔のことではないのだが、まだここの住人と認められる前のことであり、懐かしく感じていた。

「変な、ちょっと可愛い白人さんが首に聴診器をかけてさ。全然、使ってなかったけどね。あなたも最初から一緒に踊っていたね。踊りは下手くそだったけど。でも、みんなふざけているようでいて、それなりに一生懸命生きてるのよ。知ってると思うけど。あの頃からあなたのバカみたいな一生懸命さもみんなには伝わってるわよ」


いつも楽しそうに見える彼女たちだったが、日々の生活に追われているのは事実で、私のような「異物」が入るまでは現実から離れて未来を見つめる余裕はなかったようだ。この地域で看護師になるためにはどうしたらいいだろう。あのコウモリ屋敷を何かに使えないかな。ボートを使って医療活動できないかな。学校の子どもたちにエイズっていう病気のことを知ってもらいたいな。日本でなんの経験もない若造だったが、とりあえず思っていることや、動いてみたいと思っていることを話してみたのである。

「あんなにすぐにみんなが協力してくれると思ってなかったんだよね」

彼女たちはいつも一緒に動いてくれた。「保健医療センター」という看板の付いた空っぽの施設を未亡人みんなで大笑いしながら、音楽もないので踊りながら掃除をしていった。島の一番高い場所にある小学校にも道なき山道を1時間歩いて子どもたちにエイズの話をしに行った。そこには彼女たちの子どももたくさんいて、深刻な話も明るく、でも真面目に伝えることができた。子どもたちには英語からスバ語に通訳をしてもらっていたのだが、私は彼らが何を笑っているのか、本当に伝わっているのかは最後までよくわからなかった。でも、私がその場所にいる間、その子どもたちはずっと懐いてくれていた。いつもそばで笑って、やっぱり踊ってくれていた。

「シゲの国では誰も病気にならないの？　お金があれば、みんな病気も治るのかな」

アチエンの悲しそうな表情はほとんど見たことがない。いつも顔全体を使った楽しそうな表情でいろんな質問をしてくる。「変な白人」が来た未知なる国には興味があるようだった。

「僕の母もね、お金がなくて病院に行かなかったんだ。ほんとにバカなんだけどね。早く行けば治る病気だったんだけど。血を吐いて救急車で運ばれるまで、病院に行かなかった。日本にはたくさん病院はあるし、お医者さんも溢《あふ》れるほどいるんだけどね」

ケニアで私の母の話になると思わなかった。日本だと暗くなりそうな話でも、明るく聞いてくれそうなアチエンに、できるだけあっけらかんと話を続けた。スワヒリ語や地元のスバ語で伝えることはまだ難しいので、「下手くそな発音」といつもからかわれる英語でなんとか頑張ってみることにした。

＊

「お母さんが風呂場《ふろば》で血を吐いて救急車で運ばれて、今病院にいるんだよ」

いつもは話の要領を得ない父の亮介《りょうすけ》だが、この日は焦った口調ではあったが見事に簡潔に内容を伝えてきた。その言葉の意味は理解できたのだが、すぐには頭のなかで飲み込むことはできなかった。

「血を吐いた？」

病棟での臨床研修を終え、６畳ワンルームに唯一存在感を示すシングルベッドに寝転がっていた。帰りの道沿いにある古本屋で全巻をまとめて買った、かわぐちかいじの『メドゥーサ』という漫画を読み始めたところだった。縦長のＰＨＳを耳にねじ込むようにしながら、父の言葉を聞き直した。

「がんみたいなんだ。ものすごく大きいみたいで……もしかしたら、すぐ死ぬかもしれないって」

大変な内容なのだが、亮介が話すと日常にある当たり前の出来事のような錯覚にも陥った。現実感のない言葉だけがざわつく心を通過していく。

「すぐ死ぬ？」

混乱のなかで頭が追いついていなかった。亮介の言葉をそのまま繰り返す以外に言葉を見つけられない。

「今すぐ帰ってこれるか？　いずみは今日のうちに戻ってこれるみたいだけど」

私より先に妹のいずみに電話したんだな、とつまらないことを思いながら机の上にある小さな置き時計を見ると、すでに夜の10時を過ぎていた。京都の大学に通っているいずみと違い、前橋から三重の実家に帰るための終電には、時刻表を見るまでもなく到底間に合わない。だが、東京駅までなら、何とか間に合いそうだ。

「今すぐ向かうから」

すぐ死ぬかもしれない、という母直美《なおみ》の病状について詳しく聞くことが怖かった。それ以上のことを知ろうとする勇気もなく、一旦《いったん》電話を切った。とりあえず必要そうなものをカバンに詰めた。髭剃《ひげそ》りセットやさっき買ったばかりの漫画をカバンに入れるだけの気持ちの余裕を無理につくりながら、アパートを出てタクシーを拾える大通りに走っていった。

東京駅近くのホテルに泊まり、始発の新幹線に乗って9時過ぎには直美が入院している病院にたどり着いた。

「繁樹《しげき》、おはよう」

直美が普段と変わらないとぼけた声で朝の挨拶《あいさつ》をしてきた。白い入院着からしか病人らしさが伝わってこない。４人部屋の入り口から一番近いベッドに足を下ろして座っていた。群馬を出発してから直美に逢うまでの胸が裂けそうな緊張感を返して欲しいとすら思うほどに、これまで通りの直美だった。新幹線のなかでは、自分の感情を落ち着かせようと同じ漫画を繰り返し読んでいたが、頭の中にその内容は全く入っていかなかった。

「そんなに急いで来なくてよかったのに。血を吐いただけなんだけどね」

半年前から乳がんが皮膚を突き破って大きくなっていたことは、直美自身わかっていたとのことだった。だんだん自分でそれを確認するのも怖くなってきて、誰にも言えず、病院にも行けなかったらしい。直径20センチを超えるがんが胸を侵食して、肺や周囲のリンパ節に転移しているという説明を担当医から受けた。

数ヶ月前に実家に帰ったときに、直美がお風呂に入っているあいだ電気を消していたことを思い出した。普段は気丈に振る舞っている直美だが、自分のがんが進行している現実を誰よりも自分自身に見せたくなかったのだろう。

「どうせ死ぬと思ってたから、あんまり周りに迷惑かけたくなかったんだけど。結局、こうなっちゃうんだねえ」

肺に転移したがんが原因で喀血《かっけつ》をしたらしく、風呂場で血だらけになっている直美を見て、亮介が驚いて救急車を呼んだとのことだった。実際には、今日明日死ぬという状態ではなく、直美は朝ご飯もすでにぺろっと食べていた。

　昨晩、救急搬送され、画像検査をして、その腫瘍《しゅよう》の大きさと転移の状態を診た医師から父は「長くて数ヶ月のいのち」と説明されたそうだ。直美自身はその説明を聞いてはいないが、自分の身体のことは誰よりもわかっているようだった。

「お兄ちゃんもこういうときはちゃんと戻ってくるんだね」

　いずみの日頃からの兄への信用のなさがよくわかる言葉である。

「なんで気づかなかったかなあ……なんで言わないかなあ」

　何事にも無頓着で、失業したときですら反省した顔を見せたことのない亮介がこれまでにない神妙な表情をしていた。この数年もプータロー生活を繰り返し、定職についていた時期の方が短い父の亮介だが、家族に対する温かさと優しさをいつも持っていることは家族みんなが知っていた。子どもたちが大学に行くために実家を離れたあと亮介だけがいつも直美のそばにいた。だからこそ、半年以上も直美の病気やその一人で抱え込む気持ちに、全く気づかなかった自分を責めているようだった。

「保険金詐欺になるかもしれないなあ。がんが表に出てきた頃にお金が心配になってさ。一応、がん保険に入ったんだけど使ってもいいのかなあ」

直美があっけらかんと自白する。この1年も亮介が失業しており、母の限られた収入と私の水商売で稼いだお金の一部だけが家族全体の生活を支えていた。だからこそ、母は病気で倒れるという余裕も持てなかったのだろう。入院すれば医療費がさらにかかるという心配もあり、病院で診てもらうという選択肢に踏み切れなかった、という心理があったことは間違いないようだ。

その場に集まったそれぞれが、家族なのに寄り添えていなかった悔しさを感じていた。だからこそ、誰も責めずにサバサバとした明るさを振りまく母の気遣いは、その優しさに甘えていた私たちを余計辛《つら》くさせた。

＊

ファンガノ島の気温は大概30度を超えているが、日本のような蒸し暑さがなくカラッとしているため、どの季節も比較的過ごしやすい。それでも、日本のような冷たいビールがあったら美味《おい》しいだろうな、とよく感じさせられた。アチエンの家で、いつもながらの夕ご飯をご馳走になっていた。買ってきた生ぬるいスミノフアイスを少しずつ喉に流し込みながら、日本での話を続けていた。

食事の後、一旦話を打ち切って、家の外にある大きな甕《かめ》へ水を汲《く》みに行った。勝手知ったる他人の家で、いつも通り使った食器や鍋《なべ》を洗っていると、楽しそうに体を動かしながらアモンディが絡みついてくる。片付けの邪魔でしかないのだが、本人はお手伝いをしたがってるようでもあった。結局、片付けもそこそこにアモンディとまったりとじゃれあった後で、もう一度床にあるゴザの上に座り直して話を続けた。

アチエンは、いつになく真面目な顔で聞いてくれていた。

「自分もお医者さんになるための学校に行ってたんだけど、母の病気には全然気づかなくてさ。結構ショックだったよ。僕の国でも、母のように貧しくて医療が受けられないってことはそれなりにあるんだよ。でも、ここにはそもそも病院もなければ、お医者さんもいないしなあ……」

ファンガノ島やその奥にあるリンゲッティ島での移動のためには、いつもエンジンボートを自分で運転していた。そこには、「保健医療センター」や「地域の役所」みたいな看板はあるが、そのなかでまともに働いている人と会ったことは一度もなかった。行政とか政治とかそんな存在を感じることはまったくない。

「シゲが来るまでは、自分たちで何かできるかもしれないとかあまり思わなかったんだよね。でも、誰かが何かをやってくれるわけでもなかった」

アチエンはスミノファイスに続けて、ビールの栓も歯で開けて飲み始めていた。話の内容にかかわらず、アチエンの表情はずっと明るく、笑顔が絶えない。アモンディは少し眠そうな表情になり、トタンの壁に背中をつけて休んでいる。

どんな環境であっても、彼女たちが日頃、屈託のない笑顔で楽しそうな表情で過ごし、そして踊り続けるのは、変えられない現実のなかでの本能的な抵抗であるように思える。

「私はＨＩＶになったことで、アモンディと出逢えたことが何よりの幸せ。これは前言ったよね。それとね、今、自分が生きているって感じられることもすごく幸せなんだ」

もともと未亡人の会はあったが、何をするというわけではなく、何となく集まって、新しい夫候補の話などをしてばかりだったとのこと。

「エイズが発症するかもしれない、っていう怖さはない？」

怖くないはずがない。ふとそんな当たり前の質問をしてしまったことを後悔した。アチエンは、まっすぐな目線を少し柔らかくして話をしてくれた。

「もちろん、怖いよ。エイズって言葉は知らなかったんだけど、前からみんなが同じような症状でどんどん死んでいたから。でもね、その原因もわかって、薬があることもわかって、そして、いまね、そのことをみんなに伝えていける仕事ができることも私は嬉しいんだ」

その島では、多くの少女が売春をしていた。多くの少年が学校に行けずに漁師をしていた。それは決して可哀想《かわいそう》な特別なことではなく、その地域では「当たり前の日常」だ。アチエンがレイプされて、子どもができたこともその地域の日常の一つだった。もちろん、彼女にとっては人生の大きな出来事の一つであったに違いないのだが。

「アチエンはさ、これまでのいろんなことを逢ったばかりの自分にも話してくれたしさ。この前は学校でも子どもたちにたくさん話をしてくれたよね。みんなにアチエンの経験を伝えることってすごく大事なことだと思うんだけど、思い出すのが辛くないかなって。そこはほんとに心配してるんだけど」

　地元の学校では子どもたちに、レイプを受けたということから、ＨＩＶという感染症のこと、そしてアモンディという娘にも感染したという事実についても話をしてくれていた。今後、島のいろんな場所に行き、他の未亡人グループのメンバーともども、「HIV POSITIVE（ＨＩＶの陽性者）」というTシャツを着ながら、ＨＩＶ感染拡大をさせないためのキャンペーンをすることにしていた。

「さすがに私でも、思い出すと辛い気持ちになることはあるんだよ。でもさ、この子の顔を見ると、なんかそれだけで元気になることができるんだ。あと、しっかりと学校に行けなかった自分が、学校で子どもたちに話をするって、なんかすごくない？　そのときも、私は生きてるんだなあって思うんだよ」

　アチエンは、これまでの笑顔が少し消えて真剣な眼差《まなざ》しを私に向けながら言った。

　以前、アチエンにレイプをした相手を憎んだことってない？　と聞いたことがあった。そのとき、「憎んでいる余裕はまったくなかった」と笑いながら答えてくれた。ファンガノ島で日々起こっていることをすべて書き記して日本人に読んでもらえば、何もかもが「かわいそう」となるような気がする。

実際には、彼女たちは私の周りにいた日本人より表情はいつも明るく、悲しさのかけらは見られない。日本人の価値観でいう厳しい環境で生きる人たちが圧倒的に笑顔で前向きなのは、今ある現実の前で、憎しみとか苦しみとか負の感情を持つだけの余裕がないからだとも思えた。憎しみの感情を持つ不毛さや悲しい表情をつくるという無駄な作業を排除し、素敵な笑顔でいようとすることが、自分たちを守りながら幸せをつくるための唯一の道であることを本能としてわかっているのだろう。

ファンガノ島に来てから、いつの間にか1年が経っていた。

乗合バスに乗って、アチエンとアモンディをナイロビに連れていく途中だった。私にとっても久しぶりの離島であり、彼女たちにとっては生まれて初めての大旅行である。ふたりの生きてきたそのままの話をケニアのいろんな人たちに聞いてもらいたかった。そして、アチエンに看護師資格を取ってもらうための段取りをしたかった。そのために、長くケニアに住んで多くの役割を果たしてきた岸田と逢ってもらい、今後のアチエンのキャリア形成のためのお世話をしてもらうお願いにいくことにしたのである。

　長距離移動をするときは、いつも乗合バスを使うのだが、道路の石が跳ねて窓ガラスが割れることも少なくなかった。私たちの座席の窓は完全に割れており、生温かい馴染みのある風が車内に入り続けていた。

「なんかさ、当たり前のように身近にいる人って、ずっといなくならないもんだと思ってたんだよ」

　割れた窓側に座ってずっと外を見ていた私が、隣の席のアチエンに話しかけた。

「突然ね、シゲのお母さんの話なの？」

　アチエンは島から近くの街に行ったことはあるが、乗合バスで移動に丸一日かかるナイロビに行ったことはなかったようだ。島から遠く離れることに前日からそわそわしていた。この日は普段見せないような少し緊張した表情も見せていた。混んだ車内でアチエンの膝《ひざ》のうえに座っているアモンディは、バスの揺れに合わせるように楽しそうに身体を振っていた。

「いや、ケニアで感じたことかな。昨日まで普通に会っていた人がいつの間にかいなくなって。アチエンたちはそんなことがずっとだったんだろうなって思ってさ。最初にファンガノ島に来たとき、どこにでも死体があったからびっくりしたんだけど。いまはなんだかそのことに慣れている自分がいるんだよね」

ファンガノ島に着いた数日後、地元の飲み屋で知り合った学校教師に連れていかれた「遺体安置所」を思い出していた。並べられた2つの小さなパイプベッドの上に、十数体の「人であったもの」がピラミッドのように積み重ねられていた。初めてその場所に入ったときには、鼻を刺激する強い臭《にお》いと、飛び回るハエが体にからみついてきて、すぐにその場を飛び出してしまった。黒い塊は、異臭のする「物体」でしかなかった。小さな子どもも含め、名もなき遺体が町中に溢れており、それが一箇所に集められて、その日のうちに屋外で燃やされていた。そのような光景が毎日続くなかで、私もいつの間にかその臭いにも光景にも慣れていた。

「私の両親も小さい頃に死んだけど、あの島では毎日誰かが死んでいくのが当たり前なんだよね。それを忘れてしまうぐらい」

アチエンは死別した両親との思い出がほとんどないからこそ、新しい家族であるアモンディと過ごせることがとても幸せだと話した。

窓からは移動中ずっと地平線が見えており、この広大でのどかな景色のどこかで若くして感染症で亡くなる人たちが多くいるという想像はなかなかできない。

「日本だとほとんどの人に両親がいて、おじいちゃん、おばあちゃんまでいることが当たり前のようになっていて。もちろん人によってはそうじゃないし、いろんな環境はあるんだけどさ。みんなが学校に行くことができる。病気になったらいつでも病院に行くことができる。好きなスポーツもやりたかったらいつでもできる。街のなかで人の死体を見つけることはまずないしね」

　敢《あ》えて言葉にしてみると、これまで当たり前だったことって人としてどれだけ恵まれていたのかと思う。

「でも、シゲのお母さんは病院に行かなかったんだよね。日本って国にも貧しい人はいるんでしょ」

「実はさ、日本では自分のことがちょっと他と比べて可哀想な人じゃないかって思ってたんだ。15歳ぐらいからあまり学校に行かずに働いたり、貧乏のせいで親が病院に行けなくて死んでしまうかもってなったり」

「ケニアだとシゲと同じような人ばかりだったから慰められたと……」

　それなりに真面目な表情で話をしていたつもりだが、アチエンは笑いながら皮肉を交えて言葉を返してきた。

「まあ……そういうことなのかな。本当は日本でもいろんな人にいろんな人生があってさ、みんなそれなりに苦しくて、みんなそれなりに大変なんだろうな、って逆に今は思うけどね。たださ、日本人より絶対にケニアの人たちの方がみんな楽しそう……って。そこだけは日本人の表情と全く違うんだよなあ」

「なんか私たちがバカみたいだね。当たり前だけど、みんなそれなりに悲しかったり、苦しんだりしてるんだよ。ただ、いろんなことが日常すぎるんだろうね。まあそんなもんだ、って思っちゃってるのもあるよね」

アチエンと話し込んでいるうちに、バスが急に停まった。いつの間にか、人と動物、素朴な建物がある光景が広がっている。

集落があると、必ず1時間程度休憩をとる。それぞれがバスを降りて道端でトイレをすませたり、屋台でご飯を食べたりする。車内に残っていると、割れた窓の下に子どもたちが寄ってきて、頭に乗せたピーナッツや得体のしれない手作りのお菓子を売りにくるのである。

「私も小さい頃は、魚とかを大人に売らされたよ。この子たちも多分親がいないんだけど、売れたお金はほとんど持っていかれて、売れ残ったものをみんなで分けさせてくれるぐらいなんだよね」

アチエンにせっつかれて、その子どもたちからピーナッツを2袋買うことになった。お金を受け取ると満面の笑みでお礼を言ってくれた。小さなコインを手持ちの袋に入れると、新しく集落に入ってきたバスの方にさっと走り去っていった。受け取ったピーナッツは、すでにアモンディが器用に殻を剝《む》きながらむさぼっていた。

バスは夜間もずっと悪路を走りながら、明け方にようやくナイロビにたどり着いた。

「シゲ、この国にもこんなところがあるんだね」
初めて都会に来るアチエンは、朝日が反射するビル街をバスの席から立ち上がりながらじっと見つめ、興奮を隠しきれないようだった。アモンディは私が渡した小さなデジカメで、いろんな場所に停まるごとに写真を撮っては笑いながら私に見せていた。この数ヶ月でカメラの使い方を完全にマスターしていた。島とは異なる見慣れない光景を、親子とも心の底から楽しんでいるようだった。

岸田からは、街は危ないから着いたらすぐタクシーで家に来るようにと言われていたのだが、その忠告を無視して３人で街中の散策をすることにした。襲われることを一応想定し、手持ちのリュックサックをお腹《なか》の前で抱えるように持っていた。ビクトリア湖周辺の呑気《のんき》な雰囲気とは違い、ナイロビの方が治安の悪いことをピリピリと肌で感じていた。スーツを着たビジネスマンも多かったが、一方で渋谷のセンター街にいそうなやんちゃな若者たちもそこかしこにたむろしていて、怪しい組み合わせの私たち３人に大声で絡んでくることも少なくなかった。

ビル街から脇道《わきみち》に入ると、決して衛生的とはいえない悪臭を伴う屋台が並んでおり、路上で生活する子どもたちもたくさんいた。

「なんか私たちの島の方が住みやすそうに思える」
アチエンが言葉にしたことと同じことを私も感じていた。

「ナイロビには水や電気も普通にあるんだけどね。それでもこうなっちゃうんだよね。日本でも一緒だよ」

何かがあるから幸せなわけではない。言われ尽くされた当たり前のことを当たり前に感じる。

「シゲ、なんかこの辺怖いね。あんまりアモンディをいさせたくないかもしれない」

路上に人が寝転がっているのは、ファンガノ島もかわらない。ただ、心まで汚染してくるような緊張感が街のあちらこちらに漂っていた。散らばった窓ガラスの破片、片付けられていない嘔《おう》吐《と》の跡、どこか拗《す》ねた目で睨《にら》みつけてくる少年たちの集団、何もなくてもふんわりとした柔らかい空気が漂っていたファンガノ島とは、明らかに異なっていた。

ナイロビに着いた当初、笑って走り回っていた親子は、いつの間にかこわばった表情になっていた。島でこれまでにいろいろと辛いことや厳しい環境を経験してきたアチエンですら、ナイロビのスラムエリアにはどこか不気味なものを感じるようだった。私も気持ち悪い空気を感じながらも、どこかのほほんと好奇心に身を委ねて探索していた。鈍感な日本人がケニア人親子の雰囲気をようやく察して、大通りにせわしく戻ってタクシーを捕まえることにした。

「馬鹿ね。私もずっとここに住んでるけど、ナイロビのあんなところに行くなんて、殺されてもおかしくないわよ」

岸田に市内の地図を見せながら3時間ぐらい歩き回っていたところを説明すると、本気で怒られた。

「1年近くもビクトリア湖のあたりにほったらかしていたのに、今更になって危ないとか言うんですね……」

どこに行っても危機感のない私の率直な意見だった。

「あなたが行った島のことは知らないけど、私も30年ケニアに住んでるんだから、なんとなくわかるのよ。田舎よりこの辺の都市部の方が絶対危ないんだから。ほんとに馬鹿ね」

まあ、馬鹿であることはおそらく正しいのだろうが、岸田の「なんとなく」でケニアまで連れてこられて、彼女も行ったことがない島での暮らしを1年もさせられて、やっぱり「今更」としか思えなかった。

「この肌の色は典型的なルオ族の子たちだね。私もあんまりルオの人たちと接することがなかったの。ナイロビにもケニア全土でもキクユ族が多いからね。たった1年ぐらいでルオの子たちと仲良くなってナイロビまで連れてくるって、やっぱりあなた面白いわ」

ケニアでも日本でも素直に真剣に取り組んでいることに対して、「面白い」と言われ続ける。それでも、毒舌家の岸田なりの褒《ほ》め言葉と受け取ることができた。

「この子たちＨＩＶに感染しているんですよ。釈迦《しゃか》に説法ですけど、ファンガノ島のＨＩＶの感染率ほんとにすごくて。自分なりにそこで生活をしていて、彼女たちとも仲良くなって、何かできることないかなって真面目に考えてたんですよ」

アチエンとアモンディは、居心地が悪そうに岸田の家の大きなソファーに浅く座っていた。普段はどこでも騒がしいのだが、ここでは珍しく表情を固くして私の話を聞いていた。都心から少し離れたナイロビの住宅街に岸田の自宅はあり、ソファーのある応接室からは、植物園かと思えるようなだだっ広い庭が見えていた。

「ハバリ！　この子の名前はなんていうんだっけ」

落ち着かない様子のアモンディに岸田が近寄って言った。

「ハバリ、アサンテサナ（ありがとう）、ニナイトゥワ　アモンディ（私の名前はアモンディです）」

アモンディは少し緊張がほぐれたのか、ソファーから床につかない足をバタつかせながら、少し顔を崩して拙《つたな》いスワヒリ語で自己紹介をした。アモンディは、普段は地元の言葉しか使わないのだが、岸田に気を遣って慣れないスワヒリ語で頑張ったのである。

「可愛いじゃない。この子たちはどこに行っても喜ばれそうね。一度日本にも連れていきたいわ」

岸田にかかると、すべての人の人生がひとことで変わってしまう。まあ、そのおかげで私もケニアとのご縁ができたわけだが。

「袈裟さん、将来はアチエンに看護師の免許を取らせてあげたいんです。島やその近くの地域にお医者さんや看護師さんって全くいなくて。病気になったことすらわからなくて死んでいく人たちばかりなんですよ」

少し説明口調で話したことが気に入らなかったのか、岸田は一人がけのソファーに再びどんと座り込んで、

「あなたに言われなくてもわかってるわよ、私の方がケニアはよっぽど長いのよ。まあ、いいわ。とりあえず、私は今日エンザロ村ってところにかまどづくりに行くところだったから、一緒についてきなさい」

アチエンは日本語で少し怒り気味に話す岸田を見て、内容はわからなかったようだが、心配そうな表情を私に向けてきた。安心させるために、一言だけ説明を加える。

「大丈夫……あの人はいつもこんな感じだから」

私の好きなスワヒリ語に「ポレポレ（ゆっくり行こうよ）」という言葉があり、ケニア人の気質にとてもあっている感じがしていたが、30年ケニアで過ごす岸田からはそのポレポレ感を感じたことは一度もなかった。

「ママキシダ！　ハバリ！」

エンザロ村に行くと、岸田はすぐに地域の女性たちに囲まれて大歓迎を受けた。ファンガノ島

はどこに行っても岩場があり、その間にせせこましくトタンの家が建てられていた。それとは対照的にエンザロ村は森と草原に囲まれ、住居もゆったりと幅をとって建てられており、草木に明るい光が反射する温かさを感じる地域だった。

岸田は帽子を脱ぎ捨てて、みんなと抱き合いながら挨拶を交わしていった。「ママキシダ」は長年にわたって、ケニアの多くの地域でかまどづくりや健康に資する薬草栽培を指導してきており、ちょっとした有名人であった。ケニアでは珍しいアジア系女性であるだけでなく、季節を問わずにかぶっている麦わら帽子と大きなサングラスもそのカリスマ性を助長させていた。

かまどを普及させた岸田をエンザロ村全体で接待しようとしていたのである。その恩恵を受けた女性たちが、かまどで効率的につくったさまざまな料理や近くでとれたマンゴー、パパイヤなどの果物を机の上に大量に並べてくれていた。

「美味しい……」

アモンディは、目の前にある食事が失われるのを恐れるかのように、必死で多くのお皿から手づかみで食べ続けていた。普段、彼女が住んでいる島は岩場のため、その土地で農作物や家畜を育てることがほとんどできず、湖で捕れる魚が主な食料であった。新鮮な野菜や果物は離島の住民からすると、域外から来る希少品であり、ナイロビやエンザロ村での食事は彼女にとって初めての贅沢《ぜいたく》な料理であった。

食事が終わって、エンザロ村の女性たちによるダンスが「ママキシダ」にプレゼントされた。みんな笑顔で踊っていた。岸田も私も右手にスミノファイスを持ちながらそのダンスの輪に入っていった。音楽は流れていないのだが、その雰囲気がつくりだすゆったりとした踊りと笑顔に自然と巻き込まれていた。

ケニアで過ごしていると、その心地よさのなかで「時間」という感覚がなくなっていく。いつの間にか地平線に日が沈みかけていた。赤道直下の夕日は日本で見るよりずっと大きく赤く、私たちの真上に降りてくるような感覚にすらなる。みんなで食事の片付けをした後、エンザロ村の女性たちにアチエンの話を聞いてもらう場を岸田がつくってくれた。

「私はキクユ族の男性にレイプされました」

アチエンはいきなり衝撃的な話からスタートした。話す内容の打ち合わせなど全くしていなかったので、岸田も少し驚いた表情をした。キクユ族で構成されるエンザロ村で対立民族と言われているルオ族から、「攻撃」するかのような発言がされたのである。

その場はざわつき、大きな声を出すものもいた。

「私はキクユを恨んだことはありません。親の世代はよくキクユの悪口を言ってました。もちろん、ルオのことをよく思っていない人たちもここにもいるんじゃないかと思うんです」

私や岸田が口を挟めるような空気ではなく、アチエンの言葉がその場を支配し始めていた。

「私がレイプをされたのは、島の外から魚を買いにきていた二人組のキクユの男たちでした。その人たちから『この黒いやつでいいか』と言われて、抵抗したら殴られながら犯されました。誰にも相談することもできなくて、やっと行き始めることができた学校にも、その後はしばらく普通に通ってました。そして、子どもができたことがわかりました。ＨＩＶに感染したことがわかりました。それからいろんなことがあり、たくさんの変化がありました。そして、今日皆さんとご縁をいただいて、ここでご馳走してもらって、このように話をさせていただいているんです」

ケニアでは、色の薄い黒人がより色の濃い黒人を差別するようなことが少なくない。ざわつきながら聞いていたエンザロ村の女性たちも、次第に静かになっていった。涙を流しているものもいた。

「私が言いたいのは、今、幸せだってことです。幸せを感じられているってことです。ルオとかキクユとか、ＨＩＶに感染しているとかいないとか、そんなことに関係なく、今ここにいる私が幸せなんですよ」

アチエンの話はこれまでも何度か聞いていたが、この日は特に胸に迫るものが大きかった。

「アサンテサナ！」

アモンディが場の空気を読まずに、最後に大きな声で話を締めてくれたおかげで、会場に笑いと女性たちの緩やかな表情も戻ってきた。

「私はね、ケニアに住んでいてこれまでキクユとルオの感情的な争いをたくさん見てきたから、最初はルオの子たちを連れていくのも少し躊躇してたのよね」

岸田の自宅での即断からはその躊躇はまるでみられなかったが。ただ、ケニアの滞在期間が短い私ですら、民族間の小さないざこざには何度も遭遇しており、過去には内戦に近い争いが各地で起こっていたことも聞いていた。

アチエンは話のなかで、「私は今幸せだけど、新たな私が生まれることが幸せなこととは思わない」と話していた。民族による感情的な争いや情報がないことによるＨＩＶなどの感染症の拡大が防げるに越したことはない、そのこともしっかり伝えてくれた。

「あなたたちが、これからどんな活動をしていきたいのか何となくわかった。ケニア政府や日本の外務省にお金とかの援助もしてもらえるよう話に行ってあげる。ナイロビでの看護師研修とかも受けられるようになると思うわ」

ケニア政府や地域の有力者とも人脈がある岸田の心強い言葉をもらい、私たち３人は一旦ファンガノ島に戻ることとなった。帰りは、乗合バスではなく、岸田の配慮で大きなジープにドライバーをつけて送ってもらえることになった。

「あなたがそれなりに頑張っていたことも、ちょっとわかったわよ」

と、「それなり」の活動に対して岸田が初めておこづかいを持たせてくれた。日本円にすれば３０００円ぐらいだったが、ファンガノ島では３ヶ月過ごすのに十分なお金だった。

帰りの車では、アモンディは疲れ果てたのか後部座席でアチエンの膝に頭を置いてピクリともせず眠っていた。立派な車の割にはクーラーが効かないようで、私は助手席の窓を全開にして腕を外に出していた。何もかもそろっていたナイロビでの２週間だったが、デコボコ道に揺られながら水も電気もないファンガノ島に戻るのが嬉しくなっていた。

「シゲ、ありがとう。楽しかったよ」

アチエンが、アモンディの頭を撫《な》でながら後部座席から声をかけてきた。

「慣れない場所に行って疲れたでしょ。袈裟さんも激しい人だから圧倒されたんじゃない？」

「いい人だよね。口調は荒いし、不機嫌になってるときは私もわかったけど、それでも心が優しい人だと思ったよ。エンザロ村では神様みたいになってたね」

「神様っていえばさあ、ケニアでは女性がよく働くなあって思って。いつもお酒ばかり飲んで働かない男性になんで働かないのって聞くと、困ったら神様が助けてくれるって、何人かから言われたよ」

私の父も日本で働いていない時期が長く、どこか神の助けを期待していた気がするが、ケニアでは多くの人に都合よく神様が使われており、だからこそ女性や子供が働かざるを得ない環境が当たり前になっているようだった。

急に強いスコールが発生したため、車を一旦道の端の方に停めることになった。舗装されていない道で雨のため前が見えないのは、デコボコ状態もわからなくなり、あまりにも危ない。ドライバーともども車から降りて、近くにあった屋根付きの屋台でご飯を食べることにした。

屋台の軒先には、スコールにもかかわらず洗濯物が大量に干されていた。ウガリと煮込まれたティラピアが運ばれてきたとき、店の奥さんに聞いてみた。

「あの洗濯物取り込まなくていいの？」

「だって、晴れたら乾くでしょ」

見事な答えに、隣にいたアチエンが大笑いをしていた。

「ケニアってみんなそうなんだよね。スコールが降っても、洗濯物が濡《ぬ》れても、まったく平気なんだ。気にしないの。いつか晴れるから。まあ、雨が降ったのは仕方ないでしょ、そんな感じなんだよね」

ケニアに来て、その感覚はよくわかるようになっていたため、店の奥さんの答えには違和感がなかった。初めてナイロビとエンザロ村に行ったばかりのアチエンの方が、その奥さんの反応に思うところがあるようだった。

「でもね、シゲに出逢って、いろんなことを教えてもらって、ナイロビに行って新しいものを見て、私たちはこれでいいのかなって思うようになったんだ」

大皿に乗せられたティラピアを4人で綺麗に骨までしゃぶり尽くし、残ったスープに丸めたウガリをつけて食べながら話していた。アチエンが話を続けた。

「これまでは幸せということがわかっていなかったから、いろんなことが辛くなかったのかもしれない。でも、いろんな幸せの姿が見えてくると、そのなかに幸せじゃない選択肢も一緒に生まれてきたような気がする。洗濯物が濡れないようにすることを考えることも大事だし、晴れたら乾くよって思っていても本当にそれでいいのかな、って思えるようになってきたんだよね」

食べ終わって退屈そうなアモンディが、構って欲しそうに私にしがみついてきた。抱き上げて頭を撫でてあげると、嬉しそうな笑顔を見せてくる。

「日本でね、自分は貧しいけど、それでも結構幸せな人間だなと感じることはできてたんだ。自分よりもお金も環境もいろんなものが満たされている人たちを妬《ねた》んだこともあったけど、そういう人たちが決して幸せそうには見えなかったんだよね」

アモンディを抱きながら、日本のことを少し思い出していた。生活が苦しくてもなかなか働かなかった父、お金がなくて乳がんを悪化させた母、水商売を続けていた私。アチエンの経験とはまるで違うのだが、どこかアチエンが言いたいこともわかってきた気がした。

話をしながら、私がアチエンたちに関わったことで、かえってこれまでの純朴な笑顔を奪うことになったのではないか、と心配になった。

「いろんなこと知らない方がよかった？」

「絶対そんなことはないよ。レイプされたことも、アモンディが生まれたことも、シゲと出逢ったことも、全部いまの私自身そのもの。今回、ナイロビに行ってたくさんの思いが生まれたことも、いろんなことをやらなくてはいけないかもと思ったことも、昔にはなかった私の新しい幸せの一つなんだよ」

1時間程度の雨宿りでスコールはすっかり止《や》んでくれた。地平線まで続く明るい光が眩しかった。確かにすぐに洗濯物は乾きそうだ。

「さあ、ファンガノ島に戻ってみんなが雨に濡れないようになることを精一杯できるといいね。わざわざ乾かさなくてもいいようにね」

個人的には「神様が助けてくれる」とか「晴れたら乾くよ」というケニア感覚は大好きだったが、アチエンの言う「私の新しい幸せ」のお手伝いができれば嬉しいなと感じていた。どこの国に行っても、どの時代に生まれても、苦しみも悲しみもないということはありえない。

今、この瞬間もどこかで深く悩んでいる人もいれば、生きることに辛さを感じている人たちもたくさんいるだろう。そのすべてを救えないし、自分たちのしていることがすべて「正しい」とも思えない。だからこそ、アチエンやアモンディというたまたまご縁をいただいた人が「幸せ」と感じられることに、その周りの人々の「辛さ」が癒《いや》されるように、その一端に寄り添えることが私自身の「新しい幸せ」になるんだろうな、と思えた。

2年近く過ごしたファンガノ島での生活を離れ、ケニアにはないジメッとした暑さの続く季節に日本へ戻ってきた。ケニアでの生活から離れたかったわけではなかった。日本に特別帰りたいと思ったわけでもなかった。ファンガノ島でのエイズ検査の普及と看護師の育成、ボートでの巡回医療の体制づくりなどが一段落して、日本から新たに奇特な看護師がこの離島に来てくれることになったことは、ケニアを離れる大きなきっかけになった。

新しい看護師にこれまでやってきた事業を引き継ぐとともに、地域で住民と一緒に踊りながら人間関係をつくっていくコツを伝えることもできた。どこかこの地での「求められた」ことから卒業できる気がした。

「シーゲイ、アサンテサナ（ありがとう）、クワヘリ（さよなら）！」

アチエンやアモンディ、島のみんなとは「また来週会おうな」という雰囲気で最後の時間を過ごした。いつもと同じウガリとスクマとティラピアを食べて、スミノフアイスをいつもよりちょっと多めに飲んだ。島の未亡人も子どもたちも踊るだけ踊って、いつの間にか自分の家に帰っていった。

昼過ぎに目を覚まして、最後にのんびりと島を一周したら、あっという間に夕方近くになっていた。湖畔に集まってくれた島の住民たちとは何度も抱き合いながら、でも笑顔いっぱいで別れることになった。

アチエンとアモンディは、ボートに乗る直前に両方からほっぺたにお別れのキスをしてくれた。操縦し慣れたボートのエンジンをかけて、島を一人で離れるとき、手を振って見送ってくれる住民たちの姿を背中に、いつも通りの夕日の光が妙に暖かく心地よかった。

第四話

千里さんの最後の桜

「ひげ先生、若いときに市長してたんだって？　娘がネットの記事を見せてくれたのよ」

飯島《いいじま》千《ち》里《さと》は大学病院での退院前カンファレンスのときの緊張感ある表情と比べ、久しぶりに自宅に帰ってきて終始穏やかだった。面会制限があった病院では十分に楽しめなかった家族団欒《だんらん》ができ、とてもリラックスしているようだ。

若いときに夫を亡くした千里は、娘の美雪《みゆき》とふたりでマンション暮らしをしている。二人暮らしにしてはかなりゆとりのある居間には、ジョン・レノンの巨大なポスターが貼《は》られ、柔らかいタッチが特徴のいわさきちひろの絵画がいくつか掛けられていた。千里の几帳面《きちょうめん》さが伝わってくるような空間であり、個性的なオルゴールや海外の民芸品が不思議と嫌味に見えない並べ方をされている。

「懐かしい話です。今は過去の悪行三昧《あくぎょうざんまい》も全部わかってしまうから怖い時代ですね」

ケアマネジャー、訪問看護師、ヘルパー、薬剤師、いろんな関係職種の人たちが集まっている。本来は病状や今後の介護計画について話し合うのだが、在宅診療の現場では病気とは関係のない雑談から始めることもお互いの信頼関係をつくることにつながっている。

「でも、ウィキペディアとかネットニュースとかで、いろんな情報が見れるから安心できるっていうのもあるのよ。ひげ先生のアフリカの記事とかも読みましたよ。素敵なことをやってきてるじゃないですか」

ネットの情報がすべて正しいわけでもないし、そこから医師の人格や技術がわかるわけでもない。あとで文章になると綺麗《きれい》ごとになるが、当時はそれだけではない思いや現実もたくさんあった。根拠のない情報は安心につながらないと思うのだが、少しでもそれが信頼してもらえる材料になっているのであれば、それはそれでいいとも感じていた。

「千里さん、この前病院でもみんなが集まっていろいろと話したんですけど、もう一度自分の病気のことについて千里さんの口から教えてもらってもいいですか？　これまでのこととかも」

もちろん、病院からはこれまで千里がたどってきた経過、今の状態、彼女の病状に関《かか》わるすべての情報をもらっている。それを本人がどのように受け止めているのかを自分の口で話してもらって、介護職種全体で共有することが大切なのである。

「ええっと、がんってことですよね。乳がん。あと、結構進んでるんだっけ？」

千里から話を聞くのと並行して、同行した看護師の水口がベッドサイドで血圧や体温を測ってくれていた。

「お母さん、本橋《もとはし》先生がしっかりと説明してくれたじゃない。肝臓とか骨とかにも転移してるってこと。病院で点滴とかした後はいつも吐き気がしたり、ぐったりするから、一度家でゆっくりと休もうかってことになったんでしょ」

娘の美雪が千里の言葉を補った。母に病状をしっかりと確認させたいという美雪の思いが感じられた。

病院でのカンファレンスに出席していた主治医の本橋は、「生真面目《きまじめ》」という表現がぴったりな白衣をきっちりと着こなす清潔感のある青年であった。

本橋とは関係職種や家族が集まる病院でのカンファレンスが終わった後、ナースステーションの片隅においてふたりで話すことができた。がんはすでに千里の全身へ転移があり、「治す」ということが難しい状態であるのは明らかなのだが、まだ58歳という年齢でもあり、本人も家族も諦《あきら》めきれない気持ちがあるのは当然である。本橋からすれば「治療を続ける」というパフォーマンスを続けることで、気持ちが折れないようにしている部分も正直あるとのことだった。本橋の医師としての真面目さは、患者に「最終宣告」をしきれていない状態もつくっていた。今後もひと月に一度は病院に来るように、と話したということだった。

「乳がんってわかって、おっぱい取られてからもう2年も経《た》つんだ。全部取りきれなかったから、放射線治療とか抗がん剤とかいろいろやってきたけど、なかなか治らないもんなんだね……子どもたちにもずっと付き合わせてきちゃったなあ」

やはり、病院からはまだ「治る」という可能性を否定されなかったことが、千里の言葉からも伝わってきた。状態をよくわかっている関係職種の面々も、それぞれが顔を見合わせながら、千里の言葉に対してなるべく表情が不自然にならないように心がけているようだった。

「私の母も、もう15年以上前になるんだけど乳がんが転移していて、余命数ヶ月って言われてたんですよ。まだ元気なんですけどね。ちなみに、別れた前の奥さんの乳がんの手術にも私が関わっていて、私の人生、乳がんの患者さんにはずっと縁があったんですよ」

母が余命数ヶ月と言われていたのは事実だが、千里のような全身への転移はなかったので、実際には病状は違う。それでも、その場で「真実」そのものを語ることが優しさとは思わなかった。

「ひげ先生のお母さんは抗がん剤とかやってたの？」

千里は、末期がんから元気になったという私の母のことに興味を持ったようだった。

「母も手術をしておっぱいをごっそり取った後、お医者さんからは5年間はホルモンの注射を毎月打って、薬も飲み続けるように言われてたんですけど。母は半年経った頃《ころ》から病院にも行かなくなって」

いつも私の自由な行動に対して、「坂東家にはそんな遺伝子はない」と言う母であったが、当時のことをよくよく考えると、遺伝子はやはり裏切らないことがわかる。

「私も手術した後、化学療法や放射線療法をしてきたんだけど、その度ごとにお医者さんが『数字が下がりました』とか慰めのように言っても、結局いつも楽になった感じはなくて……」

病院で抗がん剤を投与した後の食欲不振や吐き気がかなり強かったらしく、身体《からだ》全体に広がったがんの進行を止めることができていないことは、千里の今の姿を見るだけで明らかだった。「治すこと」が困難と判断した時点で、本当ならば体を楽にするために早い段階で抗がん剤を中止すべきである。ただ、千里の「生きようとする思い」を大切にしたいからこそ、抗がん剤を続ける決断をした本橋の判断が間違っているとは決して言えない。

私はわざとらしさが伝わるぐらいの明るい口調で話をした。

「家に帰ってきてちょっと安心したんじゃないですか。病院だと好きなものも食べられないし、コロナ騒動が始まってからは家族との面会も自由にできなかったじゃないですか」

普段行われる病院のカンファレンスは、ナースステーションの横の狭い部屋に集まることが多いのだが、先週は病院の裏口から入れられた。厳戒態勢のなか広い部屋に案内され、それぞれが距離をとったまま椅子《いす》に座って会議が行われた。エレベーターもふたりずつと制限されて、何往復もしながら会場に集まった。

「やっぱり家が落ち着くし、家族はいいよね。当たり前のことなんだけど。病気になって初めてその幸せがわかった気がするのよね」

昔、ケニアでアチエンという女の子も同じことを言っていたなと思い出した。

彼女たちは今でもファンガノ島で「当たり前の日常」を送っていることだろう。あれから多くの人と出逢《であ》ったり、そのなかで幸せや悲しみを感じるときに、10年以上前のケニアでの思いや体験が心の奥に流れていることに気づかされる。

千里の言葉を聞きながら、病気になって幸せがわかる、コロナが広がって普通の幸せがわかる、「日常」という価値ってすごいことなんだなと改めて感じた。

「ひげ先生の病院って治療はしないの？　半分ぐらいの患者さんはがんの人だって聞いたんだけど」

在宅診療という仕事をしていて、先生は独身なの、という質問と同じぐらいよく聞かれる質問であった。

「治療も延命もしっかりしますよ。だって少しでも長く生きてもらいたいし、少しでも痛みや苦しみから解き放たれて欲しいですから」

私が敢《あ》えて「延命」という言葉を使うと、やはりその言葉が気になったようだ。

「延命はしてもらわなくていいんだけどなあ。家族にも負担がかかると思うしさ」

介護職種の方々は順番に美雪と契約を結ぶための手続きをしていたが、手を止めて千里と私の話に耳を傾けているようだった。

「じゃあ、ここで暴漢が急に入ってきて千里さんのお腹《なか》をグサッて刺したら、そのままほっといていいかな。延命望まないんだもんね」

ちょっと冗談っぽく話をしてみた。千里も美雪もかなりリラックスした雰囲気が出てきてはいるが、こちらとしては真剣にがん末期という状態で、どれほどふたりの気持ちが整理されているのかを確認したかった。

「それは助けてくださいよ。そうやってあっという間に死ねるのも楽なのかもしれないけど。延命って、そういうことじゃないんじゃないの？　なんか人工呼吸とか心臓マッサージとか」

千里がそのように捉《とら》えるだろうなとわかっていながら聞いていた。

「延命って少しでも長くいのちを延ばすことであって、それ以外に特に定義があるわけじゃないんですよ。『延命はして欲しくない』、なんて話に簡単になるけど、私は誰《だれ》に対してもやっぱり延命はしたいですよ。これでも一応お医者さんなんでね。だから、延命もするし、治療もする。でも、千里さんや娘さんが望まないことは絶対しないですよ。それこそ、人工呼吸とか心臓マッサージとか」

なるべく病院のような緊張感をつくらず、気軽に話せるようにいつも白衣を着ずにジーパンとジャケットというラフな格好で診察をしている。それでも、こういうときにはお医者さんらしいことも言わなくてはならない。

「抗がん剤とかはどうなのかなあ？　やっぱり通院は続けた方がいいのかなあ。正直、行くのは大変なんですよ。診察や点滴の時間は短いんだけど、行く時間や待っている時間を考えると結構疲れるんです。美雪も一緒に来てもらわなきゃいけないし。いつも申し訳なくて」

抗がん剤を継続となると、連日病院に行く必要が出てくるし、千里としてはどちらにしてももう入院はしたくないという思いが強かった。

「私もこれまでがんの患者さんをたくさん診てきたんですけど。抗がん剤だけが病気を『治す』ってことじゃないと思うんです。患者さんの状況によっては、手術をしないこと、放射線をしないこと、抗がん剤をしない方が『延命』できることも少なくないですよ」

「ひげ先生が言ってることは何となくわかるんだけど。でも、それだとがんは治らないですよね。治療しないと死ぬのを待つだけな気がして、それも怖くて」

千里の不安は当然のことである。病院で担当をしていた本橋もその思いを聞いているからこそ、敢えて抗がん剤を継続するという選択肢を残して、希望を持たせたかったのだろう。

「人って根本的には『治らない』と私は思ってるんですよね」

かなり雑な言い方をしてみた。

「治らない？　じゃあ、お医者さんの役割って……」

千里と美雪はふたりとも不思議そうな顔をしながらも、その話に興味を持ってくれているようだった。

「これから、千里さんが肺炎になったり、痛みが出たり、いろんな体の変化があるときに、『治せる』ものはお医者さんとしてしっかり治したいんですよ。でもね、人ってがんじゃなくても、必ず最期《さいご》の時間《とき》を迎えるじゃないですか」

私の言いたいことはしっかりと伝わっているようだった。少し長くなってきたややくどい私の演説を静かに聞いてくれていた。

「髪もヒゲもだんだん白くなっていくし、腰とか膝《ひざ》とかの痛みも治らなくなるし。大事なことも少しずつ忘れっぽくなるし。でもそれって病気じゃないし、誰にでも訪れることですよね。医者だからといって、必ず死ぬ人を『治す』って、どこかおこがましい気がして。誰もが向かっていく最期の時間まで、『治す』ってことを気にするよりも、今をどのように生きるかってことを気にした方がいいと思うんです」

千里には、抗がん剤を通じて「治す」という選択肢が与えられてしまった。それにより、がんが無くなるかもしれないという千里にとっても家族である美雪にとっても「希望の種」を手に入れることができた。一方で、自分の体のことがある程度わかっている千里にとっては本当に治るのだろうか、という「不安の種」も手に入れてしまっていた。

「ひげ先生、ありがとうね。何か少し気持ちが楽になった気がします。いろいろと自分なりにこれからのことをもう一度考えていきます」

おそらく、何も楽にはなっていないだろうなと思った。突きつけられている現実は何も変わっていなかった。千里にとってこれからの救いになるかどうかは怪しいものである。それでも、今の時点で私が伝えられる思いはしっかりとまっすぐに伝えたかった。実際にはこれから千里の病状が悪化していくなかで、気持ちの揺らぎが、そして決断の揺らぎがどんどん出てくるに違いなかった。本人も家族も悩んで、苦しんでというそのような日々が間違いなく続いていく。気持ちの変化にも決断にも「こうあるべき」という正しさがないからこそ、しろひげ在宅診療所としてその場その場でその「揺らぎ」に対して寄り添っていかねばならない。

「先生ってどんな市長さんだったんだろうな。絶対変わった市長さんだよね。お医者さんとしても変わってるもん」

周りのケアマネジャーや看護師たちも、大笑いしていた。千里に対して、こんなに真面目に向き合っているのに、その本人からさえやはり「変わっている」と言われるとは。

この数十年間、人から指摘される自分の「変人さ」を自分では理解しきれていない。市長をしているときも、市民からも他の市長さんからも「変人市長」と呼ばれていた。

元「変人市長」は、在職中も医師会のお偉いさんや議員の先生方と、周りから見れば「変わっている」喧嘩《けんか》ばかりしていたなあとその当時を思い出していた。

＊

「すぐに処置室に運んで！　いいから、私が全部責任とるから！　まず、休ませてあげないと。車椅子持ってきて！」

　指示を受けた看護師はすぐに車椅子を取りにいき、戸惑いながらも息も絶え絶えにしている木《き》村恵子《むらけいこ》を座らせた。

「坂東医長、ダメですよ。ルールはルールなんですから。ここに救急車を呼んでもらわないと、診察させられませんよ」

　事務職の竹田《たけだ》が、眉間《みけん》のシワをさらに激しく寄せながら、私の行動に困り果てている。４月の人事異動で市民病院に移ってきた職員であり、公務員らしい生真面目さが見た目からも言動からも伝わってくる。市民病院をはじめとした、二次医療機関では、救急搬送されてくる患者以外の緊急診療をしないというルールが医師会と市の間でつくられていた。

「患者が目の前にいて、それを診察できる医師がいて、ベッドも空いているのに受けられない理由はないでしょ。バカなこと言ってないで、すぐに運んでください。明らかに体も熱いし、肺もめちゃくちゃゴロゴロしてるから」

　タクシーで娘の梨花《りか》に連れられてきた恵子は、病院の受付まで連れてこられて事務員から救急車を呼ばないと診察できないことを告げられた。梨花が恵子の肩をギリギリの力で支えながら竹田と口論しているところを私が通りかかり、このような状況になったのである。

「院長に絶対に怒られますからね……」

竹田の恨み節を聞き流しながら、返事もそこそこに小走りで処置室に向かった。

その日の夕方には予想通り院長室に呼び出され、優しく説教を受けていた。

「竹田くんから聞いたよ。まあ、坂東先生の気持ちもわかるから。今回は反省してくれたらそれでいいよ」

院長の北村《きたむら》は大ごとにするつもりはなかったようで、私に釘《くぎ》だけさして話を終わろうとしていた。

「反省することは何もしてないですけど。同じことがあったら、間違いなく同じようにしますよ」

穏やかな日々を望んでいると言いながら、こういうところが職場の調和も人生のバランスも崩してしまうのだろう。

「坂東先生は若いから、気持ちはわかるよ。でもね、あなたも今年から医長になったんだよ。後進を育てたり、病院全体のことも考えなきゃいけない立場でしょ。噂《うわさ》では患者さんだった人とこっそり結婚もしたらしいじゃないの。家庭も大切にしなきゃね」

院長に隠していた結婚はバレていた。そのこと以外は、至極真っ当なご指摘だ。ただ、もっともらしい丁重なその言い回しは、脅しのようでもあり不快にしか感じなかった。

「市民からの反対の声も出ている異常に高額なCTを買おうとしたり、今回みたいに緊急の患者をすぐに受け入れられなかったり、うちの病院が評判悪いのって、院長の耳にも聞こえてますよね」

　北村は大きなため息をつきながら、一体どこに売っているのか、と疑問に感じるほど品のない豪華な椅子から立ち上がって、机の前に立つ私に近づいてきた。

「頭のいいあなただから、わかってると思ってたんだけど。この世界ではね、医師会とか市長のご意向とかいろいろあるんだよ」

　どの世界かはよくわからないし、そこには興味はない。謝って話を切り上げたらいいことはわかっているが、言葉を続けてしまった。

「でも、そんな世界の人たちも、人に対して何かをしてあげたいとは思ってるんですよね」

　相手の答えに期待もしておらず、話すことにも疲れてきたのだが、引き際すらもわからなくなってきた。

「偉い人たちの世界では、僕らには見えない大きな市民の幸せが見えてるんじゃないの。僕はあくまで庶民だから、市長様や医師会長様に従うだけだけどね。でも、あなたよりはいろんな経験もあるからさ」

若造のたわごとと切り捨ててもいいのに、真面目に話に付き合ってくれるだけ、この院長はまだ誠実な方なのだろう。それでも、納得できないものは納得できない。

「医者として現場にいる私たちには、彼らには決して見えない目の前の現実があるとも思いませんか？　先ほど入院してもらった木村さんの病状も落ち着いて、娘さんからも涙ながらに感謝されましたよ。それが、医者としてのすべての現実じゃないんですか？」

　この数年の穏やかモードの私だとそろそろ引き下がる頃なのだが、恵子へ対応したばかりの興奮も残っていた。

「わかるよ、僕も医者だからね。でも、市とか医師会がルールを決めないと守れないものもあるんじゃないかな。うちの病院も夜でも土日でも気楽に来てください、って市民に言えば、大混乱になるかもしれないよ」

　それはその通りかもしれない。救急搬送のルールがつくられた後は、「蚊に刺された」「ちょっと風邪《かぜ》を引いたみたい」というだけで、気楽に救急車を使う人たちが増えている。しかし、ルールがなければないで、そんな緊急性がない患者が今よりもっと不必要に救急病院に流れ込んでくるのかもしれない。

「私は、市としてとか病院としてとか、正直よくわからないんですけど。医者として、やることやっちゃダメですかねえ」

「それをやっちゃうと……ダメなんだろうね。僕もいま、この病院の責任者でもあるし、医師会の副会長にもなっててさ。立場もあるんだよ。気持ちはわかるけど、大人になれないかな、坂東先生」

北村はそろそろ話を終わらせようと、私の肩を抱えるようにして、院長室のドアの方に誘導し始めた。

「大人って何ですかねえ、チーフ」

静かな空間のなかにバーのチーフである山下《やました》の氷を砕く音が響いている。その静寂を私の愚痴っぽい声が破ってしまった。薄暗い店内と静寂に馴染《なじ》んだ木材や漆喰《しっくい》が醸《かも》し出す雰囲気に惹《ひ》かれ、松阪《まつさか》駅裏口の前にあるオールドコーストというバーに仕事後にときどき通っていた。ボリュームが絞られたレコードから流れるジャズピアノと、20年以上前に岩手からこの地に来たという山下独特ののんびりさと静謐《せいひつ》さが入り混じった空気が特に気に入っている。

この日はまだ7時前で他に客がおらず、カウンターで山下を独占している。

「シゲボーは、永遠の子どもでいいんじゃないの。大人たちがたくさん来るこの店では貴重な存在だよ」

「病院のこともそうなんだけど、この駅前も今度１００億円もかけてホテルとかマンションとかつくるんでしょ。市民から反対運動もあるのに、半分は税金で、って聞いたけど。駅の周辺が変わったら、この店は大丈夫なんですか？」

最近、やっと舌を噛《か》まずに注文できるようになったシャルトルージュのソーダ割りが木のコースターの上に置かれた。山下は一緒に店を始めた奥さんを5年前に亡くしており、カウンター対応も調理も1人でこなしている。

「なんか開発されるのは、駅の反対側らしいね。僕たちも詳しい話は全然聞かされてないんだけどさ。ここに来る人もいろいろ心配してくれるけど、市からも特に説明とか受けてないんだよ。まあ、何が起こっても受け入れるだけかな」

「いろんなことを、そのまま受け止めていくのが大人なのかなあ？　穏やかには生きていきたいって思ってるけど、やっぱり納得できないことは納得できないんですよね。チーフはこの街のことってどう思ってるの？」

シャルトルージュの独特な薬草の香りを味わいながら、チーフに絡むように話しかける。今日の院長とのやりとりからの不快な気だるさはお酒では紛らわせず、体にねっとりと残っている。

「外から来た人間からすると、お金かけてこの街の雰囲気をわざわざ変えなくていいとは思うよね。地元民としてシゲボー、どう思う？　妻とこの街に初めて来たときに、ここのちょっと寂《さび》れた城跡や町並み、レトロな商店街とか、なんか居心地の良さを感じて結局こんなに長く居ついちゃったんだよね」

「私よりチーフの方がこの街の良さとか、よくわかってる気がしますよ。自分はこの街がどうなるのがいいのか、今がどうなのか、よくわからないんですよね。でもなんか、おかしい気はするかなあ」

「岩手からこの街に来て、結構になるけどさ。ずっと変わらない良さもあるし、でも、なんでずっと変わらないんだろうと思うことも少なくないよ」

　シャルトルージュの残りを飲み干して、おかわりを注文した。チーフにもビールを勧めた。私の注文より先に、自分の生ビールをしっかりと注《つ》いでいる。カウンターの向こうでゆっくりと一口飲んでから、ソーダを冷蔵庫から出し始めた。

「うちの市民病院も、毎年税金がたっぷりつぎ込まれてるのにずっと大赤字で、そのくせ新しく５億円もするＣＴを買うらしいですよ。新しく入ってくるお医者様がそれを導入しないと働かないってごねてるみたい」

「うちの」というほど職場に愛着もないのだが、少なくともいまはそこに所属している。アフリカから帰ってきて地元の松阪市に戻った。一応、医者だったため内科医師として外来と病棟管理をする仕事で生計を立てることができている。収入にも仕事内容にも、なんの不満もない生活だった。歌舞伎町やアフリカでの暮らしのようなピリピリした空気もワクワクさもないが、静かに生きる快適さは感じていた。

「シゲボーが最初に話してた、救急車の話も確かにひどいよね。前からそんな話はたくさん聞いてたけど、ね。日本で一番救急搬送が多い街って、この前新聞にも載ってたよ」

山下のつくるジャコのペペロンチーノを注文したかったが、ここで話が途切れるのも気まずく感じ、カウンターに置いてあるミックスナッツで我慢した。

「チーフとか、政治家になって変えなきゃあかん、みたいな気にはならなかったんですか？」

「いや、若いときはカムパネルラみたいに、自分を犠牲にしてでもみんなを助けてやる、なんて思ったことはあったけどさ。このバーをやってるのがやっぱり好きだからね」

カムパネルラが宮沢賢治の『銀河鉄道の夜』に出てくる登場人物ということはなんとなくわかった。ただ、ちゃんと読んだことがないため、あまりピンとはこなかった。

「チーフはここで、ずっといろんな人を幸せにしてきたんだろうな。自分もここで美味《おい》しいお酒と穏やかな音楽、チーフのむさ苦しいヒゲヅラを見ること、それで生きている実感を感じてますよ」

「シゲボーは年齢の割にいつも、おっさんくさいことを言うよね。そんな幸せはもっと歳《とし》をとってから語るもんだよ。宮沢賢治も若いときから理想を語りながらも、おっさんくさい毎日を望んでいたみたいだけどねえ」

山下は岩手には長く戻っていないようだが、故郷の賢治がかなり好きなようだ。

「愚痴を飲み込んで生きていくのが大人なのかなあ？　確かに、戦うと疲れるんですよね。今日も院長と話すだけでぐったりだった……」

右手のグラスは離さずに、天然木の一枚板でつくられたカウンターにもたれかかった。

「この店にも、医師会の偉い人とか議員さんとか昔からよく来るけどさ。かっこいいことを言う人は多いけど、あんまり人の話は聞かないよね。何かはやろうとしてるみたいで、いつも熱くは語ってるけどね」

山下は2杯目のビールを自分で注ぎながら、話していた。

「その人たちがやりたいことなんて、どうでもいいですね。それより、一人ひとりが今、困ってることとか聞いて欲しいですよね」

「珍しく、いいこと言うなあ。じゃあ、シゲボーが数ヶ月後の市長選挙に立候補するか」

山下は、ビールを片手に冗談でしかありえない内容にもかかわらず、こちらの目をまっすぐに見て、笑いもせずに話してくる。

「はいはい、なんでそうなるかな。政治家なんてやるぐらいだったら、アフリカか歌舞伎町にすぐにでも戻りますよ。だって、この街をこうしなきゃ、なんてビジョンも全くないし。目の前のことしかできない子どもですから。この街をずっと愛してきて、この街の人たちに愛されてるチーフの方がそういうのは向いてるよ」

「シゲボーが市長って感じじゃないのは、そうだけどさ。政治家っぽい人より、普通に生きている人の感覚がわかるって、それだけでいい気がするけどね。そういう意味では、シゲボーとか面白いんだけどなあ」

　これから起こることがわかってないからこそ、呑気《のんき》な酒飲み話としてグダグダと無責任に喋《しゃべ》り続けていた。このときまでは、私が常に望んでいる穏やかな毎日だった。

　その数日後、恵子の娘である梨花の話が地方紙の一面に取り上げられた。病院の対応にかなり批判的だったが、事実そのものであった。私もそのとき対応した医師として取材を受けた。

　なんの躊躇《ちゅうちょ》もなく、

「市民病院、問題だらけだと思います。こんな制度をつくった人たちバカなんじゃないかと思います」と私が話した内容が、新聞社に気を遣った修正を加えてもらえることもなく、そのまま掲載された。

　掲載日の翌日の反響は大きく、市役所にも病院にもクレームの電話が鳴り響いていたとのこと。院長は私を呼び出すでもなく、すれ違ったときにも冷たい目線を向けるだけだった。病院内では私に対して腫《は》れ物に触るような空気が生まれたが、現場の看護師や事務員からはたくさんの励ましをもらった。

それから3ヶ月後に17万人の街である松阪市の市長になっていた。33歳の誕生日の翌週に就任した。オールドコーストのチーフと呑んだくれて、その後病院のことが新聞に掲載されて……そのあとの数ヶ月の記憶はほとんどない。

　市長選挙が数ヶ月後に行われる予定だったこと、何期もやっていた現職市長の政策に反発する市民グループが動いていたこと、私がそのグループに「求められた」ときに深く考えることなく、「はい」という返事をしてしまったこと。それから、街の至る所でいろんな立場の人たちから話を聞く機会があったことは覚えている。選挙をしたという意識も記憶もない。マニフェストも市長としてのビジョンもないまま、いつの間にか市長になっていた。

「なんとか市民のいのちを守るためによろしくお願いします」

　夜の10時過ぎに医師会長の野々《のの》村《むら》の自宅を訪れた。玄関までは入れてもらったものの、靴を脱ぐことも許されず、家のサイズに見合った大きな靴箱の前に立たされたまま、とにかく頭を下げた。廊下の向こうでは、野々村の奥さんが心配そうにこちらを見つめていた。

「ねえ、ひげ市長さん。都合のいいときだけ市民のためって、それはないんじゃないの？　私たちね、いつもいのちと向き合っている仕事をしてきたんだよ。それを評価しなかったのは、あなたじゃないか」

市役所職員の清水《しみず》が必死の形相で市長室に飛び込んできて、医師会が来年度から休日夜間応急診療所の運営をしない、という決定をしたという話を伝えにきた。その日の午前中のことだった。市役所での仕事を終えてすぐに、市の山間部にある医師会長の自宅へ清水とともども駆けつけた。

　市長になってからいつの間にか７年が経っていた。就任してすぐに医師会への３０００万円の補助金をバッサリ切り捨てた。医師会と市で決めていた救急搬送のルールも大幅な見直しをした。私が１人で決めたわけでなく、市民と話し合いを重ねた上で、少しずつ制度を変えていった。市長として２期目になったときに、これまで医師会が行政から委託を受けていた「休日夜間応急診療所」が中止されるという騒ぎになったのである。

「野々村先生、医師会の活動を評価してないわけじゃないんですよ。それとこれとは全然違う話でしょ。市民の税金で出すお金には理由が必要だってことです。それだけのことなんですよ」

　医師会に長年にわたり当然のように拠出されていた３０００万円というお金に対して、「公のため」という理屈付けをしっかりとしてもらえれば、いくらでも出しますよとまで伝えながら議論をしてきた。１年にわたる議論で３０００万円の根拠は、「医師会は命に関わる崇高な仕事をしているから」という説明以外には何も出てこなかった。「嘘《うそ》でも理屈付けをすればいいのに」とすら思ったが、医師会の幹部は、とにかく「医師という崇高な仕事」をお金で評価すればいいんだ、というスタンスを変えてくる気配すらなかったのである。

「会員みんなが急に補助金が大幅に減ったからって怒ってるんだよ。そんな状態でその会員たちに夜間とか休日の勤務なんてさせられないでしょ。医師もみんな高齢化してきてるしさ。時間外で働くのは大変なんだよ。おい、お前、お茶なんて出さなくていいよ。すぐ帰ってもらうから」

奥さんがお茶を出そうとして近づいてきたのを、甚平《じんべい》姿の野々村は大きな声と身振りで追い払った。このような場で市長という肩書きなんて全く通用しない。

「救急搬送が日本で一番多いと言われているこの街で、夜間の診療所がなくなったら、もっと必要のない救急出動が増えますよ。これまでも医師会の先生たちが頑張って市民のいのちを守ってくれてたんじゃないですか」

　この数年、公的病院における救急の受け入れ体制は改善されたが、医師会がらみの中核病院の救急受け入れは頑《かたく》なにシステムを変えてもらえなかった。救急車の出動件数は、年間1万件を超えていた。

「じゃあ、あなたが開業して夜間や休日のお医者さんやればいいじゃない。腐ってもあなたもお医者さんなんでしょ。ブランクのあるひげひげ市長様には無理かな」

　私たちが来る前にすでにお酒を飲んでいたのか、酔っぱらったような口調で皮肉めいた笑いを浮かべる野々村には、まっすぐに内容のある議論をしようという意思は微塵《みじん》も感じられなかった。

「数百人いる医師会の先生に年に1回か2回、ローテーションで一晩か土日の1日を対応してもらえたら、市民の方たちの安心につながるんですよ。それがなくなったらどうなりますか？　会長もわかっているはずですよ」

「じゃあ、また３０００万円を医師会に戻すか、市長が辞めてくれるか、どちらかを選んだら考えてもいいけどな」

　横柄な言い方がだんだんエスカレートしてきた。お金を戻すも何も、そもそも医師会のお金ではなく、市民からの税金である。

　市長を辞めて医師会が市民のいのちをしっかり守ってくれるならそれもいいかなとふと思った。そもそも私自身に市長という職そのものへの執着は全くない。

「３０００万円を医師会に出すことは私が市長である以上は絶対にありません。失礼ですけど、野々村先生も、いのちに関わりたくてお医者さんになったんじゃないんですか」

　玄関口で足を一歩前に進めながら、恥ずかしいぐらいの正論をまっすぐに投げてみた。

「あんたは僕たちが毎日関わっているいのちなんて感じたことないんじゃないの？　市長なんて楽な仕事でしょ。あんたがそういう姿勢ならもう話すことはないよ。さっさと帰んなよ」

　議論をそれ以上進ませることは到底できそうもなかった。気まずい沈黙が流れるなか、野々村が別れの挨拶《あいさつ》もなく、丁寧に玄関のドアを開けて追い出してくれた。

　大きなため息をつきながら清水が車の運転席にトボトボと歩いていく。車で市街に戻る途中、移りゆく夜の山道の静寂さを感じながら、これからのことを考えたとき、胸のざわめきが止まらなかった。

「ひげ市長さんよ。医師会長さんと喧嘩したんだって？」

こんな話はすぐに伝わっていく。

議会の各会派の代表が7人ほど議長室に集まって、私を取り囲んでいた。靴箱の前での話し合いから数日後、議長から呼び出しがかかったのである。何かと目立ちがちな市長が何かしらの失策をしないかを常に探っていたようだった。休日夜間応急診療所が閉鎖されるかもしれないということは、議会にとって市長をやり込める「渡りに舟」の話題であったようだ。

議長が話の口火を切った後は、集まったそれぞれの議員が次々に話し出した。私は静かに聞いているだけだった。

「ひげ市長は市民にはどれだけ人気あるか知らないけど、世渡り下手だよね。君はいつまで経っても大人になれないんだねえ」

「僕らも鬼じゃないから、市長に協力したいんだけどさ。医師会長だけじゃなくて、僕を応援してくれている建設業の組合とかも、市長から公共事業を削られたとかいつも怒ってるんだよ」

「あんたが辞めたら、この街も平和になると思うよ。市民もメディアもみんなあんたの言葉に騙《だま》されてるよね。あんたが市長になってから、支援者が僕から離れていってさ。辞めてくれないと、僕も困るからさ」

品のない笑いを浮かべながら、とにかくすべての話が市民の「現実」とも「幸せ」とも全く関係ないことばかりであった。彼らは休日夜間応急診療所が閉鎖されるかもしれないということを心配しているのではなく、その原因をつくった市長をこの機会に一気に責めたてるということだけを何より重要視していた。

「いろいろと頑張ってるつもりなんですが、私も困ってるんです。市民が夜に受診できる場所がなくなってしまうかもしれないんですよ。こんなときこそ、議会の皆さんの力で、医師会に診療所の継続のお願いをしてもらうことはできないでしょうか？」

ここだけは「大人」になって、頭を下げて市長として当然のお願いをしてみることにした。

「なんで市長の尻拭《しりぬぐ》いをしなきゃいけないんだい。あんたが医師会へのお金をケチったからこうなったんだろう」

私が圧勝で当選した2回の市長選挙においては、市のすべての議員が対抗馬の相手候補を応援していた。議員たちが応援しないにもかかわらず、大した選挙運動もせず当選する市長は目の上のたんこぶでしかなく、議長はその議員たちの不満を代弁する筆頭として、声のトーンもだんだん上がってきた。

「私の責任ならそれはそれでいいんです。とにかく、市民のいのちがかかっている話なんですよ。市長と議会が争ってる場合じゃないでしょ。お願いします。協力してもらえないでしょうか」

　とにかく、頭を下げて市民にとってのプラスになる「現実」をつくるしかない。私にとって議会に頭を下げることなど恥ずかしくもなんともなかった。市長という仕事をし始めてから、自分が何かをやることによる結果、今やらないことによる市民への影響という緊張感に常に包まれ続けていた。自分そのものが失われたとしても、ちっぽけな私といういのちやプライドが捨てられたとしても、それによって守られる数多くの市民の「一人ひとり」の幸せや痛みの重さについて思わざるを得ない日々だった。だからこそ、重すぎて、そこから逃げたいという気持ちもずっとあったのである。

「あんたは都合がいいよね。あんたが辞めたらいくらでも市民のための予算も認めてやるよ。あんたがいる限り、あんたの手柄になるような予算は認めないし、医師会もあんたがいるから夜間休日の診療所を止《や》めるって言ってるんでしょ。あんたが辞めたらすべてが平和になるじゃないか」

「あんた」のオンパレードだった。この機会に権力を誇示したいだけなのかもしれないが、その一人の議員の言葉は実に的を射ている気もした。

　自分のなかで何かが弾《はじ》けた。いつも感じていた「逃げたいけど逃げられない」という責任感がこの議員の言葉によって許される気にもなってしまった。

自分でも驚くほどに静かな口調で、穏やかな気持ちで宣言した。

「そうですね……じゃあ、辞めましょうか。私もそれがいい気がしてきました。これからのこの街をよろしくお願いします。市民のために」

翌日にすぐに記者会見を開いて辞職を表明した。周りから見れば順風満帆《まんぱん》、世間的には「ピーク」の状態での辞職表明に、メディアも市民も「意味不明」と騒ぎ立てた。

医師会幹部すべての家を訪問しても許してくれなかった休日夜間応急診療所の継続も、野々村会長は急に認めてくれることになった。これまで、50回以上も否決されてきた予算案も、辞めると決めた後はスムーズに可決されていった。議会での議員からの質問も突然優しくなった。

メディアから、「なぜ辞めるのか」と聞かれても特に理由を言うことはなかった。実際には医師会や議会が理由ではなく、私が市長をそろそろ辞めたかったから辞めたということに尽きるのだ。市長を続けることでの苦しさから逃げ出す口実を常に探していたのだろう。

自分自身がまっすぐに真面目にぶつかっても解決ができない世界から逃げ出したかった。

２期目の途中で市長を辞めた。その後すぐに行われた選挙ではすべての議員から応援された市長が誕生した。休日夜間応急診療所は、当然のように続けられることになった。医師会への３０００万円の補助金も、すぐにさりげなく復活した。

　それが「大人の世界」なのだろう。結果から見れば確かに誰も損をしていないように思える。

　まっすぐに優しさを持って行動できれば、その行動によって幸せになる人の笑顔を見ることのできる世界に行きたい。アフリカに戻ろうかな。市長という街のトップには全くの未練もなければ、やってきたということへの悔いもなかった。この世界でもいろんな人に温かさと幸せをもらえた。33歳の若造市長を信頼して、支えてくれた市民に守られて生かされていた。でも、市長なのに市民のみんなを責任持って守りきれなくてごめんなさい。やっぱり逃げ出してしまいました。

　今思えば、水商売の世界からもアフリカからも、そしてこの市政からも逃げ出してきた。ずっと逃げ続けてきた気がする。いつも格好いいことを言っていても、やっぱりどこまで行っても「偽善者」でしかないのであろう。

　さあ、次はどこへ行こうかな。その前に久しぶりにオールドコーストに飲みにいきたいな。

「あんたはいつも運だけで生きてるけど、私たちは現場で汗を流してるんだよ」

　私に対して批判するつもりだけで言った、そんな医師会長の言葉はどこか心に響いていた。確かにそうなのかもしれない。市長として、精一杯現場に寄り添っていたつもりだったけど、本当にそれができていたのだろうか。これまで様々な現場でキャリアを積み重ねてきた人たちから見れば、ぽんっと運よく市長になれた若造でしかなかったのだろう。

　現場ってなんだろう。キャバクラのスカウトでも、アフリカでも現場があった。もちろん、市長の仕事にも現場があった。次に限られた人生の残り時間を注ぎ込める自分の「現場」を真剣に探すことにした。そんなこんなで、生まれ育った、そして市長として住み慣れた街を離れることになった。

*

千里が退院して、家に戻ってからひと月半が経った。目の奥まで焼けるような激しい日差しの日々が過ぎ去り、この数日は心まで優しく癒《いや》してくれるような穏やかな光と、色づく樹木が街をゆるやかに暖かく彩っていた。

「ひげ先生、最近ご飯が美味しくないんですよ……なんか痩《や》せてきちゃった」

秋が深まりつつあるこの数週間で、明らかに千里の頰《ほお》はこけてきていた。精一杯明るい声を振り絞っていても、から元気を感じてしまう。先週、病院で数回目の抗がん剤による治療を受けて、それ以降かなり体調を崩している。病院に行く大変さや抗がん剤による辛《つら》さをわかっていながらも、まだ「治す」ということへの執着を捨てることはできてはいないようだった。

「今後の通院については、本橋先生と話してみようか。これからは千里さんの体調をみながら私が薬を調整していくよ。もう少しご飯も食べれるようになると思うから」

病院で診察していると、なかなか家での食事の状態とかだるさの感じとかを生々しく捉えることはできない。診察室という特殊な緊張感のなかでは、患者もその場だけの「元気」を振り絞るため、その辛さが医師から過小評価されてしまいがちだ。

「これからは先生に任せていきたいと思ってはいるんだけど。これまでいろいろやってくれた本橋先生に悪くないかなあ」

医者にとっては数多くの患者の一人であっても、患者にとっては一人の医師がすべての頼みの綱のように感じているからこそ、千里のように義理がたく離れがたい気持ちになることは当然である。

「でもね、本橋先生も千里さんが無理して来てくれることよりもね、少しでも家でゆっくりとしながら元気でいてもらえることが嬉《うれ》しいと思うんだよ。本当は病院に行くこと自体、なかなか辛いでしょ」

千里が話の途中で「ごめんなさい」とトイレに立った。娘の美雪が心配そうに近づいていき、ゆっくりと歩く千里が転ぶことを怖れるように体を横から支えていた。千里の足は以前より明らかに細くなってきており、ちょっとした移動をだるそうにする姿を見ると、病院に行くことがどれだけ困難かも想像がつく。

「待たせちゃって……」と美雪とともに戻ってきた千里に話を続ける。

「本橋先生には、私からしっかりと話しておくからさ。来週の診察は一旦《いったん》やめてみようよ」

「でも先生、私死なない？　抗がん剤止めたら死んじゃわないかな」

千里は決して感情的な声のトーンではなく、穏やかに、それでもしっかりと私の目を見つめながら聞いてきた。美雪は側《そば》にいて少し心配そうな表情で千里の太ももに手を置いている。

「前も話したけどね。私もいつかは死ぬし、千里さんもいつかは死ぬよ。それがいつなのかは神様しかわからない。がんじゃなくても、病院に行く途中に交通事故で死ぬかもしれないし、急な感染症でいのちを失うかもしれない」

　私のそんな言葉が千里の慰めにもならないことはわかっているが、当たり前のことを今だからこそ伝えたかった。

「そうだね……私も結婚して、子どももできて、たくさんいい思いをしてきたし。生きるだけ生きてきた、そんな思いでいたから自分ではいのちを惜しんでいたつもりはなかったんだけど、やっぱりいざとなると死にたくないもんだね」

　千里の思いを聞きながら彼女の痩せてきた手を握り、私は目をそらさずに話を続ける。

「アフリカにいたとき水も電気もない場所で、いつも死と隣り合わせのような環境で生活していて。他人から見たらなんでそんなところにって、いつまでいるんだって、ずっと言われてたんですよね。でもそこにいて、なんか幸せだったんですよ」

千里の話をもっと聞いてあげるべきだったのかもしれないが、突然にあまり脈絡がないアフリカのときの思いを話したくなってしまった。

「先生は死ぬのは怖くなかったの?」

千里の質問に、私の素直な思いを伝えるのがいいのか、千里にとって望ましいと思われる答えがいいのか、少し考えた。

「人って、あまりにも大変な環境に囲まれすぎると、死の恐怖や苦しいことを考える余裕すらなくなっていたような気がするんですよ。うつ病の人も症状がピークのときは自殺しないけど、少し良くなると死にたくなったりするみたいなんだけど」

「私はやっぱり死にたくないな。でも、苦しみたくもないんだよね。わがままかな」

千里の表情は決して暗くはなく、落ち着きながら自分の思いをしっかりと言葉にのせていた。

「病院に行かないっていうことや抗がん剤をしないっていうことは、今の千里さんにとって『延命』と思ったらいいですよ」

「抗がん剤をしないことが、延命になるの?」

「抗がん剤はがんを小さくするし、腫瘍《しゅよう》マーカーの数値も小さくするんですけど。体全体にとっては必ずしもいいものではないんですよね」

すべてを医学的に説明するつもりはなく、少しでも今の千里に「現実」を幸せに感じてもらえるための言葉を発したいと思いながら話していた。

「私もそこまでは聞いてはいるの。でも、体によくなくても、副作用が出たとしてもやっぱりがんを小さくした方がいいんじゃないの？」

抗がん剤の副作用について一定の説明を本橋からも聞いているはずである。医師がそれでも敢えて抗がん剤を続けているということは、体にとってきっといいことをしているに違いないと素直に感じるのも当然のことである。

「今、千里さんは食欲ないじゃないですか。体重も落ちてきましたよね。これって私はがんによるものじゃないと思ってるんです。抗がん剤による影響であまり食べれなくなってるんですよ」

千里は少しでも明るく振る舞おうとしているのだが、数週間前と比べると話しているときも目がとろんとして力強さが感じられなくなっていた。髪の毛も薄くなり、頬の色も青白さが増している。ちょっと動くときのだるさも隠せないほどだった。もちろん、がんそのものによる全身状態の低下があることは否めないが、千里に出ている症状のほとんどは、抗がん剤の継続によるもので間違いなかった。

「抗がん剤やめた方が楽になるかな？　ご飯食べられるようになる？」

以前に本橋と話したときは、抗がん剤の副作用で食事が食べられなくなったら点滴も検討してください、と言われていた。ただ、私は抗がん剤の副作用から解放することで、千里にはなるべく口から食べさせてあげたかった。それができるとも思っていた。

「がんを小さくするために、体全体が弱ってしまったら意味がないですよね。今のままだと、がんは小さくなっても千里さんがすぐにでも倒れちゃいそうなんです。そんな治療って延命にならないですよね。抗がん剤をやめたら、絶対にご飯は美味しく食べれるようになりますよ。約束します」

　正直、絶対なんて言い切れるはずもない。何か医学的データがあるのかと言われたら、特にないとしか言えない。それでも私はその場しのぎであったとしても、少しでも生きている「今」の瞬間の千里の気持ちを楽にできそうな言葉を選ぶことにしていた。逆に言えば、そこまで言い切らないと患者は医師を信頼してくれない。特に迷いの最中《さなか》にいる人にとっては。

「わかった。ひげ先生がそこまで言うならもう病院に行かない。私の身も心も先生に任せるよ。本橋先生にはよく言っといて」

「千里さん、ゆっくり悩んでいいんだよ。今、全部決めなくてもいい。私もいろんな薬をこれから症状に応じて使ったり、逆に薬をやめてもらったり。これからも千里さんの家に来る度ごとに体のことも気持ちのこともゆっくり話していきましょう」

　病院に行かないことがいいのか、抗がん剤をしないことがいいのか、私にすべて任せることがいいのか、「正しさ」なんてそもそも存在しない。自分にできる「正しい」と思えることを精一杯することはできるし、少しでも自分の寄り添いが千里の幸せの一端に関わることができたらと思っていた。

市長のときと比べて、「正しさ」や「優しさ」を素直にぶつけて、現場に必要なことがあればすぐに動くことができる、その充実感を感じてもいた。

「私はひげ先生が市長を辞めてくれてよかったんだ。だって、ここで出会えたからね。私、ひげ先生、大好きだもん。その感情だけでどこか信用しているのかも。人間って適当だよね」

晴れやかな表情で話す千里に合わせるように、娘の美雪もウンウンと深く頷《うなず》いていた。

千里からそう言われるだけで、その一言だけで市長を辞めて良かったと心から思えた。そんな簡単に辞めて良かったと言うと、これまで支えてくれていた市民の気持ちをないがしろにしているようで、あまりにも無責任な話だが。

千里が通院しなくなり、これまで以上に医師や看護師の訪問回数を増やして身体的にも精神的にもサポートしていくことになった。体のだるさや食欲不振に対して、ステロイド剤を入れることにした。

「ひげ先生、なんかステロイドって響きが怖いんだけど」

前回の訪問から1週間が経ち、新しい方針に対して千里から不安の訴えがあった。病院で抗がん剤や抗生剤が点滴されるときには、患者は漠然と受け入れるのだが、在宅診療だと家という雰囲気と私自身のゆるさがあるため、いつも簡単に不満や不安を出してもらえる。

「ステロイドって、花粉症とかリウマチでも使う薬なんだけど、もともと体にあるホルモンなんですよ。千里さんの場合は腫瘍で体に炎症が起こっているから、それを抑えていく作用があるんです。胃酸も増やすから食欲も少し戻ると思いますよ」

整然とした部屋の花瓶に飾られた秋桜《コスモス》とガーベラを横目に眺めながら、できる限り柔らかく感じてもらえる言葉を選んでいた。ステロイドは確かに感染をしやすくなるという副作用もあるが、病院と比べると在宅診療では菌やウイルスが持ち込まれる可能性は低く、感染リスクはかなり少ない。そのため、進行したがんの患者にはステロイドで「緩和ケア」をすることが多くなっている、などなどと。

「そっか、体が楽になるんだね。ステロイドっていう響きがなんか怖い薬な感じがして……」

千里は美雪が淹《い》れた紅茶をゆっくりと口に含みながら、先ほどよりリラックスをした話し方になっていた。

千里が素直に不安を口にしてくれるからこそ、こちらもその不安に対して寄り添うことができる。医師からすればくだらないことでも患者にとっては深刻な問題なのだ。

「千里さん、かなり食べられるようになってきました。表情も前より穏やかになってきた気がします」

千里に対して、新しい治療方針と訪問体制を始めてから1週間が経過した。頻回に訪問看護に入ることになった水口から、朝のミーティングで現状報告を受けた。抗がん剤を止めて、ステロイドを投与し始めてから食欲も劇的に回復し、体重も少しずつ戻ってきたとのことだった。

「ちょっと元気になったので、外にも行きたそうなんだけど。院長どう思います？　コロナのこともあってどうしようかなって言ってるんですけどね」

「ちょうど桜の季節だから、お花見でもさせてあげたいよね」

コロナウイルスという感染症によって緊急事態宣言が出ている状態ではあるが、千里の人生にとっては「最後の桜」になるかもしれない、かけがえのない時期でもある。ある意味、千里にとっての緊急事態である。

「そうなんですよ。あまり動いてないから足腰は弱ってきてるんですけど、車椅子を使って外に行ければ、少し気持ちも前向きになると思うんですよね。部屋にいても、テレビでは同じことばかりやっていて、気が滅《め》入《い》りそうになるって言ってますし」

水口は、千里の病気のこと以上に彼女の今の精神的な状態についてとても心配していた。本来、訪問看護は国の定めた制度では、30分とか1時間とか滞在時間を決めて訪問しなくてはいけない。

彼女をはじめとしたしろひげ在宅診療所の看護師は、患者によっては数時間滞在したり、付き添って一緒に病院に行ったり、看護を超えて人間としての関わり方を徹底している。その関わっている時間は訪問による保険点数がつかないので、経営者泣かせであるのだが。彼女たちのその自由な行動により、地域で「しろひげ」を信頼してもらえている部分が大きいことも確かである。水口が訴えたかったのは、医師として、看護師としてではなく、人としてどのように千里に寄り添えるのか、「院長、もっと考えろよ」ということだった。

「近くの公園にみんなで一緒に花見にでも行こうか」

水口の真剣な思いに対して、その場で思いついた自分なりの提案をしてみた。

コロナが全くおさまってはいないなかで、世間からは批判を受ける行動かもしれないが、千里が望むならその時間を大切にしてあげたかった。

「私たちも自粛自粛で息が詰まっていたし、冬からずっとコロナの緊張感でおかしくなりそうだったから、気分転換したいですし。うん、行きましょうよ！」

水口は涼しげにつり上がった目元をしっかり緩めて、嬉しそうに即答した。

コロナウイルスの蔓延《まんえん》が続くなか、水口だけでなく、しろひげ在宅診療所全体として、それぞれが無理に明るさを保とうとしながらも、なんとも言えない気持ち悪い緊張感が常にまとわりついていた。在宅の診療現場で患者に発熱などがあるときにも、当然そこから逃げるわけにはいかない。可能な限り普段通りの診察をしながら、それでいて慎重な対応も必要としていた。狭いしろひげ在宅診療所の事務所内では、医療職種だけでなく事務員にも独特の心労が続いていた。

「千里さん、今は少し落ち着いてくれているけど、もう少ししたら息が苦しくなったり、痛みが出てきたり、ぼーっとする時間が増えたり、いろんな変化が出てくると思うんだよね。花見に行くなら今だよね」

水口と目を合わせて頷き合った。

抗がん剤による苦しみから一時的に解放されても、いつかはくるがんそのものによる体の変化を避けることはできない。少し前まで当たり前にできたことが次第にできなくなっていく。

これまではスムーズに動けたのに。先週まではご飯が美味しく食べられたのに。がん患者だけではなく、人間誰しもが前に時間を戻すことはできない。だからこそ、戻ることができない今にしっかり寄り添うことは、私たちがしなくてはならないことである。

「今日、診察に行ったときに千里さんの話を聞いてくるね。桜もあと1週間もつかどうかだもんね」

「ひげ先生、花見行ってもいいの？　ほんとに体調はいいの。前よりすごく食べられるようにもなってきたのよ。病院にも行かなくなったから、なかなか外に行くこともなくなって。世間も今はあんな感じだしねえ」

　少し暖かくなり始めた3月後半の定期訪問で週末の外出の話をすると、千里はとても嬉しそうだった。ベッドに座りながら、元気さをアピールするようにとろみをつけた食事をしっかりと食べる姿を見せてくれた。

「『敷島の　大和心《やまとごころ》を人問はば　朝日ににほふ　山桜花《やまざくらばな》』って本居宣長《もとおりのりなが》がつくった歌なんですけど。いつも桜の季節が来ると、日本人でよかったなあってしみじみ思うんですよ。アフリカとかに長くいたくせにね」

　この歌は日本人を戦争に駆り立てた歌などと言われるが、宣長自身は素直に山桜を見て、「ああ、美しい」「この季節にこんな思いを感じられる日本人でよかった」と、私たちが当たり前に感じることを同じように感じていただけだったと思う。

「今年の桜が、最後になるかもしれないしね」

　千里の表情は決して悲観的ではなかった。

「お母さん、今年の桜を見にいけば来年もまたきっと見にいきたくなるよ。コロナ騒動が終わったら、来年こそはいろんな人を呼んで盛大な花見をしたいね」

　千里の体の状態をよくわかっている美雪が励ますように言葉をかけた。

「千里さんだけじゃなくて、私もいつも思うんですよ。この桜、あと何回見られるんだろうなって。桜って、綺麗に咲くのって1年のなかでたかだか数日じゃないですか。それなのに、なんとなくその時期って、春先の忙しさにかまけて過ぎ去っていくんですよね。年をとるにつれて、何となくその大切さがわかってきた気がして」

若いときは、桜の花を見るという気持ちの余裕がないことも多かった。こんな感情を抱くのも、自分自身も最期の時間に向かって間違いなく進んでいるという思いが、少しずつ生まれているからなのだろう。

「ひげ先生、年をとるにつれてって……まだ若いのに、年寄りじみたことを」

千里のこの言葉を受けて、美雪も食器の片付けをしながら「先生ってなんか時々お坊さんみたいなこと言うよね」と笑っている。

「じゃあ、お坊さんも今週末の花見に付き合いますので。街にはほとんど人もいないと思うから、堂々と花見しちゃいましょう。看護師の水口さんも行きたそうにしてましたよ」

週末まで桜が綺麗に咲いていてくれること、その日が晴れてくれること、そして、千里がその日を元気に迎えてくれることを信じることにした。

他には誰もいない江戸川の河川敷での４人だけの花見は、とても贅沢《ぜいたく》だった。介護タクシーを借りて、車椅子の千里に少しでも負担がかからないように、なるべく近くで桜を見ることのできる場所を選んだ。美雪が千里の車椅子を押しながら、私と水口も桜に包まれた公園を一緒にゆっくりとまわることができた。暖かい日差しのなか、満開の桜が千里の今を輝かせていた。

「オリンピックも楽しみにしてたんだけどね。マラソンとか沿道で見たかったな。でもね、今日はそれよりずっとずっと素敵な時間が過ごせたと感じてるの。生きているうちに、こんなに幸せなお花見ができると思ってなかった」

河川敷で車椅子から桜の舞う空を見上げながら、千里が感慨深そうに言葉を発していた。

「コロナのことで、ずっと緊張していて正直疲れ果てていて、心もなんかどす黒くなってきそうだったんですよ。千里さんと一緒にこの時間を過ごせたことで、気持ちも桜色に染められた気がします」

美しく散り続ける桜の花びらを顔につけながら、涙ぐんだ声で水口が思いを絞り出していた。

「桜ってなんでこんなに綺麗なんですかね。でも、年中ずっと咲いてたらこんな感動もないのかもしれないですね」

私もこんなふうに落ち着いて桜を感じたことはこれまでになく、幻想的な景色のなかに4人で過ごす時間を満喫した。

「限られた瞬間だからこそ幸せに感じられるのかも。誰もがいのちに限りがあることはわかっているはずなのに、私もがんって知らされて初めて『ああ、死ぬんだな』って、やっと気づかされた気がするの。それから、ずっと今ある当たり前の日常がいつも惜しくて、大切で。家族の愛情も、今のこの瞬間の幸せも、すべてが切なくて、でもとても輝いて見えて」

千里の言葉を聞きながら、人間って残酷だなと感じざるを得なかった。もうすぐいのちが失われるかもしれない、そのときになって初めてその大切な価値に気づかされる。そのことは、多くの文学やドラマや映画などでは教えてくれる。それでも人は実際に自分が体験するまでは本当の意味では気づくことができない。

「私もあの日のことは忘れることができません。数日前までは少しずつ痛みが強くなってきていたのに、あの日は穏やかな表情で痛みも感じていなかったようでしたね。とても幸せそうな顔でした」

美雪に挨拶をした後、桜をバックにした笑顔の遺影に水口とともに線香をあげた。あの日のことをみんなで思い出していた。美雪はあのときにみんなで撮ったたくさんの写真を水口に渡していた。

「千里さんのためだけに桜が咲いていたみたいでしたね。コロナの騒動がなかったら、あんなに贅沢に私たちだけで桜を見れなかったですよ」

水口は写真を見ながら目頭を拭《ぬぐ》っていた。思えば河川敷でも水口はずっと笑いながらも涙ぐんでいた。

「先生と水口さんにここまで思ってもらえて……がんっていう病気になったことは母にとって決して不幸せな出来事ではなかったと心から思います。本当にあの人は幸せな人でした。最期のときも先生と水口さんに看取《みと》ってもらえましたしね」

美雪も水口の涙につられるように、むせ込みながら精一杯言葉を振り絞っていた。

桜を見にいった翌週から少しずつ食事量が減ってくるとともに、体のだるさや痛みも出てくるようになった。状態に応じて麻薬やステロイドを増やしていった。体を少しでも楽にしながら、眠くなりすぎないような薬の調整を千里や美雪の話を聞きながら行っていた。最期の時まで、少しでも一人の人間としての「千里らしさ」を保ってあげたかった。

「しろひげ先生がね、母の最期が近づいてきたときに、あとは私たち医者とか看護師ができることはもうないんだって言ってたんですよ。覚えてます？　家族の時間だから、ゆっくりと手を握ってあげたり、耳元で声をかけてあげてくださいって。最期まで、きっと家族の声は聞こえてると思いますよって。もう数時間というときに、先生と水口さんは、最期の時間は家族の邪魔をしないように一旦帰りますねって言ってくれたんですよ」

医師や看護師はあくまで「他人」であり、自宅での「最期の時間」はなるべく医療者がいる緊張感から解き放って「家族の時間」をつくってあげたい。そう思って、水口とふたりで千里の家の近くのファミレスで一旦待機して、美雪から再度連絡が来るのを待っていた。

「最期までほとんど苦しまれなかったですよね。美雪さんに手を握られているときもずっと穏やかな表情をされていました。ご家族の愛情に包まれて、最期も静かに息を引き取られましたね。美雪さんに話をしたときは、あと数時間ぐらいの呼吸だなって感じていたときでした。いろんな人の最期を見てきましたけど、やっぱり愛する家族に囲まれて過ごすのが何より幸せだと思うんです。私たちのようなお邪魔虫なしにして」

　本音で、人生の最期の瞬間に私たち医療職はいらないと思っている。

「そんな風に言われるけど、先生も水口さんも私たちにとっては、家族そのものでしたよ。だから、最期の瞬間をしろひげ先生に看取ってもらえて、水口さんに体を丁寧に綺麗にしてもらえて。母にとってこんな幸せなことはなかったと思います」

　美雪とは限られた時間ではあったが、千里の人生の一部をともに過ごさせていただいた。その美雪からの言葉は、私の心に温かく染み入ってきた。いつも患者の家族からこんな「ご褒美」をもらえるわけではない。もらえなくて当たり前だとも思っている。それでも、私たちが関わった患者や家族から「ファミリー」の一員と感じていただけたなら、やっぱりそれほど嬉しいことはない。そんな仕事に日々従事できていることは私にとってかけがえのない日常である。

「また、千里さんと美雪さんの顔を見にきますね」

水口はその言葉通り、亡くなった後も家族のところをよく訪れて交流をする。玄関を出た後まで幾度も感謝を口にして見送る美雪に笑顔で別れを告げて、次の患者宅に向かった。

千里の葬儀の日は、燦々《さんさん》と照り続ける太陽のもとで若葉が輝いていた。数ヶ月前に千里とともに心を奪われた桜の花は街のどこにも見つけることはできなかった。

「来年の春にはまた、一緒に桜を見にいきたいですね」

美雪と水口は静かに頷いた。

今はこの若葉の季節を楽しみながら、精一杯日々の仕事を頑張ろうと思った。春にまた桜の花を見れば千里のことを思い出すんだろうな。

在宅診療をしていて一人ひとりの人生と関わり合う瞬間は、私にとってはいつでもとても重く感じられる。でも、その重さは私自身の人生そのものを彩ってもくれている。市長のときには逃げ出したかった、「人の痛みや幸せの重さ」を背負うことは、在宅医の自分にとっては厳しくもどこか心地いいものに感じられていた。

第五話

誰もずっとひとりではない

「しろひげ先生……苦しいの……とにかく来て……」

この日で3日続けてになる鈴木《すずき》佐江子《さえこ》からの早めのモーニングコール。なんとなく電話が鳴る気がして、昨日の服のまま風呂《ふろ》にも入らずにソファーでうつらうつらしていた。録画していた探偵ドラマが誰《だれ》にも見られないまま流れ続けており、人を一箇所に集めた探偵が誇らしげに最後の謎解《なぞと》きをしているシーンだった。

「佐江子さん、トイレに行った後でしょ。大きく深呼吸して、ゆっくりとしてみて。動いた後はいつも苦しいんだよね」

「先生、よくわかるね。さっき、トイレに行ったばかりなの。でも本当に苦しいの、先生来てくれる？」

この半年で50回以上は同じように朝の時間帯に呼ばれて佐江子の家を訪れていた。今年の春先に亡くなった千里のように、家族が同居しながら介護をしてくれる患者ばかりではない。一人暮らしでの寂しさと不安を抱えながら、心臓弁膜症という持病がある彼女の息苦しさは決して嘘《うそ》ではない。80歳を超えた佐江子にとってはトイレに行くことも重労働である。連絡が来てから30分後に訪れたときには、大概けろっとして「楽になったの」と可愛《かわい》い顔をして応対されるのである。

「今からすぐに行くけど、それまでは動かないでね。ゆっくりと呼吸をして落ち着いていたら楽になるからね。ベッドでじっとおとなしくしていてください」

「今日は本当に苦しいの……」

同じやりとりを毎日のように繰り返している。私が行かなくても安静にして30分経《た》てばいつも通りの呼吸に戻り、いつも通りのけろっとした佐江子に戻るんだろうな、と経験上はわかっている。

「大丈夫。すぐに行くからね。それまでにどうしても苦しかったら、朝の薬を早めに飲んだら少し楽になると思いますよ」

昨日は朝の6時半ごろに呼ばれたが、今日はまだ3時半過ぎでしっかりと深夜である。厚手のジャケットを羽織って、ヒゲは昨日から伸びっぱなしのままでせわしく外に出た。マンションから歩いて3分ぐらいの駐車場に往診車が停《と》めてあり、その中に往診バッグや緊急対応用の物品が積んである。

年の瀬も近づき、外に出た瞬間から漆黒の闇《やみ》と冬の厳しい冷たさが肌と心を凍えさせてくる。こんなときはいつもコートを着たくなるのだが、運転のときにも診察のときにも邪魔になってしまうため、ジャケットだけを着て小走りで駐車場まで向かう。

「また、今日もきっと元気なんだろうな……でも、行かないわけにはなあ……」

冷たい風に口がこわばらないように、車に向かうときにブツブツと愚痴を独りごちた。周りから見れば深夜の夜道に髭面《ひげづら》の小汚い顔をしたおっさんが、小走りで呟《つぶや》いている怪しい光景でしかない。

「あっ、先生来てくれたんだ。いま何時？　えっ、朝早いんだねえ……」

診療所の往診車は緊急車両に指定をされているため、都営住宅の前の道路に他の車の邪魔にならないよう停めることができる。古いエレベーターで5階まで上がり、一応チャイムを鳴らして鍵《かぎ》のかかっていないドアを開け、部屋に入っていく。連日ほとんど同じ行動を繰り返しているため、少し頭が回っていない早朝だと、今日だか昨日だかがわからなくなるような錯覚に陥る。

「佐江子さんに呼ばれたから来たんだよ。昨日も呼んでくれたよね。覚えてるかなあ？」

「そうだっけ？　でも、さっきは本当に苦しかったんだよ。死ぬかと思った。なんでこんなになっちゃうんだろうね」

元気になると佐江子はさらに早口でまくし立てた。

6畳一間と玄関だけの部屋の大半を占めるのが、介護用ベッドである。佐江子は鼻に酸素をつけながら、ベッドから足を下ろして座っている。話に一段落がつくとキョトンとした表情で穏やかに微笑《ほほえ》んでいる。

「佐江子さん、いつもトイレに行った後、苦しくなるでしょ。わかる？」

「そうなんだよね」

この会話も常に同じである。

「佐江子さんは、心臓が疲れやすい病気だから、動いたりとか、頑張って話をしすぎたりすると息が苦しくなるよね。だから、呼吸を楽にするために酸素もいつもつけてるよね」

しろひげ在宅診療所が受け持つ患者で、家で酸素をつけて生活をしている人は１００人以上いる。呼吸を楽にするために酸素を導入しましょうという話をすると、大概の人が「人工呼吸」と勘違いをして、すぐさま呼吸が止まるかのようなたいそうなことのように捉《とら》えてしまう。「歌丸《うたまる》さんとかがつけて笑点に出ていたでしょ。あくまで呼吸の補助だから、そんな怖いものとかじゃないよ」と丁寧に説明をすると、やっと最低限の理解はしてもらえるのである。

「私もせっかちで、家でいろんなことをやらなきゃいけないと思うと、せわしく動いたりしちゃって……先生、来てくれてありがとう」

昨日もおとといも、診察に来たことは忘れているようだった。動いた後に苦しくなるということも、言われるとハッと気づかされるようなのだが、その経験による記憶を定着させることができず、なかなかその行動パターンを変えることはできないのである。

佐江子のくり返される行動とその症状を思うと、30分静かに待ってもらえば楽になるんだろうな、と頭でわかっていても、こちらとしては何が起こるかわからないのでやっぱり心配なのである。１００回中99回大丈夫だとしても、１回でも、やっぱり行かなくてはならなかったと後悔したくない。だから、こんなときは佐江子でなくとも、必ず往診には伺うことにしている。私自身の性格としても、行かなくて大丈夫だったかな、今日こそは苦しんでないかな、などとマンションで30分間悶々《もんもん》としているよりは、すぐに行ってしまって可愛い元気な顔を見て、安全を確認した方がその１日を気持ちよく過ごすことができる。

　佐江子の家に１時間近く滞在して呼吸が落ち着くのを確認した。マンション近くの駐車場に戻ってきたのは5時半ごろだった。朝の冷たく淡い光が少しずつ街を色づかせ始めていた。車から出て帰る途中にある自動販売機で、冷たい手を温めてくれる小さな缶コーヒーを買うのが、疲れた体を癒《いや》す往診後のほっとするひとときとなっていた。

　マンションに戻ってさっとシャワーを浴びた後、簡単に頬《ほお》と顎《あご》の下のヒゲだけを剃《そ》って、朝8時からのクリニックでの朝礼に向かった。日によっては、この時間に複数の患者から電話が入ることもあり、そのときは着替える間もなく、そのまま診察に突入するのである。

「院長、お疲れ様。また、佐江子さんから呼ばれましたねえ」

　朝礼で昨日の昼と夜間に変化があった患者について報告をした後、看護師の中鉢がいつも通りの屈託のない明るい表情で駆け寄ってきた。

「やっぱり行ったら元気だったんだけどね。行かないわけにもいかないしねえ」

「院長に会いたいだけかもしれないですね。佐江子さん、ご家族もいないから寂しいんだと思いますよ」

心臓弁膜症という病気からも息苦しさがあったのは間違いないのだが、そんなときに狭いアパートの一室で孤独感と心細さが高まってしまい、電話をかけたくなるのだろう。

「私たちのクリニックって、千里さんとか康子さんみたいに家族に囲まれて最期《さいご》を幸せに迎える人もいますけど、佐江子さんみたいな一人暮らしの方に関《かか》わることも多いじゃないですか」

「そうなんだよね。家族がいないからこそ、その分私たちでしっかり寄り添いたいんだけど、認知症状もあるから、本人の思いをなかなかしっかりと聞けない部分もあるしねえ」

「この前、私と水口さんが訪問看護で行ったときには、お風呂にゆっくり入ってもらったんです。そのあとで、佐江子さんの髪を切って染めてあげたんです。綺麗《きれい》になった姿を鏡で見せてあげると、すごく喜んで涙も流してくれましたよ」

しろひげ在宅診療所の看護師たちは、医療とか介護という枠を超えて、患者が望むことを言葉通り「なんでもやってあげる」という姿勢が半端ない。時間をつくるために、朝礼も途中で抜け出すし、夕方にもなかなか帰ってこない。身寄りがいない患者の病院での検査や、お墓参りに付き添うために、半日使うこともこれまで何度もあった。

「今日はもともと佐江子さんの定期訪問が入っているから、少し心臓の薬を追加して、気持ちを落ち着かせるための頓服《とんぷく》とかも出そうと思ってるんだよ。佐江子さんはなんか可愛いからさ、どうしても憎めないんだよね」

　患者を差別してはいけないという正論は理解しながらも、医師もやはり人間なのでどこかその「憎めなさ」でひいきをしてしまうところがあるのは事実である。

「そうそう……それで思い出したんですけど、今日、二宮《にのみや》さんのところに行きますよね。佐江子さんと違って、あの可愛くないオヤジ……」

　中鉢が急に顔を歪《ゆが》めながら、違う患者のことに話を変えた。もともと毒舌の中鉢だけがそう思うわけでなく、やはり患者のなかには医療者側から見て「可愛くない」と思わせてくれる人はいる。露骨な診療拒否を続けられたり、看護師が体を綺麗にしたあとで毒づかれたり、堂々と悪質なセクハラをされることもあるのだ。

「二宮さんねえ……先週初めて行ったとき、部屋が全面的に糞尿《ふんにょう》まみれだった人だよね。行政の相談員から聞いていたから、一応スリッパを持っていったんだけど、それでも靴下もぐちゃぐちゃになりながら、採血もなんとかしたんだった……」

　私も苦笑をしながら、中鉢の話に乗っかった。

役所のケースワーカーとケアマネジャーから、「しろひげさんのところなら診てくれるでしょ」と頼まれたのが二宮良介《りょうすけ》という患者だ。大腸がんで一度手術をし、病院にも長く入院しながら抗がん剤治療をしていたとのこと。その後、転移が広がってきたことがわかり、これ以上の積極的な治療が難しいということを担当の医師から伝えられた後から急に精神的な不安定さが出て、医師や看護師への暴力や暴言などが激しくなったらしい。食事や服薬を拒否するようになり、病院の意向で在宅復帰を模索していたところだった。

　そんな中、本人がもうどうせ治療できないなら家に帰る、と病院で大暴れしたらしいのだ。部屋の片付けやヘルパーの準備など介護環境を十分に整えられないままに、急遽《きゅうきょ》家に帰ってくることになったのである。

「私たちもこの前行ったときびっくりしましたよ。院長が最初に行ったときよりはまだ綺麗だったらしいですけど。小蝿《こばえ》も飛び回っているし、ベッドにはやっぱりうんこがしっかりついてるし、おしっこの入った尿瓶《しびん》も枕《まくら》の横に投げ捨てられてるし……エロ本もむき出しで遠慮なくありましたよ」

　中鉢の言葉には、うんざりとした気持ちが溢《あふ》れている。ケアマネとヘルパーで2日がかりで部屋の大掃除をしたそうなのだが、一瞬にして新たな「うんこ祭り」が行われたようだった。

「風俗情報が満載のエロ本、置いてあったよね。本人もよくあの環境で過ごしているよね。あとなんか、めちゃ寒くなかった？　暖房とか何もなかったんだよね。それも気になって行政の人にすぐ対応して欲しいって言ったんだけどさ」

　ケースワーカーに早急な暖房器具の必要性を話したのだが、「生活保護の費用の範囲で対応してもらうしかないですね」の一言で終わってしまった。

「そうなんですよ、あの部屋、寒いし、臭いし、とにかく汚いし……院長はアフリカとかで慣れているのかもしれないけど……」

　アフリカへの偏見が甚《はなは》だしいなと思いながら苦笑した。確かに在宅診療を続けていくうえではその環境に慣れないと、とてもじゃないが仕事にならない。

「まあ、それでもさ。二宮さんから一度ゆっくり話を聞いてあげたいんだよね」

「院長……この前、私もそう思ったから体を拭《ふ》いたりしながら、いろいろと話しかけてみたんですけど。『うるせえ、ブス』とか『お前らにやってもらわなくてもいいんだよ』とかとにかくケンカ腰で、可愛くないんですよね……」

　私たちが訪問したときにも、最初はなんで来たんだとか言いながら、近くのものを投げつけながら診察を完全に拒否していた。

「今日、一緒に来てもらえるかな？　二宮さんも病気のことを知らされて、やけになっている感じもするんだよね」

「まあ……院長がそう言うなら。本音を言えば積極的に行きたいわけではないですけど……」
中鉢のいいところはいつも愚痴を言いながらも、結局仕事はしっかりと妥協なくするところである。

このような家に行くために、常に替えの靴下は大量に車に積んである。二宮の家に行く前から今日は帰った後に2回に分けて洗濯しなきゃなあ、などと呑気《のんき》なことを考えていた。

「お前ら、もう来なくていいよ。どうせ治してはくれないんだろ。お金もないしさ。どうせ医者とかさあ、俺《おれ》の話なんて聞かないんだから」

ケアマネジャーの大石《おおいし》も時間をあわせて同席してくれていた。

「二宮さん、しろひげ先生はこの辺では一番優しい先生だから、ちゃんと話聞いてくれるよ。そんな言い方しないの。病院でもこんな感じで喧嘩《けんか》をして最後は追い出された感じになったんですよ……」

「俺が自分で出てきたんだよ！　あいつらが……まあ、いいや」

二宮もいろいろ言いたいことはあったようだが、話すのも面倒になったようで、糞尿の跡が残っているベッドで寝返りをうって、こちらに背を向けた。

大石はこの地域において、独居で生活に困難さのある患者を行政から任されて受け持つことが多い。化粧っ気はなくとも目鼻立ちがはっきりした顔立ちで若々しく見えるが、私よりもいくつか年上だと聞いたことがある。「家では片付けは全然しないんですけど」と言いながら、他のケアマネジャーだとヘルパーに任せてしまいがちな掃除なども、ドロドロになりながら一緒に関わってくれるのである。彼女からしても「面倒くさい」対応が求められる患者は「面倒見がいいしろひげ先生」に任せればなんとかなるだろうということで、紹介をいただくことも多いので、日《ひ》頃《ごろ》からよく連絡もとり合っている。

「二宮さん、具合は悪くないですか？　痛みとかも出てませんか？　この前採血したら、炎症反応が高くなっていたから、本当はだるさとかも出てるんじゃないかなと思ってるんですけど」

　部屋は最初に来たときよりは随分ましになってはいたが、ベッド周りの排便の片付けはしきれていない。布団だけでなく、そこかしこに便の名残もあり、尿瓶からこぼれた尿も付着していた。近くにあった新聞をベッドの上に敷かせてもらい、二宮の真横に座って診察することにした。

「痛いし、だるいに決まってるだろ！　うるさいよ、帰ってくれないかな」

　退院するときに、痛みを取るための麻薬もしっかりと出ていたのだが、本人はまるで飲む気がないようだ。ヘルパーによって食事の横に置かれた薬もほとんど飲まれていない状態だった。

「薬を飲まないと、そりゃ痛いと思いますよ。騙《だま》されたと思って飲んでみませんか。あと、この部屋寒いですよね、暖房入れないとやばくないですか」

中鉢はベッドの上に乗り、体にまたがるようにして、血圧や体温をなんとか測ろうと試みていた。二宮は彼女の手を振り払うような動作をしながら、嫌そうな表情で無理にしなくていいと無言で伝えていた。両腕には刺青《いれずみ》が手首までしっかりと入り、左手の小指もなく、昔やんちゃをした痕跡《こんせき》はしっかりと残っていた。

「金がねえ、って言っただろ！　お前らに払う金も、暖房とか買う金もないんだよ！　寒くても、布団に入ってればいいんだよ」

二宮は大腸がんの手術により、お腹《なか》に創られたストーマという人工肛門《こうもん》から便が出るようになっていた。その外側には袋がつけられており、そこに便が溜《た》まるようになっている。時々、そこから便があふれて布団にこぼれたり、体を動かすことでストーマが外れてしまって、部屋中が「うんこ祭り」になってしまうのである。二宮は便がこびりついている掛け布団を頭まで被《かぶ》って、ふてくされたように壁側を向いたまま動こうとしなかった。

「先生も看護師さんもほんとにすいません。病院からも役所のケースワーカーさんからも、絶対に家では生活することができないって言われてたんですけど。暖房器具も区役所に言っても全然聞いてもらえず、『凍えて死んじゃうかもしれませんよ』って言っても、『ルールですから』『保護費は出ているはずなので』の一点張りなんですよ」

誰もが「面倒くさい仕事」をやりたがらないのは当然である。それでも、ケアマネジャーの大石も私たちも面倒な仕事を積極的に引き受けてしまうのである。だからこそ、その行動の意味を理解できない病院や行政とは戦いになることも少なくない。

「在宅でこんな人をフォローできるはずがない」「面倒だったら早く病院に送ればいいのに」。それが当たり前の感覚なのかもしれない。

二宮はなにはともあれ、病院よりもこの汚部屋で過ごすことを望んでいるのである。私たちの仕事は、望むことにはまずは寄り添うというだけである。

「二宮さん、私はね、大石さんが言うようには優しくないですよ。でもね、私は自分の限られた人生を精一杯悔いがないようにしたいんです。だから、お医者さんとして二宮さんにできるだけのことはしっかりやらせてもらいますから。二宮さんのためでもあるんですけど、自分のためでもあるんです」

説教くさくなったが、とりあえず二宮の背中から思いは伝えてみた。

「うっせい！」

一応聞いていてくれていたようで、反応してもらえたこと自体は嬉《うれ》しかった。

「私たちも週3回ぐらい来るので、お世話させてくださいね。片付けもしましょうか」

中鉢は病院からもらってきて、残っている薬を数えながら話しかけていた。今後、服薬できているかどうかの薬の管理も、しっかりとヘルパーや訪問看護師にやっていただく必要があった。

「とりあえず私の方からは区役所に電話をします。暖房器具だけは入れてもらわないと。病気がどうこうより、先に凍死しかねないですよ」

電話で話が通らなければ、直接役所に伺って掛け合おうと思っていた。夜間には氷点下にもなる季節なのに、暖を取るためのものは相変わらず、布団以外何もない状態だった。病院から帰ってきて1週間経つが環境はまったく改善されていなかった。大石もそのことにすぐに対応できないことが悔しそうだった。

優しさってなんなんだろう。相手の求めに精一杯応じることなのか、ただの自己満足なのか、この仕事をしているといつもその葛藤《かっとう》に苛《さいな》まれる。優しさを徹底することが、ある人にとっては優しくなかった。そんな経験もたくさんしてきた。でも結局は、何年経っても、どれだけいろんな経験をしても、目の前で求められたときに、「まずは優しくすること」、それしかできないのかもしれない。

*

「あなたは結局、誰にでも優しいのよね」

加奈子《かなこ》は、決して私を褒《ほ》めようとしたわけではなかった。学生時代から7年間も付き合ってきた恋人との別れ際に、まっすぐな目線で言葉をぶつけられた。

「ごめん」

それ以外の言葉がまるで思いつかなかった。

「責めているわけではないの。それがあなたのいいとこだと思うし、あなたそのものだともわかってるの。でもね、なんかずっと寂しかったの。あなたにとっては、私じゃなくてもいいのかなって感じていたんだ」

言っていることはよくわかる。加奈子のことは間違いなく大切にしていたし、優しくもしていたと思っている。目の前からいなくなることが想像できないぐらい、大好きだったとも思う。ただ、女性としては特別であっても、私の「人生」というなかでは、特別ではなかったのも確かなのかもしれない。

岸田に誘われてアフリカに行くときには、看護師の資格がある加奈子は、当時の仕事を辞めて付いてくると言ってくれた。結果としては、そのタイミングで起きたケニアの内戦のため、岸田が女性をそんな場所に行かせるわけにはいかない、と言って取りやめになったのである。数年に及ぶ仕事になるのはわかっていたが、加奈子とはしっかりと話し合うこともなく、一人でケニアに行くことになった。結婚すら考えていた適齢期の彼女がいるにもかかわらず、「求められたから」という理由だけで、自分勝手にケニアだけに目を向けていた。言葉には出さずに「求めていた」加奈子の気持ちには気づきながらも応《こた》えることはしなかった。

ケニアからはほとんど連絡すらしていなかったにもかかわらず、加奈子は私を待っていてくれた。

その後、加奈子とは遠距離で付き合いを続けていたが、どこかケニアに勝手に行ってしまった気まずさが心の奥に残っていた。そんななか、たまたま乳がんの手術をした13歳年上の女性と退院後に会うことが繰り返されて「求められる」なかでお付き合いをすることになり、早々に結婚をすることになった。

加奈子ときっちりと別れるための話し合いが持てたのは、私が結婚をするひと月前のことだった。自分でも何がなんだかわからず、加奈子への愛情を持ちながら、他の人と結婚することとなった。結婚相手にも加奈子への愛情が残っていることを話していた。

結局、結婚した相手とも7年で離婚することとなった。結婚相手のことも間違いなく愛していたと言える。妻として私のことをまっすぐに支えてくれていた。感謝と愛情はあるにもかかわらず、結婚生活から逃げてしまった。

自分の人生を自分なりには真摯《しんし》に生きているつもりなのだが、母のがんにも気づいてあげられなかった。長く付き合った恋人も、別れた妻も、結局中途半端な優しさで傷つけてしまった。キャバクラのスカウトもアフリカでの活動も、市長としての政治活動も、人生のすべてをかけることができたわけではないにもかかわらず、その過程で多くの人の人生を巻き込んできた。

自分では「優しく」生きようとしたつもりなのだが。いつもその場その場で「優しい」と言われるが、そのこともどこか苦しかった。自分にはその「苦しさ」を自覚しながら、いろんなものを背負いながら「優しさ」を続けていくしかないんだろうな、それ以外の生き方はもうできないんだろうなとも思っている。自分自身を「偽善者」と感じるのは、生き方としての一つの言い訳なのかもしれない。

*

「坂東先生、二宮さんにはちゃんと毎月の保護費を渡しているんですよ。お金がないはずはないんです。この前は、風俗の女の子とかも呼んでいたみたいなんです、あの部屋に。それでも、やっぱり暖房器具をつけなきゃいけないですか。私たちは、そんなことに税金からお金は出せませんよ」

ケースワーカーの竹内《たけうち》は、いかにも公務員らしい言葉づかいで、二宮に対しての行政的なサポートをはっきりと断った。電話口の向こうの無表情な竹内の顔が、鮮明に目に浮かんできた。市長であるときに「現場」という言葉はよく使っていたが、どこまでこのような「現場」が見えていたのだろうかと、今だからこそ感じることができる。

「おっしゃることは、よくわかります。竹内さんが正しいとは思うんです。でも、今は二宮さんの手元にお金がないのも事実なんですよ。すぐにでも暖房器具を入れないと、今日の夜にでも死んじゃうかもしれないんです。とにかく、その現実だけはどうにかしなきゃいけないと思いませんか？」

担当している医者だからどうこうというより、たまたま通りすがりに倒れている人を見つけてなんとかしなきゃ、という感覚と同じだった。

「何度も言いますけど、私たちが言えるのは、保護費はすでにしっかり出ているということなんです。それ以外に何も言えないし、できないものはできないんです」

「それで、人が死ぬかもしれないとしても、ですか？」

「そんな脅すようなことを言われても、僕の立場ではできないものはできないとしか言えなくて」

以前にも同じような事例で、竹内には話をしたことがあり、結局折れてくれるまでしつこく頼み続けた。毎回厄介な案件を持ってくるクレーマー気質の医師にまた絡まれた、というぐらいに思っているのかもしれない。

「じゃあ、どの立場の人に言えばいいんですか？　課長ですか、区長ですか」

確かに聞かれ方によっては私の言い方は脅しのように聞こえるかもしれない。

「いやあ、上司に言われるとか、それも困るんですけど……あくまで私の仕事なので」

竹内は「それでは失礼しますね」と切るタイミングを明らかにはかっていたようで、そそくさと電話を切った。

「私の仕事」というなら、仕事としてきっちりとやりきって欲しいと思った。私が区長ならトップダウンでやらせることができるのかもしれないが、しがない在宅医療医としてはなんの権限もない。喧嘩を売るだけ売ったが、何の成果も買いとることはできなかった。

「あのオヤジ、一応私たちにありがとうって言ったんですよ。ほとんど背中を向けたままで、こっちには全然向いてはくれなかったけど」

前回の訪問から1週間、3回ほど看護師が訪問していた。二宮に対しては、「どうしようもないオヤジ」というニュアンスを含めながらも、中鉢はどこか嬉しそうに話をしている。役所の竹内ではまるで埒《らち》があかなかったので、診療所にあった当直用の小型の電気ストーブと毛布を中鉢が訪問するときに、二宮のアパートまで持っていってくれたのである。

「大石さんもあの後、大きな掛け布団を持っていったんだってね」

こういうきめ細かい対応においては、なかなか「行政」という公務員と税金で出来上がった組織はうまく機能しないものだと改めて実感した。

「大石さんとは、たまたまあのオヤジの家で会ったんですよ。打ち合わせもしてなかったのに、お互いに荷物を持ってきたのを見て笑ってたんですよ。行政に頼るより、もう私たちでやれることをやった方が早いよね、って」

多くの人を幸せにする本当の意味での「公」は、民間における多様な思いと行動によって支えられているところが大きいということを、「公」を離れてから気づかされる。

「今日診察に行くんだけど体調はどうかなあ？　苦しくはなさそうだった？」

生活を整えてあげることも大切なことだが、がんの末期状態である二宮の病気にしっかりと向き合って対応することがそもそもの本業である。直近に訪問した中鉢にその状態の確認をした。

「ああ見えて、あんまり弱みを見せたくないのか、痛いとか苦しいとかあんまり言わないんです。けど、実は結構苦しいんじゃないかなと思うんです。なんか意地になって薬は絶対飲まないとか言ってるけど。ちょっと照れ屋で、ちょっと拗《す》ねてるようなところもあるので、いつもの院長モードでいろいろ話を聞いてあげてください」

「話してくれるかなあ……前はほとんど目も合わせてくれなかったけどなあ……」

「院長モード」がなんなのかは自分ではよくわからない。病気が進行すると二宮でなくとも精神的な不安定さが出て、性格がひねくれた感じになるということはよくあることだ。その不安定さに対して医師として全面的に媚《こ》びる必要もないが、そこを理解したうえで接しようとはいつも心がけている。

「おめえはしつこいなあ。もういいって言ってるだろ！　どうせ死ぬだけなんだから」

中鉢から聞いたほどには可愛げはなかったが、二宮はこの日は私の目を見ながら話していた。しゃがれた声と威圧的な態度で悪態はついていたが、ベッドに座りながら彼なりにコミュニケーションを取ろうとしてくれているようだった。よし、取り付くしまはある。

「二宮さん、実は結構身体《からだ》が痛いんでしょ。だるさもあるんじゃないかな。今日は、38度ぐらいの熱もあるし、腫瘍《しゅよう》から来る熱だと思います。薬をうまく飲むことでかなり楽になりますよ」

二宮のトーンに合わせずに、私なりに精一杯の丁寧さで話を続けることにした。いつもイライラしているのは、もちろんもともとの性格的なものもあるのかもしれない。

ただ、病気による苦しさは、なかなか他人には伝わらず、その思いを伝えることもできないことが多い。その苦しさを理解してもらえない苛立《いらだ》ちが、人に対するあたりを強くしてしまうのである。誰でも体調が悪い状態が続くと、つくり笑顔すらもできず機嫌が悪くなってしまうのと同じことなのだ。

「どうせ、こんな痛み取れねえんだろ。もう全身にがんが広がってるっていうんだからしょうがねえんだろ。病院の医者もそう言ってたぞ」

　二宮は落ち着かない様子で足をくみかえながら、拗ねたような喋《しゃべ》り方をする。病院でも医師はそれなりの説明をしたのだろうが、おそらく「もう治らない」というようなことだけが、頭に残ったのだろう。

「痛みは取れますよ。なるべく苦しまないようにするのが私たちの仕事だから。がんが広がっているのは事実だけど、仲良く付き合うことはできますよ」

「病気を治すことができない」ことと「痛みや苦しみを癒《いや》すことができない」ことは明確に違うということをしっかりと伝えたい。

「そんな綺麗ごと言いやがって！　ずっと痛いし、苦しいんだよ！　がんの治療をすればするほど苦しかった。それを言うと、病院で看護師たちはよお、いつも困った顔をして、異常に眠くなる薬を飲ませるだけなんだよ」

　二宮はまっすぐに私を見つめながら少し声を荒らげた。

　病院で何度も「暴れた」「不穏になっていた」という報告は受けていた。おそらく彼の口調で自分なりに症状を訴えていたことが病院では「狂った人」扱いされており、無理やり寝かせようとして向精神薬を飲まされたり、注射を打たれたりしてきた経過も聞いている。暴れ方によってはベッドに縛り付けられてもいたらしい。二宮からすると本当は痛みを取って欲しいだけだったのだろう。

「病院でも、痛みを取るための医療用の麻薬が出てたんですけど、いま二宮さん飲んでないですよね。ちゃんと飲めば、体の重だるい感じが取れますよ」

「お前さ、もう助からないから麻薬で廃人のようにしてしまえばいいと思ってるんだろ。俺が面倒くさい患者なのはわかってるんだよ。麻薬とかで頭がおかしくなっちまうのは、いくら俺でも嫌なんだよ。だから、飲まない」

二宮は自分なりに興奮を抑えようとしているようだった。「面倒くさい患者」だということはわかっているのである。麻薬というだけで拒否反応があるのは、当然のことであり、多くの患者やその家族からも程度の差こそあれ、同じような反応があることは少なくない。彼なりの意思表示をしっかりと行っていた。

「麻薬って、言葉自体がなんとなくえげつないんですよね。でもね、二宮さん、他の痛み止めをたくさん飲むよりもずっと副作用も少ないし、うまく使うと逆に意識状態も良くなってこれまで通りの行動もしやすくなるんですよ」

「そんな風にお前は、うまく言ってるけど、面倒な患者を静かにさせたいだけなんだろ」

こちらへの疑念や不満はあっても、この日はしっかりと話をし、思いを伝えてくれている。アマテラスが岩戸から少しずつ顔を出してくれているような感じになってきた。

「私の患者でも、麻薬を使いながら富士登山をしたり、うまく使うと普段通りに料理とかリハビリとかの生活がこれまでよりも快適にできる人もたくさんいるんですよ」

「でも、麻薬なんだろ。俺もたいがい悪いことしてきたけど、野球選手とか芸能人とかもそれで捕まってるじゃねえか」

悪いことをしてきた自覚と反省はあるんだな。何もかも拒否するのは、諦《あきら》めだけでなく、不安と怖さがあることがしっかりと伝わってくる。

「逆に考えればいいんですよ。有名人たちでも使っているから大丈夫、っていうぐらいの気持ちになればいいんじゃないですか。日本は規制が強いけど、麻薬が合法化されていて、タバコよりも安全って言われている地域もあるんですよ」

患者の不安を取るためには、事実とは多少異なる雑なことを言うことも少なくない。嘘も事実の歪曲《わいきょく》も、患者のためならいいだろうという私のやり口である。

「使えば本当に楽になるのか？　頭おかしくならないのか？」

すでに廃人のような生活をしている二宮だが、どこかで人間らしい生き方をしたいという思いがにじみ出ている。

「一度私に騙されてみてください。必ず楽になります。痛みにあった量の麻薬を使うと、そんなに眠くもならないですよ。あと、炎症を抑えるステロイドっていう薬も飲んでみましょう。熱も下がりますよ」

「まあ、考えとく。なんか疲れたから、もう帰れよ！」

最後は悪態をついて布団のなかに潜《もぐ》り込まれてしまったが、初めてしっかりと向き合って、それなりの話をすることができた。とりあえず、エロ本と糞尿に包まれた部屋から出ることにした。エレベーターに乗らずに階段を降りながら、部屋ではできない大きな深呼吸をした。


初めて二宮と会話らしい会話ができてから、数日が経った。事務所から診察に出発しようとしたときに中鉢から声をかけられた。

「あのオヤジね。ちょっと素直になってきてるんですよ」

中鉢からするともう「あのオヤジ」扱いからは抜け出すことができないようだが、その言葉には以前よりも愛情が込められている。

「院長、うまく魔法をかけましたね。薬も飲み始めてくれて、かなり落ち着いた感じしますよ。これまではストーマを取り替えるときも大騒ぎだったんです。相変わらず口は悪いけど、こっちがいろんなことを聞くと、自分のことも話すようになってきたんですよ」

「多分、これまでは触られるのも痛かったり不快だったりしてたんだろうね。ステロイドを飲んでから、かなりだるさが取れたのかもしれない」

麻薬と同様に「ステロイド」という薬もその響きが患者には必要以上に怖く伝わり、飲むことに抵抗を感じられているようだ。もともとは人の体でつくられるホルモンであり、ちゃんと使えば体調を整えてくれる薬ではあることを丁寧に説明しなくてはならない。特にがんの末期状態の人に使えば、全身の炎症を抑え、食欲も回復させるため、一時的であるとしても状態を相当安定させることができる。

「麻薬もちゃんと貼《は》ってくれてましたよ。頓服の麻薬も１日３回ぐらい使ってるって。あのオヤジが、使うと楽になるって素直に認めてたんですよ」

中鉢が二宮のことをこんなに嬉しそうに報告してくる日が来るなんて！

病院では基本の痛み止めとして飲み薬の麻薬を使っていたが、在宅では服薬管理と薬の効果のバランスを考えて「貼る麻薬」に切り替えていた。１日１回３センチ大のシールを胸に貼るだけで全身に浸透するものであり、この薬ができてからは薬が飲めない患者に対する投薬でのコントロールがやりやすくなっている。

「昔は、麻薬をごっついポンプで入れることが多かったから、麻薬を使うっていうと、無理やり抑制して寝かしつける、っていうイメージがあるんだろうなあ」

「あのオヤジもそう言ってました。それでいて、こんなシールで本当に大丈夫なのか、となんか心配そうでしたけど。でも、そう感じるぐらいだから抵抗もなかったのかもしれません」

相変わらずの暴言とエロ本の散乱は変わらないようだが、糞尿まみれだった部屋の状態もかなり改善はしたとのことだった。当初、痛みが強いときは自分でおしっこに行くことも面倒だったようで、ベッドの上で尿器に出そうとしては、こぼしていたらしい。

「自分でトイレに行けるようにもなったみたいだね。ストーマから便が漏れていたのも、体の不快感が強かったから、お腹をいつもいじり倒していたんだろうな。訪問のときに、あの刺激臭から少しでも解放されるだけでありがたいよ」

「まだ部屋には、それなりに素敵な香りが染み付いてますけどね……ヘルパーさんに話を聞くと、やっぱりまだ風俗のお姉ちゃんは毎週来てるみたいなんですよ。あんな部屋に来る人も、なんか可哀想《かわいそう》だけど……男ってそんなもんなんですかねえ」

中鉢は男性の代表として私を見ながら、呆《あき》れた声で話をしていた。

「二宮さんから介護にかかったお金を払ってもらえなそう……っていうのもみんなが心配してるんだよね。保護費はちゃんと出てるんだけど、それが全部、中鉢さんが言う風俗のお姉ちゃんの元にいってるって言われてるんだよ。また、区のケースワーカーさんに怒られそうなんだ」

ケアマネジャーの大石もそのことを心配しており、もともと十分ではないお金をそんなことに使われては、ということで「先生の方から一度話をしてくれませんか？」と言ってきていた。もう医者の役割が何かとは深く考えず、しろひげ先生は素直に求められたことに「はい」と返事をして対応することにした。

「ああ、まゆみのことね」

二宮に風俗のお姉ちゃんのことについて直球をぶつけてみたら、思いもかけず素直に答えてくれた。

「中国の子でさあ、ほんとは名前もまゆみじゃないんだろうけど。俺ももう昔と違って勃《た》たないから、横にいてもらうだけなんだけどさ。いい子なんだよ」

麻薬とステロイドを入れてからちょうど1週間が経過していた。口調のあらっぽさは変わらないが、声のトーンと表情がかなり穏やかになり、以前の気だるそうな雰囲気がスッキリ取れていた。

「まゆみさん、でしたっけ。いつから来てるんですか?」

「いやさあ、入院する前からよく部屋に呼んでいた子でさ。こんな汚い部屋なのに、全然嫌な顔をしないんだよ。これまで、優しくしてくれる人が他にはいなかったからさ」

「二宮さん、聞きにくいんですけど、家族とか親戚《しんせき》とかっていないんですか?」

現場において二宮の親戚や友人などと会ったことはなかった。最初に診察をしたときに、ケアマネの大石やケースワーカーからも「キーパーソンは誰もいない」と聞かされていた。

「お前さあ、しろひげ先生だっけ。まあ、優しいわなあ。もててきただろ」

医療とは全く関係のない話をしているのだが、そんなときに初めて二宮から「先生」と呼ばれた。

「優しいとは確かに言われますけどね。何が優しいんだかよくわからないですよ。女性には縁があるような、ないような人生です」

二宮はこれまでになく、ずっと顔を緩ませていた。両腕にみえる刺青すらも、可愛くみえてくるような表情だった。

「お前と違ってさ。俺はずっと誰にも優しくなかったから、いまになって思うとバチが当たったんだろうな。若いときはこれでもモテたんだけどな。誰も大事にしなかった。昔ね、妻も子どももいたんだけど死んじゃった」

敢《あ》えてそれ以上は聞かなかった。人にはそれぞれの人生があり、誰もがずっと一人で生きてきたわけではない。

「誰かがいても苦しいときは苦しいし、一人でいても苦しいときは苦しいですよね」

二宮に話しているようでいて、自分をも振り返っていた。

「今もこんなんだけどさ。若いときも勝手ばかりしててさ。結局、家族も失ったし、いろんなものがなくなってさ。そんなときに大腸がんって言われて、俺の人生ってクズみたいだなって思ってさ」

二宮は話しながら少し涙ぐんでいた。

「私だって変わらないですよ。周りは雰囲気で優しそうとか言うけど、一度は自分勝手に離婚もしてるし、これまでいろんなことを中途半端に放《ほう》り投げては、いろんな人を傷つけたり、申し訳ない人生だな、って自分では思ってるんですよ」

「お前、そうは言っても一応、お医者様だろ。俺みたいに、周りに迷惑かけ続けてきたわけじゃないだろ。いろんな人の病気を治したりもできるしさ」

「病気なんて治せないですよ。二宮さんの病気も治せないもん」

二宮は穏やかな表情でじっと私の目を見つめていた。

「お前は正直だな。お前じゃないか、先生か。そうだよな、治らないんだよな。でもそうやってはっきりと言われて、初めてなんか受け止められる気がするな」

久しぶりに話をして、少し喉《のど》が渇いたのか、食べかけたコンビニ弁当の横に置いてあったペットボトルのお茶を手にとって勢いよく飲みだした。

「二宮さんだけじゃないんですよ。人ってがんだから死ぬわけじゃないんですよ。人だからいつかは必ず死ぬんですよね。それを『治す』ことってできないじゃないですか。結局『医者』って大した肩書きじゃないんです。だからこそ、人として精一杯ね、二宮さんにも接したいなって思ってるんですよ」

「俺はね、先生よ。この態度の悪い患者に対してまっすぐ向き合ってくれたあんたを信用して、薬を飲んだらほんとに楽になったんだよ。もしかしたら、今だけかもしれないけど、この時間をつくってくれたことに感謝してる。俺がいまはギリギリかもしれないけど人間でいられてる気がしてるんだ。こんな迷惑ばかりかけてきた男でもね」

「まあ、態度が悪い患者は慣れてますからね。人は生きている以上、誰彼に迷惑をかけて当たり前でしょ。生まれてきたらすぐに親に迷惑かけながら、育ててもらうとこから始まるわけですしね」

　思えば私も親に対して、そして周りの近しい人たちに対しても、迷惑ばかりかけ続けて生きてきたなあと、今更ながら振り返ると恥ずかしくなる。

「お前にも、看護師の中鉢だっけ、あいつにも嫌な思いばかりさせてるのはわかってるんだ。なんかお前みたいに人に優しくできないんだよな」

　これまでにない殊勝さがとても愛《いと》おしく見えた。中鉢にもこの言葉を聞かせてあげたかった。

「私も本当は優しくないから、人を傷つけまくってきたから、せめて表面的に優しいふりをしているだけだと思いますよ。多分、優しさの努力だけはしてるんです。私にできるんだから、今から二宮さんにもできますよ」

「今さら俺が優しい男になるってか？」

二宮は、大きな声をあげて笑いながら、同時に大粒の涙もこぼれ落ちていた。

「意外に優しい男が似合うと思いますよ。ヘルパーさんとかも喜ばれると思いますし。そうしたら、もっとしっかりとこの部屋を掃除してくれるかもしれない」

「あのさ、まゆみのことなんだけどさ」

そういえば、いつの間にかその話からそれていた。

「もう、いいですよ、その話はしたくなければ」

「いや、あいつはさ。風俗の女だってことはわかってはいるんだよ。俺のお金目当てなのもわかってるんだ。でもな、優しかったんだよ。俺と一緒にいるときに嫌な顔を全然しなかったんだよ。いつも横に来て肩を抱いてくれて。なんか情けなさも、悔しさも全部まゆみの前でだけは素直に出せてたんだよな」

二宮が「ギリギリ人間でいられてる」一つの理由が彼女にある気がした。人間としていられる唯一の心の支えであったのだろう。

「これからは私たちももっと優しくしますから。ちゃんと国からお金をもらっているビジネスとしても、責任ある主治医としても二宮さんをまだまだ長生きさせなきゃいけないですから」

二宮は、深く息を吸いなおして話し続けた。

「病院にいたときはさ。6人部屋でずっと一人で天井を見ているとなんか気が狂いそうな感じがしてさ。苦しかったり、痛かったりしたときに、看護師にそれを言うと、露骨に迷惑そうな顔をされるから、何度もブチ切れちゃったんだよね。それからは、きちがいのような扱いをされていたから。医者も吐き捨てるように『病院ではもうできることがない』って言うしさ」

家に帰ってきた当初の私たちへの態度の悪さも、病院でのトラウマから来ていたのだろう。

「病院の方が綺麗だっただろうし、ご飯も自動的に出てきただろうけどねえ。やっぱりこの部屋の方がよかった？」

わざと散らかし倒した部屋をぐるりと眺めながら、二宮に話を振ってみた。

「はっきり言うねえ。そうだな。やっぱりこの部屋の方が落ち着くんだよな。こんなに汚くてもさ。エロ本も自由に見れるし、まゆみとも会えるし。病院にいたときは、もうギリギリでも人間でいられなかったんだよな」

「二宮さんって確かに面倒くさいんですよね、患者として。でもね、その面倒くささが人間らしいなって思うんです。今、医者としてその面倒くさい人間らしさに関われることで、私も人間として生きていることをしっかりと感じることができてるんですよ」

「じゃあ、先生は俺に関わることで気持ちよく生きてるわけか。俺に感謝しなきゃな」

「そうかもしれないですね。まあ、面倒くさいんですけどね」

今日、この部屋に入ったときにはこんなに笑顔を交えてふたりで話せる関係になるとは思っていなかった。「まゆみ」の話をきっかけに、思いもかけず1時間以上この部屋にいたので、服にはしっかりと刺激的な匂《にお》いが染み付いていた。次の患者に行く前に一度着替えに家に戻ろうか……などと二宮を前にしながら考えていた。

「二宮さん、優しかったよ」

冷たくなった顔を撫《な》でながらまゆみが呟《つぶや》いた。

少し素直で可愛くなった二宮は3月の初めに穏やかな表情で静かに息を引き取った。しろひげ在宅診療所としては12月の初めから訪問診療と訪問看護で関わって、3ヶ月間だけの短いご縁だった。

「まゆみさん、二宮さんはあなたのことが大好きだったんですよ。とても感謝もしてました」

毎週水曜日の「まゆみタイム」は、私たちの普段の訪問曜日とはずれていた。たまたまお看取《みと》りの日が水曜日であったため、亡くなった日に約束がキャンセルされずに訪れた彼女と顔をあわせることになったのである。二宮がこの日に亡くならなければ、まゆみと会うことはなかっただろう。

前の週から呼吸状態が悪化してきて、在宅で酸素の導入を始めていた。

二宮は、鼻からの酸素吸入をしながら少し神妙な顔をして、

「俺って、生きてきた意味があったのかな」と話しかけてきた。自分自身で近い死期を悟っているようだった。

「年末に話をしていたときに、二宮さんがクズみたいな人生って言ってましたよね。私も自分の人生はクズでもいいんじゃないかな、って思ってるんです」

「先生は全然クズじゃないよ。いろんな人に求められてるもん。これからもそうだと思うよ」

二宮は、少し息切れをしながらも一生懸命に話そうとしてくれている。

「二宮さんには、そんなに私のこと話してないけど、結構ずっとクズだったんです。でもね、その場その場で求められていろんな人とのご縁をもらってきた。人生の最後はクズとしてゴミ箱に捨てられても、それまでにそのクズが自分なりに頑張って生きてきたことそのものが大事なのかなって今は思えていて」

「俺はね、こんな人生だったけど、しろひげ先生や中鉢さんに仕事とはいえ優しくしてもらえたことがさ、嬉しかったんだ。人間として扱ってもらえてるって感じがしてね。まゆみのこともそう。あいつがいたから……なんかわからないけど泣けてくるよ」

咽《むせ》びながら話した後、疲れてきたのか少し表情が虚《うつ》ろになっていった。

「ゆっくり休んだ方がいいですね。無理に話さなくていいですよ。大丈夫。私の人生のなかで二

宮さん、面倒くさいランキング上位ですから。とっても人間らしい、一生忘れない私の大切な友人ですよ」

「嘘でも嬉しいね……先生は、その優しさに自信を持っていいですよ……」

だんだん小さい声になりながらも、私を励ましたかったらしい。思いもかけず、私が欲しかった言葉を二宮からもらった気がした。眠っていく二宮を見ながら溢れる涙が止まらなかった。

「私もそう思います。二宮さん優しかったですよね」

まゆみの言葉に対して、私も素直な思いで答えた。中鉢は二宮の体からストーマを外して、濡《ぬ》れたタオルで丁寧に綺麗にしてあげていた。

片言の日本語で話すまゆみは、もちろん風俗嬢としての仕事でもあったのだろうが、二宮と話をするのが本当に楽しみだったとのことだった。

「二宮さん、寂しかった。でも、私が寂しいのもいつも聞いてくれた。私、二宮さん好きだった。ほんとに優しかったよ。死んじゃったね」

中鉢とこんな部屋で仕事をさせられる風俗嬢は割に合わなくて、運が悪いね、などとよく話していたのだが、その偏見に強く反省をさせられた。限られた人生のなかで、人にとって何が幸せで何が不幸なのかはわからないし、その基準なんてどこにもない。

「私ね、日本に来てどこにも行ったことがない、って話したら、二宮さん、春になったら桜を見にいこう、って言ってくれた。若いとき、奥さんと子どもさんと一緒に桜を見にいったんだって。でも、あの人約束守ってくれなかったね」

まゆみはずっと二宮の顔や体を触りながら寂しそうに話をしていた。

二宮にも、若いときに亡くしたという奥さんや子どもとの幸せな思い出がたくさんあったのではないだろうか。やんちゃをするなかでのいろんなロマンスもあったのではないだろうか。誰しも他人の人生のすべてはわからない。だから、その人のすべてに寄り添うことはできない。

それでも、私たちは二宮の最後の3ヶ月に関わることができ、二宮の人生の一つに組み込んでもらえたことは間違いない。そして、私たちの人生の一つにも、二宮が組み込まれた。一人ひとりの人生は、その他者との関わりの積み重ねでできていて、世界ってその一人ひとりの様々な思いの積み重ねでできているのではないだろうか。生きるっていうことは、それ以上でもそれ以下でもない気がしている。

「優しさに、自信を持っていいですよ」

私は二宮の優しい一言でまた生きて前に進んでいける気がしていた。

「まゆみさん、今度みんなで桜を見にいきましょうか。二宮さんの約束を代わりに果たさないとね、私も友人としてね」

エピローグ　あたり前の素敵な日常

「みんないなくなっちゃうねえ……」

穏やかな日差しが射《さ》す河川敷の桜の樹《き》の下で、水口と中鉢と一緒にテイクアウトの弁当を食べていた。たまたま診察のルートと訪問看護のルートが近くだったため、昼過ぎに示しあわせて終わりがけの花見をすることにしたのである。

満開のピークを過ぎていた平日の昼間であり、ほとんど人はおらず、静かに風に吹かれて散っていく桜をのんびりと楽しむことができた。

「春になると、いろんな人のこと思い出しますよね。桜の季節に亡くなった人もいれば、桜を見たがっていたけど見れなかった人もいて……」

そう話す水口と、しろひげ在宅診療所を開院してから5年が経《た》っていた。これまで1000人を超える人の最期《さいご》を自宅でみてきたが、一つとして同じものはなかった。

「この前、先生の『お看取《みと》り日記』を見せてもらいましたけど、すごく懐かしかったですよ。あのうんこまみれのオヤジのこととか、そう二宮さん。最後は可愛《かわい》いジジイになりましたけどねえ」

　中鉢の言葉はいつも少し下品だが、患者への思いがあることは伝わってくる。

「人だから、いろんなことを忘れちゃうんだけどさ。でも、自分が生きている限りは、その人を自分のなかでは生かしておきたいなって思って。ちょっとくさいかな」

　在宅診療を始めてからずっと一人ひとりの最期までの姿を『お看取り日記』としてつけている。あまり人には見せないのだが、少し前にお看取りをした後に、車のなかでこっそり書いているところを中鉢に見つかって、見せる羽目になったのである。

「すごくわかります。私も訪問看護を15年ぐらいやってるんですけど、いつも最期に接するたびに、ほんとにやれることをすべてやってあげられたかなあって悩んでばかりで。でも、どこかその人たちを大切に思っていたことも忘れちゃうような気がして」

　そう話す水口は、しろひげ在宅診療所に来る前にも10年以上訪問看護をしており、私よりも多くの患者を在宅で看取ってきているし、患者との多くの寄り添いを行ってきている。

「しろひげに来てから水口先輩と一緒に訪問看護をしていて、すっごく毎日が楽しいし、やりがいがあるんです。いつも死に接していて、楽しいっておかしいですかね。感覚がおかしくなってるのかな。でも、どの人とのご縁も大切に過ごすことができて、なんか充実した毎日が送れているなあ、って感じてるんですよ」

中鉢は感慨深そうな表情で話し終えると、その余韻もないままに、ペットボトルのお茶をグビグビ飲んだ。コロナ騒動のときも、緊張感がある患者のときも、中鉢のどんなときでも前向きに明るく人と関《かか》わることができる能力には、助けられることが多かった。

「実際、死と出逢《であ》うことって決して悲しいことじゃないよね。桜の花がこうやって散っていくのも確かに寂しいけど、どこか素敵だと思えるのと一緒かもしれないなあ」

東京にいて、久しぶりにまったりと広い青空があることを感じていた。なぜか昔のことも思い出していた。

アフリカにいても、歌舞伎町にいても、在宅診療の現場にいても、どこに行っても幸せもあれば、悲しみもある。どこに行っても、悩みもあれば、苦痛もある。それでも、桜を見て幸せだなあと思えるこの気持ちだけは忘れたくないなあ、と感じていた。

「これまで出逢った人も、これから出逢う人もみんな『しろひげファミリー』として忘れないでおきたいな。私も先生のように『しろひげ看護日記』をつくろうかな。でも、面倒くさくて途中でやめちゃいそう」

中鉢らしい言葉に水口とふたりで思わず吹き出した。彼女のその素直な人間くささが多くの患者の笑顔をつくってくれている。

「自分は一応、日記はつけてるけどさ。ほんとは、それぞれの患者さんのことって言葉や記憶で残ってるというよりは、その一緒に過ごした日々がすべて自分自身になってる感じがしてるんだ」

暖かい日差しのなか、散りかけた桜の樹には青々とした若葉も出始めていた。季節が変わっても、私たちの仕事は同じように繰り返されながら、毎日すべてが違うことばかりである。

「さあ、午後からもしょうがないから仕事しますか。ずっとここで過ごしていたいけど」

水口は大きく伸びをして立ち上がった。

「こんなあたり前の毎日が幸せだなあ。美女ふたりに囲まれてゆっくりと人生の温かさを感じられる昼休憩も取れたしね」

「先生はね、どこか不器用でどこかバカだけど、とことん優しい人だと思ってるから、私たちもついていくんだからね。大丈夫。先生が死ぬときには、私たちが看取ってあげるから」

自分自身の看取りまで、あと何回桜を見ることができるだろうか。来年もまた同じような気持ちで桜を見るために、精一杯「優しい人」として毎日を頑張ろうと思った。

「先生、また佐江子さんのところから連絡があったみたいですよ！　事務所の丸下さんが電話を受けて、すぐに往診に来て欲しいって。毎度お馴染《なじ》みのパターンですけど、さあ行きましょう！　はいはい、さっさと車に戻って頑張ってきてくださいね。患者さんが待ってますよ！」

本書は書き下ろし小説です。

著者略歴

山中光茂〈やまなか・みつしげ〉
三重県松阪市生まれ。慶應義塾大学法学部法律学科及び群馬大学医学部を卒業。医師免許を取得。学生時代は、歌舞伎町で名物スカウトとして活躍。2004年からはケニアにおけるエイズ対策プロジェクトの立ち上げなどに関わる。2007年三重県議会議員選挙に立候補し、当選。2009年松阪市長選挙に当選、当時全国最年少の市長となった。現在は、東京都江戸川区のしろひげ在宅診療所において、院長として「在宅医療」の普及に尽力している。

Kadokawa Haruki Corporation

山中光茂

小説《しょうせつ》　しろひげ在《ざい》宅《たく》診《しん》療《りょう》所《じょ》

*

2021年3月18日第一刷発行
2021年3月28日第二刷発行

発行者 角川春樹
発行所 株式会社 角川春樹事務所
〒102-0074 東京都千代田区九段南2-1-30 イタリア文化会館ビル
電話03-3263-5881（営業） 03-3263-5247（編集）
印刷・製本 中央精版印刷株式会社

ISBN978-4-7584-1372-5 C0093
http://www.kadokawaharuki.co.jp/